Jan Assmann

Die Zauberflöte

Oper und Mysterium

Carl Hanser Verlag

ISBN 978-3-446-24464-1
Alle Rechte vorbehalten
© Carl Hanser Verlag München Wien 2005
Satz: Fotosatz Reinhard Amann, Aichstetten
Printed in Germany

Inhalt

Vorwort 11

Einleitung 17

Erstes Kapitel: Im Reich der nächtlichen Königin
oder Die Aussendung des Helden 33
  Ouvertüre 35
  Die Ohnmacht des Helden 41
  Papageno tritt auf 46
  Das Bildnis 52
  Die Erscheinung der Königin und die »Illusionierung« des Helden 58
  Die Überreichung der Zaubermittel 64
  Abschied 71
  Papageno trifft Pamina im Reich des »Bösewichts« 73

Zweites Kapitel: Ort und Zeit der *Zauberflöte* 83
  Dschinnistan und Utopia 85
  Die Egyptischen Geheimnisse 92
    Hieroglyphen 92
    Pyramiden: Wissensspeicher, Forschungsstätten, Einweihungsorte 96
    Die äyptischen Mysterien als »wissenschaftliche Freimaurerei« 100
  Hieroglyphische Gärten 106
    Die ›hermetische Grotte‹ 106
    Das kleine Egypten der Wiener Freimaurer 112
    Isis 116

Drittes Kapitel: Eintritt in Sarastros Welt 123
  Die Lehre der drei Knaben 125
  Die Desillusionierung des Suchenden 127
  Suchen, Finden, Trennen 136
  Sarastro 139

Viertes Kapitel: Illusion und Desillusionierung –
Die Mysterientheorie der Freimaurer.................... 147
    Mozart und die Wiener Freimaurerei um 1785 149
    Das Mysterienprojekt der *Wahren Eintracht*...................... 155
    Die »Kleinen Mysterien« und die Desillusionierung des Neophyten..... 160

Fünftes Kapitel: Die ersten Prüfungen 167
    Die Abstimmungssitzung über die Aufnahme – die »feyerliche Scene« ... 169
    Die erste Prüfung: Die Abkehr von falschen Lehren 176
    Paminas Versuchung 185
    Die zweite Prüfung: Schweigen angesichts der Geliebten............. 190
    Das »letzte Lebewohl« 198
    Papageno erblickt Papagena 203

Sechstes Kapitel: Die Großen Mysterien 207
    Die Berufung zum Herrscheramt 209
    Die Epoptie... 216
    Tod und Wiedergeburt in den Großen Mysterien 220

Siebtes Kapitel: Die letzte Prüfung 231
    Die drei Knaben retten Pamina 233
    Durch Feuer und Wasser 237
    Papagenos dritte Prüfung und Erlösung 252
    Die Vertreibung der Nacht 254

Achtes Kapitel: Ein Nachgespräch
über Einheit und Vielheit in der Oper..................... 259
    Soziale Gegensätze und musikalische Idiome 261
    Schikaneders »Parallel-Montage« und die Erzeugung von Gleichzeitigkeit 272
    Die *plot*-Struktur: Zaubermärchen und Prüfungsweg 277
    Bruch, Konversion, Verwandlung 284
    Die *Zauberflöte* als »neues Mysterium« 287
    Erkenntnis, Liebe und Musik 292

    Zitierte Literatur 301
    Anmerkungen 315
    Bildnachweis 363
    Namenregister 364
    Länder- und Ortsregister 372
    Sachregister 374
    Werke und Briefe W. A. Mozarts 383
    Werke anderer Komponisten 384

Für Dieter Borchmeyer

Die Zauberflöte ist neben Shakespeares Trauerspiel Hamlet und Leonardos Bildnis der Mona Lisa das dritte große Rätselwerk unserer Kultur.

Peter von Matt[1]

Wenigstens kann das Publikum, das gewisse Mysterien nicht kennt und durch die schwere dunkle Hülle der Allegorie nicht durchzublicken vermag, [der Oper] unmöglich einiges Interesse abgewinnen.

Joh. Jak. Engel an Friedrich Wilhelm II. (1792)[2]

Die Oper stimmt durch die Macht der Musik und durch eine freiere harmonische Reizung der Sinnlichkeit das Gemüt zu einer schöneren Empfängnis, hier ist wirklich auch im Pathos selbst ein freieres Spiel, weil die Musik es begleitet, und das Wunderbare, welches hier einmal geduldet wird, müßte notwendig gegen den Stoff gleichgültiger machen.

Schiller an Goethe[3]

Sie aber, mein Bruder! Von der gütigen Natur ausersehen, durch seltne Zauberkraft Herzen zu bewegen, und Trost und Erquickung in unsre Seelen zu gießen!

Friedrich Hegrad zu Mozarts Begrüßung in der Loge[4]

Vorwort

Die Zauberflöte ist nicht nur die meistgespielte, sondern auch die meistbehandelte Oper zumindest der deutschsprachigen Welt. Hierüber als Außenseiter noch etwas Neues sagen zu wollen grenzt an Vermessenheit. Wie kommt ein Ägyptologe dazu, ein Buch über die *Zauberflöte* zu schreiben? Und was könnte er zu ihrem Verständnis beizutragen haben? Dazu ist zweierlei zu sagen. Erstens bin ich nicht der erste Ägyptologe, der sich an diesen Stoff wagt: Siegfried Morenz hat schon 1952 eine Studie über die *Zauberflöte* vorgelegt.[5] Die Oper gehört in das Gebiet der »Ägypten-Rezeption«, der Gedächtnisgeschichte Ägyptens in der europäischen Kultur, die, wenn auch am Rande, zu den Forschungsgebieten der Ägyptologie gehört. Die Ägyptologie ist ja selbst ein Teil dieser Gedächtnisgeschichte und fühlt sich, genau wie andere Disziplinen auch, immer wieder herausgefordert, sich mit ihren Wurzeln zu beschäftigen. Allerdings, und das ist der zweite Punkt, wird Ägyptologisches in diesem Buch kaum eine Rolle spielen, weil der Schauplatz dieser Oper, im Gegensatz etwa zu Verdis *Aida*, in meinen Augen gar nicht das alte Ägypten, sondern ein utopisches Reich ist, in dem die Mysterien der Isis begangen werden. Diese Mysterien waren es, deren Gedächtnisgeschichte ich auf den Grund gehen wollte. Zugleich interessierte mich die besondere Beziehung zwischen Ritual und Oper, die diese Oper auszeichnet: das Ritual als ästhetische Form, die Oper als sakraler Vollzug.

Was ich nun zum Verständnis der *Zauberflöte* glaube beitragen zu können, ergibt sich aus der Beschäftigung mit einem eher abgelegenen Nebenschauplatz, der in der Forschung bisher unbeachtet geblieben war: der »Mysteriologie« des 18. Jahrhunderts. Auf dieses Gebiet war ich im Zusammenhang mit meiner Arbeit an dem Buch *Moses der Ägypter* gestoßen.[6] Einer der wichtigsten Texte für die These einer ägyptischen Herkunft des biblischen Monotheismus, die Schrift des Philosophen Carl Leonhard Reinhold über »Die Hebräischen Mysterien oder die älteste religiöse Freymaurerey«, war zunächst für die Wiener Loge *Zur Wahren Eintracht* verfaßt worden als Beitrag zu deren systematisch betriebenem Projekt einer Erforschung der antiken Mysterien. Das vorliegende Buch entstand aus dem Wunsch, die Mysterienforschungen der Wiener Freimaurer im größeren Kontext der europäischen Beschäftigung mit antiken Mysterien aufzuarbeiten und auch die *Zauberflöte* im Licht dieser Forschungen zu analysieren. In ihr geht es um die Mysterien der Isis, und ich wollte wissen, was man sich im späten 18. Jahrhundert unter den Mysterien der Isis vorstellte. Heute spielt man die Musik ja gern auf historischen Instrumenten; so dachte ich, es wäre interessant, Text und Partitur einmal gewissermaßen »mit historischen Augen«, durch die Brille des damaligen Wissens von Ägypten und seinen Mysterien zu betrachten.

Es handelt sich also um das Experiment einer »werkgetreuen Rezeption«. Das ist natürlich ein Ding der Unmöglichkeit, und zwar aus vielen Gründen. Man kann ein Stück werkgerecht aufführen, indem man sich mit den bekannten Methoden bemüht, so nah wie möglich an die rekonstruierbare Aufführungspraxis der Zeit heranzukommen, aber man kann es nicht werkgerecht rezipieren. Das eine ist ein äußerer, weitgehend kontrollierbarer, das andere ein innerer, unkontrollierbarer Vorgang. Außerdem kommt man an die damaligen Rezipienten der Oper nicht mehr heran, die man vielleicht befragen könnte. Sie sind uns nur noch in der Form des »impliziten Zuschauers« zugänglich. Der ist zwar in vielen Fällen wie etwa der gleichzeitig mit der *Zauberflöte* entstandenen höfischen Oper *La Clemenza di Tito* in Gestalt des kaiserlichen Paars und der hohen Aristokratie sehr evident, aber gerade bei der *Zauberflöte* ein vollkommenes Rätsel. Was für ein Publikum schwebte Mozart, was für eines Schikaneder vor, als sie die Oper schufen? Ist es eine Oper fürs Volk in der Tradition des Wiener Volkstheaters? Ist es eine Oper für Eingeweihte? Haben wir uns unter dem impliziten Zuschauer einen Illuminaten, einen Rosenkreuzer, einen Alchemisten vorzustellen, der hinter die Fassade des bunten Geschehens zu blicken und genußvoll die Anspielungen und rätselhaften »Hieroglyphen« zu entschlüsseln vermag?

Otto Rommel, der beste Kenner der Altwiener Theatertraditionen, bescheinigt Schikaneder, daß es ihm als erstem gelungen sei, die Wiener Volkskomödie aus ihrem engen Lokalbezug und ihrer »Aktualitätshascherei« in »die Zone künstlerischer Gestaltung emporzuheben«, dadurch daß er nicht einen einzelnen Stand, »sondern, um mit Goethe zu sprechen, die ›große sinnliche Masse des Volkes‹« im Blick hatte.[7] Ingmar Bergman hat in seinem Film *Trollflöjten* (1974) die Frage nach dem impliziten Zuschauer wunderbar veranschaulicht: Während der Ouvertüre greift die Kamera Gesichter aus dem Publikum heraus, in denen sich jeweils andere Formen von Rezeption spiegeln: alte und junge, europäische und exotische, gebildete und schlichte, hingerissene und gleichgültige – alle, das ist wohl Bergmans Botschaft, sind von diesem Menschheitswerk gemeint und in ihm angelegt; aber dann sieht sich die Kamera doch am Gesicht eines vielleicht zwölfjährigen Mädchens fest: von den vielen Rezeptionsformen die authentischste? Papageno der eigentliche Held?

Zu dieser Frage gibt es ein unschätzbares Zeugnis von Mozarts Hand. In der Nacht vom 6. zum 7. Oktober 1791 schreibt er nach dem Besuch der Vorstellung an Constanze über einen Bekannten, dessen Namen Constanze aus Vorsicht getilgt hat und der offenbar in keinster Weise Mozarts Vorstellung seines impliziten Zuschauers entsprach:

aber Er, der Allwissende, zeigte so sehr den Bayern, daß ich nicht bleiben konnte, oder ich hätte ihn einen Esel heißen müssen; – Unglückseligerweise war ich eben drinnen als der 2:te Ackt anfieng, folglich mit der feyerlichen Scene. – er belachte alles: anfangs hatte ich gedult genug ihn auf einige Reden aufmerksam machen zu wollen; allein – er belachte alles: da wards mir nun zu viel – ich hiess ihn Papageno und gieng fort – ich glaube aber nicht daß es der dalk verstanden hat.

Diese Zeilen wollen wir uns zu Herzen nehmen. Mozart wäre nicht einverstanden mit der heutigen Praxis, die Einfalt und Unlogik des Textbuchs zu belächeln und die Bedeutung des Werks nur seiner unsterblichen Musik zuzuschreiben; er würde uns gerade auch auf die »Reden« aufmerksam machen und darauf bestehen, daß es sich hier um ein untrennbares Ganzes aus Text und Musik, Hohem und Niedrigem, Lustigem und Schmerzvollem, Spektakel und Geheimnis handelt. Worauf es offenbar ankommt, ist, allem mit gleicher, möglichst unvoreingenommener »Aufmerksamkeit« zu folgen und vor allem auf die Stellen zu achten, an denen Mozart durch besondere musikalische Ereignisse unsere rezeptive Aufmerksamkeit auf das Bühnengeschehen lenkt.

Die Studie entstand in Wien, im Rahmen eines viermonatigen Studienaufenthalts am Internationalen Forschungszentrum Kulturwissenschaften (IFK), einer unschätzbaren Institution, deren (damaliger) Direktor Gotthart Wunberg und ein beachtlicher Stab hilfreicher Geister mich auf vielfältige Weise unterstützt und für denkbar angenehme Rahmenbedingungen gesorgt haben. Kulturwissenschaft ist sehr weitgehend die Sache eines Gesprächs über die Fächergrenzen hinweg, und die offene, perspektivenreiche Gesprächsatmosphäre dieses Instituts hat sich in vieler Hinsicht wohltuend auf meine Arbeit ausgewirkt. Ein ganz besonderer und auf seine Weise unschätzbarer Arbeitskontext erschloß sich mir darüber hinaus im Da Ponte Institut für Librettoforschung, mit dessen Direktor Herbert Lachmayer und seinen Mitarbeiterinnen und Mitarbeitern mich die gemeinsame Arbeit an einer Ausstellung über die *Zauberflöte* verbunden hat. Herbert Lachmayer brachte mich auch zusammen mit Herrn Dr. Rüdiger Wolf, der meine Studien von seiten der Freimaurerei unterstützt hat, und Herrn Univ. Doz. Dr. Géza Hajós, der mir das Gebiet der freimaurerischen Gartenkunst erschlossen hat. Allen möchte ich hier von Herzen danken.

Im Frühjahr 2005 hatte ich auf Einladung von Cyrus Hamlin und Howard Stern die Gelegenheit, meine Gedanken zur *Zauberflöte* in einer Reihe von Vorträgen an der Universität Yale einem kleinen Kreis von Kennern und Freunden vorzutragen. Aus diesen Vorträgen und Diskussionen ist neben vielen einzelnen Gedanken und Beobachtungen die Idee zur Gliederung des gesamten Stoffes hervorgegangen, und ich denke voller Dankbarkeit an diese reichen Abende zurück.

Zugleich ist diese Arbeit Teil eines größeren Forschungsprojekts zur *Zauberflöte*, ihren Quellen und Einflüssen, ihrem kulturgeschichtlichen Kontext und ihrer Rezeptionsgeschichte, das ich zusammen mit Dr. Florian Ebeling und mit Unterstützung der Deutschen Forschungsgemeinschaft verfolge. Auch für diese Unterstützung sowie für vielfältige tatkräftige Hilfe von seiten F. Ebelings möchte ich danken. Der Musikwissenschaftler Harald Haslmayr (Graz) hat sich der Mühe unterzogen, das Manuskript auf musikologische Unstimmigkeiten durchzusehen, und mich nicht nur vor einigen Fehlern bewahrt, sondern auch eigene Beobachtungen beigesteuert, die am entsprechenden Ort dankbar vermerkt sind. Sehr dankbar bin ich auch Gernot Gruber (Wien), Manfred Wagner (Wien), Karol Berger (Stanford) und Karl Pestalozzi (Basel) für ihre kritischen Lektüren des Manuskripts und mancherlei

Hinweise. Die Konzeption des Buchs verdankt Eginhard Hora wichtige Anregungen; er und Tobias Heyl haben das ausufernde Manuskript immer wieder auf erträgliche Umrisse zurückgeschnitten. Bei der Beschaffung der Vorlagen und Rechte für die Abbildungen haben Martha Bunk und Florian Ebeling Bewundernswertes geleistet. Einen ganz besonderen Dank schließlich schulde ich H. E. Weidinger, dem Ko-Direktor des Wiener Da Ponte Instituts. Gerade noch rechtzeitig erreichte mich in Amerika ein Manuskript dieser Arbeit, das auf jeder Seite von Korrekturen und Bemerkungen jeder Art in vielen verschiedenen Farben übersät war. Kann man sich etwas Besseres wünschen als ein solches Gespräch mit einem kritischen Leser? Die Durcharbeitung dieser Seiten war für mich ein ungekanntes Vergnügen und hat Stil wie Argumentation vielfach gefördert.

Was schließlich diese ganze Unternehmung meinem Freunde Dieter Borchmeyer und unseren gemeinsamen Seminaren verdankt, deutet die Widmung an.

Einleitung

Im Januar 2005 konnte man in den Nachrichten hören, daß die Londoner Untergrundbahn beschlossen hat, ab April dieses Jahres 35 Stationen mit klassischer Musik, vornehmlich von Mozart, zu beschallen. Die Maßnahme ist nicht gedacht als Beitrag zum Mozartjahr 2006, sondern als ein Mittel der Verbrechensbekämpfung. Versuche an vier Stationen haben ergeben, daß hier die Kriminalitätsrate um 33 Prozent gesenkt werden konnte. Damit sind wir mitten im Thema der *Zauberflöte*: dem Thema der affektverwandelnden und weltverbessernden Kraft der Musik.[8] Das Beispiel ist so erstaunlich, weil hier einmal nicht Kultur im Sinne der Kompensation eingesetzt wird, um unmenschliche Verhältnisse dennoch erträglich zu machen und uns damit nur um so wirksamer über deren Unmenschlichkeit hinwegzutäuschen, sondern im Sinne des verändernden, die Welt humanisierenden Eingriffs.[9] Das ist das Thema des Orpheus-Mythos, der auch der *Zauberflöte* zugrunde liegt, freilich in einer so vielfältig gebrochenen und überlagerten Form, daß niemand auf die Frage, was denn das Thema dieser Oper sei, eine schlichte und eindeutige Antwort zu geben vermöchte.

«Die *Zauberflöte* ist neben Shakespeares Trauerspiel *Hamlet* und Leonardos Bildnis der Mona Lisa das dritte große Rätselwerk unserer Kultur», schreibt denn auch Peter von Matt.[10] Man wüßte nicht einmal eindeutig anzugeben, worin denn »das« Rätsel der Zauberflöte besteht; es handelt sich vielmehr um ein ganzes Bündel von Rätseln, die dieses Werk stellt. Da ist zum einen die Frage nach dem Thema: Geht es wirklich vor allem um die Macht der Musik? Spielt die Flöte in der Opernhandlung überhaupt eine so zentrale und tragende Rolle? Tamino bekommt die Flöte als ein Zaubermittel ausgehändigt; die Prüfungen, die er bei der Einweihung in die Mysterien der Isis zu bestehen hat, haben aber mit Zauberei nichts zu tun: sie erfordern Verschwiegenheit, Standhaftigkeit und Mut; und was es bedeutet, daß Tamino beim Gang durch

Feuer und Wasser auf Paminas Rat die Flöte spielt, bleibt ein Rätsel. Zum anderen drängt sich die Frage nach Wesen und Charakter eigentlich aller Figuren mit Ausnahme des liebenden Paares, Pamina und Tamino, auf: sind es Genien, Feen, Dämonen oder Menschen? Ist Papageno ein halber Vogel? Sind sie gut oder böse? Bleiben sie im Verlauf des Stücks, was sie von Anfang an sind, oder ändern sie ihren Charakter? Diese Frage betrifft vor allem die Königin der Nacht: ist sie Isis? ist sie eine böse Dämonin? Ist sie erst das eine, dann das andere, und wie erklärt sich diese Wandlung? Schließlich changiert die Oper als Ganzes eigentümlich zwischen Märchen und Mysterium, Kinder-Zauberoper und Bühnenweihfestspiel, und keiner zumindest mir bekannten Inszenierung ist es jemals gelungen, diese beiden Aspekte sinnvoll und sinnfällig zu integrieren. Sowohl die ästhetische Einheit der Form als auch die logische Einheit der Handlung sind bis heute umstritten und problematisch. Daher provozierte das Rätsel »Zauberflöte« schon in den ersten Jahren nach der Uraufführung die widersprüchlichsten Lösungsvorschläge und hört bis heute nicht auf, immer neue Vorschläge anzuregen, die sich nur in dem einen Punkt einig sind: Hier gilt es, einen verborgenen Inhalt zu entschleiern; bei einer so widersprüchlichen Oberfläche kann die Einheit nur in der Tiefe verborgen sein. Dazu kommt dann noch die Verfasserfrage des Librettos: schon früh wurde die Autorschaft Schikaneders, dem man so viel Tiefe nicht zutraute, in Zweifel gezogen.[11]

Was die inhaltliche Frage nach dem Thema der Oper angeht, werden immer neue Entschlüsselungen und Ausdeutungen der Personen und der Handlung angeboten, die aber die Musik und überhaupt die ästhetische Gestalt des Werkes ganz außer acht lassen. Besonders beliebt sind gerade in jüngster Zeit die Versuche, die Handlung der *Zauberflöte* in Richtung auf eine versteckte freimaurerische[12], illuministische[13], alchemistisch-rosenkreuzerische[14] oder politische[15] Botschaft zu entschlüsseln. Hinsichtlich der formalen Frage nach Gattung und Einheit ist bis heute die »Bruchtheorie« nicht aus der Welt zu schaffen, die von der Anekdote ausgeht, Mozart und Schikaneder hätten mit Rücksicht auf ein Konkurrenzwerk oder aus anderen Gründen mitten in der Arbeit die Konzeption der Oper vollkommen umgeworfen. Nachdem die »Bruchtheorie« aufgrund von Karl-Heinz Köhlers sorgfältigen Untersuchungen an der autographen Partitur als widerlegt gelten kann[16] – Mozart ist in einem ersten Anlauf unter Fortlassung der nachträglich eingefügten Papageno-Nummern schon bis zur Arie mit Chor »O Isis und Osiris«, also weit über die angebliche »Bruchstelle« hinaus vorgedrungen – schreibt man die widersprüchliche Vielfalt der Motive dem »Synkretismus« der vielen von Mozart und Schikaneder benutzten Quellen zu. Für den ersten Teil sind das vor allem die Märchen aus Wielands Sammlung *Dschinnistan* (*Lulu oder die Zauberflöte*, *Neangir und seine Brüder*, *Die klugen Knaben*, *Der Stein der Weisen*, *Oberon*)[17] und für den zweiten Teil Terrassons Roman *Séthos*,[18] von Borns Abhandlung *über die Mysterien der Aegyptier*,[19] von Geblers Schauspiel *Thamos König von Ägypten*, K.F. Henslers *Das Sonnenfest der Braminen* und vieles andere mehr. Auch auf die verschiedenen in der *Zauberflöte* zusammenfließenden Traditionen (Wiener Volkstheater, Maschinenoper, Singspiel, große Oper) wird die Heterogenität des Werks zurückgeführt.[20] Friedrich Dieckmann spricht von einer »Verwertungsästhetik, die ihre Stoffe nimmt, wo sie sie findet, und nur eine Einheit kennt, die der abendlichen Aufführung«,[21] Stefan Kunze nennt die *Zauberflöte* ein »Pasticcio aus komödiantischem Volkstheater, moralischem Lehrstück und freimaurerisch gefärbtem Einweihungsritual«[22], und Jörg Krämer spricht in bezug auf die *Zauberflöte* gar von »patchwork«.[23] Dabei ist man sich inzwischen allgemein einig, dies Verfahren durchaus positiv als »Eklektizismus im Vollbesitz theatralischer Kräfte, nicht aus Schwäche«[24] zu betrachten.

Was mir vorschwebt, ist keine neuerliche »Ausdeutung«[25] der *Zauberflöte*, sondern eine Form der Beschreibung, die sowohl eine möglichst umfassende Ausleuchtung der ästhetischen, d.h. musikalischen, sprachlichen und dramatischen Gestalt, als auch eine möglichst umfassende Betrachtung des geistigen Umfelds des Werkes einbezieht. Dieses geistige Umfeld wird vor allem in zwei Richtungen ausgeleuchtet: in Richtung der »Ägyptomanie« des späten 18. Jahrhunderts, als deren künstlerisch bedeutendster und wirkungsvollster Ausdruck die *Zauberflöte* mit Recht angesehen wird, und in Richtung der (weitgehend, aber nicht ausschließlich freimaurerischen) Erforschung und Diskussion der antiken Mysterien, in deren Rahmen, das ist die These dieses Buchs, die *Zauberflöte* ebenfalls einen Höhepunkt darstellt. Die Beziehung nun zwischen Vordergrund und Hintergrund oder Text und Kontext sehe ich nicht im Sinne der Verschlüsselung, sondern der Anregung und ästhetischen Umsetzung. Es geht dieser Oper in meinen Augen nicht darum, in verschlüsselter oder allegorischer Weise auf bestimmte Geheimnisse der Illuminaten, Rosenkreuzer oder Asiatischen

Brüder anzuspielen, sondern die Ideale einer unter den damaligen Umständen sich in der Form des Geheimbunds organisierenden Aufklärung mit möglichster Breitenwirkung in der Form des Kunstwerks zum Tragen zu bringen. Die *Zauberflöte* ist in meinen Augen keine Schlüsseloper, allenfalls eine »emblematische Standortbestimmung«[26] der Freimaurerei zwischen Aufklärung und Romantik.

Selbstverständlich steht dieses Kunstwerk, wie jedes andere auch und vielleicht mehr noch als viele andere, im Kontext seiner Entstehungsbedingungen und muß in diesem Kontext gesehen und verstanden werden. Selbstverständlich gehören zu diesem Kontext auch die Geheimnisse der Freimaurerei und die politisch-soziale Situation im postjosephinischen Wien. Daher haben auch die entschlüsselnden »Ausdeutungen«, obwohl sie in meinen Augen allesamt zu weit gehen, weil ich die *Zauberflöte* eben nicht für eine esoterische Allegorie, Rätsel- oder Schlüsseloper halte, doch auf halbem Wege vieles gesehen, was wert erscheint, festgehalten zu werden. Diese Ausdeutungen sollten auch nicht in Bausch und Bogen verworfen, sondern als ein rezeptionsästhetisches Faktum durchaus wahr- und ernst genommen werden.[27] Es sagt etwas aus über die Gestalt der *Zauberflöte*, daß sie von allem Anfang an solchen Deutungen ausgesetzt war. Etwas an dieser Oper provoziert, mehr als bei jeder anderen Oper, diesen interpretatorischen Furor, auch wenn Stefan Kunze natürlich recht hat, wenn er davor warnt, die Werke »für alles haftbar zu machen, was mit ihnen geschah«.[28] Die Freimaurerei bildet ohne jeden Zweifel mit ihrer Symbolik, ihren Ritualen und ihrer Wert- und Vorstellungswelt den wichtigsten Hintergrund und Kontext des Werkes. Die *Zauberflöte* ist in der Tat eine »opéra maçonnique« (Jacques Chailley[29]), aber nicht nur im esoterischen, sondern vor allem auch im exoterischen Sinne, das heißt im Sinne einer doppelbödigen Botschaft, die sowohl die Eingeweihten als auch die »Profanen« erreichen will. Die freimaurerischen Botschaften und Bezüge werden in der Oper in keiner Weise verschlüsselt, sondern offen und plakativ herausgestellt. Die Oper wird als ein Medium öffentlichen Wirkens in den Dienst freimaurerischer Ideale gestellt. Öffentliches Wirken, als Fürst, Beamter, Wissenschaftler oder Künstler, gehört zu den Pflichten des Freimaurers und seinen Vorstellungen weltverbessernder »Wohltätigkeit«. Die Freimaurerei, die den geistigen Hintergrund des Werkes bildet, war kein obskurantistischer Geheimbund, auf dessen Brauchtum und Vorstellungswelt man ein Menschheitswerk wie die *Zauberflöte* ungern reduziert sehen möchte, sondern bildete eine intellektuelle Avantgarde der Zeit, insbesondere in Wien, wo sie die Funktion einer (hier als solche erst 1847 zustande gekommenen) Akademie der Wissenschaften erfüllte.[30] Dabei denke ich insbesondere an die Loge *Zur Wahren Eintracht*, die Schwesterloge von Mozarts Loge *Zur Wohltätigkeit*, in der die Aufklärung in Österreich eine besonders engagierte Heimstatt gefunden hat. Die beiden Logen waren eng verbunden, Mozart war nach Ausweis der erhaltenen Protokolle oft in der *Wahren Eintracht* zu Gast.[31] Diese aufgeklärte Freimaurerei oder freimaurerische Aufklärung bezieht sich auf die *Zauberflöte* nicht im Sinne von Lösung und Rätsel, sie ist kein Schlüssel zur Entzifferung des Werks, sondern sie ist nicht mehr, aber auch nicht weniger als Kontext, Wurzelgrund, Anregungs- und Anspielungslieferant, dessen Kenntnis selbstverständlich zum Verständnis des Werks sehr viel beitragen kann, ohne doch in dieses Werk im Sinne einer verschlüsselten Botschaft eingegangen zu sein oder ihm als Allegorie zugrunde zu liegen. Daher erhebt meine »Beschreibung« auch nicht den Anspruch, irgendwelche bislang verborgen gebliebenen semantischen Tiefenschichten des Werkes freizulegen, sondern bemüht sich um nichts anderes als um die Nachzeichnung der offen zutage liegenden formalen und inhaltlichen musikalischen und dramatischen Linien.

Bei vielen den freimaurerischen Hintergrund betreffenden Fragen nehme ich mir bei diesem Versuch einer »dichten Beschreibung« die Freiheit, sie einfach offenzulassen: Warum soll die Oper nicht als ein bewußt vieldeutiges, überdeterminiertes Zeichen, eine »Hieroglyphe« gemeint sein und gerade als solche ihre Wirkung entfalten? Das gilt aber nicht für die Frage nach der konzeptionellen Einheit des Werkes, jene Frage also, die von der »Bruchtheorie« oder der heute vorherrschenden »patchwork«-Konzeption weniger beantwortet als gestellt wird. Für dieses Problem wird hier eine neue Lösung angeboten. Im Licht zeitgenössischer Quellen zeigt sich nicht nur der einheitliche, sowohl die Handlung als auch die in dieser Oper ganz besonders vielgestaltige musikalische Form organisierende Grundgedanke, die »Totalidee« des Werkes, sondern es läßt sich jetzt auch nachvollziehen, warum Mozart und Schikaneder so starke musikalische und dramaturgische Kontraste in den Rahmen dieser Gesamtkonzeption integriert haben. Ich will diese Lösung hier nur andeuten; sie wird dann beim Durchgang durch die Oper (in den Kapiteln 1, 3, 5 und 7) und bei der

Rekonstruktion des geistigen Umfelds (Kapitel 2, 4 und 6) im einzelnen begründet werden.

Mein Verständnis der Oper steht in der Tradition einer Forschungsrichtung, die sie nicht als mehr oder weniger gelungene Verbindung von Märchen und Mysterium, sondern *in toto* als ein Mysterienspiel interpretiert. Diese in solcher Entschiedenheit zuerst wohl von Alfons Rosenberg vorgetragene Deutung wurde vor allem von Jacques Chailley, Brigid Brophy[32], Dorothy Koenigsberger[33] und Judith Eckelmeyer[34] weiter ausgebaut. Diese Richtung betont den einheitlichen Charakter der Handlung als eines rituellen Vorgangs, in dem es vor allem um den Prozeß einer vervollkommnenden Verwandlung geht. In diesem Sinne läßt sich meine Lesung des Werks auch mit van den Berks in der gleichen Tradition stehender alchemistischer Ausdeutung in Einklang bringen. Zwar glaube ich nicht, daß die *Zauberflöte* eine verschlüsselte Allegorie des »opus magnum«, der Herstellung des Steins der Weisen (oder des Goldes) aus Salz, Schwefel und Quecksilber, ist, gehe aber davon aus, daß in der rosenkreuzerischen Tradition dieser alchemistische Herstellungsprozeß selbst bereits nicht nur strikt ritualisiert, sondern auch schon allegorisiert wurde auf eine »spirituelle Alchemie«, die Veredelung des Menschen hin, die als Grundgedanke auch den freimaurerischen Idealen ebenso wie den von diesen Ritualen geprägten freimaurerischen Vorstellungen von den antiken Mysterien zugrunde liegt. Der Grundgedanke ist überall der gleiche: Verwandlung. Subjekt dieser Verwandlung sind aber nicht die Bühnencharaktere wie die Königin der Nacht und Sarastro, sondern das »Selbst« des Initianden, der einem Perspektivenwechsel oder Sinneswandel unterworfen wird. Diesen Sinneswandel sollen auch die Zuschauer mitvollziehen. Das Motiv der Verwandlung bezieht sich auf denselben Kontrast, den die Vertreter der anderen Richtung als Bruch, Palimpsest oder Patchwork, Spur einer nur unvollkommen retouchierten Planänderung deuten.

Die Zauberflöte bringt ein Ritual auf die Bühne und läßt es nicht nur vor den Zuschauern ablaufen, sondern bezieht diese auch auf eine ebenso subtile und wie intensive Weise in dieses Ritualgeschehen ein. Das ist der ästhetische Kerngedanke, der dieser Oper zugrunde liegt und aus dem sich alles andere, ihre sprachliche und musikalische Dramaturgie ergibt. Die Idee ist ebenso singulär wie genial; ich kenne keine andere Oper, die so ausschließlich als Vollzug eines Rituals gestaltet ist, wie eng im allgemeinen die Bezüge zwischen Oper und Ritual sein und wie häufig einzelne Riten wie zum Beispiel die »ombra«-Szenen (Geisterbeschwörungen) oder Opferszenen (*Idomeneo, Iphigenie in Aulis*) in frühen italienischen Opern begegnen mögen (auch an den Ritus der Feldherrninvestitur in *Aida* wäre hier zu denken). So überaus erfolgreich auch diese Verbindung von Ritual und Oper in ihrem Fall geglückt ist, die *Zauberflöte* kennt hierin weder Vorgänger, noch hat sie Nachfolger gefunden; allenfalls könnten wir an Wagners *Parsifal* denken, bei dem aber der Ritualcharakter nicht so ausschließlich die gesamte Form bestimmend im Vordergrund steht. Zugleich unterlegt die *Zauberflöte* das Ritual, das sie auf die Bühne bringt, mit einem doppelten Boden in Gestalt der Papageno-Handlung, die ihr dieses vexierbildartige Schwanken zwischen Märchen und Mysterium, Kinderoper und Bühnenweihfestspiel verleiht. Die *Zauberflöte* wendet sich an ein heterogenes Publikum: Kinder und alte Menschen, einfache Leute und Gelehrte, Profane und Eingeweihte und reproduziert damit in ihrer ästhetischen Doppelbödigkeit die doppelbödige Struktur, die man in der zeitgenössischen Mysterientheorie mit den heidnischen Religionen, insbesondere mit der ägyptischen Religion, verband. Die Struktur der *religio duplex* mit ihrem Gegensatz von Volksreligion und Elitereligion[35] findet im Doppelgesicht der *Zauberflöte* als Kinderoper und Mysterienspiel ihren Ausdruck. Diesem Doppelgesicht entsprechend wurzelt die *Zauberflöte* neben der Freimaurerei noch in einer ganz anderen Tradition und einem ganz anderen sozialen Umfeld: in der Tradition des Wiener Volkstheaters,[36] die sich in der Handlung und in der Musik der Oper auf mindestens gleichbedeutende Weise ausprägt; schließlich ist Papageno mit seinen drei Arien und zwei Duetten musikalisch als Hauptfigur herausgestellt. Diese beiden Inspirationsquellen und Einflußsphären, die hochintellektuelle Wiener Freimaurerei mit ihrer Mysterienforschung und das eher derbe Wiener Vorstadttheater, vor allem Schikaneders hochentwickelte Bühnentechnik mit ihren Maschinen und Spezialeffekten scheinen auf den ersten Blick wenig gemeinsam zu haben; sie treffen sich aber in der religionsgeschichtlichen Konzeption der *religio duplex* und in der ästhetischen Konzeption des Initiationsrituals als eines Prozesses intensiver und kontrastiver emotionaler Erschütterung des Initianden, in die das exoterische Kunstwerk auch die Zuschauer einbezieht.

Daß die *Zauberflöte* ein Ritual *enthält*, die Initiation in die Mysterien der Isis, ist natürlich niemandem entgangen, der sich näher mit diesem Werk beschäftigt hat; daß sie aber insgesamt – natürlich in ästhetischer Verwandlung zum Kunstwerk – den Vollzug eines Rituals darstellt, ist bisher nicht gesehen worden. Diese Erkenntnis ergab sich erst aus einem gedächtnisgeschichtlichen Ansatz. Die Gedächtnisgeschichte fragt nicht »Wie ist ›es‹ eigentlich gewesen?«, sondern »Wie (warum, von wem und wann) wird ›es‹ erinnert?«. Meine Fragen sind: Was stellte man sich im späten 18. Jahrhundert unter den »Mysterien der Isis« vor? Und warum, mit welchen Interessen und Motiven, wandte man sich nicht nur der Erforschung, sondern auch der ästhetischen Re-Inszenierung dieser Mysterien zu? Diese Sichtweise erwies sich als so ungeahnt ergiebig, daß sich in ihrem Licht die Mysterienweihe nicht nur als ein zweifellos zentrales Motiv der Oper, sondern als das leitende, ihren gesamten Aufbau musikalisch und textlich bestimmende Prinzip herausstellte. Dabei ist es ganz speziell die Mysterientheorie des 18. Jahrhunderts, in deren Licht sich die gesamte Opernhandlung als ein Ritual darstellt. Diese Theorie ist bislang noch nicht untersucht worden. Ihre Erschließung bildet den Ansatz, von dem aus sich ein Verständnis der Oper in ihrer dramaturgischen Logik und Kohärenz ergibt.

Die Wiener Loge *Zur Wahren Eintracht*, mit der Mozart eng verbunden war, war Trägerin eines großangelegten Projekts zur Mysterienforschung, und zwar nicht aus einem rein antiquarischen, historischen Interesse, sondern in der erklärten Absicht, aus der intellektuellen Auseinandersetzung mit dem Altertum Impulse zu gewinnen nicht nur zur Ausgestaltung der maurerischen Zeremonien und Ideenwelt, sondern zur Umgestaltung des politischen, religiösen und gesellschaftlichen Lebens überhaupt. Es handelt sich hier um ein noch wenig bekanntes Kapitel geistiger Neuorientierung im Übergang und Wechselspiel von Spätaufklärung und Frühromantik. Man suchte in Wien nach neuen Mysterien wie in Tübingen und Jena nach einer neuen Mythologie – eine alles andere als willkürliche Parallele, denn es gab ein starkes Verbindungsglied zwischen diesen Welten in Gestalt des jungen Philosophen und Illuminaten Carl Leonhard Reinhold, der als Mitglied der *Wahren Eintracht* nach Leipzig und Weimar ging und 1787 als Kantianer nach Jena berufen wurde, um dort eine Zentralfigur des deutschen Idealismus zu werden,[37] der zugleich aber der *Wahren Eintracht* und ihrem Mysterienprojekt eng verbunden blieb.[38] Im Hinblick auf diese

Zusammenhänge läßt sich für Mozarts Kunstwerk kaum ein reicherer geistesgeschichtlicher Hintergrund denken als die Wiener Freimaurerei der 1780er Jahre.

Die antiken Mysterien und in ihrem Zusammenhang das alte Ägypten bildeten in den intellektuellen, insbesondere freimaurerischen Kreisen des späten 18. Jahrhunderts eines der meistdiskutierten Themen. Unter dem Stichwort Mysterien ging es um die Frage der religiösen Wahrheit und ihrer Erkennbarkeit für den Menschen. Im Zeitalter der Aufklärung entwickelte sich »Mysterium« zum Gegenbegriff zu Offenbarung. Die durch Mose von Gott empfangene und bei den Kindern Israels durchgesetzte Religion ist eine Offenbarungsreligion, im Gegensatz zu den vormosaischen Religionen, die die Struktur von Mysterienreligionen aufweisen. Als Mutter aller Mysterien aber galt die altägyptische Religion. So wie das Abendland in puncto Offenbarung auf den Schultern der biblischen Propheten stand, so wähnte es sich in puncto Mysterium auf den Schultern der alten Ägypter. Das Jahrhundert der Aufklärung rückte immer entschiedener von der Idee der Offenbarung ab zugunsten der Idee einer natürlichen, dem Menschen kraft seiner Vernunft zugänglichen Theologie. Die Religion der Vernunft wurde im alten Ägypten und der Gott der Philosophen in den ägyptischen Mysterien gesucht.

Was die ägyptischen Mysterien angeht, war das Abendland auf das Bild angewiesen, das der faszinierte Blick der Griechen von der ägyptischen Kultur entworfen hat. Die Griechen hatten aber ganz andere Gründe, sich für die Mysterien der Ägypter zu interessieren. Die Unterscheidung zwischen Offenbarung und Vernunft lag ihnen fern, sie standen ja nicht im Banne der biblisch-prophetischen Überlieferung. Sie waren frappiert von mancherlei Parallelen, die sie zwischen ihren Mysterien und der ägyptischen Religion, insbesondere den Isis-Mysterien, zu entdecken glaubten. Das war insofern kein Wunder, als sich die hellenistische Isis-Religion, die sich mit dem Römischen Reich in der ganzen alten Welt verbreitete, in ihrer Organisationsform nach dem Muster der Mysterienkulte gerichtet hatte. Sie rekrutierte ihre Anhängerschaft durch Einweihung und nicht durch regionale oder überregionale Zugehörigkeit. Das war das Geheimnis ihrer außerägyptischen Ausbreitung, genau wie bei den Mithras-Mysterien, die eigentlich in Persien zu Hause sind, sich aber in Gestalt einer hellenistischen Mysterienreligion ebenfalls in der ganzen Welt ausgebreitet hatten.

Arcanum – Schweigen

Das entscheidende Kriterium der Mysterienreligionen ist also die Einweihung. Sie unterscheiden nicht zwischen Priestern und Laien, sondern zwischen Eingeweihten und Profanen, griechisch *mystai* und *bebeloi*. Das griechische Wort *mysterion* heißt in der Tat ursprünglich so viel wie »Einweihung«, genau wie der synonyme Begriff *telete*. Es bezeichnet Kulte, in die man sich einweihen lassen kann. Durch solche Einweihung wird man nicht zum Priester, sondern zum »Mysten« der Gottheit, um deren Kult es geht. Bei den sogenannten ägyptischen Mysterien, das heißt bei den altägyptischen Kulten, die man für Mysterienkulte hielt, spielten allerdings, soviel war auch den Griechen bewußt, die Priester eine viel größere Rolle als in Griechenland. In der Vorstellung der Griechen bildeten sie einen Orden von Eingeweihten. Daher stellten sich die Griechen in Ägypten gewissermaßen zwei Klassen von Eingeweihten vor, den Orden der Priester und die normalen Mysten. Nun heißt *mysterium* auch »Geheimnis« im Sinne von etwas, über das man nicht sprechen darf. Das kommt daher, daß über die Riten und sonstigen Einzelheiten der Einweihung strengstes Stillschweigen bewahrt werden mußte. Diese Arcandisziplin hängt wiederum damit zusammen, daß die Einweihungsriten auf eine starke affektive Beeindruckung des Initianden zielen, er muß in Angst und Schrecken sowie in Freude und Entzücken versetzt werden, und das alles würde nicht funktionieren, wenn er ein Vorwissen über diese Riten mitbrächte. So reichert sich alsbald die Bedeutung des Wortes *mysterion* auch mit den Konnotationen des Geheimnisvollen und Unaussprechlichen an. Dieses strenge Kommunikationstabu ist auch der Grund dafür, daß die Quellen über die Mysterien eher spärlich fließen. So gesprächig die griechischen Autoren sich sonst über die ägyptische Kultur und ganz besonders über die Hieroglyphen verbreiten, hier, in bezug auf die »Mysterien«, bewegen sie sich in dunklen Andeutungen. Erst die Kirchenväter, die sich über die Arcandisziplin der Heiden hinwegsetzen, geben uns explizitere, dafür aber auch christlich und meist polemisch verformte Nachrichten.

Auf diese Quellen stützten sich die Freimaurer, um ein Bild der antiken Einweihungen zu entwerfen, das ihnen selbst zugleich als Spiegel dienen konnte, um ihre eigenen Riten zu entwerfen und ihren Ort in Staat und Gesellschaft zu bestimmen. In diesem Forschungsfeld stellte die Wiener Loge *Zur Wahren Eintracht* während der 80er Jahre des 18. Jahrhunderts die unangefochtene Hochburg dar. Es liegt auf der Hand, daß auf diesem Hintergrund und in diesem intellektuellen Umfeld die Idee entstehen konnte, die zum Vorbild und Leitstern einer neuen Idee von Geheimnis und Gemeinschaft erhobenen Mysterien zum Thema einer Oper, insbesondere einer »deutschen Oper«, zu machen, deren Titel übrigens bis zuletzt nicht feststand und die im Vorfeld auch schon einmal unter dem Titel »Die Egyptischen Geheimnisse« lief (s.u., S. 92).

Der Gedanke, das Ritual der Einweihung in die Isis-Mysterien einer Opernhandlung als organisierendes Prinzip zugrunde zu legen, erwies sich bei seiner Umsetzung durch Mozart und Schikaneder als so ungemein fruchtbar, daß ein einzigartiges Kunstwerk herauskam. Das gilt nicht nur für die Musik, sondern auch für die Handlung, die sich auf einem ganz anderen Niveau bewegt als Schikaneders vergleichbare, kurz zuvor und ebenfalls unter Mitwirkung von Mozart abgeschlossene Oper *Der Stein der Weisen*[39] oder die Oper *Das Sonnenfest der Braminen* von Mozarts Logenbruder K. F. Hensler mit der Musik von Wenzel Müller.[40] »Unter der improvisatorischen Hand«, schreibt Wolfgang Willaschek, »geriet ihm (Schikaneder) wie durch Zauberkraft das in Stücken zuvor bis zur Geschmacklosigkeit abgenutzte Sammelsurium von Effekten und Schaustücken zum niemals zuvor und nie wieder danach in solcher Fülle und Komplexität erreichten Kompendium mythologischer und mythischer Erfahrung zu einem einmaligen Werk an der Schnittstelle historischer und gesellschaftlicher Umbrüche.«[41] Das Geheimnis liegt darin, daß hier eben im Unterschied zu früheren und späteren Stücken Schikaneders keine »improvisatorische Hand« am Werk war, sondern die leitende, alle disparaten Elemente zu einer Form zusammenführende Idee der Initiation. Die Ritualstruktur ist ein entscheidendes Element der überragenden ästhetischen Gestalt und Strahlkraft der *Zauberflöte*, deren Charakter als Kultoper mit dem kultischen Charakter ihrer Struktur zusammenhängt. Diese einheitstiftende formale und inhaltliche Grundidee der Oper ist bisher nicht klar erkannt worden. Erst im Rahmen dieser Einheit kann die Oper eine so einzigartige Vielfalt an Formen, Sprachen und Stilebenen entfalten und integrieren. Eigentümlicherweise scheint jedoch die Oper wenig von ihrer Wirkung zu verlieren, wenn das Ritual als organisierende Einheit des Ganzen nicht mehr verstanden wird, sondern nur noch als ein zentrales Thema des II. Akts erscheint. Der seltsame Widerspruch, der sich dann ergibt zwischen den ersten Bildern des I. Aktes und dem Rest des Stücks und der schon früh zu der Legende führte, Mozart und

Schikaneder hätten den Plan der Handlung mitten im Zuge ihrer Ausarbeitung umgeworfen, hat die ästhetische Wirkung nicht beeinträchtigt, sondern den Eindruck geheimnisvoller Komplexität und Hintergründigkeit bestärkt.

Dieser Widerspruch, der die *Zauberflöte* zu einem Rätselwerk werden ließ, tritt besonders deutlich hervor, wenn wir, wie es ja bei dramatischen, auch musikdramatischen Werken fast unvermeidlich ist, das Augenmerk vor allem auf die Einheit von Handlung und Charakteren legen. Wir fragen nach Charakter und Wesen der Königin der Nacht und des Sarastro und verstehen nicht, warum die eine, deren mörderische Machtgier und Rachsucht im Lauf der Handlung immer deutlicher hervortritt, zunächst als eine isisartige Göttin dargestellt wird, und der andere, den wir als einen göttlichen Weisen und Priesterkönig verstehen sollen, einen Monostatos in seinen Diensten hat. Diese so naheliegende Sichtweise führt bei der *Zauberflöte* zu unlösbaren Widersprüchen. Wenn wir aber davon ausgehen, daß die Oper ein Ritual auf die Bühne bringt, in das auch die Zuschauer einbezogen werden, dann haben wir es mit einer doppelten Theatralität, einer Art Theater im Theater zu tun. Die Priester führen eine symbolische Handlung auf, die darauf angelegt ist, die Initianden, zu denen außer Tamino, Pamina und Papageno auch wir gehören, durch wechselnde Bilder aufs tiefste zu beeindrucken und einem wahren Wechselbad der Gefühle, Werturteile und Neuorientierungen auszusetzen. Wir dürfen daher nicht fragen, *wer* und *was* die Königin der Nacht wesensmäßig *ist*, sondern wie sie *erscheint*. Sie wird uns einmal so und einmal anders *gezeigt*, weil wir zusammen mit Tamino einen Perspektivenwechsel vollziehen sollen. Das Initiationsritual der Eleusinischen Mysterien, wie es neben dem der Isis-Mysterien der *Zauberflöte* zugrunde liegt, bildet in der Mysterienkonzeption des 18. Jahrhunderts vor allem einen Rahmen wechselnder Erscheinungen. Dieser Rahmen oder Horizont, den wir als ein Spiel im Spiel auffassen müssen, wird immer wieder in Richtung auf eine Sphäre höheren Ernstes überschritten, aus der die Protagonisten und wir mit ihnen Weisheitslehren empfangen: über Lieb und Bruderbund, Zufriedenheit und Menschenglück, die göttliche Bedeutung von Weib und Mann, die Wiederkehr des Goldenen Zeitalters unter den Bedingungen guter Regierung und allgemeiner Aufklärung und anderes mehr, bis dann der Vorhang des Spiels im Spiel aufgeht und wir zusammen mit Tamino und Pamina einen Blick ins

Heiligtum des größten Lichts, ja in die »Sonne« werfen dürfen, in die sich nach der Bühnenanweisung das Theater verwandelt. Eine Reihe von Widersprüchen, wenn auch keineswegs alle, lösen sich bei dieser Umpolung unserer Sichtweise oder Rezeptionshaltung auf.

Wenn die These, der *Zauberflöte* läge eine Ritualstruktur zugrunde, die sich aus der Mysterientheorie des 18. Jahrhunderts ergibt, einige Plausibilität haben soll, dann muß sie auch erklären können, warum diese Struktur schon den Zeitgenossen weitgehend verborgen blieb.[42] Tatsächlich hatte sich das intellektuelle Umfeld der Oper, die Wiener »freimaurerische Aufklärung«, bereits zum Zeitpunkt der Uraufführung 1791 so gut wie aufgelöst, wenige Jahre später war es zerfallen. Damit geriet auch die in diesen Kreisen so leidenschaftlich erforschte und verhandelte Mysterienkonzeption alsbald in Vergessenheit, und der Handlungsaufbau der *Zauberflöte* wurde zu einem Rätsel. Überhaupt kann man sagen, daß die Blütezeit der Geheimgesellschaften mit dem Übergang vom absolutistischen zum bürgerlich-demokratischen Zeitalter zu Ende ging. Damit war die dem 18. Jahrhundert eigentümliche Allianz zwischen Aufklärung und Geheimnis unverständlich und die »Geheimniskrämerei« im Gegenteil zum Inbegriff antiaufklärerischer Umtriebe geworden, wie man sie eher mit der Königin der Nacht als mit Sarastro in Verbindung bringen würde. An die Stelle der Suche nach »neuen Mysterien«, die der aufgeklärten Elite ihren Platz in Staat und Gesellschaft und ihre Rolle im Projekt fortschreitender Weltverbesserung bestimmen und sichern sollten, trat die Suche nach einer »neuen Mythologie«, die Nation und Volk zu einen und zu großen Taten zu mobilisieren imstande wäre.

Dieses Verblassen des geistigen Umfelds tat jedoch der geradezu triumphalen Wirkung und Strahlkraft der *Zauberflöte* nicht den geringsten Abbruch. Die ihr zugrundeliegende Ritualstruktur wirkte auch im verborgenen. Das mag an bestimmten Gemeinsamkeiten zwischen Ritual und Oper gegenüber dem Sprechtheater liegen. Der wichtigste Unterschied zwischen der Oper und dem Drama besteht ja wohl darin, daß das Drama (wenn es nicht, wie Brechts »episches Theater«, besondere Vorkehrungen dagegen trifft) die Illusion eines tatsächlich ablaufenden Geschehens erweckt und den Zuschauer so in diesen Vorgang hineinzieht, daß er den Kunstcharakter des Signifikanten über dem Signifikat – der Handlung – aus dem Auge verliert. Die gesprochenen Worte dürfen sich nicht als Klangereignis in den Vordergrund stellen, sondern müssen auf die Handlung hin durchsichtig sein. Die Worte stehen vollkommen im Dienst der vorwärtsdrängenden Handlung: hier wiederholt sich nichts und tritt nichts auf der Stelle. Ganz anders die Oper. Sie stellt ihren Kunstcharakter zur Schau und läßt über der ästhetischen Präsenz des Signifikanten das Signifikat, die Handlung, in den Hintergrund treten. Immer wieder wird die voranschreitende Handlung gleichsam aufgestaut und in Präsenz verwandelt.[43] Etwas Ähnliches unterscheidet das rituelle vom Alltagshandeln. Das Alltagshandeln findet seinen Sinn im Zweck, so wie der Weg im angestrebten Ziel. Beim Ritual dagegen kommt es auf das Wie der Ausführung, auf jede Geste, auf Intonation und Wortlaut an. Auch das rituelle Handeln ist zielgerichtet, aber dieses Ziel läßt sich nicht auf die eine oder die andere, sondern nur auf die genau vorgeschriebene Weise erreichen; hier gilt die Devise »Der Weg ist das Ziel«. Das Ritual ästhetisiert das Handeln und stellt gegenüber seiner zweckbezogenen Zielstrebigkeit seinen Vollzug in jedem seiner Momente in den Vordergrund. Es gibt also eine geheime Wahlverwandtschaft zwischen Oper und Ritual, aus der die nicht seltenen Ritualszenen in Opern ihre besondere Wirksamkeit beziehen und auf der wohl auch das wirkungs- und resonanzästhetische Geheimnis der *Zauberflöte* beruht. Die Oper ist, wenn man so will, ein ritualisiertes Drama, und die Mysterienoper wäre als eine ritualisierte Oper zu verstehen. In diesem Zusammenhang ist es aufschlußreich, daran zu erinnern, daß das antike Drama aus dem Ritual und die Oper im Florenz des ausgehenden 16. Jahrhunderts aus dem Gedanken hervorgegangen sind, das antike Drama in seiner rituellen Urgestalt wiederherzustellen. Diese verborgene Allianz zwischen Ritual und Oper scheint mir ein wesentlicher Grund dafür zu sein, daß die *Zauberflöte* trotz aller Widersprüche, die sich aus dem Verschwinden und Vergessen ihres geistigen Umfelds ergeben, eine so überzeugende und faszinierende Wirkung entfaltet.

Der Grundgedanke des vorliegenden Buchs ist, was man mit Clifford Geertz eine »dichte Beschreibung« oder auch in Anlehnung an Aby Warburg eine »kulturwissenschaftliche« Behandlung der *Zauberflöte* nennen könnte: eine Darstellung des Werks unter möglichst umfassender Einbeziehung seiner geistigen Kontexte und Wurzelgründe. Aby Warburg wollte das Kunstwerk aus den Grenzen einer rein ästhetischen und disziplinären, in seinem Fall also kunstwissenschaftlichen Betrachtung befreien und als Zeugnis oder Ausdruck viel weiter gehender intellektueller, gesellschaftlicher, ökonomischer, politischer und sonstiger Bezüge, vor allem aber als Träger eines in die Antike oder geradezu in die Archive der Menschheitsgeschichte zurückreichenden Gedächtnisses einer wissenschaftlichen Behandlung erschließen. Im bescheideneren Rahmen meiner Möglichkeiten schwebt mir für die *Zauberflöte* etwas Ähnliches vor.[44] Ich habe dafür nach vielen Versuchen schließlich eine Form gewählt, die dem Leser ein gewisses Maß an Phantasie abverlangt. Ich möchte den Leser, die Leserin beschreibend durch die Oper führen, diese Beschreibung aber auch von Zeit zu Zeit unterbrechen, um in weiter ausgreifenden Exkursen auf die geistigen, kulturellen und stofflichen Hintergründe der Oper einzugehen. Wir werden also bei diesem Gang durch die *Zauberflöte* die Oper vor unseren inneren Sinnen in vier anstatt zwei Akten aufführen, was durchaus vertretbar ist, weil sich beide Akte in einer sowohl vom Aufbau der Handlung als auch durch Mozarts Komposition sehr klar herausgestellten Weise nochmals in zwei annähernd gleich lange Teile gliedern. Im ersten Akt liegt die Zäsur bei der Verlagerung der Handlung in den heiligen Tempelhain des Sarastro, im zweiten Akt, wie sich zeigen wird, beim Übergang von den »Kleinen« zu den »Großen Mysterien«. So ergeben sich zwischen den einzelnen Akten längere Pausen, die wir zu Ausflügen in die Welt der *Zauberflöte*, ihr geistiges Umfeld und ihre kulturellen Kontexte nutzen wollen. Ich konzentriere mich dabei auf drei Komplexe: das Ägyptenbild der *Zauberflöte*, die Freimaurerei als der offensichtlichste ihrer geistigen Nährböden und die Vorstellung der damaligen Zeit von den antiken Mysterien. Man könnte noch viele andere solcher kulturellen Kontexte einbeziehen: die Traditionen des Wiener Volkstheaters,[45] die Welt des Emanuel Schikaneder, der als der »Max Reinhard des 18. Jahrhunderts« bezeichnet wurde,[46] der Josephinismus und die mit ihm verbundenen Hoffnungen,[47] die Nationaltheater-Bewegung und die Bemühungen um eine »deutsche Oper« usw.,[48] aber ich habe mich für diese Kapitel auf jene Aspekte beschränkt, die mir für das Verständnis der Oper, das Projekt einer »werkgerechten Rezeption« am wichtigsten zu sein scheinen.

Im ersten Kapitel wird der Leser, die Leserin durch den »ersten Akt« geführt, also den ersten Teil des ersten Aufzugs, die Szenen, die im Reich der nächtlichen Königin spielen. In der »Pause« gehen wir den Fragen nach Ort und Zeit der Opernhandlung und besonders dem Ägyptenbild des 18. Jahrhunderts nach. Das dritte Kapitel führt durch den »zweiten Akt«, also das Finale des ersten Aufzugs mit den Szenen in Sarastros Tempelhain. Die »große Pause« nutzen wir wiederum für einen Ausflug in das geistige Umfeld und widmen uns im vierten Kapitel dem Thema »Mysterien«. Wir erfahren etwas über Mozart als Freimaurer und über die intensive Mysterienforschung seiner Loge, die den unmittelbaren geistigen Kontext der Oper bildet. Das fünfte Kapitel führt uns wieder in die Oper zurück, und zwar in die erste Folge der Prüfungsszenen, auf die wir nun gut vorbereitet sind. Dieser »dritte Akt« umfaßt die Szenen 1-26, also alles bis zum Finale und endet mit Papagenos komischer »Höllenfahrt«. Die letzte Pause widmen wir nochmals der freimaurerischen Beschäftigung mit den antiken Mysterien und informieren uns über die Vorstellung der »Großen Mysterien« und ihre politische Theologie. Um diese letzte und höchste Stufe der Mysterienweihe geht es im großen Finale der Oper, der unsere imaginäre Aufführung einen eigenen »Akt« und das siebente Kapitel widmet.

Nach dem Verklingen des Schlußakkords gehen wir jedoch nicht gleich nach Hause, sondern führen noch ein Nachgespräch, das um zwei Themen kreist: um die Fragen des Aufbaus der Oper und des Zusammenhangs zwischen der Oper und ihrem kulturellen, teilweise esoterischen Hintergrund, wie ihn die »Pausenkapitel« auszuleuchten unternommen haben.

Erstes Kapitel
Im Reich der nächtlichen Königin oder Die Aussendung des Helden

Abb. 1 Der Tempel der Königin der Nacht (I/1): ein ägyptisierender Tempel, eingestellt in eine natürliche Grotte, in kühner Verbindung von Natur und Kunst. Bühnenbildentwurf von Friedrich Schinkel (Berlin 1816)

Ouvertüre

Die Ouvertüre beginnt *Adagio* mit den berühmten drei Akkorden (der zweite und dritte mit Sechzehntel-Vorschlag, wir hören also fünf[1] Akkordschläge – ‿– ‿–), die sforzato und mit vollem Orchester im Allabreve-Takt vorgetragen in den Oberstimmen je um eine Terz vom es" über g" zum b" aufsteigen und mit den Baß-Schritten Es – C – G in harmonischer Hinsicht von der Tonika Es-Dur über die Moll-Parallele c-Moll zu einem (Terz)Sextakkord Es-Dur führen.

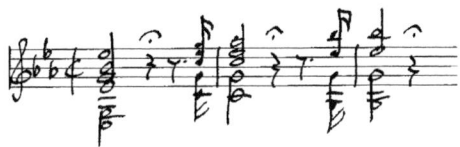

Alle Instrumente: erste und zweite Violinen, Bratschen, Celli und Kontrabässe, Flöten, Oboen, Klarinetten, Fagotte, Hörner, Trompeten, Posaunen und Pauken kommen bei diesen Eingangsakkorden zum Einsatz. Schikaneders Orchester war mit 35 oder gar 37 Musikern für die Zeit ungewöhnlich stark besetzt.[2] Die Wirkung der drei Akkorde ist außerordentlich; jedem Hörer wird klar, daß es hier um etwas Feierliches, Sakrales, ja Kultisches geht. Der Quartsextakkord, auf den die einleitenden Akkorde enden, wirkt wie eine offene Frage oder wie ein Doppelpunkt: man ist gespannt, wie es weitergeht. Aber erst nach einer Generalpause entsteht in den Streichern eine synkopierte Bewegung leidenden, schmerzvollen Ausdrucks (die zweiten Violinen beharren hier über 9 Takte auf einem Es, das im harmonischen Geschehen dieser Takte kaum einmal die Tonika stabilisiert, sondern sich meist an Dominant- und Subdominant-Akkorden reibt). Hier treten nun Streicher und Bläser auseinander: bei den Streichern die tastende, suchende Bewegung, bei den Bläsern die eingeworfenen Akkorde, die durch die sogleich wieder zurückgenommene Emphase (sforzatopiano) einen besonders schmerzlichen Ausdruck annehmen.³ Die Bewegung leitet unmittelbar in das Allegro über: ein regelrechtes vierstimmiges Fugato, selten in Mozartschen und sonstigen Opernouvertüren der Zeit, das den Eindruck des Außergewöhnlichen weiterführt.⁴ Das Thema hat Mozart einer Klaviersonate von Muzio Clementi entnommen, die dieser bei einem musikalischen Wettkampf mit Mozart vor Joseph II. am 24. 12. 1781 gespielt hatte. Clementi legte auf sein Copyright an diesem Thema großen Wert: in den frühen Ausgaben der Sonate op. 24 Nr. 2 in B-Dur (1789) findet sich hier die Anmerkung »Diese Sonate (mit der Toccata in B-Dur) wurde von dem Componisten im Jahre 1781 dem Kaiser Joseph II. vorgespielt, wobei Mozart zugegen war.«

Mozart hat den Charakter dieses Themas allerdings nahezu ins Gegenteil verkehrt. Bei Clementi handelt es sich um einen bloßen Anlauf von b zu g'', der mit einem Crescendo zu zwei arpeggierten Akkorden aufsteigt; dann geht es *dolce* mit einem anderen Motiv weiter. Mozart dagegen spinnt das Thema geradezu endlos weiter, da es ja nun als Fugenthema durch die Stimmen wandert. Hier gibt es kein Crescendo, alles verbleibt in einem wie auf Zehenspitzen vorbeihuschenden Piano, dafür aber bekommt das Thema durch das Forte auf der Drehfigur im letzten Viertel jeden Taktes einen witzigen Akzent, der es mit seinen pochenden Achteln und der abschließenden Drehfigur ins Komische wendet. Dieses Komische geht ihm bei Clementi schon durch das pathetische Crescendo und seine hinführende, sich alsbald totlaufende Funktion vollkommen ab.

Die beiden Änderungen, die Mozart an Clementis Thema vornimmt, sind so charakteristisch, sowohl für den von Haydn und Mozart entwickelten klassischen Stil im allgemeinen als auch für den Geist der *Zauberflöten*-Partitur im besonderen, daß ich sie noch einmal hervorheben möchte: die Wendung ins »Gelehrte«, die Mozart dem

Thema durch die kontrapunktische Verarbeitung gibt, und die Wendung ins Buffoneske, die es durch den witzigen Akzent auf dem letzten Taktteil erfährt. Bei dem Buffonesken denkt man natürlich an die Papageno-Sphäre der Oper, der kontrapunktische Stil dagegen steht dieser Sphäre denkbar fern und kommt in der Oper nur in der Priestersphäre vor.[5]

Bei einer Mozartschen Ouvertüre liegt es nahe, Bezüge zum Inhalt oder zum musikalischen Material der Oper zu vermuten. So ist in dieses Fugato viel hineingelesen worden. Gunthard Born beruft sich auf die Bedeutung des Wortes *fuga* als »Flucht« und will darin die Flucht des Prinzen Tamino vor der »listigen Schlange« erkennen, die sich hinter dem geschlossenen Vorhang abspielt.[6] Wolfgang Willaschek vernimmt darin »These und Antithese, Streit und Widerstreit einander ergänzender und zugleich bekämpfender Figuren, Instanzen und Ideen, die, einmal in Kraft und Bewegung versetzt, eine eigene Dynamik entwickeln. Unaufhaltsame musikalische Motorik dient als Spiegelbild zwangsläufiger, von außen kaum zu kontrollierender gesellschaftlicher Prozesse. Kein Zuhörer kann sich von der Ouvertüre an dem Zwang entziehen, sich in und mit diesem Werk einer Prüfung auszusetzen. Das zentrale Thema des Werks geht ihn direkt an.«[7] Die letzten beiden Sätze würde ich zwar unterstreichen: Der Zuhörer wird in den initiatorischen Prozeß hineingezogen, aber nicht durch die »unaufhaltsame musikalische Motorik« des Fugato, das so gar nicht nach Programm-Musik wirkt und nach Deutung verlangt. Das Fugato ist, wenn man so will, »absolute« Musik, die durch ihre Schönheit, d.h. ihre rhythmische, melodische, kurz: klangliche Präsenz wirken will, aber nicht durch ihre »Bedeutung«, die es zu entschlüsseln und zu verstehen gilt. In einer Oper erfüllt die Musik eine doppelte Funktion: Sie ergänzt die sprachliche Sphäre der Repräsentation von Bedeutung durch eine Sphäre schierer Präsenz, die einfach Gegenwart ist, ohne etwas zu vergegenwärtigen, und sie verstärkt die sprachliche Sphäre durch eine zusätzliche Ebene der Verdeutlichung. Die Musik, von Haus aus asemantisch, steht einer sekundären Semantisierung nach vielen Richtungen hin offen, und Mozart ist in dieser Hinsicht besonders weit gegangen. Trotzdem darf man auch seine Musik nicht über Gebühr mit inhaltlicher Bedeutung aufladen.[8] Beim Allegro-Teil der Ouvertüre zielt eine solche Aufladung am Charakter des Stücks vorbei.

Die Funktion des Fugato im Gesamtrahmen der Ouvertüre scheint mir vor allem darin zu bestehen, einen heiter bewegten Kontrast aufzubauen zu den feierlichen Akkorden, von denen es sich in größtmöglicher Deutlichkeit abhebt, um sie im Sinne eines rätselhaften, hieroglyphischen Zeichens herauszustellen. Diesem Kontrast dient auch das Komische, das Mozart dem Clementi-Thema mit seinen repetierenden Achteln und der kleinen Drehfigur durch Akzentgebung und polyphone Verarbeitung verliehen hat. Wenn die Akkorde zum zweiten Mal erklingen, diesmal in B-Dur, nur die Bläser, jeweils zwei halbe Noten mit Sechzehntel-Vorschlag (˅ – – ˅ – – ˅ – –, auch die Pausen sind gedehnt), und mitten im Fugato-Teil (T. 97-102) dieser heiteren Bewegung wie die Botschaft aus einer anderen Welt in die Parade fahren, dann wirken sie als ein rätselhaftes Signal, eine klangliche Hieroglyphe, die man unmittelbar als hochbedeutungsvoll erkennt, deren Bedeutung aber – einstweilen und zumindest für den »Profanen«[9] – unentzifferbar bleibt. Erst wenn diese Akkorde in genau identischer Form im zweiten Aufzug wieder erklingen, wird ihre rituelle Bedeutung klar. Sie unterscheiden sich von den einleitenden Akkorden in viererlei Hinsicht: durch die Tonart (B-Dur, nicht Es-Dur), die Instrumentierung (nur Bläser, nicht volles Orchester), den Rhythmus (neun Schläge, nicht fünf) und die Harmonie (durchgehend Tonika mit Grundton B im Baß, nicht Wechsel zu C [Moll-Parallele] und G [(Terz)Sextakkord]). Diese Akkorde, und nur sie, stellen m.E. den Bezug zur Oper her, durch ein charakteristisches Zitat, das als Motto oder Tonsymbol aus seiner Umgebung herausfällt und auf das Kommende vorausdeutet. Diese Form der Bezugnahme hatte Mozart im *Don Giovanni* verwendet, wo die langsame Einleitung der Ouvertüre auf die Komturszene im Finale des letzten Akts verweist, und in *Così fan tutte*, wo das titelgebende Tonsymbol in der Ouvertüre instrumentaliter, im Finale des letzten Akts vocaliter erklingt.[10]

Als hätte dieser Einbruch sakralen Ernstes das Fugato in seiner unbeschwerten Heiterkeit erschüttert, setzt es nach dieser Zäsur in seinem Charakter ziemlich verwandelt in der Art einer Durchführung in b-Moll wieder ein, bei der nun eine Figur, die im ersten Teil gelegentlich als Kontrasubjekt auftauchte, die Hauptrolle spielt: eine auf schwachem Taktteil einsetzende punktierte Halbe, gefolgt von einem Oktavabgang in Achteln. Wir haben es also mit einer höchst kunstvollen Kombination von Fuge und Sonatensatz sowie »gelehrtem« und »galantem« Stil

Abb. 2 »Zu Hilfe, zu Hilfe, sonst bin ich verloren.«
Tamino fällt, von der Schlange verfolgt, in Ohnmacht
(I/1). Stich aus dem Taschenbuch *Orphea* (1825)

zu tun.[11] Der zweite Teil mündet in eine nicht weniger als 24 Takte umfassende pathetische, mächtig ausrollende Coda. Ein komplexes, umfangreiches (226 Takte), in vieler Hinsicht aus dem Rahmen des Gewohnten fallendes Werk, wie man es nun gar im Rahmen eines Wiener Vorstadttheaters weder vorher noch nachher jemals zu hören bekam. Mozart kam es offenbar darauf an, die Erwartungen seiner Zuhörerinnen und Zuhörer von Anfang an in eine andere als die durch diesen Rahmen nahegelegte Richtung zu lenken.

Untersuchungen am Autograph haben ergeben, daß Mozart die Ouvertüre in ihren Hauptstimmen im Frühsommer 1791, gleich im Anschluß an die Fertigstellung der wichtigsten Nummern, niedergeschrieben haben muß.[12] Das Füllwerk aber hat er mit stark verdünnter, heute kaum mehr leserlicher Tinte in offenbar höchster Eile am 28. September, zwei Tage vor der Uraufführung, nachgetragen. Dann mußten die Stimmen ausgeschrieben werden. Wie viele Stunden mögen dem jungen Kapellmeister Henneberg und seinen Musikern noch zum Einüben geblieben sein?

1. Aufzug
1. Auftritt

Der Vorhang öffnet sich: »*Felsichte Gegend, hie und da mit Bäumen überwachsen; auf beyden Seiten sind gangbare Berge, nebst einem runden Tempel. Tamino kommt in einem prächtigen japonischen*[13] *Jagdkleide von einem Felsen herunter, mit einem Bogen, aber ohne Pfeil. Eine Schlange verfolgt ihn.*« Eine gehetzte Musik in c-Moll, *piano* mit *forte*-Akzenten, pathetisch, leidend, begleitet den panisch fliehenden, »Zu Hülfe, zu Hülfe« rufenden Tamino, »der listigen Schlange zum Opfer erkoren«. Mozart bedient sich hier eines Motivs aus dem Oratorium von Josef Myslivecek *Isacco figura del redentore*, das er 1777 in München gehört hatte:

Nr. 1
Introduktion

Es handelt sich um die einleitenden Takte zu einem hochpathetischen Recitativo accompagnato, in dem Abraham seinem fassungslosen Entsetzen gegenüber dem göttlichen Auftrag, seinen Sohn zu opfern, Ausdruck gibt: »*Eterno Dio! Che inaspetto e questo, che terribile commando!*«[14] Von der Wucht dieser erschütternden Szene her versteht man gut, daß dieses mit solcher Bedeutung beladene Thema sich Mozart unauslöschlich einprägte.

Die listige Schlange war nach Ausweis der autographen Partitur ursprünglich ein »grimmiger Löwe« und wurde später, vielleicht weil der Löwe als Sonnentier mit Sarastro assoziiert wurde, in die Schlange verändert.[15] Entscheidender noch ist die Streichung der Trompeten- und Paukenstimme, die Mozart in der Partitur ursprünglich von Anfang an und nicht erst bei der Intervention der drei Damen vorgesehen hatte. Die Annäherung der Bestie – Löwe oder Schlange – bildet Mozart im Orchester durch ein Motiv ab, das fünfmal jeweils einen Halbton höher wiederholt von g nach c aufsteigt.[16] Tamino fällt vor Schreck in Ohnmacht, wird uns also zunächst als das Gegenteil eines Helden vorgestellt. Aber die Ohnmacht hat vielerlei Bedeutung, macht vieles sinnfällig. Tamino hat sich auf der Jagd verirrt, ist auf der Flucht vor der Schlange noch weiter von seiner vertrauten Welt abgekommen und erleidet jetzt in dieser Ohnmacht eine Art symbolischen Tod, um in einer neuen Welt, zu einem neuen Leben zu erwachen. Auch ohne schon hier freimaurerische Symbolik bemühen zu müssen[17], wird jedem Zuschauer klar, daß Tamino mit dieser Ohnmacht seinem früheren prinzlichen, knabenhaften Leben abstirbt und ein neues Leben, in einer neuen Welt, beginnt.

Die Ohnmacht des Helden

Der Anfang setzt einen denkbar starken Akzent. Der Held, und mit ihm der Zuschauer, wird in die Handlung förmlich hineingeschleudert. Den ohnmächtig gewordenen Tamino retten im letzten Augenblick drei »Damen«: »*Er fällt in Ohnmacht. Sogleich öffnet sich die Pforte des Tempels; drey verschleyerte D a m e n kommen heraus, jede mit einem silbernen Wurfspieß.*« Ihre Intervention »Stirb, Ungeheur, durch unsere Macht!« verwandelt Taminos c-Moll in As-Dur, die Form eines Trugschlusses, die Mozart in der *Zauberflöte* gern als Pathosformel, gerade auch wie hier im Sinne einer rettenden Intervention,[18] einsetzt.[19] »Dabei wird das Wort ›Macht‹ über dem Dominantseptakkord der neuen Grundtonart Es-Dur als offene Frage ausgehalten«, schreibt Wolfgang Willaschek und fährt ebenso treffend fort: »Mozart erhöhte die Tat zur sinnbildlichen

Abb. 3 Der lange Blick: »Ein holder Jüngling, sanft und schön«.
Die drei Damen und der ohnmächtige Tamino (I/1).
Radierung von Hoppe (Leipzig), Hamburg 1795

Aktion. Im Märchen erfolgt Rettung vom einen zum anderen Augenblick und bedarf keiner rationalen Begründung. Dem Mythos der Initiation entsprechend wird Tamino vom einen Augenblick zum anderen in eine neue Befindlichkeit versetzt: in den ihm, dem Ohnmächtigen, noch unbewußten Beginn einer Lebensprüfung, was einem Geburtsvorgang gleicht.«[20] Mit dem »Triumph!« der Damen findet die »offene Frage« ihre Antwort in klarem Es-Dur.

Wir befinden uns noch immer in Nr. 1, »Introduktion«. Nicht weniger als 180 Takte nimmt der Auftritt der drei Damen in Anspruch, deren Dreigesang mehrere Melodien-, Takt-, Tonart- und Stimmungswechsel durchläuft, eines der bezauberndsten, vollkommensten und den Hörer gleich zu Anfang schon in Bann schlagenden Ensembles der Opernliteratur. »In den drei Damen«, schreibt Wolfgang Hildesheimer,

»hat (Mozart) etwas absolut Einmaliges geschaffen, einen Klangkörper für sich, der aber niemals ins rein Instrumentale abgleitet, sondern immer menschlich und weiblich bleibt.«[21] Mit dem Blick, den die Damen auf den ohnmächtigen Tamino werfen, wechselt die Tonart nach As-Dur, steigt also im Quintenzirkel eine Stufe herunter, aber nicht plötzlich, trugschlußartig: Mozart macht diesen langen Blick in sieben überleitenden Takten hörbar, in denen sich ein innerer Vorgang abspielt. Die Damen betrachten ergriffen die Schönheit Taminos. Sie finden ihn »zum Malen schön«. Zum ersten Mal erklingt das Stichwort »Liebe«, das Grundthema der Oper: »Würd' ich mein Herz der Liebe weih'n, so müßt es dieser Jüngling sein.« Dies ist, schreibt Willaschek, »der erste Augenblick, in dem äußere Handlung stillsteht, um innere freizusetzen«.[22]

Ein neues Thema, *staccato*, hüpfend, begleitet den Einfall »Laßt uns zu unsrer Fürstin eilen...«, dasselbe Thema, elfmal wiederholt durch verschiedene Moll-Tonarten im Quintenzirkel hinaufwandernd (f-Moll, c-Moll, g-Moll) bestimmt den ausbrechenden Konflikt, denn jede möchte allein bei dem schönen Jüngling zurückbleiben. Sobald sich die drei darüber klarwerden, wechseln Melodie, Takt und Tonart. Durch heiteres G-Dur und beschwingten 6/8-Takt, der, wie Harald Haslmayr anmerkt, in den Takten 128-130 in eine »waschechte Walzerbewegung« verfällt, wendet Mozart den Text – »sie wäre gern bei ihm allein? Ei, ei, wie fein« – ins Ironische. Dann allerdings gibt er ihren Gefühlen in C-Dur über einer Begleitung, die mit ihrem neunmal erklingenden Trillermotiv an den Auftritt des vor Eifersucht rasenden Grafen Almaviva im *Figaro* erinnert (»Susanna or via sortite«, Nr.13), leidenschaftlichen Ausdruck, ja Ausbruch: »Was würde ich darum nicht geben, könnt ich mit diesem Jüngling leben!« Zuletzt ernüchtern sich die drei in G-Dur und neuer Thematik zu dem Entschluß, doch gemeinsam aufzubrechen, und vereinigen sich noch einmal in »süßer« (*dolce* steht bei den Oboen) Harmonie zu einem innigen Lebewohl, das sie (mit Wiederholungen und Nachspiel) auf nicht weniger als 46 Takte ausdehnen.

Das Besondere dieser Szene ist der Kontrast zwischen der intensiven musikalischen und der vergleichsweise geringen dramatischen Ereignisdichte. Auf der Bühne geschieht wenig: Die drei Damen sind die ganze Szene über mit dem ohnmächtigen Tamino allein. Musikalisch aber passiert alle 20-25 Takte etwas Neues. Durch thematischen Wechsel ist die Szene in acht Abschnitte gegliedert, ein besonders starker Kontrast (Generalpause, Tonart, Tempo, Takt) trennt zudem die ersten vier von den letzten vier Abschnitten:

1: T. 40-67 *Von As- nach Es-Dur*
DIE DREI DAMEN
Stirb Ungeheu'r, durch unsre Macht!²³
Triumph! Triumph! Sie ist vollbracht,
Die Heldenthat! Er ist befreit
Durch unsres Armes Tapferkeit.

2: T. 63-87 *(4 Takte Übergang von Es nach As: der »lange Blick«) neues Thema:*
ERSTE DAME *(ihn betrachtend.)*
Ein holder Jüngling, sanft und schön.
ZWEITE DAME
So schön, als ich noch nie gesehn.
DRITTE DAME
Ja, ja, gewiß! zum Mahlen schön.
ALLE DREI
Würd' ich mein Herz der Liebe weih'n,
So müßt' es dieser Jüngling sein.

3. T. 88-104 *neues Thema:*
Laßt uns zu unsrer Fürstinn eilen,
Ihr diese Nachricht zu ertheilen.
Vielleicht, daß dieser schöne Mann
Die vor'ge Ruh' ihr geben kann.

4. T. 105-119 *neues Thema (Modulationen Dur/Moll):*
ERSTE DAME
So geht und sagt es ihr,
Ich bleib' indessen hier. –
ZWEITE DAME
Nein, nein, geht nur hin,
Ich wache hier für ihn!
DRITTE DAME
Nein, nein, das kann nicht sein,
Ich schütze ihn allein!
ALLE DREI
Ich! Ich! Ich!
Generalpause.

5. T. 120-153 *Tonartwechsel Es-Dur > G-Dur, Taktwechsel 4/4 > 6/8, Allegretto, neues Thema:*
(Jede für sich.)
Ich sollte fort! Ey, ey! wie fein!
Sie wären gern bey ihm allein,
Nein, nein! das kann nicht seyn.

6. T. 153-163 *C-Dur, Allegro, neues Thema:*
(Eine nach der andern, dann alle drei zugleich.)
Was wollte ich darum nicht geben,
Könnt' ich mit diesem Jüngling leben!
Hätt' ich ihn doch so ganz allein!

7. T. 164-173 *neues Thema:*
Doch keine geht, es kann nicht seyn.
Am besten ist es nun, ich geh'.
Generalpause.

8. T. 174-218 *neues Thema:*
Du Jüngling schön und liebevoll,
Du trauter Jüngling, lebe wohl,
Bis ich dich wieder seh'.
(Sie gehen alle drey zur Pforte des Tempels ab, die sich selbst öffnet und schließt.)

Da äußerlich nicht viel passiert, können sich die musikalischen Ereignisse nur auf das innere Geschehen beziehen: die wechselnden Stimmungen und Gefühle der drei Damen. Diese Szene führt uns auf eine unüberbietbare Weise vor Augen, was musikalische Dramaturgie bedeutet. Hier wird mit rein musikalischen Mitteln ein inneres Drama hörbar gemacht.

Der dramaturgische Sinn dieser langen Szene ist die »Schönheit« Taminos, die das Verweilen und den Zank der drei Damen auslöst. Wir haben mit eigenen Augen seine Angst gesehen, nun sehen wir im Blick der drei Damen seine Schönheit. Wir dürfen vermuten, daß diese anfangs so breit herausgestellte Haupteigenschaft des Helden die weitere Handlung bestimmen werde – und werden in dieser Vermutung enttäuscht werden. Von der Schönheit Taminos ist im weiteren Verlauf nicht mehr die Rede. Auch Pamina wird Tamino nicht lieben, weil er so schön ist, sondern weil sie von ihm geliebt wird. Gerade weil das Motiv zur Handlung nichts beiträgt, fragt man sich, was es hier bedeutet. Wird hier auf die Schönheit als – neben Stärke und Weisheit – eine der drei Säulen der Freimaurerei angespielt?[24] »Es siegte die Stärke und krönet zum Lohn die Schönheit und Weisheit mit ewiger Kron«, lauten die Schlußworte der *Zauberflöte*. Schönheit – Weisheit – Stärke, drei Stichworte, die drei Phasen des Prüfungsrituals kennzeichnen. Die Bildnisarie, die wenig später das Motiv des Anblicks der Schönheit aufgreift und ins Schicksalhafte steigert, macht klar, daß hier auf Kommendes vorausgedeutet wird.

Papageno tritt auf

2. Auftritt   *Tamino (erwacht, sieht furchtsam umher)* spricht das obligate »Wo bin ich?« jedes aus einer Ohnmacht Erwachenden, erblickt die tote Schlange und wundert sich. Von fern ertönt das Vorspiel. *Papageno kommt während des Vorspiels einen Fußsteig herunter...* (Papagenos berühmtes Federkostüm wird in der Szenenanweisung nicht erwähnt) und singt in G-Dur[25] und Andante (nicht Allegretto!) sein Auftrittslied, in dem er sich als Vogelfänger vorstellt und sich rühmt, »bei Alt und Jung im ganzen Land« bekannt zu sein: Die einzige Stelle, aus der wir etwas über die sozialen Beziehungen Papagenos erfahren, denn ansonsten ist von Alt und vor allem Jung nicht die Rede, und schon in der nächsten Strophe gesteht er auch sein Problem: nämlich daß er statt der Vögel lieber Mädchen fangen und am liebsten alle Mädchen besitzen würde. Trotz seiner allgemeinen Bekanntheit lebt er einsam. Die dritte Strophe, in der er sich ausmalt, alle Mädchen um Zucker einzutauschen und diesen der Einen, Liebsten zu geben, hat Schikaneder, der Papageno-Darsteller der frühen Aufführungen, später[26] hinzugedichtet, wohl um Papagenos Charakterbild zu vereindeutigen. Denn Papageno ist kein Don Giovanni und auch kein Cherubino. Bei ihm hat die (noch) nicht objektbezogene, frei schweifende Sehnsucht nach dem anderen Geschlecht einen ganz anderen Charakter, weil sie im Grunde auf Treue und Familienglück angelegt ist. Das wird sich im Fortgang der Handlung noch deutlich zeigen, aber Schikaneder will vermutlich in dieser Hinsicht von Anfang an kein Mißverständnis aufkommen lassen. Das stellt die dritte Strophe klar. Das Lied gibt sich mit seiner strengen 4-8-Periodik und seinem schlichten Alternieren von Tonika und Domi-

Nr. 2 Aria

Abb. 4 Papageno im Federkleid,
mit Pfauenschwanz und Kopfschmuck.
Rechts im Hintergrund der Rundtempel
der drei Damen. Abbildung im Wiener Textbuch
von 1791 (I/2). Stich von Ignaz Alberti

nante auf eine ungemein überzeugende Weise als ein echtes Volkslied und steht dadurch in denkbar größtem Kontrast zur Artistik der drei Damen. Witzige Akzente setzen die Hörner, die die drei Achtel jeden zweiten Taktes – »bin ich ja«, »hopsasa«, »bin bekannt«, »ganzen Land« – des ansonsten von Streichern begleiteten Liedchens hervorheben, sowie natürlich das »Faunen-Flötchen«, das Papageno zwischendurch erklingen läßt. Mit diesem Auftritt fügt sich die Oper zum ersten Mal in den Rahmen des Volkstheaters, in dem sie erklingt, und erfüllt die Erwartungen, die sich an diesen Rahmen knüpfen mochten. Die Form des Auftrittsliedes, in dem sich der Sänger mit seinem Beruf vorstellt, gehört zum Typus der »lustigen Figur«, den Papageno verkörpert.

In der Figur des Papageno[27] verbinden sich vor allem zwei Traditionen: Er ist einerseits die erwähnte »lustige Figur« in ihrer spezifisch wienerischen Ausprägung des »Hanswurst« oder Kasperl und andererseits ein Vogelmensch, also ein Wesen, das auf der Grenze zwischen Mensch und Tier changiert, diese Grenze aber nicht, wie der Werwolf, ins Dämonische, Blutrünstige, Bestialische, sondern ins Heitere, Luftig-Lustige sowie ins Animalisch-Phallische überschreitet – wie ja auch sonst »Vögel und Vogelwelt auf die unterschiedlichste Weise sinnbildlich für das Liebesleben stehen können«[28]. Immer wieder finden sich im Text Formulierungen, die uns zweifeln lassen, ob seine Federn nur Kostüm oder vielleicht doch echt sind, etwa wenn er Angst davor hat, »gerupft und gebraten« zu werden oder sich vor Kummer »alle Federn ausrupfen könnte«. Er ist ein Tiermensch und steht als solcher wie die Werwölfe in einer Ahnenreihe, die weit über das Theater hinaus in schamanistische Vorzeit verweist. Aus diesem Ursprung kommt auch das Unheimliche, das den dummen Monostatos vor ihm tödlich erschrecken läßt, und auch Tamino und Pamina wandeln gelegentlich Zweifel daran an, ob es bei ihm ganz mit rechten Dingen zugeht. Doch liegen Vogelmensch und lustige Figur nicht gar so weit auseinander, sie haben sich im 18. Jahrhundert schon in der Gestalt des »Hahnreiters« verbunden, der »zu den Urmotiven der Hochkulturen gehört« und besonders im 18. Jahrhundert in Porzellanfiguren, Backformen und Kinderspielzeug verbreitet war.[29] Papageno, dessen Rolle in den Wiener Aufführungen über lange Jahre von Schikaneder selbst gespielt wurde, ist, nach der Ausstattung mit Arien und Duetten zu schließen, die Hauptfigur der Oper: Er hat nicht weniger als drei Arien und zwei Duette und damit bei weitem mehr Nummern als jede der anderen

Figuren zu singen. Außerdem ist er die einzige traditionell festgelegte und daher dem Publikum vertraute Figur der Oper: Er verbürgt die Übersetzbarkeit auch der entlegensten und fremdartigsten Themen und Figuren ins Volkstümlich-Vertraute. Drittens ist er eine Erscheinungsform des »Trickster«. Unter diesem Begriff faßt die Religionswissenschaft göttliche oder auch mit besonderen Fähigkeiten ausgestattete menschliche Wesen zusammen, die sich an keine Regeln halten, das Heilige parodieren und ins Lächerliche ziehen und ihre Ziele mit List und Betrug erreichen. In der griechischen Mythologie verbindet sich diese Rolle mit dem Gott Hermes, und das Hermeshafte ist bei Papageno oft bemerkt worden, bis hin zu seiner alchemistischen Deutung als Mercurius = Quecksilber.[30] Seine Trickstematur bestätigt sich in der *Zauberflöte* vor allem in der Form der Ritualparodie. Die weihe- und schauervollen Zeremonien der Isis, in die er zusammen mit Tamino im Fortgang der Handlung hineingerät, verfehlen bei ihm gänzlich ihre Wirkung und werden von ihm durchgängig parodiert. Er sorgt dafür, daß die Oper bei allem sakralen Mysterienernst zugleich immer Volkstheater bleibt und verkörpert eine Art Zerrspiegel, in dem sich die Handlungen und Vorgänge auf der hohen Ebene ins Komische verformen.

Genau dies ist nun auch die Funktion einer Figur, die einer ganz anderen, geographisch weit entfernten Tradition angehört. In Südindien blühte im 17. und 18. Jahrhundert unter der Bezeichnung Kuravanci eine Gattung von Tanztheaterstücken, bei denen ebenso wie in der *Zauberflöte* ein hohes und ein niederes Paar die Hauptrollen spielen. Das hohe Paar wird meist durch einen Gott verkörpert, der sich in eine menschliche Frau verliebt, während das niedere Paar immer durch einen Vogelfänger und eine Wahrsagerin vertreten wird. Das hohe Paar muß bis zu seiner endlichen Vereinigung einen langen Leidensweg voller Trennungen und Prüfungen zurücklegen, den das niedere Paar in der Art eines Zerrspiegels parodiert. Vielleicht ist diese Parallele Zufall, vielleicht lassen sich aber auch Verbindungslinien ausfindig machen, die von Indien zum Wiener Volkstheater führen.[31] Jedenfalls haben sich die beiden Traditionen des Vogelmenschen und der lustigen Figur schon vor Schikaneder zu einem Typus verbunden. »Es gelingt leicht«, schreibt Otto Rommel, »aus der Tradition der komischen Figuren des Barocktheaters und der Volkskomödie lustige Vogelfänger nachzuweisen.«[32]

Auf jeden Fall ist es wichtig, Papageno nicht nur aus sich und seiner Tradition heraus, sondern auch in seinem Bezug zu Tamino zu verstehen. Er mag zwar in musikalischer Hinsicht die Hauptfigur sein, aber er ist zugleich auch eine komische Kontrastfigur zu Tamino und zu der hohen Sphäre, in der sich dieser bewegt, und ihm daher in dieser Hinsicht untergeordnet und von ihm abhängig.

Ein langer Dialog zwischen Tamino und Papageno schließt sich an. Zunächst geht es um die selbstverständlichen Fragen der Identität, des »wer man ist«, als Grundbedingungen weiterer Verständigung. Sogleich zeigt sich, daß diese Fragen so selbstverständlich nicht sind. Papageno hat sie sich noch nie gestellt und weiß sie nicht zu beantworten. Er weiß nicht, »wer«, sondern nur »was« er ist: »Der Vogelfänger bin ich ja.« Schikaneder konstruiert den Fall eines Menschen, der seine Eltern nicht kennt, der nur so viel weiß, daß er von einem »alten, aber sehr lustigen Mann« aufgezogen wurde, aber keine Ahnung hat, ob dies vielleicht sein Vater war. Selbst die scheinbar natürlichsten Parameter sozialer Existenz – die »Bande der Natur«, wie sie die Königin später bezeichnen (und zerschneiden) wird – erweisen sich in diesem Gespräch als konventionelle Konstruktionen bürgerlicher Identität, auf die ein Naturmensch wie Papageno verzichten kann. Er ist, was er ist, aus sich selbst und seiner Gegenwart, und braucht zu seinem Selbstverständnis keine Vergangenheit, im Gegensatz zu Tamino, der, wie wir nun erfahren, ein »Prinz« ist, der Sohn eines Fürsten, der über viele Länder und Menschen herrscht. Immerhin ergibt sich, daß Papageno für die »sternflammende Königin« arbeitet; von einer »Herrscherin« oder gar »Göttin der Nacht« hat auch Tamino schon gehört. Ob Papageno sie gesehen hat? Der gerät über eine so dumme Frage ganz außer sich und fällt in eine ihm sonst fremde sublime Sprache: »Sehen? – Die sternflammende Königinn sehen? – Welcher Sterbliche kann sich rühmen, sie je gesehen zu haben? – Welches Menschen Auge würde durch ihren schwarz durchwebten Schleyer blicken können?« Hier bewegen wir uns in der Sphäre des »verschleierten Bildes zu Sais«, das in den Mysterien der Isis und den freimaurerischen Vorstellungen davon eine zentrale Rolle spielt. Diese Worte beeindrucken Tamino denn auch so stark, daß er zweifelt, »nach den Federn, die dich bedecken« (hier ist erstmals vom Federkostüm die Rede), ob Papageno wirklich ein Mensch sei. Schon seine Eltern- und Vergangenheitslosigkeit mögen ihn mißtrauisch gemacht haben.

Abb. 5 Tamino, die drei Damen, Papageno und die dreigeteilte Schlange.
Im Hintergrund, zwischen Felsen, der Tempel der Königin der Nacht
und ein Brunnenhäuschen (I/3).
Kolorierter Stich von Peter und Joseph Schaffer (1795)

Wir bewegen uns in einem Zeitalter, in der die Frage nach den Grenzen und Kriterien des Menschlichen in Fluß geraten ist. Sind Neger Menschen? Und die amerikanischen Wilden? Sind sie vielleicht gar bessere Menschen? Gibt es unveräußerliche, allgemeine Kriterien des Menschseins, und wie ist, wenn es sie denn gibt und wenn sie selbst auf Neger und andere Wilde angewendet werden müssen, die Sklaverei zu rechtfertigen? Das sind die großen Fragen der Mozart-Zeit, die bei diesem in unseren Ohren so einfältigen Dialog mitschwingen und ihm in zeitgenössischen Ohren eine große Resonanz verliehen haben mußten. Papageno erscheint in seinem Federkleid und seiner sozialen Unverortbarkeit als ein Grenzfall des Menschlichen, ein Zwischenwesen. Später wird der Mohr Monostatos bei seinem Anblick in Panik geraten.

Taminos plötzliches Mißtrauen führt zu einem komischen Mißverständnis: Während der Prinz sich Papagenos Menschentums nach oben hin unsicher ist und in ihm einen Geist, etwas Halbgöttliches vermutet, glaubt Papageno sich nach unten hin in Zweifel gestellt und aufgrund seines Vogelkostüms für eine Art Vogel gehalten. Als Tamino sich ihm auch noch nähert, bekommt er es mit der Angst zu tun, prahlt mit seiner »Riesenkraft« und bestätigt gern Taminos Mißverständnis, er, Papageno, habe die Schlange mit bloßen Händen getötet.

3. Auftritt   Bei dieser Lüge wird er von den drei Damen ertappt und mit Wasser statt Wein, Stein statt Brot und statt der süßen Feigen mit einem goldenen Schloß bestraft, das ihm den Mund verschließt.[33] Tamino aber bekommt ein »Gemälde« überreicht: »Hier, dieses Bildnis schickt dir die große Fürstin; es ist das Bildnis ihrer Tochter – findest du, daß diese Züge dir nicht gleichgültig sind, dann sind Glück, Ehr' und Ruhm dein Los.« Aber diese Worte hört Tamino schon nicht mehr. Er *ist gleich bey Empfang des Bildes aufmerksam geworden; seine Liebe nimmt zu, ob er*
4. Auftritt *gleich für alle diese Reden taub schien.* In diesem Zustand wachsender Er-
Nr. 3 Aria griffenheit stimmt er, nach zwei einleitenden Takten, Larghetto, Es-Dur, die Bildnisarie an, eine der berühmtesten Tenorarien der Opernliteratur. In der Tonartencharakteristik gilt Es-Dur[34] als die »Tonart der Liebe, der Andacht, des traulichen Gesprächs mit Gott« (Schubart[35]).

Das Bildnis

Die durch den bloßen Anblick eines Bildes erregte Liebe ist ein traditionelles Motiv seit der Antike[36], das »im Barock für den hohen Staatsroman und das Drama charakteristisch ist«[37] und auch in Wielands Dschinnistan-Sammlung gelegentlich vorkommt.[38] Hier wird das Entstehen dieser Liebe im Gesang selbst dargestellt, der »Amour naissant«, ein Motiv, das Marivaux in die Bühnendramaturgie eingeführt hat.[39] Unmittelbares Vorbild ist vermutlich die Arie der Bella in K.F. Henslers *Sonnenfest der Braminen* (1790):

Wie ist mir zu Muth,
mir kocht das Blut –
Ich fühl etwas schlagen
ich kann es nicht sagen (…)
Ich weiß nicht, was es ist,
Ob das wohl Liebe ist?
Ja – ja, nein – nein
Die Liebe muß es seyn.[40]

Im Vergleich mit diesem schlichten Text zeigt sich die Meisterschaft, mit der Schikaneder dieses Motiv als Sonett gestaltet.[41]

Dies Bildnis ist bezaubernd schön
Wie noch kein Auge je gesehen!
Ich fühl es, wie dies Götterbild
Mein Herz mit neuer Regung füllt.

Dies etwas kann ich zwar nicht nennen,
doch fühl ich's hier wie Feuer brennen.
Soll *die*[42] Empfindung Liebe seyn?
Ja, ja, die Liebe ist's allein.

O, wenn ich sie nur finden könnte!
O, wenn sie doch schon vor mir stände!
Ich würde – würde – warm und rein –

Was würde ich! – sie voll Entzücken
an diesen heißen Busen drücken
und ewig wäre sie dann mein.

Mozarts Vertonung folgt der Sonettform. Die beiden Quartette werden jeweils durch ein kurzes instrumentales Zwischenspiel voneinander und den Terzetten abgehoben, das erste von dem zweiten Terzett – allerdings mit einer kleinen Verspätung (nach »Was würde ich?«) – durch eine Generalpause abgesetzt.

Mit dem Anblick des Bildes entscheidet sich Taminos Schicksal. »Wer die Schönheit angeschaut mit Augen ist dem Tode schon anheimgegeben« – wenn nicht dem Tode, so doch einer Fahrt auf Leben und Tod. »Mich schreckt kein Tod, als Mann zu handeln« wird Tamino sagen. Und auch Pamina und Papageno werden auf andere Weise durch ihre je besondere Erfahrung der Liebe bis vor diese Schwelle geführt werden. Mit dieser Liebe und dieser Arie erwacht der bis jetzt nur passive Tamino zum Helden, dessen Wille und Entschlossenheit die Handlung vorantreiben wird. Hier beginnt der Handlungsbogen, der mit dem triumphalen Schluß endet. Alles Bisherige war nur Vorspiel. Die Liebe ist das treibende Moment. Im kleinen Maßstab hat sie Tamino an diesen Punkt gebracht: Der Anblick seiner Schönheit hat die Damen dazu motiviert, die Königin der Nacht einzuschalten, die nun dieses Bildnis geschickt hat. Ausgelöst vom Anblick der Schönheit Paminas erfüllt eine ungleich stärkere Liebe nun den Helden mit Mut und Stärke und treibt ihn voran, durch alle Gefahren und Hindernisse, und fast über das Ziel hinaus, denn die Liebe zu Pamina verschmilzt ihm auf diesem Wege ununterscheidbar und unabtrennbar mit der Liebe zur Weisheit.[43] Die Liebe, die hier in ihm aufkeimt und von ihm Besitz ergreift, erweist sich als das einende Band der drei Ideale – Schönheit, Stärke und Weisheit –, denen der Maurer sich verschreibt. Die Oper verschlüsselt nicht diese maurerischen Motive, sondern setzt sie in eine durchaus exoterische, ästhetische, allgemeinmenschliche und verständliche Form um.

Tamino drückt sein Entzücken mit einer Figur aus, die bei Mozart öfter vorkommt und in der *Zauberflöte* als »Liebesmotiv« eine geradezu leitmotivische Funktion erhält[44] – eine echte »Pathosformel« zum Ausdruck einer Gefühlswallung zärtlichen Entzückens. Die Melodie springt in einer Sext von der Unterquart zur oberen Terz und steigt von dort in Sekundschritten wieder mehr oder weniger tief – in unserem Fall um eine Septim auf as bzw. g – herunter. In der *Zauberflöte* selbst kehrt die Figur in dem Ausruf »Tamino mein!« wieder, einem wahrhaft bedeutungsgeladenen Moment, der die Liebenden nach Trennungen und Prüfungen endlich vereint, sowie in freieren Variationen auch an anderen herausgehobenen Stellen wie Paminas »Mir klingt der Muttername süße«, »Sie mag den Weg mit Rosen streun«, dem Quartett »Zwei Herzen, die von Liebe brennen« und dem Marsch durch Feuer und Wasser.[45]

Bläser-Serenade KV *388*, 2. Satz Andante

Symphonie KV 425 (Linzer), 2. Satz Poco Adagio

Così fan tutte KV 588, Nr. 21 Duetto con coro

Se- con- da- te, auretote a-mi-che

Le Nozze di Figaro KV 492, Nr. 28 Finale T. 420-24

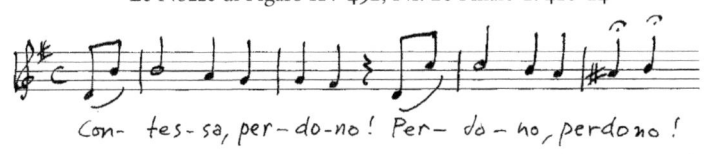

Con- tes-sa, per-do-no! Per- do-no, perdono!

In Mozarts Vertonung dieser Arie gibt es keine Reprisen.[46] Die klassische Form der Da-capo-Arie ist in Bewegung geraten. Die Melodie schreitet in immer neuen Wendungen, den Text ausleuchtend, voran. Hin und wieder weiß Tamino nicht weiter, und die Instrumente souflieren ihm sein melodisches Stichwort: so in T. 16-18 (»Dies etwas kann ich zwar nicht nennen« – die Melodie erklingt zuerst von den Klarinetten), T. 26f. (»Ja, ja!«, von den Bläsern sehr suggestiv vorbereitet), T. 35f. (»O, wenn ich sie nur finden könnte!« – das Orchester gibt ihm eine figurierte Version seiner melodischen Linie vor) und dann, mit besonderer Emphase, nach der Generalpause, in T. 46: eine dreimal wiederholte Figur in den ersten Violinen, die er dreimal aufnimmt. Die Sprache hinkt der Empfindung hinterher, die im Herzen aufquillt. Die Begleitung, ein auskomponiertes Accelerando, beginnt in ganztaktigen Schritten, geht mit T. 11 (»mein Herz mit neuer Regung füllt«) in eine Achtelbewegung über und verfällt mit T. 35, nachdem sich Tamino über sein Gefühl klargeworden ist, in eine rastlos vorwärts drängende Sechzehntel- bzw. Zweiunddreißigstel-Bewegung, um erst mit T. 51ff. (»und ewig wäre sie dann mein«) wieder in ruhige Achtelschritte zurückzufallen.

Die Auflösung der Da-capo-Form mit Mittelteil und Reprise geschieht aber nicht ersatzlos: An die Stelle der Wiederholung des Anfangsteils treten Anklänge und Wiederholungen auf der Ebene einzelner Phrasen (»vestigial recapitulation«[47]), vgl. z.B. Taminos Septsprung in T. 9 auf das Wort »Götterbild«, der, nicht als Sprung, sondern als Aufstieg in Sekundschritten, in T. 36-39 auf die Worte »O wenn ich sie nur finden könnte! O wenn sie doch schon vor mir stände!« und ähnlich in der dreimal in den ersten Violine erklingenden Figur zu Taminos Worten »Ich würde sie voll Entzücken ...« (T. 45-47) wiederkehrt:

Dieselben Takte sind, was Singstimme und Begleitung angeht, eine figurierte Wiederaufnahme von T. 29-31:

T. 29-31

[musical notation: "die Lie-be, die Lie-be, die"]

Taminos eröffnender Sextsprung »Dies Bildnis ...« kehrt in seinem abschließenden »und ewig ...« wieder:

T. 55

[musical notation: "Dies Bildnis ist bezauberd schön, und e- wig wä- re"]

Sehr auffallend ist auch die Auflösung der von Verdi sogenannten »sacra quadratura«, des gradzahligen Periodenschemas 4(2+2) + 4(2+2), wie es gerade Papageno in seiner Auftrittsarie exemplarisch vorgeführt hatte. Taminos Arie beginnt gradtaktig: 2 (Vorspiel) + 4 (»Dies Bildnis ...«) und geht dann in Dreitaktgruppen über: + 3 (»Ich fühl es ...«) + 3 (»mein Herz mit neuer Regung ...«) + 3 (»mein Herz mit neuer Regung ...«). Die zweite Strophe beginnt wiederum gradtaktig: 2 (Einwurf der Klarinetten) + 4 (»Dies Etwas ...«) + 4 (»soll die Empfindung ...«) + 4 (»Ja, ja, ... die Liebe ...«) und endet, wieder bei Wiederholung der letzten Zeile, mit 5 Takten (»Die Liebe ...«). Das erste Terzett beginnt wieder mit einem instrumentalen Einwurf von 2 Takten (wobei der erste Takt mit dem letzten Takt des zweiten Quartetts identisch ist, daher unten nur als »1« gezählt wird) + 4 (»O wenn ich sie ...«) + 4 (»ich würde ...«) und endet mit einem Takt Generalpause. Das zweite Terzett kennt dann nur noch ungradtaktige Perioden: 5 (»ich würde sie ...«) + 5 (»und ewig wäre sie ...«) + 7 (»und ewig wäre sie ...«) + 2 Takte Nachspiel.[48]

Die 63 Takte verteilen sich also folgendermaßen auf die Strophen:
1. Quartett: 15 = 2 (Vorspiel) − 4 − 3 − 3 − 3
2. Quartett: 19 = 2 (Zwischenspiel) − 4 − 4 − 4 − 5
1. Terzett: 10 = 1 − 4 − 4 − 1
2. Terzett: 19 = 5 − 5 − 7 − 2

Zugleich wird auch hierin noch einmal Mozarts Umsetzung der Sonettform in musikalische Form deutlich. Die inhaltliche Zäsur, den Perspektivenwechsel zwischen den Quartetten und Terzetten, der für die Sonettform charakteristisch ist, markiert Mozart durch den Übergang von der ruhig schreitenden zur unruhig vorwärts drängenden Bewegung.

Die Erscheinung der Königin und die »Illusionierung« des Helden

5. Auftritt Die Damen kehren zurück. Tamino hat die Probe bestanden. Er hat sich als »zärtlich« erwiesen, nun geht es um »Muth« und »Tapferkeit«. Sich gegenseitig ins Wort fallend, verkünden sie ihm die Absichten der Königin und weihen ihn in die Situation ein. Pamina ist von einem »Bösewicht« geraubt worden. Tamino soll sie retten. Entsetzt wähnt er sie schon in den Armen ihres Ent- und Verführers und bekommt seine erste Lehre: »Schweig, Jüngling! Lästere der holden Schönheit Tugend nicht! Trotz aller Pein, so die Unschuld duldet, ist sie sich immer gleich. – Weder Zwang noch Schmeicheley ist vermögend, sie zum Wege des Lasters zu verführen.« Er wird im weiteren Verlauf noch viele Lehren erhalten. Wir erfahren, daß der »Tyrann sehr nahe unseren Bergen lebt, in einem angenehmen und reizenden Tale. Seine Burg ist prachtvoll und sorgsam bewacht.« Taminos Entschluß ist unwiderruflich gefaßt. »Kommt, Mädchen! führt mich! Pamina sey gerettet! Das *6. Auftritt* schwöre ich bey meiner Liebe, bey meinem Herzen!« Es donnert. Die Szene verwandelt sich zum ersten Mal. Die lang angekündigte Königin der Nacht erscheint. *Die Berge theilen sich auseinander, und das Theater verwandelt sich in ein prächtiges Gemach. Die Königinn sitzt auf einem Thron, welcher mit transparenten Sternen geziert ist.*

Derartige Verwandlungen sind die Spezialität des Schikanederschen Theaters. In der *Zauberflöte* verwandelt sich die Szene vierzehnmal.

Abb. 6 Die Königin der Nacht auf der wie ein Triumphwagen
von einem Pferdegespann gezogenen Mondsichel (I/6).
Bühnenbildentwurf von Joseph Quaglio (München 1793)

Das ist noch moderat; in manchen Opern Schikaneders gibt es bis zu 21 Verwandlungen, die dann das Geschehen völlig dominieren. In der *Zauberflöte* wurde eine glückliche Balance gefunden zwischen dramatischer Kohärenz und szenisch-visueller Abwechslung.

Das Prinzip des annoncierten Auftritts ist als ein spannungssteigerndes Mittel für die *Zauberflöte* charakteristisch. Auf Pamina, deren Bildnis gerade ins Spiel kam, müssen wir bis zur elften, auf Sarastro, den »Bösewicht« sogar bis zur achtzehnten Szene warten. Die Königin der Nacht tritt nicht eigentlich auf, sondern der Blick auf sie wird freigegeben. Sie wird sichtbar, ohne sich von der Stelle zu bewegen, wie wenn die Wolkendecke aufreißt und der Mond sichtbar wird – oder: wie wenn der Vorhang aufgeht und den Blick auf eine Bühne in der Bühne, ein Theater im Theater freigibt. Wir haben schon viel von ihr gehört, was unsere Spannung geweckt hat. Jetzt erscheint sie leibhaftig. Ein 10taktiges Vorspiel in B-Dur, *Allegro maestoso*, begleitet diesen Vorgang in synkopierten Rhythmen, ein auskomponiertes Crescendo, das nicht

Nr. 4 Aria

Abb. 7 Die Königin der Nacht als Himmelskönigin auf der Mondsichel. Bühnenbildentwurf von Friedrich Schinkel (Berlin 1816)

nur an Lautstärke, sondern vor allem an Tonumfang zunimmt und sich über dem B der Bässe allmählich in über drei Oktaven aufbaut. Es verleiht dem Geschehen etwas Numinoses, den Charakter einer Theophanie, des Einbruchs des Heiligen in die profane Welt, der jeden mit Schrecken erfüllt, der das miterlebt.[49] »O zittre nicht, mein lieber Sohn!« beginnt daher die Königin ihr Accompagnato, mit der typischen Formel, die eine erscheinende Gottheit an den zu Tode erschrockenen Augenzeugen ihrer Theophanie richtet: »Fürchte dich nicht.« Dabei erklingt zum Wort »nicht« eine schrille Dissonanz, weil der Baß den Schritt in die Dominante, zum a', nicht mitmacht, sondern auf dem Grundton B besteht. Dieselbe Figur, aber in a-Moll, wird später Tamino selbst verwenden zu den Worten »O ew'ge Nacht!«[50]

O ew'ge Nacht! Wann wirst du schwinden

Die Königin fährt fort mit den Worten »Du bist unschuldig, weise, fromm« – drei Tugenden Taminos, von denen wir bisher noch nichts gehört haben.[51] Die sich anschließende Arie steht zunächst in der Schmerzenstonart g-Moll[52], in die schon das Rezitativ mit einem neapolitanischen Sextakkord mit folgendem verminderten Septakkord, zwei Pathosformeln gesteigerten Schmerzes, hinübergeleitet hatte (T.19)[53],

vermag am besten dies tief gekränkte Mutterherz zu trösten.

um dann vom [Andante][54] der Klage zum Allegro moderato in B-Dur überzugehen, das der Zuversicht und Verheißung Ausdruck gibt: »Du wirst der Tochter Retter seyn! Und werd ich dich als Sieger sehen, so sey sie dann auf ewig dein!«, womit sie Taminos »und ewig wäre sie dann mein« aufgreift. Auf dem Wort »dann« verweilt die Königin in ihrer berühmten 14 ganze Takte umfassenden Koloratur, die sie beim Wort »ewig« bis zum f''' hinauftreibt. Die Arie zitiert die Seria-Tradition, geht aber weit über sie hinaus, weil sie die traditionelle Form dynamisiert bzw. dramatisiert und in der musikalischen Ausleuchtung des Textes zu immer neuen Motiven fortschreitet. Während die klassische Seria-Arie einem beherrschenden Affekt Ausdruck gibt, durchlebt die Königin der Nacht in dieser Arie eine Reihe wechselnder Affekte, von denen sie sich auch einer Weise hinreißen läßt, die in der Seria-Tradition, die mit den Affekten der hohen Personen zugleich auch Fassung und Beherrschung vorführen soll, undenkbar wäre.[55]

Wie haben wir diese Arie zu verstehen? Was hat dieser Übergang ins sublime Genus der Opera Seria zu bedeuten? Ich glaube nicht, daß schon hier die Königin der Nacht als böse, kalt und berechnend charakterisiert werden soll; Koloraturen wirkten auf die zeitgenössischen Hörer artistisch und pathetisch, vielleicht altmodisch und unnatürlich, aber nicht »böse«. Im zweiten Akt wird sie ihre zweite Koloraturarie singen, in der sie sich vollkommen eindeutig als böse, unmenschlich und dämonisch zu erkennen gibt, dann aber vom Text her und nicht durch den Stil. Am plausibelsten erscheint mir, daß Mozart durch die extreme Künstlichkeit oder Artistik der Koloratur »dann auf ewig« die Figur als der Sphäre natürlichen menschlichen Ausdrucks entrückt, als feen- oder geisterhaft kennzeichnen will. Die Handlung würde viel von ihrer Spannung, Ambivalenz und Hintergründigkeit verlieren, wenn wir die Königin der Nacht schon in dieser ihrer ersten Szene als Vertreterin des Bösen verstehen wollten.[56] Der Psychologe Erich Neumann machte schon vor über 50 Jahren den geradezu »dekonstruktionistischen« Vorschlag, »die Vielschichtigkeit dieses Textes analog der eines Traumes [zu] verstehen, in dem mannigfaltige Ebenen des Bewußtseins und des Unbewußten zum Ausdruck kommen«, und »auch diejenigen Inhalte als wesentlich zu erkennen, die sich jenseits von der Absicht des einen einheitlichen Operntext intendierenden Bewußtseins in den Text gewissermaßen eingeschlichen und in ihm durchgesetzt haben«.[57] Freilich zeigt sich im nachhinein, wenn dem Zuschauer der Ritualcharakter der Handlung klargeworden ist, daß auch diese die Königin der Nacht mit positiven Zügen ausstattende Sinnschicht die Sache des »einen einheitlichen Operntext intendierenden Bewußtseins« ist. Die traumanaloge Vieldeutigkeit des Geschehens, in das Tamino geraten ist, gehört zur Struktur und Semantik einer Initiation. Schikaneder wird kaum übertrieben haben, wenn er schrieb, er habe die Oper »mit dem seligen Mozart fleißig durchdacht«[58]; eine dem Diktat seines Unbewußten folgende écriture automatique wird man ihm nicht unterstellen wollen.

Wir haben die »sternflammende Königin« durch Papageno als unsichtbar kennengelernt; seine Worte spielten deutlich auf den Spruch der Isis an auf dem verschleierten Bild zu Sais: »Kein Sterblicher hat meinen Schleier gelüftet«. Wir haben ihr Sichtbarwerden als eine schreckenerregende Theophanie erlebt und sie auf ihrem Sternenthron erblickt. Wir haben ihre Klage um die geraubte Tochter gehört, in der

Abb. 8 Die Königin der Nacht erscheint wie ein Kultbild in ihrem Tempel (I/6). Bühnenbildentwurf von Johann Wolfgang von Goethe (Weimar 1794)

sie sich als eine zweite Demeter, die Hauptgottheit der Eleusinischen Mysterien darstellt, wie sie um ihre von Hades geraubte Tochter Persephone klagt. Die Griechen haben Demeter der ägyptischen Isis gleichgesetzt, und das 18. Jahrhundert leitete die Eleusinischen Mysterien aus Ägypten her. Unverkennbar trägt die Königin der Nacht in diesen ersten Bildern isishafte Züge. Das eindeutigste ikonographische Merkmal der Isis, die Mondsichel der Himmelskönigin, Regina Coeli, als die Isis bei Apuleius erscheint und als die sie in der christlichen Maria weiterlebt, wird zwar im Textbuch nicht eigens erwähnt, doch taucht sie bereits in den frühesten Bühnenbildentwürfen auf. Bereits bei Joseph Quaglio (1793) erscheint die Königin auf der Mondsichel, auf der sie hier noch sitzt, aber schon bei Goethe in seinem Entwurf für die Weimarer Aufführung 1794 und dann vor allem bei Schinkel in seinem grandiosen Bühnenbildentwurf von 1816 wie Maria im Bildtypus der *Virgo immaculata* steht. Vielleicht hat Schikaneder diese ikonographische Vereindeutigung im Hinblick auf Isis einfach als selbstverständlich vorausgesetzt.[59]

Da sich die Königin der Nacht – die übrigens im ersten Aufzug nie als solche, sondern immer nur als »nächtliche«, »sternenflammende« Königin bezeichnet wird – im weiteren Verlauf der Handlung bekanntlich noch in ganz anderen, sinistren, mörderischen und zerstörerischen Aspekten zeigen wird, die so gar nicht zu einer Isis-Demeter passen wollen, wird in modernen Inszenierungen, die auf die Konsistenz der Handlung Wert legen, der isishafte Eindruck dieses ihres ersten Auftritts meist heruntergespielt. Bei unserem möglichst unvoreingenommenen und allen Nuancen möglichst aufmerksam nachspürenden Gang durch die Oper sollen die Isis-Bezüge dieser Theophanie jedoch gebührend zur Geltung kommen, unbeschadet aller Wandlungen, denen diese Figur im weiteren unterworfen wird. Nicht, was und wie die Königin *ist*, soll uns hier interessieren, sondern wie sie gezeigt wird und uns *erscheint*.

Die Überreichung der Zaubermittel

7. Auftritt Nach der Rückverwandlung des Theaters traut Tamino seinen Sinnen nicht. Noch einmal wird klar, daß wir Zeugen einer wunderbaren, in der normalen Erfahrungswelt nicht vorkommenden Erscheinung gewesen sind. War das Ganze ein Spuk, eine Halluzination, mit der die Götter ihn prüfen wollen? »Ist's denn auch Wirklichkeit, was ich sah? Oder betäubten mich meine Sinne? Ihr guten Götter, täuscht mich nicht, oder ich unterliege eurer Prüfung!« Tamino weiß sich schon auf einem Prüfungsweg und ahnt die Gefahr der Täuschung. »Schützet meinen Arm, stählt meinen Mut, und Tamino wird ewigen Dank euch entgegenschlagen.« Tamino erweist sich als »weise und fromm«: Er weiß, was ihm fehlt: Stärke und Mut, und wem er sich in dieser Lage anbefehlen muß. Daß wir Zuschauer uns aber mit Tamino bereits in diesen ersten Bildern in einem rituellen Prozeß befinden, das ahnen wir genausowenig wie er selbst: Das wird erst im nachhinein klar und auch nur dem, der mit der zeitgenössischen Vorstellung von den antiken Mysterien vertraut ist. *Er will gehen, Papageno tritt ihm in den Weg.*

Nr. 5 Quintetto   Nun beginnt die »Quintetto« überschriebene Schlußszene des ersten Bildes, die mit ihren 247 Takten der umfangreichen »Introduktion« ungefähr die Waage hält und genau wie diese in einem ungemein kontrastreichen Wechsel größerer Abschnitte und kürzerer Übergänge abläuft. Natürlich lassen sich Mozart und Schikaneder den komischen

Effekt eines Duetts mit dem stummen Papageno und dem hilflosen Tamino nicht entgehen. Allegro und in B-Dur summt Papageno sein »hm hm hm hm« auf eine typische Unterstimme, den Basso ostinato etwa einer Passacaglia, und man wartet, daß Tamino mit der passenden Oberstimme einfällt. Diese Erwartung erfüllt sich aber erst, und dann um so wirkungsvoller, ganz zum Schluß; bis dahin wechseln sich die beiden Stimmen ab.

[Notenbeispiel: weil ich zu schwach zu hel-fen bin, weil ich zu schwach zu helfen bin / sum hm hm hm hm ...]

Tamino »kann nichts tun als dich beklagen, weil ich zu schwach zu helfen bin«; gewiß: Sein Problem ist die Schwäche, aber was soll er in diesem Fall auch machen. Mit einer kurzen Überleitung nach F-Dur (der Tonartwechsel läßt sich als Aufhellung verstehen) treten die Damen auf, befreien den »begnadigten« Papageno von seinem Schloß und vereinigen sich mit den beiden Herren zu einer in fünf Stimmen vorgetragenen moralischen Lehre: »Bekämen doch die Lügner alle ein solches Schloß vor ihren Mund: Statt Haß, Verleumdung, schwarzer Galle bestünde Lieb und Bruderbund.« Diese Form des lehrhaften Kommentars, der mitten aus der Handlung heraus auf eine andere, »metadramatische« Ebene springt und die Zuschauer unmittelbar anredet, ist für die *Zauberflöte* typisch. Sie ergibt sich aus der Grundidee der Oper, ein Ritual auf die Bühne zu bringen, in das auch die Zuschauer einbezogen werden. Auch sie sollen im Vollzug dieser Initiation in die Mysterien der Isis belehrt werden und verwandelt aus dem Ritual hervorgehen. Karl Pestalozzi vergleicht diese lehrhaften Kommentare des Bühnengeschehens mit den »subscriptiones«, den erklärenden Bildunterschriften der barocken Emblemtradition, und verweist auf das Verständnis der Emblematik als erneuerter Hieroglyphenschrift.[60] So verdichten sich in der *Zauberflöte* bestimmte Handlungsmomente zu emblematischen »Hieroglyphen«, deren Bedeutung dem Zuschauer durch solche in der Regel *sotto voce* vorgetragenen Verallgemeinerungen klargemacht wird. Ingmar Bergman hat in seinem Film *Trollflöjten* (1974) dies Prinzip kongenial veranschaulicht durch die in die Szene eingeblendeten Inschriftschilder mit den entsprechenden Weisheiten.

8. Auftritt

Das Stichwort »Bruderbund« verweist überdies vollkommen eindeutig und unverschlüsselt auf die Sphäre solcher moralischen Unterweisung: die Freimaurerei.

»Haß, Verleumdung, schwarze Galle«: Das sind unerwartet krasse Worte, die überdies in ihrer Heftigkeit musikalisch denkbar stark herausgestellt werden. Der *sotto voce* vorgetragene, sich im F-Dur/C-Dur Wechsel zart und harmlos bewegende homophone Gesang bricht bei diesen Worten plötzlich in ein *forte* vorgetragenes Unisono auf g-Moll-Basis aus, um dann nach dem ins Liebliche zurückfallenden »bestünde Lieb und Bruderbund« diesen Ausbruch noch einmal zu wiederholen. Die fünf sehen sich in einer von Haß, Verleumdung, schwarzer Galle beherrschten Welt und sehnen sich nach Lieb' und Bruderbund. Dieser leidenschaftliche Ausbruch läßt aufhorchen und gibt zu denken. Handlungsintern muß man ihn auf den Konflikt mit Sarastro beziehen, von dem sich die Königin der Nacht gehaßt und verleumdet glaubt; er muß aber als eine moralische Lehre auch handlungsextern »funktionieren« und dem Zuschauer etwas Wichtiges, Bedeutsames über die Welt und die Zeit im allgemeinen mitteilen. Welche Fronten standen sich in Wien um 1791 im Sinne von Haß und Verleumdung gegenüber? Hier bieten sich viele Deutungen an, und entsprechend mag jeder damalige Zuschauer diese »Lehre« auf seine eigene Sicht der Dinge bezogen haben. Die Freimaurer unter ihnen wußten aber genau, wovon hier die Rede war. Sie waren in einen Zwei-Fronten-Krieg verwickelt: Einerseits erlitten sie politische Verfolgungen, wovon in den Logensitzungen der *Wahren Eintracht* ständig die Rede ist und worüber Ignaz von Born selbst in einem großen Vortrag zusammenhängend berichtet hat.[61] Andererseits hatte sich die Freimaurerei selbst seit den 60er Jahren des 18. Jahrhunderts zerstritten und war in mehrere Richtungen zerfallen, die sich heftig bekämpften und verleumdeten, eine Situation, die ständig beklagt wird. Immer wieder stößt man in den zeitgenössischen Freimaurerschriften auf heftige polemische Töne, die auf den unvorbereiteten Leser ähnlich wirken wie dieser Ausbruch.

Es ist für das Verständnis der Handlung sehr wichtig, daß wir schon hier, noch vor der »Wende«, von der im weiteren oft die Rede sein wird, auf die maurerische Begriffswelt stoßen. Sie ist also nicht das exklusive Prärogativ der Sarastro-Welt, sondern bestimmt bereits das Vorspiel im Reich der nächtlichen Königin. Tamino wird nicht erst von den Priestern in die Pflicht eines den Idealen ihres Bruderbundes ver-

Abb. 9 Die Überreichung der Flöte
»O Prinz nimm dieß Geschenk von mir« (I/8).
Radierung von Abraham Wolfgang Küffner (1795)

pflichteten Erziehungs- und Prüfungsprogramms genommen, sondern lernt schon bei den Damen und zieht mit ihnen moralische Schlußfolgerungen aus seinen Erfahrungen. Diese Lehren *ad spectatores* sind die einzigen Hinweise auf die noch verborgene Ritualsituation, die uns in diesen ersten Bildern gegeben werden. Bei diesem Ritual – der Einweihung in die Mysterien der Isis – geht es in erster Linie um Belehrung und Bildung.

Eine kurze Überleitung nach B-Dur zurück mündet in die feierliche

Überreichung des Zaubermittels an den Helden, eine Schlüsselfunktion jeden Zaubermärchens[62], durch die Erste Dame: feierlich herausgehoben durch den gedehnten Auftakt »O (halbe Note) Prinz!« und die Tatsache, daß sie hier einmal ausreden darf und keine der anderen ihr ins Wort fällt. Es handelt sich laut Szenenanweisung um eine *goldene Flöte*, auch wenn sie, wie später klargestellt wird, von Paminas Vater aus einer »tausendjährigen Eiche« geschnitten wurde. Sie hat die wunderbare Eigenschaft, und das erklären die Damen im Terzett, »der Menschen Leidenschaft [zu] verwandeln: Der Traurige wird freudig sein, den Hagestolz nimmt Liebe ein«. Sie bewirkt also nichts anderes, als was der Musik ohnedies zugeschrieben wird, aber mit einer unwiderstehlichen Kraft.[63] Wie das Brennglas die Kraft des Lichts, bündelt diese Zauberflöte die Kraft der Musik. Das Staunen, das die fünf ergreift, macht sich Luft in einer wiederum *sotto voce* vorgetragenen Betrachtung auf der Meta-Ebene des moralischen Kommentars: »O so eine Flöte ist mehr als Gold und Kronen werth, denn durch sie wird Menschenglück und Zufriedenheit vermehrt.« Die musikalische Gestaltung, die Mozart diesen 24 Takten angedeihen läßt – fallende Achtelläufe in den Violinen, lang gehaltene Akkorde in den Bläsern (Hörner über 8 Takte!) über einem in Vierteln pulsierenden Orgelpunkt in den Bässen –, hebt sie als einen sublimen, mystischen Moment aus dem Gang der Handlung heraus. Die Personen werden von einer tiefen Einsicht ergriffen, die sie stutzen macht und innehalten läßt. Wir tun also gut daran, die Worte »Menschenglück und Zufriedenheit« sehr ernst zu nehmen, sowie das Wort »vermehrt«, dessen zweite Silbe als forte gesungene 5/4-Note aus dem sonstigen piano herausspringt. Auf die Vermehrung des Menschenglücks kommt es an, mehr als auf Reichtum und Herrschaft (Gold und Kronen). Menschenglück, *Pursuit of happiness*, gehört zu den zentralen Menschenrechten, deren Durchsetzung die Freimaurer, insbesondere die Illuminaten, ebenso wie die Gründungsväter der Vereinigten Staaten von Amerika betrieben. Es geht um ein diesseitiges Paradies, und nichts vermag zur ›Paradisierung‹ der Welt mehr beizutragen als die Musik.

Wir dürfen nicht vergessen, daß diese Oper »Die Zauberflöte« heißt, und nicht etwa »Tamino oder die Zauberflöte«. Die Flöte (bekanntlich nicht gerade Mozarts Lieblingsinstrument; eine »Zauberklarinette« hätte ihm musikalisch vermutlich nähergelegen) ist also die Titelheldin. Daher ist eine kurze Überlegung hinsichtlich ihrer Bedeutung am

Platze. Warum bekommt Tamino eine Flöte? Mozart und Schikaneder haben dieses Motiv natürlich aus dem Märchen *Lulu oder die Zauberflöte* von A. J. Liebeskind aus der von Chr. M. Wieland herausgegebenen Sammlung *Dschinnistan* übernommen, das den ersten Szenen der Oper als Vorlage gedient hat. Darin überreicht die mächtige Fee Perifirime dem Prinzen Lulu eine Flöte mit den Worten: »Nimm also diese Flöte; sie hat die Kraft eines jeden Hörers Liebe zu gewinnen und alle Leidenschaften, die der Spieler verlangt, zu erregen oder zu besänftigen.«[64]

Im Rahmen einer Oper erhält die Flöte als Musikinstrument jedoch eine ganz andere Bedeutung. Ihre Kraft, die menschlichen Affekte zu verwandeln, läßt sofort an Orpheus denken. Die Parallele ist offenkundig beabsichtigt und wird in späteren Szenen deutlich herausgestellt. Der Orpheus-Mythos steht nicht von ungefähr am Anfang der Operngeschichte; es ist *der* Mythos von der verwandelnden Macht der Musik, und seine Dramatisierung durch Claudio Monteverdi und Alessandro Striggio von 1607 bildet gewissermaßen die »Urszene« des Musikdramas.[65] An diese Urszene wird hier angeknüpft. Auch Tamino, ein neuer Orpheus, wird mit der Macht der Musik die Mächte der Unterwelt herausfordern, als welche ihm Sarastros Welt erscheint. Auch die *Zauberflöte* entfaltet den Mythos von der verwandelnden Kraft der Musik. Es gibt aber einen entscheidenden Unterschied zwischen der Leier des Orpheus und der Flöte Taminos: Die Leier ist ein Begleitinstrument, und es ist der Gesang des Orpheus, der die Mächte der Unterwelt bezwingt. Zur Flöte jedoch kann man nicht singen. Entweder – oder. Die Flöte ist kein Begleitinstrument, sie begleitet nicht das Wort, sondern tritt an seine Stelle. Der griechische Mythos hat diesen Gegensatz im Wettstreit von Apollon und Marsyas (oder Phöbus und Pan, wie es bei Bach heißt) ausgestaltet. Die Leier ist das apollinische, die Flöte das dionysische Instrument (Marsyas ist ja ein Satyr, ein Wesen der dionysischen Sphäre). Tamino hat aber nichts Dionysisches oder Satyrhaftes; diese Sphäre vertritt vielmehr deutlich genug Papageno mit seiner Panflöte. Papageno wiederum bekommt mit dem Glockenspiel ein Musikinstrument, zu dem sich's vorzüglich singen ließe, was er aber nie probiert: Auch er wird sein Instrument immer nur alternativ zum Gesang einsetzen. Die beiden Zauberinstrumente, Flöte und Glockenspiel, spielen also auf diesen mythischen Wettstreit zwischen Instrumentalmusik (Dionysos) und Vokalmusik (Apollon) allenfalls im Sinne der Umkehrung an.[66] Im Mythos siegt der saitenbegleitete Gesang, und das wortlose Flötenspiel unterliegt, in der *Zauberflöte* tritt das Blasinstrument an die erste Stelle.

Die Ersetzung der Lyra durch die Flöte stellt eindeutig klar, daß es nicht die musikbegleitete Dichtung, sondern die Musik als solche, die Instrumentalmusik ist, die die Herzen der Hörer bezwingt und die Fähigkeit besitzt, »alle Affekte durch bloße Töne (auch ohne Zutun einiger Worte oder Verse) rege zu machen«.[67] Ist Orpheus mit seiner Lyra der Heros der Musik, dann ist Tamino, oder besser: dann wird Tamino im Vollzug der Opernhandlung zum Heros der absoluten Musik. »Fortan (schreibt mir Karl Pestalozzi) beginnt die absolute Musik, nicht zuletzt diejenige Mozarts, mit der Zeit in der europäischen Gesellschaft eine, wenn nicht gar *die* sakrale Funktion zu übernehmen. Und das wird in der *Zauberflöte* gestiftet.«[68]

Freilich kommt die affektverwandelnde Kraft der Flöte in der *Zauberflöte* kaum zum Tragen, ganz im Gegensatz zu der entsprechenden Kraft des Glockenspiels, das Papageno sehr wirkungsvoll gegen Monostatos und seine Leute einsetzt. Sie wird von Tamino nur zweimal gespielt: einmal im ersten Aufzug, um den Göttern für das Leben Paminas zu danken, mit dem Effekt, daß die wilden Tiere angelockt werden, ein für die Handlung folgenloses Ereignis, das andere Mal im zweiten Aufzug beim Gang durch Feuer und Wasser, wo das Flötenspiel keine affektverwandelnde, sondern eine schützende Wirkung entfaltet. Allerdings widersprechen sich der Charakter der Prüfung und der Einsatz magischer Mittel; Tamino und Pamina bestehen die Prüfung aufgrund ihrer gegenseitigen Liebe und todesmutigen Entschlossenheit, nicht aufgrund musikalischer Zauberei. Handlungslogisch gesehen erscheint daher die Zauberflöte fast überflüssig. Um so bemerkenswerter ist es, daß die Oper »Die Zauberflöte« heißt, so als drehe sich alles um dieses Instrument. Was hat dieser Titel zu bedeuten? Sollen wir annehmen, Tamino wäre in Feuer und Wasser umgekommen, wenn nicht Pamina ihn zur rechten Zeit an die Zauberflöte erinnert hätte? Papageno hätte sich wirklich erhängt, wenn nicht die drei Knaben ihn im letzten Augenblick an sein Glockenspiel erinnert hätten?

Wir dürfen nicht vergessen, daß wir uns bei dieser Oper in einem Ritual bewegen, in dem es um die Mobilisierung starker, persönlichkeitsformender Affekte geht. Die Musik affiziert nicht nur die Zuhörer, sondern auch den Spieler, ihn vielleicht vor allem. Indem Tamino seine Flöte und Papageno sein Glockenspiel spielt, wächst in ihnen die Liebeskraft und Zuversicht, die alle lebensbedrohenden Widrigkeiten bezwingen. »Die in der Oper verstreuten Orpheusanspielungen«, meint zu Recht Karl Pestalozzi, »bekommen hier ihren tiefsten Sinn. Daß die Herkunft der Flöte gegen Ende so ausführlich erinnert wird, wobei es sich herausstellt, daß sie hinter die Sarastro-Welt zurückreicht, scheint mir für diese Deutung zu sprechen, ganz abgesehen davon, daß hier die Handlung ja den Titel einholt: ›*Spiel du die Zauberflöte an / sie schütze uns auf unsrer Bahn... Nun komm und spiel die Flöte an! / Sie leite uns auf grauser Bahn... Wir wandeln durch des Tones Macht / Froh durch des Todes düstre Nacht.*‹ Gewiß ist es nicht die Flöte allein, die Liebenden müssen sich zuvor überwunden, gefunden und zueinander bekannt und die Frau muß die Führung übernommen haben. Aber es ginge nicht ohne die Magie der Musik. Und auch Papageno läßt von seinem Selbstmordversuch ab, weil ihn die drei Knaben an sein Glockenspiel erinnern – die Parallele zur Rolle der Flöte gegenüber Feuer und Wasser.«[69]

Abschied

Eine kurze Überleitung nach g-Moll und d-Moll verdüstert die Stimmung: Papageno will sich »empfehlen« und wird zu seinem Leidwesen zu Taminos Diener bestellt. Er zittert vor Angst. Sarastro wurde ihm als ein wahres »Tigertier« geschildert. Ohne Zweifel wird der ihn rupfen, braten (ist Papageno doch ein Vogel?) und seinen Hunden »fürsetzen«. Tamino traut er nicht. Erst das nach kurzer Überleitung ins versöhnliche B-Dur von den Damen selbdritt auch ihm überreichte »Kleinod«, das Glockenspiel, vermag ihn zu beruhigen. Auch dies löst einen *sotto voce* vorgetragenen Kommentar aus, der aber diesmal sehr kurz ausfällt: »Silberglöckchen, Zauberflöten, sind zu eurem / unserm Schutz vonnöten«. Erst später werden wir erfahren, daß auch dieses Instrument ein Zaubermittel ist, das in ähnlicher Weise wie die Flöte die Menschen zu verwandeln vermag.

Alles scheint geklärt, man sagt einander schon Lebewohl, da ergibt sich noch eine offene Frage: »Wie[70] man die Burg wohl finden kann?« Diese Frage löst, nach 213 Takten Allegro, eine Generalpause und den ersten Tempowechsel aus. Die Musik malt, piano und dolce, in absteigenden Linien – lange Noten in den Bläsern über einem auf der B-Dur-Tonleiter eine ganze Oktave hinuntersteigenden Achtelpizzicato in den Geigen – ein langsames Herabschweben; zu diesen durch die Klarinetten, die hier an die Stelle der Oboen treten, verdunkelten Klängen erklären die drei Damen: »Drei Knäbchen, jung, schön, hold und weise, umschweben euch auf eurer Reise...«

[Notenbeispiel: »Drei Knäbchen, jung, schön, hold und weise um–«]

Man muß die Knaben nach dieser Ankündigung für Hilfsgeister der Königin halten, junge Kollegen der drei Damen – bis dann der Fortgang der Handlung uns eines Besseren belehren wird. Auch hier setzt Schikaneder das Mittel des »annoncierten Auftritts« ein und erweckt eine Erwartung, die erst die fünfzehnte Szene einlösen wird. Die Szene schließt mit dem neuerlichen, nun endgültigen Lebewohl.

Bisher haben wir uns in einer typischen Märchenhandlung bewegt. Den Helden verschlägt es in eine Welt, in der ein akuter Mangel herrscht. Er beschließt, diesem Mangel abzuhelfen, und wird mit einem Zaubermittel ausgestattet, dessen er sich dabei bedienen soll. Der Mangel besteht in der Abwesenheit der Pamina, der einzigen Tochter der Königin, die ein »Bösewicht« entführt hat. Tamino liebt sie und wird sie im Falle seines Sieges über den Entführer zur Frau gewinnen. Die Fortsetzung zeichnet klar ab: Er wird in das Reich des Sarastro ziehen, verschiedene Abenteuer bestehen, zuletzt Sarastro besiegen und Pamina zurückerobern, um mit Pamina den Thron im Reich der Königin der Nacht zu besteigen. Nichts weist bis jetzt darauf hin, daß es so ganz anders kommen wird. Tamino und die Zuschauer sind fest im Banne der Deutung, die die Königin und ihre drei Damen der Situation gegeben haben.

Die Welt der Königin ist eine wilde, aber nicht ungangbare Gegend, in der sogar ein runder Tempel steht, eine Reminiszenz an den römischen Vestatempel. Aus diesem treten die verschleierten Damen, Vestalinnen gewissermaßen, aber was sie eigentlich sind, wird nicht klar: Hofdamen der Königin oder elfenhafte Dienerinnen einer großen Fee? Auch wenn sie nicht immer einträchtig auftreten, besinnen sie sich doch immer wieder; Mozart jedenfalls widmet ihnen edelste Melodik und läßt hier noch keinen Zweifel an ihrer Gutartigkeit aufkommen.

Vergegenwärtigen wir uns noch einmal den Aufbau dieses Bildes. Den Rahmen bilden zwei große Ensembleszenen, die weitgehend von den drei Damen bestimmt werden. Dazwischen erklingen, jeweils von Dialogen gefolgt, drei »Arien« in denkbar verschiedenen musikalischen Registern: Papagenos volkstümliches Auftrittslied, die empfindsame Arie des jugendlichen Liebhabers Tamino und die hochpathetische, von einem Accompagnato eingeleitete Arie der Königin der Nacht im Stil der Opera Seria[71] – starke Kontraste, gebändigt und gefaßt durch einen ebenso starken Rahmen. Dieser Eindruck bestätigt sich auch im Fortgang der Oper und entspricht, wie sich zeigen wird, ihrer ästhetischen Grundidee.

Papageno trifft Pamina im Reich des »Bösewichts«

Mit der folgenden *Verwandlung* macht die Handlung einen großen Sprung, und wir befinden uns unversehens in Sarastros Welt. *Zwey Sklaven tragen, so bald das Theater in ein prächtiges ägyptisches Zimmer verwandelt ist, schöne Pölster nebst einem prächtigen türkischen Tisch heraus, breiten Teppiche auf; sodann kommt der dritte Sklav.* Wir befinden uns weder im alten noch im neuen Ägypten, sondern in einem Palast irgendwo in der Welt, in dem es ein in ägyptischem Stil dekoriertes Zimmer und orientalische Requisiten wie Polster, Tische und Teppiche gibt.[72] Die Sklaven freuen sich, daß Pamina entkommen konnte, und werden bitter enttäuscht, als Monostatos doch wieder mit ihr auftaucht. Wir erfahren einiges aus diesem Gespräch über Sarastros Welt. Monostatos, ein Mohr, führt ein Schreckensregiment, vor dem auch die Sklaven zittern. Pamina entkam ihm, weil sie in höchster Not (offenbar davon bedroht, von Monostatos vergewaltigt zu werden) Sarastros Namen rief; »das erschütterte den Mohren; er blieb stumm und unbeweglich stehen. Indes lief Pamina nach dem Kanal und schiffte von selbst in

9. Auftritt

einer Gondel dem Palmenwäldchen zu«. Kanal, Palmenwäldchen – auch die Landschaft nimmt ägyptische Züge an. Im Gespräch ist auch von »Brüdern« die Rede, die im Garten arbeiten. Sind es leibliche Brüder des Sklaven oder Ordensbrüder, die hier gemeint sind?[73]

10. Auftritt   Monostatos, der geile und brutale Mohr, der nun doch zum Entsetzen der Sklaven Pamina wieder eingefangen hat und von innen nach ihnen ruft, ist eine durch und durch sinistre Figur und, neben der Königin der Nacht mit ihrem Wesenswandel von der isishaften Mutter zur dämonischen Furie, das andere große Rätsel der *Zauberflöte*. Wie ist es möglich, daß ein solches Wesen bei Sarastro in Diensten steht, den wir ja wenig später als einen guten und weisen Herrscher kennenlernen sollen, ja daß er auch noch zum Wächter über Pamina eingesetzt ist? Allerdings, wir haben es gehört, erstarrte Monostatos, als Pamina den Namen Sarastros ausrief: also kann es keine Komplizenschaft zwischen beiden geben. Die Vertreter der Bruchtheorie und ihrer verfeinerten Varianten sehen in Monostatos ein stehengebliebenes Element des ursprünglichen Plans. So ein Typ, ein Verwandter Osmins, gehört einfach zum Grundbestand einer Entführungs- und Rettungsoper, als welche die *Zauberflöte* nach Ansicht dieser Interpreten ursprünglich geplant und bis weit in den ersten Akt hinein auch schon komponiert gewesen sein soll. Da die Bruchtheorie, wie weiter unten gezeigt wird, durch Untersuchungen am Manuskript widerlegt ist, hat man sich nach anderen Erklärungen umgesehen, die Monostatos als symbolische Figur, als Verkörperung von etwas, zum Beispiel eines alchemistischen Vorgangs bzw. Zustands oder des abgespaltenen Trieblebens von Sarastro, verstehen wollen. Am einleuchtendsten erscheint mir noch der Vorschlag D. Koenigsbergers, die die gesamte Oper als ein Seelendrama und Monostatos als den negativen Aspekt der Triebseele, d.h. der untersten Schicht eines »dreigeschossigen« Seelenmodells im Sinne Platons (und Freuds sowie der Freimaurer) deutet, in Gegenüberstellung zu Papageno als dem positiven Aspekt.[74] Aber auch hier fragt man sich, warum Papageno ursprünglich zur Welt der Königin der Nacht und Monostatos zur Welt des Sarastro gehört. Immerhin wird im Licht dieser Deutung verständlich, warum beide im Verlauf der Handlung die Seiten wechseln. An dem Punkt der Handlung aber, an dem wir uns befinden, tritt dieses Problem noch nicht hervor, und Monostatos erscheint als alles andere als ein Rätsel. Im Gegenteil, er erfüllt voll und ganz die Erwartungen, mit denen wir, nach dem, was wir in den ersten

Bildern der Oper gehört und gesehen haben, unseren beiden Helden in die Welt des Sarastro gefolgt sind.

Mit Monostatos' und Paminas Auftritt setzt die Musik ein, *Allegro molto*, G-Dur: »Du feines Täubchen, nur herein!« Monostatos bedroht Pamina mit dem Tod, Pamina fleht um ihrer Mutter willen um ihr Leben und fällt angesichts von Monostatos' sturer Brutalität in Ohnmacht. Monostatos schickt die Sklaven weg – »laßt mich mit ihr allein« –, und die Musik fällt aus dem hektischen Vorwärtsdrängen in ein zierliches Staccato auf Zehenspitzen: Papageno ist aufgetaucht, zuerst außen am Fenster, dann leise eintretend. Die beiden Reisenden dringen auf getrennten Wegen in Sarastros Reich ein. Die Opernhandlung folgt zunächst Papagenos Weg. Beim Anblick der ohnmächtigen Pamina trällert er eines seiner Liedchen: »Jung Mädchen, schön und fein, viel weißer noch als Kreide« und erschrickt dann zu Tode vor dem schwarzen Monostatos, der beim Anblick des Vogelmenschen ebenfalls in Panik gerät: zwei Exoten, im andern den Teufel vermutend: eine Puppenspiel-Szene von kindlicher Komik, der die Musik in ihrer genialen Schlichtheit genau entspricht.[75] Beide suchen das Weite. Pamina, allein

11. Auftritt
Nr. 6 Terzetto

12. Auftritt

zurückgeblieben, erwacht aus ihrer Ohnmacht mit dem Ruf nach der Mutter. Mit dem neunten Auftritt beginnt also eine genaue Parallele zum Anfang der Oper. Wir erleben jeweils eine der beiden Hauptpersonen in einer Grenzsituation lebensbedrohender Verfolgung, auf die beide mit einer Ohnmacht reagieren. Und genau wie Tamino erblickt auch Pamina, aus ihrer Ohnmacht erwachend, als erstes Papageno. Papageno kehrt zurück, beruhigt beim Gedanken, daß es ja schwarze Vögel gibt, warum nicht auch schwarze Menschen, und verstrickt sich mit Pamina in ein langes Gespräch. Ist sie es wirklich? Um Verwechslungen zu vermeiden, hat ihm der Prinz das geliebte Bildnis mitgegeben. Die Identitätsprüfung anhand des Bildes ist eine Parodie der Bildnisarie. Tamino sieht das Bild und verliebt sich, Papageno sieht das Original und identifiziert es mißtrauisch anhand des Bildes. Aber wie kam es in seine Hände? Eine komplizierte Geschichte, deren Wiedergabe den armen Papageno fast überfordert. Schließlich fällt das Stich-

13. Auftritt

14. Auftritt

wort »Liebe«, und Pamina, die »das Wort gar zu gern« hört, läßt es sich gleich wiederholen. Eine kleine, verräterische Wendung in Papagenos Antwort verweist auf eine bisher wenig beachtete Quelle:

PAPAGENO: ... Wo blieb ich denn?
PAMINA: Bey der Liebe.
PAPAGENO: Richtig, bey der Liebe. – Das nenn' ich Gedächtnis haben – kurz also, diese große Liebe zu dir war der Peitschenstreich, um unsre Füße in schnellen Gang zu bringen; nun sind wir hier, *dir tausend schöne und angenehme Sachen zu sagen*, dich in unsre Arme zu nehmen, und, wenn es möglich ist, ebenso schnell, wo nicht schneller als hierher, in den Pallast deiner Mutter zu eilen.

»... mille jolies choses à dire« – die Wendung stammt aus einem französischen Zaubermärchen, das, wie Carolyn Abbate gezeigt hat, auffallende Parallelen zur Handlung der Zauberflöte aufweist.[76] Die ganze höchst komplizierte Geschichte hier nachzuerzählen würde zu weit führen; ich beschränke mich auf die einschlägigen Episoden. Ein Zauberkönig *(roi magicien)* verliebt sich in ein wunderschönes junges Mädchen, entführt es in sein Schloß und bemüht sich vergeblich um Gegenliebe. Der junge Sohn des Königs, den eine Fee mit wunderbarer Schönheit ausgestattet hat, wird auf Reisen geschickt, um dem Vater keine Konkurrenz zu machen. Er gelangt zu der untröstlichen Mutter der Entführten, verliebt sich auf den Anblick von deren Porträt hin und macht sich, von der Mutter vorsorglich mit einer Miniatur der Tochter ausgerüstet, zu ihrer Rettung auf. Die hilfreiche Fee offenbart ihm, daß sein eigener Vater der Entführer ist, und verwandelt ihn in einen sprechenden Papagei, damit er unerkannt zu der Geliebten eindringen kann – wo er denn auch gleich beginnt, ihr »tausend hübsche Dinge zu sagen«. Hier endet die Parallele, im weiteren nimmt die Geschichte einen anderen Verlauf und endet mit der Hochzeit des jungen Paares, während der enttäuschte Zauberkönig in Gestalt eines nie gesehenen Vogels mit einem Racheschwur das Weite sucht. Dennoch, auch wenn sich die Parallele auf die drei Motive der entführten Tochter, der Liebe auf den Anblick eines Bildes hin und des »tausend hübsche Dinge« plaudernden Papageis beschränkt, ist sie doch wichtig genug, denn sie erklärt die plauderhafte Vogelgestalt Papagenos und die Liebesatmosphäre dieser Begegnung.

Doch zurück zu Pamina. Wo bleibt er denn, will sie wissen, der Prinz, wenn er sie denn wirklich liebt? Weil die versprochenen Knaben ausblieben, wurde Papageno vorausgeschickt. »Freund, du hast viel gewagt! Wenn Sarastro dich hier erblicken sollte« – »So wird mir meine Rückreise erspart – das kann ich mir denken.« – »Dein martervoller Tod würde ohne Grenzen seyn.« – »Um diesem auszuweichen, so gehen wir lieber bey Zeiten.« Papagenos Antworten sind von bemerkenswerter Coolness. Offenbar haben sich die Verhältnisse umgekehrt. Papageno, der Hasenfuß, ist mutig vorgeprescht, Tamino, der zum Äußersten entschlossene Held, hält sich vorsichtig abwartend im Hintergrund.

»Wie hoch mag die Sonne seyn?« fragt Pamina. »Es ist bald gegen Mittag.« – »So haben wir keine Zeit zu versäumen. Um diese Stunde kommt Sarastro gewöhnlich von der Jagd zurück.« Daß Sarastro seine Vormittage auf der Jagd verbringt, paßt wenig zu dem Bild, das wir uns nach seinen späteren Auftritten von ihm und seiner Zeitgestaltung machen. Aber das müssen wir hier vergessen. Noch befinden wir uns in einem Stadium der Handlung, in dem alles, was wir über Sarastro erfahren, sich zu einem ganz anderen Bild zusammenfügen soll. Zum ersten Mal erfahren wir auch etwas über die Tageszeit. Es wird bald Mittag:[77] Die ersten Szenen von Taminos Errettung bis zu seiner Aussendung hatten den Morgen und frühen Vormittag in Anspruch genommen. »Ich kam heute früh wie gewöhnlich zu deiner Mutter Pallast mit meiner Lieferung«, hatte Papageno berichtet. Die Reise der beiden zu Sarastros »Burg« hatte also kaum Zeit gekostet. Der Zeitablauf wird im folgenden wichtig werden.[78]

Doch gibt es noch eine kleine Krise. Auch in Paminas Augen erscheint Papageno plötzlich verdächtig. »Wenn dieser nun ein böser Geist von Sarastros Gefolge wäre?« (*Sieht ihn bedenklich an.*) »Ich ein böser Geist? Wo denkt Ihr hin, Fräuleinbild? Ich bin der beste Geist von der Welt.« Man kann über die Einfalt dieser Dialoge denken, wie man will, Witz und treffsicherer Tonfall sind ihnen nicht abzusprechen. Doch kommt es noch besser. Papageno weiß sich mit Pamina hinsichtlich der Liebe und ihrer Bedeutung einig und schlägt vor, sich, um allen bösen Argwohn zu verscheuchen, auf diesen Punkt zu konzentrieren. Pamina entschuldigt sich, und Papageno klagt ihr sein Leid: »Ich möchte mir oft alle meine Federn ausrupfen, wenn ich bedenke daß Papageno noch immer keine Papagena hat.« Damit ist er in die kleine, geheime Solidargemeinschaft der Liebenden aufgenommen. Tamino liebt Pamina, die er nur im Bilde gesehen hat, und Papageno liebt Papagena, von der er nicht einmal weiß, ob sie überhaupt existiert.

Nr. 7 Duetto   Im Gefühl der Einigkeit in puncto Liebe vergessen die beiden Zeit und Raum und stimmen das Duett »Bei Männern, welche Liebe fühlen« an – ein Wunder an Schlichtheit, Innigkeit und Ausdruck. *Andantino*[79], Es-Dur, 6/8-Takt. Im Autograph stoßen wir auf zwei Besonderheiten, von denen die eine – die Versetzung der Taktstriche um einen halben Takt – allenfalls nachvollziehbar,[80] die andere jedoch – das Fehlen der Bläserakkorde in Takt 1-2 zugunsten einer Pause entsprechender Länge – absolut rätselhaft ist. Diese so vertrauten Akkorde, die in praktisch jeder Aufführung erklingen, sind von Mozart nicht nachträglich gestrichen, sondern überhaupt nicht geschrieben worden. Vermutlich ist der Einfall Nikolaus Harnoncourts, die Pause mit Papagenos letztem Satz »Wenn er's nur bald schickte!« zu füllen, die Lösung des Rätsels.[81] Offenbar hat Mozart aber schon in den ersten Aufführungen an die Stelle von Papagenos Worten die Bläserakkorde gesetzt, ohne diese Änderung jedoch in der autographen Partitur nachzutragen, denn sie stehen schon in den frühesten, noch zu Mozarts Lebzeiten erschienenen Klavierauszügen.[82]

Verszahl (14[83]), Tonart und Instrumentierung (Klarinetten, Fagotte, Hörner – also dunkle Bläser – und Streicher) entsprechen genau Taminos Bildnisarie. »Das Es-Dur-Duett beantwortet die Bildnisarie.« Es »bestätigt Taminos Arie aus einer anderen Perspektive und bildet eine Art ›Rahmen‹ der individuellen Tamino-Arie«.[84] Die zarte Streicherbegleitung freilich weist in ihrem stockenden Rhythmus schon auf die g-Moll-Arie der Pamina voraus, die im selben Takt und annähernd demselben Tempo (Andante) von den Streichern im selben Rhythmus – aber harmonisch gänzlich anders! – begleitet wird.

Erste Strophe:
PAMINA: Bey Männern, welche Liebe fühlen,
    Fehlt auch ein gutes Herze nicht.
PAPAGENO: Die süßen Triebe mit zu fühlen,
    Ist dann der Weiber erste Pflicht.
BEYDE: Wir wollen uns der Liebe freu'n,
    Wir leben durch die Lieb' allein.

Zweite Strophe:
PAMINA: Die Lieb' versüßet jede Plage,
    Ihr opfert jede Kreatur.
PAPAGENO: Sie würzet unsre Lebenstage,
    Sie wirkt im Kreise der Natur.

BEYDE: Ihr hoher Zweck zeigt deutlich an:
Nichts Edlers sey, als Weib und Mann.

Coda (sotto voce):
Mann und Weib, und Weib und Mann,
Reichen an die Gottheit[85] an.

Ein Strophenlied; in zwei Strophen beginnt Pamina, Papageno respondiert, und beide singen gemeinsam das dritte Verspaar, die Coda singen sie zusammen, *sotto voce*. Diese Bezeichnung (»unter der Stimme« = leise, gedämpft, beiseite) erscheint, worauf Jacques Chailley mit Recht aufmerksam macht, fast regelmäßig bei den Weisheiten, die außerhalb der eigentlichen Handlungsebene, *ad spectatores*, vorgetragen werden.[86] Spätestens bei diesen Zeilen, wahrscheinlich aber (wie Chailley meint) mit dem ganzen Duett, das ja den Handlungsablauf, in dem höchste Eile geboten ist, auf paradoxe Weise unterbricht, schwingen sich die beiden auf diese Ebene weisheitlicher Belehrung. Sie besingen die Liebe, aber nicht füreinander, sondern gewissermaßen nebeneinander, im Blick auf den je eigenen ersehnten Partner. Das ist etwas ebenso Besonderes wie die Vereinigung einer Prinzessin und eines Naturburschen zu gemeinsamem Gesang.[87] Man muß sich freilich fragen, ob man die frei schweifende, noch auf keinen bestimmten Menschen bezogene Sehnsucht, die Papageno erfüllt, eigentlich »Liebe« nennen kann; es ist ja die Sehnsucht nach Liebe und noch nicht die Liebe selbst. Aber auch dieses noch unbestimmte Liebessehnen ist Teil jener All-Liebe, die das Duett besingt.

Das Singen *ad spectatores*, diese der *Zauberflöte* eigentümliche Form, gehört zu dem Ritual, das diese Oper nicht nur auf der Bühne vor den Augen und Ohren des Publikums ablaufen läßt, sondern in das sie auch die Zuschauer auf eine besondere Weise einbezieht. Die Belehrung über den höheren Sinn des Geschehens ist eine der Weisen dieser Einbeziehung. Das Ritual, um das es hier geht, sind die Mysterien der Isis, d.h. die Initiation in den Dienst dieser Gottheit. Initiation ist eine Form der Verwandlung: Aus einem Knaben wird ein junger Mann, aus einem Profanen ein Eingeweihter, aus einem Unwissenden ein Aufgeklärter. Es handelt sich um eine Form höherer Alchemie, der Veredelung oder »Sublimation« niederer Stoffe zu etwas Höherem.[88] Einige Aspekte solcher Verwandlung haben wir schon kennengelernt im Zusammenhang der Zaubermittel, die im Reich der Königin der Nacht angewendet bzw. überreicht wurden: das Schloß, das den Mund der Lügner verschließt und auf diese Weise eine Welt voll Haß, Verleumdung, schwarzer Galle in eine Welt von Lieb' und Bruderbund verwandeln kann, und die Musikinstrumente, die die Affekte der Hörer zu verwandeln vermögen. Hier geht es nun um die Liebe als die allerstärkste Verwandlungskraft, die eine Verwandlung von noch ganz anderer Größenordnung zu bewirken imstande ist: Sie hebt die Menschen bis in die Sphäre des Göttlichen empor: »Mann und Weib, und Weib und Mann/Reichen an die Gottheit an.« Dazu muß man bedenken, daß es in Schikaneders Text nicht »Gottheit«, sondern »Götter« heißt: Wir bewegen uns in einer »heidnischen« Welt, von der Schillers Wort gilt: »Als die Götter menschlicher noch waren, waren Menschen göttlicher.«[89] Die Veredelung oder Sublimierung des Menschen in Richtung auf die Götter ist genau die Form moralischer »Alchemie«, um die es dem Humanismus nicht nur der Freimaurerei zu tun ist. In dieser Sicht ist der Mensch kein »Sündenknecht« und die Erde kein »Jammertal«. So wie der Mensch das Zeug dazu hat, sich den Göttern anzunähern, kann die Erde ein Himmelreich werden – unter Umständen, die es, vorerst im geheimen, zu befördern gilt. Die Liebe, die hier besungen wird, ist Vorahnung solcher Glückseligkeit. In dieser Hinsicht ist sie ein Mysterium, denn das Ziel der Mysterien ist die Vervollkommnung des Menschen in Richtung auf das Göttliche. Pamina und Papageno besingen das Mysterium der Liebe.

Die Liebesanthropo-theologie, die Pamina und Papageno hier dem Publikum verkünden, berührt sich aufs engste mit der (neu)platonischen Liebesphilosophie, wie sie dem 18. Jahrhundert durch Philosophen der florentinischen Renaissance wie Marsilio Ficino und Leone Ebreo und Moralphilosophen wie Shaftesbury und Adam Ferguson vermittelt wurde und zu Schikaneder vermutlich besonders durch Schillers »Philosophische Briefe« gekommen ist. »Liebe also«, schreibt Schiller oder vielmehr: läßt er seinen Julius schreiben, »das schönste Phänomen in der beseelten Schöpfung, der allmächtige Magnet in der Geisterwelt, die Quelle der Andacht und der erhabensten Tugend – Liebe ist nur der Widerschein dieser einzigen Urkraft, eine Anziehung des Vortrefflichen, gegründet auf einen augenblicklichen Tausch der Persönlichkeit, eine Verwechslung der Wesen.« Die Liebe erhebt den Liebenden zu Gott. »Die Anziehung der Elemente brachte die körperliche Form der Natur zustande. Die Anziehung der Geister, ins Unendliche vervielfältigt und fortgesetzt, müßte endlich zur Aufhebung jener Trennung führen, oder (darf ich es aussprechen, Raphael?) Gott hervorbringen. Eine solche Anziehung ist die Liebe. Also Liebe, mein Raphael, ist die Leiter, worauf wir emporklimmen zu Gottähnlichkeit. Ohne Anspruch, uns selbst unbewußt, zielen wir dahin.

Tote Gruppen sind wir, wenn wir hassen,
Götter, wenn wir liebend uns umfassen,
lechzen nach dem süßen Fesselzwang.
Aufwärts durch die tausendfache Stufen
zahlenloser Geister, die nicht schufen,
waltet göttlich dieser Drang.«[90]

»Gott hervorbringen«: Das ist das Programm der hermetischen Mystik, die daher auch »Theurgie« genannt wird, der Anverwandlung des Menschlichen ans Göttliche, die das spirituelle Gegenstück zur materiellen Alchemie bildet.

In unserer imaginären Aufführung der *Zauberflöte* in vier anstatt in zwei Akten, die sich in den dadurch entstehenden drei Pausen viel Zeit für lange Ausflüge in das kulturelle Umfeld und die geistigen Hintergründe der Oper nehmen will, lassen wir hier den Vorhang fallen. Man kann im Zweifel sein, ob dies der rechte Ort für einen solchen Einschnitt ist und nicht vielmehr die Verlagerung der Handlung nach dem feierlichen Abschied Taminos und Papagenos von den drei Damen aus dem Reich der Königin der Nacht in das Reich des Sarastro. Mozart selbst aber hat den ersten Akt offensichtlich anders gegliedert, und seiner Gliederung wollen wir uns anschließen. In beiden Akten bilden die beiden ungewöhnlich umfangreichen Finali einen eigenen Abschnitt, der als solcher durch einen feierlichen Gesang der drei Knaben deutlich herausgestellt wird. Setzen wir hier die Zäsur, dann ergibt sich, wie Eugen Schmitz und Judith Eckelmeyer gezeigt haben, eine klare Struktur in der Verteilung der Tonarten.[91] Jeder der vier Abschnitte beginnt und endet in derselben Tonart. Dasselbe gilt für die Oper insgesamt:

Erster Akt		Zweiter Akt	
Ouvertüre – No. 7 Duett (Bei Männern, welche Liebe fühlen)	Nr. 8 Finale	Nr. 9 Marcia – Nr. 20 Aria (Ein Mädchen oder Weibchen)	Nr. 21 Finale
Es-Dur	C-dur	F-Dur	Es-Dur

Auch von dem neuen Verständnis des Handlungsaufbaus her, wie es sich auf der Grundlage der Mysterienkonzeption ergibt, erweist sich diese Einteilung als die richtige. Das wird dann im vierten Kapitel eingehend begründet werden.

Zweites Kapitel
Ort und Zeit der *Zauberflöte*

Abb. 10 Das ägyptische Zimmer. Hier hat sich der Schauplatz
bereits eindeutig ins alte Ägypten verlagert.
Bühnenbildentwurf von S. Quaglio (München 1816)

Dschinnistan und Utopia

Wo bin ich wohl? Wo mag ich sein?

Die Handlung hat sich vom Reich der Königin der Nacht in ein »prächtiges ägyptisches Zimmer« verlagert, in dem es auch einen »prächtigen türkischen Tisch« und Teppiche gibt. Wo und wann spielt die *Zauberflöte*? Bisher wurde meist als selbstverständlich angenommen, daß die Oper im alten Ägypten spielt. Seit Simone Quaglio, Schinkel und Beuther läßt sich kaum ein Bühnenbildner die Chance entgehen, bei der *Zauberflöte* seine Vorstellungen von altägyptischer Architektur zu realisieren. In der landläufigen Wahrnehmung steht diese Oper, was die Repräsentation Ägyptens auf der Opernbühne angeht, neben Verdis *Aida*. In Wirklichkeit liegen aber gerade in diesem Punkt Welten zwischen diesen beiden Opern. Gerade der Vergleich mit *Aida* macht deutlich, daß die *Zauberflöte* überhaupt nicht im alten Ägypten spielt.

Das hängt nicht etwa nur damit zusammen, daß zwischen der *Zauberflöte* und *Aida* die napoleonische Expedition nach Ägypten, die daraus hervorgegangene *Description de l'Égypte*, die Entzifferung der Hieroglyphen und die wissenschaftliche Erforschung der altägyptischen Kultur liegen. Auch im 18. Jahrhundert konnten Opernhandlungen durchaus im alten Ägypten spielen, wie immer die Bühnenbildner dieses Ägypten dann szenisch realisiert haben.[1] Beispiele, die Mozart und Schikaneder kannten, sind etwa Tobias Philipp von Geblers *Thamos König von Ägypten*, zu dem Mozart 1773 die Chöre und Zwischenmusiken komponiert hatte, Catarino Mazzolàs und Johann Gottlieb Naumanns *Osiride*[2] (1782) und Pietro Metastasios und Ferdinando Gasparo Bertonis *Nitteti* (1789).[3] Demgegenüber spielt die *Zauberflöte* nicht im alten Ägypten, sondern an einem unbestimmten, abgelegenen Ort, einem wahren Utopia, an dem sich sowohl die Mysterien der Isis als auch Elemente der ägyptischen Formensprache, insbesondere Pyramiden, noch erhalten haben (oder, das ist nicht zu entscheiden, wieder

Abb. 11 Wanddekoration für das ägyptische Zimmer im Caffè degl' Inglesi in Rom. Giovanni Battista Piranesi (1769)

aufgenommen worden sind), in einer Welt, in der zwar Altägyptisches lebendig ist, in der es aber weder einen Nil noch einen Pharao gibt.[4] Sarastro ist kein Pharao, die Priester bilden keinen Hofstaat, sondern einen Orden, der die Macht in Händen hält und einen Obersten aus seiner Mitte wählt, der sie ausübt. Sarastro bewohnt keinen Palast, sondern eine Burg, er residiert nicht in Sais oder Memphis, sondern »in einem angenehmen Tal« unweit des nicht näher lokalisierbaren, vermutlich fernöstlichen Berglands, in dem die Königin der Nacht wohnt. Wenn es auch hier Pyramiden gibt, dann sind es nicht die originalen ägyptischen, sondern nachgebaute Pyramiden, genau wie die Pyramiden in den freimaurerischen Parkanlagen des späten 18. Jahrhunderts.[5]

Den einzigen geographischen Hinweis auf den Ort der *Zauberflöte* gibt uns Taminos »japonisches« Jagdgewand. Wohin mag sich ein Japaner auf der Jagd verirrt haben? Übrigens, aber das steht auf einem anderen Blatt, liegen China und Ägypten auf der geistigen Landkarte des 18. Jahrhunderts nicht so weit auseinander. Der Vergleich zwischen den beiden Kulturen war beliebt, und das zweibändige Werk von Cornelis de Pauw, das diese »Parallele« mit besonderer Ausführlichkeit und übrigens auch gebührender historischer Kritik behandelt, war nicht nur in den Kreisen der Wiener Freimaurerei, sondern sogar auch Mozart selbst bekannt.[6]

Zwischen dem Reich der Königin der Nacht und Sarastros Reich gibt es aber, ihrer geographischen Nachbarschaft zum Trotz, wichtige Unterschiede. In Sarastros Reich gibt es neben dem Herrscher und dem Orden, dem er angehört, ein Volk, das seinen Herrscher vergöttert und seine Tugend und Gerechtigkeit preist. Es handelt sich also um eine besiedelte, zivilisierte Gegend. Vom Reich der Königin der Nacht erfahren wir nur so viel, daß seine Herrscherin für die Menschen unsichtbar bleibt; von einem Volk ist hier nicht die Rede.[7] Die Bewohner bzw. Eingeborenen dieser Gegend leben offenbar in einem vorzivilisierten Zustand, d.h. in der Wildnis, und ernähren sich von der ursprünglichsten aller Produktionsweisen, dem Sammeln, Jagen und Tauschen. Papagenos Federkleid weist ihn als einen »Wilden« aus, ebenso wie seine Unfähigkeit, Angaben über seine Herkunft zu machen. Die Frage »Wer bist du?« hat ihm noch niemand, er selbst sich am allerwenigsten, gestellt. Er wird nicht der einzige Bewohner dieser Gegend sein, denn er ist ja »bei Alt und Jung im ganzen Land« bekannt, aber mit seinesgleichen verbindet ihn keine »Gesellschaft«, und so ist er schon nahe daran, an der Möglichkeit zu verzweifeln, jemals eine Lebensgefährtin zu finden. Einzig ein »runder Tempel« in dieser »felsichten Gegend« deutet an, daß wir uns hier zwar in der Wildnis, aber nicht in völliger Einöde befinden; auch hier werden Götter verehrt.

Die Königin der Nacht wohnt in »Dschinnistan«, dem »Geisterreich« (»Dschinnistan« kommt von arab. *dschinn*, »Geist«, und heißt »Geisterland«). So hatte Wieland jenes märchenhafte Nirgendwo genannt, in dem er die von ihm gesammelten Geister- und Zaubergeschichten angesiedelt hatte. Aus dieser Sammlung entstammen auch die Erzählungen, auf denen die Handlung der *Zauberflöte* größtenteils basiert, insbesondere die Erzählung *Lulu oder die Zauberflöte* von A.J. Liebeskind.[8] Schikaneder hatte diese Sammlung schon mehrfach benutzt, so 1790 für die Oper *Der Stein der Weisen*, für deren Komposition er ein Komponistenteam, zu dem auch Mozart gehörte, eingesetzt hatte. Sarastros Reich dagegen läßt sich in Dschinnistan nicht ohne weiteres unterbringen, denn außer den drei Knaben, die als hilfreiche Wesen herumschweben, gibt es hier keine Geister.[9] Sarastro, die Ordensbrüder und das Volk sind Menschen. Die ganze Sarastro-Sphäre samt den hier spielenden Handlungssträngen läßt sich denn auch mit Wielands Märchensammlung nicht zusammenbringen. So müssen wir innerhalb jenes Nirgendwo, in dem das Geisterreich der nächtlichen Königin und das Ordensregime des Sarastro angesiedelt sind, trotz der Nähe dieser Gebiete eine wichtige Grenze ziehen: die Grenze zwischen Wildnis und Zivilisation sowie zwischen »Dschinnistan«, der Geisterwelt, und »Utopia«, dem von guten Gesetzen und gerechten Herrschern in ein irdisches Paradies verwandelten Ort menschlicher Gesellschaft.

Die Zeit der Oper ist ebenso unbestimmt wie ihr Ort; es ist keine bestimmte historische Epoche gemeint. Im 18. Jahrhundert war das feste chronologisch-historische Gerüst der biblischen Geschichte in Bewegung geraten. Vor allem war es üblich geworden, das Frühe und das Ferne ineinander zu spiegeln. Lafitaus Werk über die amerikanischen Wilden, in deren Brauchtum er Parallelen zur heidnisch-griechischen Antike entdeckte, wirkte bahnbrechend.[10] Dem freimaurerischen Mysteriendiskurs lag das Programm zugrunde, Parallelen zwischen antiken Mysterien und der Freimaurerei – bzw. zwischen »alten und neuen Mysterien« – aufzudecken, die nicht nur im Sinne der Genealogie, als echte »survivals«, sondern auch im Sinne bloßer Analogie wichtig waren. Jedenfalls ging man davon aus, dem Alten und Frühen im Raume noch begegnen zu können. Eine Reise nach Amerika konfrontierte den Reisenden mit dem »Naturzustand« des Menschen vor allen Errungenschaften der Zivilisation, und eine Reise nach Ägypten versetzte ihn in die Ursprünge der Kultur und Zivilisation zurück. Die Vergangenheit war im Raume noch präsent. Was in Ägypten Ruine, war in Indien und China noch in voller Funktion. Wenn irgendwo, dann haben hier Gurnemanz' tiefsinnige Worte in Wagners *Parsifal* eine klare Bedeutung: »Ich schreite kaum, doch wähn' ich mich schon weit. Du siehst, mein Sohn, zum Raum ward hier die Zeit.« So macht auch Tamino eine Zeitreise durch. Erst fällt er, indem er sich auf der Jagd verirrt, aus der Gegenwart seiner prinzlichen Lebensumstände heraus und gelangt in den ungeselligen Naturzustand der Wildnis und Frühzeit; von dort führt ihn sein Weg in den anfänglich-endzeitlichen Blütezustand der menschlichen Zivilisation. Eine solche symbolische Zeitreise im Irrgarten der Menschheitsgeschichte beschreibt schon die Francesco Colonna zugeschriebene *Hypnerotomachia Poliphili* (1499).[11]

In der Geschichtsphilosophie des 18. Jahrhunderts, insbesondere der Freimaurer und Illuminaten, dominierte ein Geschichtsbild, das die Zeit als Verfall deutete und die Aufgabe des Menschen darin sah, diesem Verfall gegenzusteuern und die Menschheit in die glücklichen Verhältnisse des Ursprungs zurückzuführen.[12] Die Menschheit war einmal glücklich gewesen, bevor mit den komplexer werdenden Formen des Zusammenlebens in immer größeren Herrschaftsverbänden die Bedürfnisse stiegen, und sie muß sich dieses verlorene Paradies als politisches Ziel vor Augen setzen, um zu diesem Glück wieder zurückzufinden. Die primitive Welt – *le monde primitif*[13] – war nicht »primitiv«, sondern paradiesisch. Das irdische Paradies war nicht nur ein politisches Programm, sondern auch eine Sache der Erinnerung in der Form historisch-archäologischer Quellenforschung und ethnographischer Reisen, Beobachtungen und Beschreibungen. Die Gegenwart erschien jetzt als eine Übergangszeit zwischen ›einst‹ und ›einst‹, damals und zukünftig.

Der Charakter der Übergangszeit kennzeichnet auch die erzählte Zeit der *Zauberflöte*. Hier handelt sich jedoch um die Übergangszeit zwischen einer eher rezenten Vergangenheit, die für die Handlung der Oper unmittelbar entscheidend ist, und einer als Nahziel angestrebten Zukunft, deren Durchsetzung gegen Widerstände ebenso unmittelbar die Handlung bestimmt. Vergangenheit, Gegenwart und Zukunft sind charakterisiert durch gewisse Formen der Herrschaft und die mit ihnen verbundenen Vorstellungen vom Glück der Menschen wie etwa der Freiheit des Denkens, dem Recht der Vernunft, der Eintracht, Gleichheit und Brüderlichkeit auf der Basis guter Gesetze in einem irdischen Paradies. Dieses Ziel ist noch nicht erreicht, es muß erst errungen werden, steht aber als Nahziel im Blick. Dieses »bald« charakterisiert die Zeit der Oper; es bezieht sich vordergründig auf die Erfüllung von Taminos und Papagenos Liebessehnen und hintergründig auf die Herrschaft des Lichts und der Vernunft (»bald wird der Aberglaube schwinden«), wobei dieser Hintergrund im Laufe des Stücks immer deutlicher in den Vordergrund tritt. Die *Zauberflöte* ist eine Oper der Hoffnung. »Bald« und »dann« sind ihre Stichworte. Die Hoffnung bestimmt die Thematik auf zwei Ebenen: auf der Ebene individueller Lebenszeit im Sinne von »bald«: daß »bald« Tamino die Prüfungen bestehen möge, und auf der Ebene der Geschichtszeit im Sinne von »dann«: »Dann ist die Erd ein Himmelreich.« *Zur gekrönten Hoffnung* hieß Mozarts Loge zur Zeit der Arbeit an der *Zauberflöte*.

Das Symbol der Herrschaft, der »siebenfache Sonnenkreis«, von dem wir erst im zweiten Aufzug (8. Auftritt) erfahren werden, ist dem Orden von einem König übermacht worden, von dem verstorbenen Gemahl der Königin der Nacht und Vater der Pamina.[14] Es wird wohl vorausgesetzt, daß dieser verstorbene König die Herrschaft über das Sonnenreich selbst ausgeübt hatte, als komplementärer Partner der Königin der Nacht, die über das Nachtreich regierte. Um die Unabhängigkeit seines Reiches zu sichern und um es nicht dem Nachtreich seiner Witwe anheimfallen zu lassen, bestimmte er den Orden zum Erben. Die Ordensherrschaft ist also eher jung, sie besteht erst seit ca. 10 bis 15 Jahren, und sie ist auch vermutlich nur als eine Übergangslösung gedacht, bis Pamina, die Tochter, herangewachsen sein und einen Gemahl gefunden haben wird, der die Herrschaft dann wieder als König ausüben soll. Sarastro jedenfalls regiert nicht als König, sondern als »Weiser«, als gewählter Oberster des Ordens. Die *Zauberflöte* spielt also in einer Übergangszeit, in der für eine Weile einmal die »Eingeweihten«, die Philosophen, tatsächlich die Macht haben *und* die Herrschaft ausüben; sie werden die Macht behalten, die Herrschaft aber in die Hände eines Königspaares legen, das sie zuvor durch die Initiation zu Mitgliedern ihres Ordens gemacht haben. Da Pamina die Tochter des verstorbenen Königs ist, wird diese Herrschaft nun doppelt legitimiert: durch dynastische Herkunft und durch die geprüfte Tugend der Eingeweihten.

Die Ordensherrschaft wird nicht als eine ideale Herrschaftsform dargestellt; auch sie ist dazu bestimmt, überwunden zu werden. Ihr Schwachpunkt ist die männerbündische Misogynie. Mit der Einweihung von Pamina wird sie der Vergangenheit angehören; Tamino wird den Sonnenstaat zusammen mit Pamina regieren und der Gynophobie der Priester ein Ende machen. Wir dürfen aber nicht vergessen, daß diese Gynophobie symbolisch zu verstehen ist. Der Abscheu der Priester gilt nicht dem »Weib« als solchem, sondern dem Aberglauben, der in der Figur der Königin der Nacht seine narrative und dramatische Verkörperung gefunden hat.[15] Der Konflikt zwischen der Königin der Nacht und Sarastro wird gern auf den Konflikt zwischen Matriarchat und Patriarchat bezogen, und man hat sich gewundert, wie Mozart und Schikaneder lange vor Bachofen auf diese Konzeption kommen konnten. Man wollte sogar in der Ablösung beider Herrschaftsformen durch die gemeinsame Herrschaft von Tamino und Pamina den Hegelschen Dreischritt von These (Matriarchat), Antithese (Patriarchat) und

Synthese erblicken.[16] Das heißt jedoch allzuviel 19. Jahrhundert in die Oper hineinlesen. Die Oper spielt in einer Übergangszeit, aber nicht zwischen großen historischen Epochen der Vergangenheit, sondern in der Gegenwart, die als eine Übergangszeit empfunden wird: zwischen der Nacht des Aberglaubens und dem Licht der Vernunft. Das ist ein Epochenwandel, den man in einer Lebenszeit erfahren kann, und den im 18. Jahrhundert ganze Generationen durchgemacht haben.

Schließlich noch ein Wort zu den Namen der Protagonisten. Auch sie sind nicht eindeutig als ägyptisch auszumachen. Sarastro klingt deutlich an Zoroaster an; allerdings gilt Zoroaster in der Literatur der damaligen Zeit zuweilen als Sohn des Noah-Enkels Mizraim und damit als Ägypter.[17] Die Namen Tamino und Pamina sind für jeden ägyptologischen Liebhaber der Oper ein Problem, weil es ägyptisch Pa-min(o) und Ta-min(a) heißen müßte, Namen, die es tatsächlich gab.[18] Aber das ist reiner Zufall. Der Name Tamino leitet sich vermutlich von Thamos her, dem Titelhelden von Geblers Stück, dessen Name wiederum aus Platons *Phaidros* stammt und letztlich auf den babylonischen Tammuz bzw. sumerischen Dumuzi zurückgeht.[19] Die übrigen Namen – Monostatos[20], Papageno, Papagena[21] – haben mit Ägypten nichts zu tun. Ägypten ist also auch in den Namen der Figuren eher vage angedeutet. Daß die Königin der Nacht keinen Namen trägt, mag mit ihrem allegorischen Charakter zusammenhängen; sie verkörpert ja den »Aberglauben«.

Die Egyptischen Geheimnisse

Hieroglyphen

Wie aus Mozarts eigenem Werkverzeichnis hervorgeht, stand der Titel der Oper bis zuletzt nicht fest. Bei den Eintragungen »Im Jullius« und »den 28. September« hatte er hier nur Striche eingesetzt und den Titel »Die Zauberflöte« später nachgetragen. Davor war offenbar auch ein Titel wie »Die Egyptischen Geheimnisse« im Gespräch. Am 24. September, also 6 Tage vor der Premiere, verkündet ein Korrespondent in einer Hamburger Zeitung: »Herr Mozart hat eine neue Oper komponiert: ›Die Egyptischen Geheimnisse‹«; und noch im Dezember 1791 nimmt der Tenor Haibel in einem Brief auf die Oper unter diesem Titel Bezug: »Betreffend die Egyptischen Geheimnisse, die hier unter dem Namen der Zauberflöte bekannt sind ...«[23] Daraus geht hervor, daß der Oper die Idee zugrunde liegt, ein ägyptisches Ritual auf die Bühne zu bringen. Das Wort »Geheimnisse« übersetzt den griechischen und lateinischen Begriff »Mysterien«, worunter man die strengster Geheimhaltung unterliegenden Einweihungsriten in bestimmte Kulte verstand.

Die *Zauberflöte* spielt aber, wie wir gesehen haben, gar nicht im historischen alten Ägypten. Trotzdem bildet sie den Höhepunkt der Ägypten-Faszination, die das späte 18. und frühe 19. Jahrhundert kennzeichnet. Wie ist das zu verstehen? Was ist noch ägyptisch an der Oper, wenn wir den Schauplatz in ein Irgendwo und Irgendwann verlegen? Ägyptisch, jedenfalls ägyptisch gemeint, sind die »Mysterien der Isis«, und es ist gerade ihre Übertragbarkeit aus dem ursprünglichen historischen Kontext in eine mehr oder weniger beliebige andere Zeiträumlichkeit, die das Faszinierende des Ägyptischen ausmacht. Wenn auch die Handlung nicht in Ägypten spielt, so sind es doch die ägyptischen Götter, Isis und Osiris, die hier verehrt werden, und zwar in den vermeintlich originalen Formen ihrer Verehrung, den »Mysterien der Isis«. Ebendas kennzeichnet die »Ägypten-Romantik« (Morenz) dieser Zeit: die Idee, daß Weltbild, Religion und Kult des alten Ägypten nicht zusammen mit dieser Kultur ganz und gar untergegangen sind, sondern den Untergang dieses Reiches überdauert haben und in irgendwelchen Nischen oder Krypten des kulturellen Gedächtnisses noch überdauern, von wo sie jederzeit und jeden Orts wiederbelebt werden können. Man kann daran noch anknüpfen, gerade weil diese Mysterien nicht an das Land, die Menschen, die Sprache und die Kultur gebunden sind, die sie zuerst entwickelt haben. Darin unterscheidet sich die Ägyptenromantik des 18. Jahrhunderts von der Ägyptomanie des Historismus, dem die Vergangenheit unwiederholbar vergangen, aber gerade aufgrund dieser unüberbrückbaren Distanz faszinierend erscheint.

Nichts veranschaulicht diesen Übergang von klassizistischer Ägyptenromantik zu historistischer Ägyptomanie so treffend wie die Bühnenbildentwürfe zur *Zauberflöte* zwischen 1791 und 1816. Die frühen Bühnenbilder verknüpfen einzelne ägyptisierende Versatzstücke wie Pyramiden und Obelisken mit klassisch-antiker oder zeitgenössischer (Rokoko-)Architektur in einer gartenhaften Umgebung. Die Wende tritt um 1815 ein: Von jetzt an lassen Bühnenbildner wie Friedrich Beuther, Simone Quaglio und vor allem Friedrich Schinkel die Priesterszenen in ägyptischen Tempelszenarien spielen, wie sie auch für *Aida* verwendet werden könnten. Friedrich Schinkel fordert vom Bühnenbildner »gründliche Kenntnisse in der Geschichte der Baukunst aller Zeiten und Völker ..., selbst archäologische Kenntnisse«.[24] Das ist jedoch ein Mißverständnis. Mozart und Schikaneder lassen ihre Mysterien der Isis weder in Ägypten noch überhaupt im Altertum stattfinden.

Wenn wir bei diesen »Mysterien der Isis« nicht an die altägyptische Religion, sondern an die hellenistischen Isis-Mysterien denken, dann ist ihre Übertragbarkeit an andere Orte und Zeiten keine so abwegige Konzeption. Die Isis-Mysterien waren in der Tat außerhalb Ägyptens in der gesamten Alten Welt, von Persien bis Spanien, von Nordafrika bis Germanien verbreitet. Mozart selbst war den Mysterien der Isis in Italien begegnet, als er im Alter von 14 Jahren mit seinem Vater die Ausgrabungen in Pompeji und Herculaneum besuchte und dabei sowohl den pompejanischen Isistempel als auch die Wandmalereien aus Herculaneum mit den Darstellungen von Isis-Riten gesehen haben muß, die in von Borns Abhandlung über die »Mysterien der Aegyptier« eine große Rolle spielen.[25] Allein, dieser Unterschied wurde im 18. Jahrhundert nicht gemacht, ebensowenig wie von den antiken Autoren, von denen das Bild stammte, das man sich von den Mysterien der Isis machte. Wir wissen heute, daß die hellenistischen Isis-Mysterien nur wenig mit der altägyptischen Religion zu tun hatten; damals aber hielt man beides für ein und dasselbe. Ist aber dieser Schritt einmal gemacht und die hellenistische Isis-Religion mit der Religion der alten Ägypter gleichgesetzt, dann erscheint sie als eine potentielle »Weltreligion«, das heißt eine missionsfähige, interkulturell übertragbare, zeitlos gültige und anschlußfähige Sicht des Göttlichen und seiner Verehrung. Gerade der enthistorisierende, dekontextualisierende Blick, mit dem das 18. Jahrhundert das alte Ägypten betrachtete, ließ ihm diese Kultur als Ausdruck einer überzeitlich gültigen und faszinierenden Weltsicht erscheinen.

Drei Ordnungen symbolischer Formen bezeugten die zeitlose, fortwirkende Lebendigkeit der ägyptischen Kultur: die *Formensprache* – Obelisken, Pyramiden, Sphingen, Statuen usw. –, die *hermetische Philosophie* und die *Hieroglyphen*. Die *Formensprache* konnte man noch sprechen, d.h. kreativ anwenden. Es ist sicher nicht übertrieben, mit Bezug auf das 17. und 18. Jahrhundert von einer »lebendigen Sprache« zu reden, auch wenn oder vielmehr gerade weil diese Sprache mit originalen ägyptischen Formen wenig gemeinsam hat und voller Mißverständnisse und Verzerrungen ist. Die *hermetische Philosophie,* eine magisch-mystische Lehre vom Aufbau der Welt und der Stellung des Menschen im Kosmos, die in einer Gruppe von dem göttlichen Weisen Hermes Trismegistus zugeschriebenen Traktaten überliefert ist, konnte man noch verstehen und weiterdenken, was kein Wunder ist; handelte es sich doch hierbei weitgehend um eine Spielart des Neuplatonismus, die sich dem Platonismus der Renaissance bruchlos einfügte und ihm, solange man die Texte für altägyptisch hielt, die Würde eines ungeahnten Altertums, einer »Urtheologie« (*theologia prisca*) verlieh.[26] Die *Hieroglyphen* schließlich bilden das überraschendste Element dieses zeitlos lebendigen Ägypten-Paradigmas. Hier zumindest hätte man doch einen Begriff für die völlige Fremdheit, den Abbruch jeden Verständnisses und jeder Anschließbarkeit erwarten müssen. In den Hieroglyphen war doch die altägyptische Kultur zusammen mit ihrer Sprache unwiderruflich untergegangen, solange die Schrift nicht entziffert und wieder lesbar wurde. Seltsamerweise war auch hier das Gegenteil der Fall. Zwar konnte man die ägyptischen Hieroglyphen nicht lesen, aber man glaubt, zu wissen, wie sie funktionieren und erfand nach diesem Prinzip neue, eigene Hieroglyphen. Wie auch im Fall der beiden anderen Elemente des Ägypten-Paradigmas, der Formensprache und der hermetischen Philosophie, ging es auch hier nicht um historische Erschließung, sondern kreative Verlebendigung. Dabei blieb aber die Rätselhaftigkeit der ägyptischen Inschriften und der Verlust ganz entscheidender Aufschlüsse zum Verständnis ihres Inhalts durchaus bewußt und bildete ein ganz zentrales Element des Begriffs, den sich die frühe Neuzeit von Hieroglyphen machte. »Hieroglyphe« bezeichnete ein bildhaftes Symbol, dessen ursprünglicher Sinn ganz oder teilweise in Vergessenheit geraten war und das trotzdem Element einer lebendigen und kreativ weiterzuentwickelnden Formensprache war.[27] Damit konzentrierte sich im Begriff der Hieroglyphe noch einmal die Form, in der das alte Ägypten insgesamt im kulturellen Gedächtnis des Abendlandes präsent und virulent war: im Zustand halber Vergessenheit, als versandete Ruine, als eine sich in undurchdringlichem Dunkel verlierende Tiefendimension der eigenen Vergangenheit, die dennoch anschlußfähig geblieben war und einer kreativen Auseinandersetzung und Weiterbildung offenstand. In diesem Sinne sprechen die Freimaurer des 18. Jahrhunderts von Hieroglyphen. Sie verstehen darunter nicht nur die ägyptischen Schriftzeichen, sondern ihre eigene Symbolik: die in das »Tapis« eingewebten Symbole, die Dekoration der Loge, ihre Riten und Grade. Die ungemeine ästhetische Fruchtbarkeit dieses Begriffs von Hieroglyphe liegt auf der Hand und wurde im späten 18. Jahrhundert auch reichlich ausgebeutet.[28] Horace Walpole schrieb »Hieroglyphic Tales«, Johann Georg Hamann »hieroglyphische Briefe«. Was liegt also näher, als die *Zauberflöte* als eine »hieroglyphische Oper« zu betrachten? Ist die *Zauberflöte* voller »Hieroglyphen«, vielleicht als Ganzes eine »Hieroglyphe« – im damaligen Verständnis des Wortes?

Sie erzählt eine Geschichte mit dem Schleier des Geheimnisses und macht sie dadurch ästhetisch komplex und inhaltlich vielfältig ausdeutbar. Daher treffen alle allegorischen Auslegungen, wie sie neuerdings wieder in Mode gekommen sind[29], etwas Richtiges und greifen doch zu kurz. Die *Zauberflöte* als Hieroglyphe verstehen heißt, nicht sie deuten, sondern auf eine Deutung, zumindest im Sinne der einfachen und erschöpfenden Ausdeutung, zu verzichten. Eine Hieroglyphe ist eine ästhetische Form mit doppeltem Boden: für den Uneingeweihten ein Gegenstand der Faszination, für den Weisen ein Gegenstand der Kontemplation. Dieser Gegensatz zwischen innen und außen, einfachem Volk und elitärer Weisheit prägt sich in der Oper als Gegensatz von Papageno und Sarastro, Volksmusik und Sakralmusik aus.

Pyramiden: Wissensspeicher, Forschungsstätten, Einweihungsorte

Eine weitere Quelle der Ägyptenfaszination bildeten neben der Formensprache, der hermetischen Tradition und den Hieroglyphen die Berichte der Ägyptenreisenden und die von ihnen kolportierten Legenden, die sich in der arabischen Folklore an die altägyptischen Denkmäler geheftet hatten. In diesen Legenden spiegelt sich die Erfahrung eines nicht nur von Ruinen übersäten, sondern von unterirdischen Anlagen durchzogenen Landes. Auf Schritt und Tritt öffneten sich unverhoffte Zugänge in hochkomplexe, mit Schriftzeichen und Darstellungen bedeckte und nicht nur mit Mumien, sondern teilweise auch noch mit sagenhaften Schätzen angefüllte Systeme von Gängen, Schächten, Kammern, Hallen und versenkten Lichthöfen. Hier wurzeln Geschichten wie »Sesam öffne dich« und »Aladin und die Wunderlampe«, aber auch die Legenden von unterirdischen Einweihungs- und Versammlungsorten, Ausbildungsstätten, Forschungseinrichtungen und Wissensspeichern. Terrassons Schilderung von den Initiationsprüfungen seines Helden Sethos[30] beruhen sowohl auf solchen Legenden als auch auf zeitgenössischen Berichten über die Substruktionen der Cheops-Pyramide.[31] Es lohnt sich, einen längeren Auszug aus diesem Roman, der die unmittelbarste Quelle für die *Zauberflöte* darstellt, in der Übersetzung von Matthias Claudius hier anzuführen:

Sie kamen, mit einer Lampe und dem nöthigen Geräth versehen, bey der Pyramide an, als es schon Nacht war. Amedes hatte es mit Fleiß so abgepaßt, weil er allein mit Sethos in den dunkeln Aufenthalt hinabgehen wollte. Sie stiegen zusammen bis an die sechzehnte Lage an der nördlichen Seite, zu einem viereckigen Fenster, das immer offen war. Diese Oefnung, die nur etwa drey Fuß nach allen Seiten hielt, war der Anfang von einem Gange von eben der Größe, darin man also nicht anders als auf dem Bauch fortkriechen konnte. Sethos ging zuerst hinein; Amedes ließ ihm mit Fleiß diese Ehre, so wie er ihn auch die Lampe tragen ließ; auch sagte er ihm niemals, wie lang ein jeder Gang und was am Ende desselben sey.

Bis hierhin entspricht die Beschreibung genau dem Befund der Cheops-Pyramide, an deren Nordseite sich in der Tat an der beschriebenen Stelle der Einstieg in das innere Gang- und Kammersystem befindet. Im inneren Gangsystem gelangen Prinz Sethos und sein Führer

Amedes nach verschiedenen Schwierigkeiten an die Mündung eines Schachts:

Die bloße Oefnung dieses Brunnen, beym Schein einer Lampe, war ein schrecklicher Anblick. Man konnte nicht absehen, wie tief er war; so sah man auch weder Rad, noch Wirbel, noch Strick, daran man herabsteigen, oder ihn untersuchen könnte.

Solche Schächte gibt es in den Pyramiden nicht, aber natürlich in anderen ägyptischen Grabanlagen, mit ähnlichen Vorrichtungen zum Abstieg, wie sie Amedes und Sethos benutzen:

Hernach zog Amedes den ganzen Leib in die Oefnung des Brunnen, setzte den andern Fuß auf eine ähnliche Sprosse, die einen Fuß tiefer war, und fuhr, ohne ein Wort zu sagen, fort hinunter zu steigen. Sethos stieg gleich hinter ihm drein. Wenn man die sechzig Sprossen, die da waren, gemacht hatte, so war man zwar noch sehr weit vom Ende des Brunnen; man fand aber neben sich ein Fenster, welches der Eingang eines ganz bequemen Weges war, der im lebendigen Felsen gehauen und immer krumm um hundert und vier und zwanzig Fuß hinab-gieng.

Bis hierher ist das Inwendige einer Pyramide noch ebenso als ich es bisher kurz beschrieben habe; nur daß der Grund des Brunnens sehr hoch mit Schutt angefüllt ist. Damals aber führte der krumme Weg an eine Gitterthür mit zwey Flügeln von Erz, die sich bey dem geringsten Druck gegen sie und ohne das geringste Geräusch öfneten, die aber von selbst wieder zusammenfielen, und durch ein in den Angeln angebrachtes Kunststück einen sehr starken Schall machten, der sich nach und nach zu entfernen und weit weg im Grunde eines großen Gebäudes zu verlieren schien. Man befand sich alsdann im Grunde des Brunnens, der in allem hundert und fünfzig Fuß tief war. Dieser Thür, die an der Nordseite war, gerade gegen über war eine andere Thür nach Mittag, die mit einem Gitter von Eisen, jede Stange so dick wie ein Arm, fest vermacht war.

Die folgende Beschreibung läßt sich nun mit nichts mehr in Verbindung bringen, was sich in den unterirdischen Konstruktionen ägyptischer Grabanlagen beobachten läßt:

Durch diese Stangen sahe Sethos einen Gang, so weit das Auge nur sehen konnte, an den zur Linken und nach der Seite gegen Morgen eine lange Reihe von Schwibbögen anstieß und eine große Halle von Lampen und Fackeln schien heraus in den Gang. Er hörte auch in der Tiefe dieser Schwibbögen Manns- und Frauenstimmen, die eine sehr schöne Musik machten. Amedes sagte dem Sethos, daß der Gang, den er durchs Gitter sehe, unter den andern Pyramiden, die würkliche Begräbnisse wären, hingehe und sie unten vereinige, und daß die Schwibbögen in einen unterirdischen Tempel führten, wo die Priester und Priesterinnen, deren Stimme er höre, alle Nacht verschiedene Arten von Opfer und Ceremonien machten, davon es nicht erlaubt sey ihm weiter etwas zu entdecken, weil er noch nicht eingeweiht sey.[32]

Man wußte zwar auch von Herodot und anderen griechischen Autoren, daß die Pyramiden als Grabstätten der ägyptischen Könige errichtet worden seien. Aber dieser Zweck konnte unmöglich ihrer eigentlichen Bestimmung entsprochen haben. Neben solchen Grabpyramiden, »die würkliche Begräbnisse waren«, dienten andere Pyramiden als »heilige Gebäude, in denen die Mysterien gefeiert worden«.[33]

Das komplizierte System der Cheops-Pyramide mit seinen verschiedenen Gängen, Kammern, Korridoren und Schächten konnte man sich nicht anders denn als Kultbühne für geheime, unterirdisch und an verborgenem Ort abgehaltene Riten erklären. Dazu kam eine Verwechslung: Man brachte die Nachrichten über die unterirdischen, über und über beschrifteten Königsgräber im Tal der Könige bei Theben mit den Beschreibungen der Pyramiden und ihrer Substruktionen bei Memphis zusammen und glaubte, daß zu den Pyramiden auch solche beschrifteten Anlagen gehörten, wie sie sich tatsächlich ab dem Ende der 5. Dyn. (2350 v. Chr.) in den Pyramiden von Saqqara finden. Viele gingen sogar davon aus, daß die Pyramiden und die thebanischen Gräber unterirdisch miteinander kommunizierten und ganz Ägypten von solchen Substruktionen unterminiert sei: »ganz Ägypten, von den großen Pyramiden an bis Theben, ist mit solchen unterirdischen Behältern und Wegen versehen; viele sind aber verfallen, und auch viele baufällig und gefährlich; die geheimen Meister aber wissen alle, die noch gangbar und bewohnbar sind.«[34]

Diese Anlagen konnten eigentlich nur als verborgene, der profanen Öffentlichkeit unzugängliche und daher unterirdische Speicher des priesterlichen Wissens gedient haben, das offenbar, wie man aus diesen Aufzeichnungsorten schließen mußte, strengster Geheimhaltung unterlag. So kommt es zur Vorstellung eines wahren unterirdischen Labyrinths von Schächten, Gängen, Hallen und Kammern, das einer Schar eingeweihter Priester nebst ihren Angehörigen und Dienern zum mehr oder weniger ständigen Aufenthalt diente. Dafür konnte man sich auch auf antike Autoren berufen, z.B. auf eine Stelle bei Lukian, wo von einem ägyptischen Weisen die Rede ist, der ganze 23 Jahre unter der Erde studiert haben soll:

> Auf der Rückreise trug es sich zu, daß ein Mann aus Memphis mit uns fuhr, ein Mann von erstaunlicher Weisheit, und ein wahrer Adept in allen Egyptischen Wissenschaften. Man sagte von ihm, er habe ganzer drey und zwanzig Jahre unter der Erde gelebt, und sey während dieser Zeit von der Isis selbst in der Magie unterrichtet worden.
> Du sprichst, unterbrach ihn *Arignotus*, von meinem ehmaligen Lehrer *Pankrates*? war es nicht ein Mann vom Priester-Orden, mit abgeschornen Haaren, der keine andere als leinene Kleider trug – immer in tiefen Gedanken – sprach sehr rein Griechisch – ein langgestreckter Mann, mit herabhängender Unterlippe, und etwas dünnen Beinen?[35]

Eine andere, vielzitierte Stelle steht bei dem spätrömischen Historiker Ammianus Marcellinus:

> Es gibt auch Syringen, das heißt unterirdische und gewundene Gänge. Der Überlieferung zufolge ließen die in die alten Riten Eingeweihten sie an verschiedenen Orten mit ungeheurem Aufwand aushauen, da sie die Heraufkunft einer Flutkatastrophe voraussahen und fürchteten, die Zeremonien könnten in Vergessenheit geraten. Auf die dergestalt aus dem Felsen geschlagenen Wände ließen sie alle möglichen Arten von Vögeln und Tieren einmeißeln: das nennen sie »Hieroglyphen«.[36]

Diese Stelle ist besonders interessant, weil sie neben dem Zwang zur Geheimhaltung der Riten und Texte noch eine andere Begründung für die Anlage dieser beschrifteten unterirdischen Labyrinthe gibt. Bei der Aufzeichnung der ägyptischen Mysterien ging es offenbar um ein Wissen, das nicht nur an verborgenen Orten gepflegt, überliefert und weitergegeben, sondern auch unter allen Umständen vor den zerstörerischen Auswirkungen natürlicher und geschichtlicher Katastrophen geschützt und für die Ewigkeit bewahrt werden mußte. Ignaz von Born, dessen Monographie »Über die Mysterien der Aegyptier« genau wie Terrassons Roman zu den wichtigsten Quellen der Zauberflöte gehört, meinte, daß die Pyramiden

> bloß in der Absicht aufgerichtet worden seyen, um mit dem ganzen Umfang ihrer politischen, bürgerlichen und priesterlichen Kenntnisse überschrieben zu werden; so daß sie gleichsam bestimmt waren die Bibel der Aegyptier zu werden, deren Buchstaben und Charaktere aber vielleicht durch die Zeit ausgelöscht und unleserlich gemacht worden sind.[37]

Die ägyptischen Mysterien als »wissenschaftliche Freimaurerei«

Die phantastischste Deutung und Ausmalung erfuhren diese Berichte und Legenden über ägyptische Pyramiden und unterirdische Anlagen in zwei Vorträgen der Wiener Loge *Zur Wahren Eintracht*, zu deren Hörern auch Wolfgang Amadeus und Leopold Mozart gehörten. In diesen Vorträgen über »wissenschaftliche Freimaurerei« entwickelte der Philosoph und Altphilologe Anton Kreil eine besonders eindrucksvolle Rekonstruktion der altägyptischen Wissenskultur.[38] Kreil war eines der intellektuell aktivsten Mitglieder der Loge. Er hat hier über die Geschichte des pythagoräischen Bundes[39], über die Neuplatoniker[40] und über die Eleusinischen Mysterien[41] vorgetragen. Daß Mozart zusammen mit seinem Vater bei diesen Vorträgen zugegen war, war bisher nicht bekannt, läßt sich aber sehr leicht und eindeutig nachweisen. Mozart war an den beiden Sitzungen der Loge, in denen Kreil seinen Beitrag vortrug, als besuchender Bruder anwesend – er selbst gehörte ja der Schwesterloge *Zur Wohltätigkeit* an, deren Meister vom Stuhl sein alter Freund Otto von Gemmingen war –, weil an diesen beiden Sitzungen sein Vater Leopold zum Gesellen bzw. zum Meister befördert wurde. Das Protokoll verzeichnet zu diesen Sitzungen je einen Vortrag von »Br. Kreil« über die Frage, »Ob es eine szientifische Maurerey gebe?«.[42] Dieser Vortrag gilt als verloren, er ist aber ohne jeden Zweifel identisch mit dem Aufsatz »Über die wissenschaftliche Maurerey«, der anonym im *Journal für Freimaurer* Heft 7, 1785, 49-78, erschienen ist. Daß dieser Aufsatz von Kreil stammt, ergibt sich schon daraus, daß Kreil der Vater des Begriffs einer »wissenschaftlichen« bzw. »szientifischen« im Gegensatz zur »religiösen« Maurerei ist. Es handelt sich also bei dem Aufsatz »über die wissenschaftliche Maurerey« um die Ausarbeitung dieser beiden Vorträge über die Existenz einer »scientifischen Maurerey«. Für keine andere in Frage kommende Sitzung vermerkt das Protokoll einen thematisch einschlägigen Vortrag. Darüber hinaus geht die Rede am Ende explizit auf eine gerade vollzogene Meisterweihe ein.[43]

Es geht um die Frage, ob die Freimaurerei in ihrem Inneren echte Geheimnisse verwahrt und tradiert oder ob sie sich nur den Anschein gibt. »Wozu soll der fürchterliche Eid, wodurch wir uns zum Schweigen verpflichten, wenn weiter nichts zu verschweigen ist? Wozu die schrecklichen Drohungen, womit man uns verbindet alles geheim zu halten, was uns itzt oder in Zukunft wird anvertrauet werden, wenn uns nie etwas anvertraut werden kann?« Immer wieder wird gerade die »wissenschaftliche« Maurerei von Zweifeln geplagt, ob vielleicht das so wohlgehütete Geheimnis in nichts anderem bestehen könnte als dem Umstand, daß es gar kein Geheimnis zu bewahren und weiterzureichen gibt. Das Ergebnis, zu dem der von diesen Fragen umgetriebene Redner kommt, ist ebenso geistvoll wie tiefsinnig. Er glaubt, »in dem Alterthum Spuren von Kenntnissen wahrzunehmen, die nicht, mit den unsrigen vermischt, in die allgemeine Zirkulation übergegangen, und folglich nicht mehr öffentlich vorhanden«, also nicht, wie wir sagen würden, ins kulturelle Gedächtnis übergegangen, »aber deßwegen dennoch .. nicht ganz verloren sind, sondern in Geheim und vielleicht in unserem Orden fortgepflanzt werden« (S. 51). In diesem Fall würden »die Hieroglyphen der drey Grade, die wir besitzen« sich auf diese Geheimnisse beziehen, die dann aber »ihrer Natur nach nur dem vollendeten Menschen mittheilbar« wären und »daher nie, vernünftiger Weise, ein Gegenstand des Suchens unserer Brüder werden« könnten. Mit »Hieroglyphen« sind wiederum nicht Schriftzeichen, sondern Riten, Paßwörter, Klopfzeichen, Gesten und Symbole gemeint, die in den Logen um so sorgfältiger überliefert und beachtet werden, als niemand ihre eigentliche Bedeutung kennt.

Eine verblüffende Theorie. Das Gedächtnis des Abendlandes führt verlorengegangene Kenntnisse in der Form eines kulturellen Unbewußten mit sich, an die »vernünftiger Weise«, durch bewußtes Forschen und Suchen, nicht mehr heranzukommen ist. Was das kulturelle Gedächtnis des Abendlandes in der Tat mit sich führt, ist das alte Ägypten in Gestalt zahlloser hieroglyphisch beschrifteter Denkmäler – Obelisken, Statuen, Mumien –, die seine Phantasie unablässig beschäftigen, Träger eines unzugänglich gewordenen und dennoch sorgfältig gehüteten und tradierten Wissensvorrats.

Die Geschichte des Wissens ist eine Verlustgeschichte. Was der »Zahn der Zeit« nicht verschlungen hat, ist dem »noch viel ärgeren Zahne der fanatischen Zerstörungssucht« (dem religiösen Ikonoklasmus) zum Opfer gefallen. Immer wieder haben Katastrophen die Menschheit heimgesucht und ihr Gedächtnis vernichtet. Anstelle der Sintflut, die der Leser als erstes Beispiel hier erwartet, nennt der Redner überraschenderweise die Schwarzmeerkatastrophe, die erst in allerjüngster Zeit wieder als Erklärung der Sintflut vorgeschlagen wurde.[44] Was die

Natur nicht vernichtete, zerstörte der Fanatismus eines Kambyses, eines »Konstantin, (sowie) der übrigen christlichen Kaiser und vorzüglich des Theodosius, der das Serapion, wo ... der Rest der ägyptischen Weisheit aufbewahrt wurde, zerstören ließ«. Doch beweisen die wenigen »Spuren und Bruchstücke der Kenntnisse der Vorzeit, die auf uns gekommen sind, nur dieser ihre Größe, aber nie ihre Schranken«, d.h., die Alten wußten mehr, als wir je zu wissen hoffen können, und »daß die Menschheit, im Ganzen genommen, im Gange der Kulturen von Jahrtausend zu Jahrtausend fast um nichts vorrücket; folglich immer gleich und daher auch nie in einem Stande der Kindheit war« (54f.). Wie »physische Natur hier einen Erdstrich verschlingt und dort wieder einen gebiert und hervorhebt«, so läßt »auch die moralische itzt eine Nation in ihrer Kultur fortschreiten, ihr goldenes Alter erreichen und dann wieder sinken, um eine andere zu heben« (55). »Von manchen Künsten »wissen wir doch, daß sie einmal bestanden haben, von wievielen werden wir nicht einmal dieses wissen? Welcher Gesetzgeber oder Ordensstifter neuerer Zeiten hat die Tiefen des menschlichen Herzens genauer als der Priesterorden Aegyptens und ihr Nachahmer Pythagoras ergründet?« (57f.). Wir erkennen nur, was die Alten »auch schon« wußten. Und sind blind für das Wissen, das sie uns voraushatten und das mit ihnen verlorenging.

Der »ägyptische Priesterorden«, nach allem, was sich »aus den historischen Überbleibseln schließen läßt, scheint in dem Besitze der gesammelten Kenntnisse der Vorwelt gewesen zu seyn«. Strabo zufolge schrieben die Priester »alles, was höhere und feinere Gelehrsamkeit war, in ihren geheimen Schriften« und gaben nur einen Teil davon an Platon und Eudoxos, die 13 Jahre bei ihnen zubrachten, weiter. Diese Priester, und nun folgt eine schier unglaubliche Theorie über die Formen altägyptischer Wissenskultur, »haben die Hälfte ihres Lebens in unterirdischen Höhlen zugebracht«, sie hatten »eine sonderbare Leidenschaft für das Aushöhlen der Felsen« und bauten »übrigens für die Unvergänglichkeit. 160 Fuß unter den Pyramiden waren Gemächer, welche miteinander durch Gänge kommunizierten, die Ammianus Marcellinus auf griechisch syringes nennt... Kurz, alles war mit Grotten, Höhlen und unterirdischen Gängen besetzt und durchschnitten. Täglich entdecken die Reisenden derer mehrere; denn itzt hat man noch kaum den hundertsten Teil davon entdecket. Wenn man diese Art, unter der

Erde zu studieren, betrachtet, so dürfen wir uns nicht wundern, daß die Priester dadurch sichs zur Gewohnheit gemacht haben, alle ihre wahre oder vermeintliche Wissenschaft unter einem beynahe undurchdringlichen Schleyer zu verhüllen.«[45]

Die Technik, »unter der Erde zu studieren«, hielten Kreil und sein Gewährsmann Cornelis de Pauw für eine Strategie der Geheimhaltung. De Pauw meint auch, »daß diese Gewohnheit der Priester, sich in unterirdischen Höhlen aufzuhalten, die Veranlaßung der Mysterien im Altertum gewesen, woran sonst nie in der Welt gedacht worden wäre. Man findet, daß man überall, wo die Mysterien Ägyptens angenommen worden, auch dem Gebrauch gefolget habe, dieselben in Grotten oder unterirdischen Höhlen zu begehen.«[46] »In dieser Absicht«, paraphrasiert Kreil die obenzitierte Passage bei Ammianus Marcellinus, »trafen sie alle Menschen mögliche Anstalten, ober und unter der Erde, führten ungeheure Steinmassen auf, denen sie eine uns unerreichbare Unvergänglichkeit zu geben wußten, und gruben ihre Weisheit in Hieroglyphen verkleidet in Pyramiden, Obelisken, steinerne Tafeln und Säulen zur stummen Aufbewahrung ein« (64f.). Auch aus heutiger Sicht ist nicht daran zu zweifeln, daß die Ägypter in der Errichtung und Beschriftung ihrer zahllosen Monumente von einem beispiellosen Willen zur Überlieferung besessen waren, auch wenn es bei dieser Überlieferung vielleicht nicht um die Art von Kenntnissen ging, an die die Freimaurer anschließen zu können glaubten. Wie mögen diese Dinge auf Mozart gewirkt haben, der sechs Jahre später Tamino und Papageno durch die labyrinthischen Krypten eines zumindest »ägyptoiden« Tempels führte und der gegen Ende seines Lebens den Plan zur Gründung einer Gesellschaft oder Loge entwarf, der er den Namen »Die Grotte« geben wollte![47]

Die ägyptischen Priester kodifizierten nun nicht nur ihr geheimes Wissen in unterirdischen Speichern, sondern »wählten ausserdem noch die rechtschaffensten, geprüftesten und hellsten Köpfe aus, um ihnen, nach gehöriger Ausbildung, Prüfung und Einweihung, das kostbare Pfand ihrer Geheimnisse zur Überlieferung auf die Nachkommenschaft anvertrauen zu können«. Der Sinn dieser Maßnahme wird sofort klar, wenn man sie mit einem Fall aus der Gegenwart vergleicht, in dem es ebenfalls darum ging, geheime Informationen künftigen Geschlechtern zu überliefern. Eine mit der Lagerung radioaktiver Abfallstoffe befaßte US-amerikanische Firma beauftragte den Semiotiker

Thomas A. Sebeok, ein Aufzeichnungssystem für Informationen über Lagerungsort und Eigenschaften des Atommülls zu entwickeln, das auch nach 10 000 Jahren einer der heutigen Sprachen und Schriftsysteme unkundigen Nachwelt noch irrtumsfrei lesbar wäre.[48] »Sebeoks... Vorschlag lief darauf hinaus, eine ›Atompriesterschaft‹ zu berufen, eine erste Generation von Physikern, Linguisten, Strahlenexperten und Semiotikern, mit der eine Dynastie begründet werden sollte, die über Generationen hinweg die Botschaft immer wieder neu zu codieren hätte, um auf diese Weise für die Stabilität und sichere Übermittlung der Nachrichten zu sorgen.«[49] Die Parallele ist perfekt. Die Aufgabe, vor die sich Sebeoks ägyptische Vorgänger gestellt sahen, betraf ebenfalls die Entwicklung eines Informationssystems, das bis in fernste Zukunft lesbar bliebe, um das Geheimwissen der Priester irrtumsfrei zu überliefern, und erforderte dieselben drei Lösungen: (a) die Entwicklung eines sprachunabhängigen Zeichensystems (die Hieroglyphen), (b) die Codierung und Speicherung der Informationen in zeitresistenter Form (die unterirdischen Wissensspeicher) und (c) die Gründung eines elitären Priesterordens, der über Generationen hinweg die Botschaft zu überliefern und neu zu codieren hätte. Dieser Priesterorden, der mit der Hütung, Vermehrung und Weitergabe der geheimen Wissenschaften betraut war, bildete die berühmte »Akademie von Memphis«, wie sie Terrasson in seinem Roman *Séthos* beschrieb und wie sie der Wiener Loge *Zur wahren Eintracht* als Inbegriff »wissenschaftlicher Freimaurerei« zum Vorbild diente.[50]

Kreil schließt nun »aus der Kunst, der Vorsicht, und dem unermeßlichen Aufwand, wodurch sie den einen Theil ihres Zweckes so meisterlich erreichten (also Lösungen a und b), auf die Güte der anderen Hälfte ihres Plans, nämlich auch den lebendigen Geist der Hieroglyphe in verschwiegenen und unsterblichen Mysterien der bessern Nachwelt zu überliefern« (= Lösung c), und zieht daraus »den Schluß, daß es nicht vernunftwidrig ist, anzunehmen, daß ihre geheime Weisheit noch in unsern Tagen, so wie ihre Pyramiden, Obelisken und Sphinge, existiere« (65f.). Diese Weisheit ist zwar unzugänglich, aber es gibt sie noch, im Sinne eines kulturellen Unbewußten, das auf eine dem Bewußtsein unzugängliche Weise wirksam ist. Die Freimaurer, jedenfalls die Anhänger der »wissenschaftlichen Freimaurerei«, dürfen sich als die Erben und Fortsetzer dieser bis auf die alten Ägypter zurückführbaren Tradition betrachten: das ist Kreils These. Die Freimaurerei ist nichts anderes als »das Vehiculum oder die Fortleiter« ägyptischer Geheimnisse unter den Bedingungen ihrer Vergessenheit. Sie muß »sich ernstlich bestreben, uns die Eigenschaften, die die Maurerey so eindrücklich von uns fordert, zu eigen zu machen. Laßt uns dann bescheiden und ruhig harren, ob wirs für werth geachtet werden, nicht blos in den Vorhof des Tempels, sondern in die Halle des inneren Heiligthums selbst hineingeführt zu werden. Die maurerische Weisheit auf einem anderen Weg suchen, heißt sich von ihr entfernen« (78).

Warum haben die ägyptischen Priester ihre Weisheit geheimgehalten? »Edelmüthige und tugendhafte Menschen sind nie allein weise..., sondern setzen... ihre ganze Glückseligkeit darein«, ihr Wissen zum Wohle der Menschheit zum Tragen bringen zu können. »Wenn also Weise auf der Stuffe ihrer Vollendung Kenntnisse geheim halten, so ist kein anderer Beweggrund denkbar: als weil ihr Wissen solche Kenntnisse enthielt, die entweder den Profanen schädlich [werden] oder von ihnen... mißbraucht werden könnten, oder solche die das Volk über Dinge aufklären könnten, die es ihm besser ist, nicht zu wissen« (68). Im Willen aber, diese Kenntnisse trotzdem zu überliefern, zielten die Ägypter über ihre eigene Gesellschaft hinaus und faßten die gesamte Menschheit in den Blick, »denn sie baueten nicht für ihr Zeitalter, für ihre Nation, sondern für Jahrtausende, für ihre Gattung« (69).

So könnte ihre Wissenschaft theoretisch noch vorhanden sein. Wenn ja, dann »ist sie in einer geheimen Gesellschaft vorhanden, in einer Art von Mysterien«. Wie kann sich eine solche Geheimgesellschaft durch die Jahrhunderte rekrutieren? Da kommt es auf »Rechtschaffenheit, Verstandesübung und insbesondere Standhaftigkeit, Klugheit und Verschwiegenheit« an. Es galt, die Novizen »durch das stets erneuerte, stets aufgeweckte Bild des Todes, ihres Lebenszieles, nach und nach in jene gelassnere, gleichmüthigere Stimmung zu versetzen, in der man den Werth der Dinge mit kälterem Blute zu betrachten pfleget, auf seine Bestimmung... aufmerksamer gemacht und... eine höhere Zufriedenheit kennen und schätzen lernt. Dieser Todesgedanke mußte in den zu Prüfenden zum herrschenden erhoben werden, um der Sinnlichkeit und den niederen Trieben, die den Menschen so oft mit sich uneinig machen, ihr Blendendes, Täuschendes, Einseitiges und Brausendes zu benehmen, um sie aus ihrem Ich herauszuheben und über ihr ganzes Geschlecht auszubreiten, um sie in jenen erhabnern Zustand zu versetzen, worinn sie nicht aus Temperament, nicht blos aus Sympathie, sondern aus Grundsätzen wohlthätig würden… Endlich mußten sie die… Hieroglyphen dem Geist jedes Zeitalters und der Nation anpassen, damit sie immer, einer verschiedenen Auslegung fähig, den großen Haufen irre führten und das Dunkel der geheimen Bedeutung vermehren hülfen« (70f.). »Das… sind die Maßregeln, die genommen werden mußten, wenn man Geheimnisse, dem Uneingeweihten undurchdringbar, auf die Nachkommen fortpflanzen soll; und wirklich ist das auch der Plan, nach welchem die Mysterien der Alten eingerichtet waren.«

Hieroglyphische Gärten

Die ›hermetische Grotte‹

Cornelis de Pauws Bemerkung, »daß man überall, wo die Mysterien Ägyptens angenommen worden, auch dem Gebrauch gefolget habe, dieselben in Grotten oder unterirdischen Höhlen zu begehen«,[51] hat ihren Eindruck auf die Freimaurer nicht verfehlt, soweit sie sich zu jenen rechneten, die die Mysterien Ägyptens angenommen haben. Die Gärten, die sich die wohlhabenderen Freimaurer anlegten, enthielten oft eine Grotte, in der man wohl eine freie Nachbildung der sagenhaften unterirdischen Anlagen der Ägypter erblicken darf. Diese Anlagen sollten ja nach den Legenden und Theorien der Zeit nicht nur als Wissensspeicher, sondern auch als Kultbühne für die heiligen Riten, insbesondere die Riten der Einweihung, dienen. Im Hinblick auf diese Funktion waren sie darauf angelegt, die Initianden mit heiligem Schrecken zu erfüllen. Die Schrift *Crata Repoa* schreibt von den »Einweihungen in die alte geheime Gesellschaft der egyptischen Priester«, daß der Neophyt »einige Zeit, gleich einem Gefangenen, viele Monate hindurch, seinen eigenen Gedanken überlassen, in einer unterirdischen Höhle zubringen (mußte). Sie gaben ihm die Erlaubnis, seine Gedanken aufzuschreiben, welche sorgfältig untersucht wurden, um den Verstand des neuen Mitglieds kennen zu lernen. Darnach er wurde in einem Gang, mit Hermessäulen besetzt, geführt, worauf Sittensprüche waren, die er auswendig lernen mußte.«[52]

Die zeitgenössischen Beschreibungen solcher Grotten lesen sich wie

Bühnenanweisungen zur *Zauberflöte*. Eine besonders eindrucksvolle Beschreibung einer solchen unterirdischen Anlage der altägyptischen Geheimpriesterschaft, wie sie den Gartenkünstlern als Modell gedient haben mag, findet sich in einem der *Athenian Letters*, einer fiktiven Korrespondenz, die persische Gesandte im 5. Jahrhundert v. Chr. aus allen Gegenden der damaligen Welt an den persischen Hof gerichtet haben sollen. Hier geht es um die berühmte »Höhle des Hermes«.

Die fremdartige Feierlichkeit des Ortes muß jeden, der ihn betritt, mit heiligem Schrecken erfüllen und ist ganz dazu angetan, einen in jenen Geisteszustand zu versetzen, in welchem man alles, was der Priester zu offenbaren willens ist, mit ehrfürchtigem Schaudern aufzunehmen vermag...
Vom hintersten Ende der Höhle her oder aus den innersten Rücksprüngen wundersamer dahinterliegender Hohlräume heraus hört man wie von weitem ein Geräusch wie das entfernte Branden des Meeres, das sich mit großer Gewalt an Felsen bricht. Das Geräusch soll so betäubend und erschreckend sein, wenn man sich ihm nähert, daß nur wenige wißbegierig genug sind, um sich weiter in jene geheimnisvollen Naturspiele vorzuwagen...
Umgeben von ... Pfeilern aus Lampen findet man jede dieser verehrungswürdigen Stelen, von denen ich jetzt reden will, und die in hieroglyphischen Zeichen mit den Urgeheimnissen der ägyptischen Weisheit beschriftet sind... Von diesen Pfeilern und den heiligen Büchern leitet sich, so behaupten sie, alle Philosophie und Wissenschaft der Welt her.[53]

Solche unterirdischen Gänge, Höhlen oder Grotten gehören zur Vorstellung, die sich diese Zeit vom alten Ägypten machte. In der *Zauberflöte* erscheinen sie als Krypten des Prüfungstempels und »Gewölbe von Pyramiden«. Auch das Geräusch, das den Ort so besonders fürchterlich macht und den Eindringling mit Schaudern und Schrecken erfüllt, spielt in der *Zauberflöte* eine wichtige Rolle. In den Substruktionen des Tempels, in die die Königin der Nacht mit ihren Damen und Monostatos eingedrungen sind, hören sie genau die donnernden Geräusche herabstürzenden Wassers, die sich mit der Vorstellung der hermetischen Höhle verbinden:

MONOSTATOS Doch still, ich höre schrecklich rauschen,
    Wie Donnerton und Wasserfall. –
KÖNIGIN UND DAMEN Ja, fürchterlich ist dieses Rauschen,
    Wie fernen Donners Widerhall! –

Abb. 12 Grotte der mit Mozart befreundeten Familie Gilowski im Park in Aigen bei Salzburg, die für freimaurerische Zusammenkünfte genutzt wurde

Die Bühnenanweisungen für die Feuer- und Wasserprobe im Finale des Zweiten Akts schreiben eine solche Höhle vor, wo Wasser mit betäubendem Tosen herabstürzt und Feuer mit verzehrenden Flammen lodert. Sie folgen nicht nur dem Vorbild von Abbé Terrassons Beschreibung der unterirdischen Initiationsprüfungen seines Helden Sethos, sondern auch der freimaurerischen Gartenarchitektur und besonders der Grotte in einem Park in Aigen bei Salzburg, der Basil von Amann, einem Freund der Familie Mozart, gehörte und als Treffpunkt und »Kultbühne« der Salzburger Illuminaten diente.[54]

Die Idee des Erhabenen, die für die Ästhetik der Zeit und das Verständnis der ägyptischen Kunst und Architektur so zentral war, muß in engem Zusammenhang mit den damaligen Begriffen von Mysterien und Einweihung gesehen werden. Die Offenbarung von Geheimnissen kann nicht am hellen Tage vor sich gehen. Dafür bedarf es eines besonderen Szenarios, das darauf abgestimmt ist, den Neophyten in einen Zustand heiligen Schauers und gespanntester Aufmerksamkeit zu versetzen.

Über die Grotte im Garten des Grafen Johann Philipp Cobenzl auf dem Reisenberg bei Wien, die auch Mozart bewunderte[55], schreibt Georg Forster:

Eine Grotte, bei deren Eintritt heilige Schauer uns ergreifen, ganze Adern von Erz, von Edelstein und Kristallisationen in ihren Wänden, ein langsam hindurchziehendes Wasser, ein Felsensitz und dunkle gemauerte Bogengänge. Zum Eingang hinaus die reizendste échapée von Aussicht nach Stadt und Fluß und der hungarischen Ebene. – Plötzlich, am Ende des dunklen Ganges öffnet sich das Pförtlein und wieder zwischen schattigen Bäumen und Büschen ein enger Pfad mit einer schmalen Wiese zum Wald hinein.[56]

Der Fürst de Ligne nennt die Grotte »ein bauliches Meisterwerk. Sie ist groß, schlicht, erhaben und majestätisch. Von oben stürzt Wasser herab, das aus dem höher gelegenen Tal kommt, wo derselbe kleine Weg den kleinen Kaskaden folgt und wo man erst nach einigen Minuten klar sieht; von dort gelangt man nach der kurzen Anstrengung des Auf- und Abstiegs durch eine Schlucht zur Narziß-Fontäne: und immer wieder hat man schmale und natürliche Durchblicke auf Wien und die Donau«.[57] In allen diesen Grotten spielt das Wasser eine große Rolle. Der eindrucksvolle Wasserfall in der Grotte des Grafen Cobenzl ist auf einem Stich aus dem Jahre 1810 dargestellt (Abb. 13).[58]

Auch der 1777 von dem Architekten Johann Ferdinand Hetzendorf von Hohenberg (1733-1816) errichtete Grottenberg des Barons (später Grafen) Johann Fries in Vöslau besaß einen Wasserfall sowie Nischen mit ägyptisierenden Statuen.[59] Franz de Paula Anton Gaheis schrieb zu dieser Grotte:

Es ist schwer, diese Anlage durch Worte auch nur einiger Massen zum Anschaun zu bringen, weil man nicht weiß, was man der Natur und was man der Kunst zuzuschreiben hat. ... Eine tiefe Stille umgiebt dieses schauerliche Dunkel; man

Abb. 13 Grotte im Garten des Grafen Cobenzl
auf dem Reisenberg bei Wien.
»... die Gegend, der Wald, worinn er (Graf Cobenzl)
eine Grotte gebauet, als wenn sie von Natur wäre,
das ist Prächtig und sehr angenehm«
(Mozart an den Vater, 13. 7. 1781).
Stich um 1810

meint in Gesellschaft von Geistern zu leben. Außerhalb des Cabinets ist an der Innenwand eine Bildsäule aus Bley. Sie hält ein Gefäß, in welches sich zuweilen aus dem Felsen Wasser ergießt. ... Zudem machen die hier aufgestellten Gottheiten Isis und Osiris, und die mit ihnen übereinstimmenden Hieroglyphen den ohnehin neuen Eindruck noch dadurch frappanter, daß man sich in die Gefilde des so merkwürdigen Aegyptens versetzt zu seyn wähnt.«[60]

Abb. 14 Grottenberg des Architekten Hetzendorf von Hohenberg
in Vöslau (1777) mit ägyptisierenden Götterbildern.
Stich von C. Schütz

Im Garten des Freiherrn Peter von Braun in Schönau (1796) gab es einen künstlichen Berg mit Brücke und Wasserlauf, innen ein System von Gängen und Grotten, das zu einem Rundtempel, dem »Tempel der Nacht«, führte, ebenfalls angelegt von dem Architekten von Hohenberg. Auch hier enthält, wie auf einem Stich um 1810 dargestellt, eine Grotte einen kleinen Wasserfall. Diese Anlage ist eindeutig von der *Zauberflöte* inspiriert.[61] Das Geräusch des stürzenden Wassers trug zum Eindruck des Schaurig-Erhabenen bei, der den Besuchern bzw. den Teilnehmern freimaurerischer Riten vermittelt werden sollte. Baron Peter von Braun war Mitglied der Loge *Zum hl. Joseph*.

Abb. 15 Grotte mit Wasserfall im Grottenberg von Schönau (1795).
Stich von Piringer (1810)

Das kleine Egypten der Wiener Freimaurer

Der imaginäre oder utopistische Charakter der Chiffre »Ägypten« in der *Zauberflöte* und in der zeitgenössischen Freimaurerei tritt besonders klar hervor aus einer Landkarte der Wiener Gegenden, entstanden um 1780, die als »Unter-Oesterreich oder das Kleine Egypten« betitelt ist.[62] In diesem Sinne eines utopischen Ägypten, das an keinen bestimmten Ort dieser Erde gebunden ist und in das sich um 1780 auch die Wiener Gegend verwandeln kann, müssen wir das Ägypten der *Zauberflöte* verstehen, in das sich im Übergang vom ersten zum zweiten Bild des ersten Aufzugs die Handlung verlagert.

Ägypten bezeichnet nicht nur eine lange versunkene Kultur am Nil, sondern eine Idee, die sich in kleinem Maßstab an anderen Orten wiederholen und wiederbeleben läßt. Dieses »kleine« Ägypten bringt die *Zauberflöte* auf die Bühne, so wie es die freimaurerischen Gartenbesitzer und Gartenarchitekten in ihren Landschaftsparks realisierten, um schließlich die ganze Wiener Umgebung in ein »Kleines Egypten« zu verwandeln. Diese Einstellung, nicht nur zum alten Ägypten sondern zur Vergangenheit ganz allgemein, kennzeichnet zwar bis zu einem gewissen Grade den Klassizismus im allgemeinen, scheint aber für die Freimaurer noch in einem ganz besonderen Sinne kennzeichnend zu sein. Die Freimaurer, die den Ursprung ihres Ordens bald in den Bauhütten des Mittelalters, bald in dem erloschenen Templerorden, bald in den Erbauern des salomonischen Tempels und bald in den Priestern der ägyptischen Mysterien erblickten, in jedem Fall aber diesen Ursprung als ein großes, ihnen selbst weitgehend unzugängliches Geheimnis betrachteten, gingen von der fortwirkenden Lebendigkeit der Vergangenheit und der Nachbaubarkeit der ägyptischen, salomonischen oder mittelalterlichen Formenwelt aus. Für sie waren die Hieroglyphen, so paradox das klingt, eine zwar unverständliche, aber lebendige Sprache.

Erst in diesem Licht, als lebendige oder wiederbelebbare, bewohnte oder nachbaubare Vergangenheit, zeigt sich das alte Ägypten als eine ästhetische Idee. Jetzt verstehen wir, warum es reizvoll erscheinen konnte, die ägyptische Welt auch außerhalb der Loge im Medium der Kunst nachzubauen und aufleben zu lassen. Die *Zauberflöte* ist keineswegs das einzige Projekt dieser Art. Das beliebteste künstlerische Medium einer solchen Wiederbelebung und Inszenierung von ägyptischen, antiken und mittelalterlichen Formen, Riten und Anschauungen war die Gartenkunst. Kaum einer der im späten 18. und frühen 19. Jahrhundert vor allem von wohlhabenden Freimaurern angelegten Landschaftsgärten verzichtet auf Pyramiden, Obelisken, Sphingen, Rotunden, Grotten, Ruinen, die von den Ursprungsphantasien der Freimaurer und dem Gedanken der Nachbaubarkeit und Wiederbelebbarkeit der Vergangenheit inspiriert sind. Vielleicht darf man diese Beziehung zur Vergangenheit einen »romantischen Historismus« nennen. Ihr liegt eine zutiefst paradoxe Idee zugrunde. Die Vergangenheit gilt einerseits als vergessen, verfallen und verrätselt, andererseits aber als schlechterdings vorbildlich und maßgeblich, als Gegenstand der Sehnsucht und des Strebens nach Vollkommenheit, als verlorenes Paradies.[63]

Die Freimaurer lassen in ihren Gärten ein Ägyptenbild wieder aufleben, das ihnen bei ihren Lieblingsautoren der Antike – Diodor, Plutarch und Apuleius – entgegentrat, das Ägypten der Weisheit und der Mysterien. Die *Zauberflöte* spielt zunächst in einer Wildnis (»felsichte Gegend«) und verlagert sich dann in eine gartenhafte Landschaft mit Tempeln und Pyramiden. Die Gärten enthielten zuweilen auch, was man damals ein »Elysium« nannte, eine symbolische Vergegenwärtigung der Insel der Seligen. Diodor erwähnt an einer vielzitierten Stelle[64], Orpheus habe die Mysterien aus Ägypten nach Griechenland gebracht. So habe sie Homer beschrieben (*Odyssee* 24.1-2, 11-14 sowie vor allem der homerische *Hymnus an Demeter*). Die »Asphodelos-Wiese, wo die Toten wohnen«, sei der Platz am »acherusischen See« in der Nähe von Memphis, wo es wunderbar schöne Wiesen, Sümpfe, Lotusblumen und Binsen gebe; und es sei ganz richtig, daß dort die Toten wohnen, denn dort seien die schönsten Grabstätten der Ägypter, und die Toten würden dorthin übergesetzt über den Fluß und den »acherusischen See«.[65] In seinem Sethos-Roman, einem Lieblingsbuch der Freimaurer, spinnt der Abbé Terrasson Diodors Angaben noch weiter aus und deutet den ganzen Mythos von Orpheus' Abstieg in die Unterwelt als eine poetische Darstellung seiner Initiationsreise durch die Substruktionen der memphitischen Pyramiden.

Die *Zauberflöte* entstammt derselben Vorstellungswelt, demselben Imaginaire wie die ägyptisierenden Gärten der Zeit. Geheimnisvolle Riten, magische Objekte, Liebe und Sehnsucht, die Schrecken des Erhabenen, uralte labyrinthische Verirrungen, die in die Tiefe der Zeit führen und an den Ursprung des Wissens, zu dem man durch schwere Prüfungen, *per aspera ad astra*, gelangt, das sind die Ideen, die die Handlung der *Zauberflöte* gleichermaßen beseelen wie die Gartenarchitekten. Das ist auch kein Wunder. Der gemeinsame Nenner ist die Freimaurerei. Bei fast allen Anlagen ist der maurerische Hintergrund erwiesen. Besonders interessant ist der Park von Machern bei Leipzig, angelegt in den Jahren der *Zauberflöte* von einem prominenten Freimaurer, dem Grafen von Lindenau.[66] Wie viele andere die-ser Gärten enthält er eine Pyramide mit Innenräumen, die intimen Versammlungen und Zeremonien Platz boten, sowie eine »Ritterburg«, bei der es sich eindeutig um eine initiatorische Installation handelt.

Das mächtige, ehrfurchtgebietende Portal führt in eine Grotte und dann in der Tat in eine »Straße voll Beschwerden«, einen engen, gewundenen, stockfinsteren Gang, der schließlich zu einem Turm führt. In diesem Turm steigt man in einer Wendeltreppe hoch und gelangt von Stockwerk zu Stockwerk in lichtere Räume mit einer weiteren Aussicht. Der Wahlspruch der Freimaurer, *per aspera ad astra*, ist hier architektonisch umgesetzt, und nicht nur hier; ähnliche Gänge und

Abb. 16 »Ritterburg« im Landschaftspark von
Machern. Der Eingang führt in finstere Korridore und
über eine dunkle Treppe in den Turm mit weitem
Rundblick: »Durch Nacht zum Licht.«
Errichtet 1795/96 von E. W. Glasewald.
Nach einem zeitgenössischen Stich auf dem Prospekt
der Parkdirektion Machern

Türme finden sich auch in anderen Freimaurergärten. Die Freimaurer verstanden das menschliche Leben als einen Erkenntnisweg mit der Chance des Aufstiegs aus der finsteren Tiefe der Unwissenheit zur lichten Höhe der Erkenntnis und gestalteten ihre Rituale als eine symbolische Verdichtung dieser Erfahrung. Dorothy Koenigsberger hat auf die Herkunft dieser Idee aus der klassischen, d.h. platonischen Erkenntnislehre aufmerksam gemacht und auf Petrarcas Besteigung des Mont Ventoux als einer besonders prominenten literarischen Gestaltung dieses Motivs verwiesen.⁶⁷ Aus dieser Vorstellungswelt heraus erklärt sich auch die freimaurerische Faszination für die Berichte über die unterirdischen Anlagen der alten Ägypter.

Isis

Auch der Landschaftsgarten war ein Tempel der Natur und eine Szenerie für die Mysterien der Isis. Die Sphingen, ein besonders beliebtes Requisit der damaligen Gartenkunst, symbolisieren die Verbindung von Natur und Geheimnis. Die Kombination von Löwe und Jungfrau wurde astronomisch gedeutet als Verkörperung der beiden Tierkreiszeichen, in denen die Nilüberschwemmung stattfand. Außerdem galten sie als Symbol des Geheimnisvollen, einer esoterischen Weisheit. Plutarch berichtet in *De Iside et Osiride*, daß die Ägypter Sphingen vor den Tempeln aufstellten, um anzudeuten, daß ihre Theologie voller rätselhafter Weisheit sei.⁶⁸ Diese Verbindung von Natur und Geheimnis bildet das Zentrum dieses frühromantischen Ägyptenbildes. Aber sie reicht auch weit zurück in der Geschichte der Gartenkunst. Sphingen, paarweise aufgestellt, finden sich schon im heiligen Wald von Bomarzo, den Graf Vicino Orsini in den 60er Jahren des 16. Jahrhunderts anlegte.⁶⁹ Der Park von Bomarzo veranschaulicht in seiner üppigen Verwilderung und seiner labyrinthischen Anlage als Ganzes die Verbindung von Natur und Geheimnis.

Auch die Göttin Isis spielt in der Gartenkunst eine Rolle, die mit der der Sphingen verwandt ist. In der Mythologie und Ikonologie der Zeit galt Isis als die Göttin der Natur und wurde im Bildtypus der Diana von Ephesos als *multimammia*, »vielbrüstig«, dargestellt. So zeigt schon Vincenzo Cartari die Göttin Isis in seinem 1556 in Venedig erschienenen Buch *Le imagini colla sposizione degli dei antichi*, das in 13 italienischen, 5 lateinischen, 5 französischen, einer englischen und einer deutschen Auflage in ganz Europa verbreitet war.⁷⁰ Daher darf man auch in der berühmten vielbrüstigen Göttin im Garten der Villa d'Este in Tivoli⁷¹ aus dem 16. Jahrhundert die Göttin Isis als Dea Natura erkennen. Genau dieselbe Symbolik kehrt Ende des 18. Jahrhunderts in den Freimaurergärten wieder. Auch im Neuen Garten in Potsdam steht eine Isis im Bildtypus der Diana multimammia auf einer Lichtung im Wald, ursprünglich umgeben von 12 sogenannten Kanopen, die die Götter

Ägyptens symbolisieren sollten. Kanopen sind Vasen, deren Deckel figürlich, als Menschen- oder Tierkopf gestaltet ist. In Potsdam symbolisieren die 12 Kanopen die Gesamtheit der ägyptischen Götter, die lediglich als lokale Ausformungen der allumfassenden Natur verstanden wurden. Isis galt im 18. Jahrhundert nicht nur als Göttin der Natur, sondern damit auch als eine Dea Panthea, eine allumfassende, alle Götter und alles Göttliche in sich einbegreifende Gottheit.[72]

In der *Zauberflöte* scheint Isis zwar nur eine ganz untergeordnete Rolle zu spielen: Sie wird gelegentlich zusammen mit Osiris angerufen und von ihren Mysterien ist die Rede. Und doch ist sie, da es sich ja um eine Einweihung in ihre Mysterien handelt, die Gottheit, um die sich alles dreht. Daher müssen wir kurz auf die Vorstellungen eingehen, die sich im späten 18. Jahrhundert und besonders in der Wiener Freimaurerei mit dieser Göttin verbanden. Als Einstieg in dieses Thema bietet sich »eine kleine deutsche Kantate« (KV 619) an, die Mozart im Juli 1791, während der Arbeit an der *Zauberflöte*, auf Bestellung und auf einen Text von Franz Heinrich Ziegenhagen komponierte. Ziegenhagen war Pietist, Spinozist, Pädagoge, Protosozialist und Freimaurer und hatte diese Kantate zur Einweihung einer von ihm gegründeten und geleiteten Schule bestellt, in der die Zöglinge zur Anschauung Gottes in der Natur erzogen werden sollten. Das einleitende Rezitativ beginnt mit folgenden Worten:

Die Ihr des unermeßlichen Weltalls Schöpfer ehrt,
Jehova nennt ihn,
oder Gott –
Fu[73] nennt ihn,
oder Brahman – …

Hier ist zwar nicht von Isis die Rede. Diese Idee eines höchsten Wesens aber, das die Völker der Erde mit je eigenen Namen benennen und verehren, stammt aus der hellenistischen Isis-Religion. In seinem Roman *Der Goldene Esel*, der in der Edition (1782) und Übersetzung (1783) von August Rode im späten 18. Jahrhundert viel gelesen wurde, läßt Apuleius die Göttin sich seinem Helden Lucius mit folgenden Worten offenbaren:

Da bin ich, Lucius, ... die Mutter der Natur, die Herrin aller Elemente, ... die alleinige Gottheit, welche unter mannigfacher Gestalt, verschiedenartigen Riten und vielerlei Namen der ganze Erdkreis verehrt, so nennen die Phrygier... mich Pessinuntia..., die Athener... nennen mich Kekropische Athena, die Kyprier nennen mich Paphische Venus, die Kreter Diktynna, die Sizilianer Ortygische Proserpina; die Eleusinier nennen mich Demeter, andere Hera, wieder andere Bellona und Hekate und Rhamnusia. Aber die Äthiopier und die Ägypter, die die ursprüngliche Lehre besitzen, ehren mich mit eigenen Bräuchen und nennen mich mit meinem wahren Namen Königin Isis.

Isis ist eine Allgottheit, sie umgreift in sich alle anderen Gottheiten. Isidorus von Narmuthis preist sie in einem seiner Hymnen im 2. Jahrhundert v. Chr. als »die Eine, die Alle (Göttinnen) ist«[74], und »die Eine, die alles ist«, *una quae es omnia*, wird sie auf einer von Athanasius Kircher publizierten und im 18. Jahrhundert vielzitierten Inschrift in Capua genannt.[75] Isis verkörperte die Einheit alles Seienden. Auf ihrem Bild zu Sais soll, nach Plutarch und Proklos, die Inschrift gestanden haben: »Ich bin alles, was da ist, war und sein wird. Kein Sterblicher hat meinen Schleier gelüftet.« Dieser Ausspruch wird im 18. Jahrhundert zum Credo einer natürlichen Theologie, das die Aufklärung der biblischen Offenbarungstheologie entgegenstellt.

Die antike, insbesondere neuplatonische Theorie der ägyptischen Mysterien, wie wir sie bei Plutarch, Philo, Origines und Clemens von Alexandrien sowie bei Porphyrios und Jamblich antreffen, geht von dem Prinzip aus, daß die Wahrheit an sich ein Geheimnis darstellt und in dieser Welt nur verschleiert in Bildern, Mythen, Allegorien und Rätseln zu fassen ist. Am schönsten kommt diese Anschauung in dem Philippus-Evangelium zum Ausdruck, einem in koptischer Sprache überlieferten gnostischen Text aus Ägypten:

Die Wahrheit kam nicht nackt in die Welt,
sondern sie kam in Sinnbildern und Abbildern.
Die Welt wird sie auf keine andere Weise erhalten.[76]

Isis war die All-Eine und die Verborgene. Sie offenbarte sich in der Natur, die sie verhüllte. Die Natur, das war nicht die sichtbare, grünende, blühende oder auch wilde, zerstörerische, allen vor Augen liegende Wirklichkeit, sondern ein nur mit dem Auge des Geistes zu ahnendes, darin wirkendes allumfassendes, allerschaffendes und allerhaltendes

Prinzip. Sie ist nicht die sichtbare natura naturata, sondern die verborgene natura naturans, die ihre Geheimnisse nur dem Epopten offenbart.[77]

Der Schleier oder vielmehr das Gewand bedeutet sowohl ein Verbergen als auch ein Zur-Erscheinung-Kommen der Gottheit. Isis zeigt sich in dem, worin sie sich verschleiert: in allem, was da war, ist und sein wird. Dem späten 18. Jahrhundert gilt Isis als Name jener verschleierten, immer nur in Sinnbildern und Abbildern zu habenden Wahrheit, die in der *Zauberflöte* den Gegensatz zum »Aberglauben« bildet und mit dem »Gott der Philosophen« ebenso wie mit dem »höchsten Wesen« und »Schöpfer des unermeßlichen Weltalls« identisch ist. »Die Kenntniß der Natur ist der Endzweck unsrer Anwendung«, so läßt Ignaz von Born in seiner Abhandlung über die »Mysterien der Aegyptier« einen ägyptischen Eingeweihten sprechen. »Diese Zeugerinn, Nährerinn und Erhalterinn aller Geschöpfe verehren wir unter dem Bilde der *Isis*. – Nur jener deckt ihren Schleyer ungestraft auf, der ihre ganze Macht und Kraft kennet.«[78] Auf einem zeitgenössischen Porträt ist Ignaz von Born, der Meister vom Stuhl der Loge *Zur Wahren Eintracht*, mit einer Statue der Isis multimammia dargestellt.

In der Wiener Loge *Zur Wahren Eintracht* hat die Göttin Isis ein besonderes Zentrum ihrer Erforschung und Verehrung. Für diese Loge hat Carl Leonhard Reinhold seine Abhandlungen über die hebräischen Mysterien geschrieben, in denen er darlegte, daß die Selbstoffenbarung der Isis auf der Sockelinschrift ihres »verschleierten Bildes zu Sais« auf genau dieselbe Aussage hinausläuft wie die Worte, mit denen der biblische Jahwe sich Mose im Dornbusch offenbart. »Ich bin alles, was ist«, sagt Isis, »Ich bin der Seiende«, sagt Jahwe in der Wiedergabe seiner Worte Exodus 3,14 durch die Septuaginta (*egō eimi ho ōn*). Reinhold zieht daraus und aus vielen anderen Indizien den Schluß, daß Mose nichts anderes versucht hat, als den Hebräern die Gottheit, die er in den ägyptischen Mysterien kennengelernt hat, in einer ihnen faßbaren Begrifflichkeit nahezubringen.[79]

Diese ganze Isis-Theologie spielt in der *Zauberflöte* keine Rolle. Was Mozart und Schikaneder auf die Bühne bringen, ist das Ritual der Einweihung in ihre Mysterien. Dies stellen sie dar als einen Weg von der Täuschung zur Erkenntnis, von der Illusion zur Klarsicht, vom Aberglauben zur Wahrheit. Die verwandelnde Handlung interessiert sie, nicht die wenig bühnenwirksame Philosophie und Theologie, die da-

Abb. 17 Ignaz von Born, berühmter Mineraloge und Meister vom Stuhl der Loge *Zur Wahren Eintracht*. Im Hintergrund ein Bild mit Darstellung der sich entschleiernden vielbrüstigen Isis (der »Mutter Natur«). Stich von Johann E. Mansfeld nach einem verlorenen Gemälde von Heinrich Füger (um 1787)

hintersteht. Für zeitgenössische Ohren klang das alles aber mit bei der Rede von den »Mysterien der Isis«. Man wende nicht ein, daß weder Mozart noch Schikaneder die Texte von Reinhold, Schiller und Kant gekannt haben dürfte, weil ja schließlich auch Reinhold der Loge nicht mehr angehörte, als Mozart in sie eintrat. Mozart mußte Reinhold weder gekannt noch gelesen haben: Er kannte genug Brüder und stand mit ihnen in lebendigem Verkehr, die ihrerseits Reinhold kannten und seine kühnen Thesen diskutierten. Er bewegte sich in einem Kreis, in dem Isis und ihre Mysterien samt der ganzen theologisch-philosophischen Aura, die sich gerade in Wien um ihren Namen gebildet hatte, eines der zentralen Gesprächsthemen darstellte.

Dieser Ausflug in das Ägyptenbild der Wiener Freimaurer soll uns vorbereiten für den zweiten Teil des ersten Akts, mit dem wir unseren Gang durch die Oper im folgenden Kapitel wieder aufnehmen wollen. Darin verlagert sich die Handlung in Sarastros Reich, worunter wir uns, wie wir nun wissen, nicht das alte Ägypten im historistischen Sinne von Verdis *Aida*, sondern das symbolische, überall und immer realisierbare ägyptische Ambiente der Isis-Mysterien vorzustellen haben, wie es die Freimaurer in ihren Gärten in Gestalt der Grotten und Gänge, Pyramiden, Obelisken und Sphingen realisierten.

Drittes Kapitel
Eintritt in Sarastros Welt

Abb. 18 Sarastros Auftritt im Löwenwagen. Stich der Brüder Schaffer (1795)

Die Lehre der drei Knaben

Verwandlung: das Theater verwandelt sich in einen Hayn. Ganz im Grunde der Bühne ist ein schöner Tempel, worauf diese Worte stehen: Tempel der Weisheit: dieser Tempel führt mit Säulen zu zwey anderen Tempeln, rechts auf dem einen steht: Tempel der Vernunft. Links steht Tempel der Natur. Welch ein Kontrast, vom »egyptischen Zimmer« mit orientalisierendem Prunk zu einer Tempelanlage in einem heiligen Hain. Vernunft und Natur sind zentrale Stichworte der Aufklärung, die sowohl in der Freimaurerei als auch im Paris der Französischen Revolution sakrale Formen ausgebildet haben. Natur ist das Gegenstück zur Offenbarung, es ist die Form, in der die Gottheit sich der Vernunft darbietet – im Gegensatz zum Glauben, den die Offenbarung fordert. Weisheit endlich ist das aus vernünftiger Einsicht gewonnene, nicht blind geglaubte Wissen von Gott, Welt und Mensch, im Sinne eines in lebenslangem Studium erworbenen Wissens um die Geheimnisse der göttlichen, menschlichen und physikalischen Natur, geht aber vielleicht über die aufklärerischen Zentralbegriffe der Vernunft und der Natur einen Schritt in Richtung auf höhere, mystische Erkenntnis hinaus, wie sie in den Mysterien vermittelt wird.

Die lange angekündigten, bisher noch unsichtbar gebliebenen *drei Knaben führen Tamino herein, jeder hat einen silbernen Palmzweig in der Hand.* Sie schweben also nicht, sondern schreiten, und dieses langsame Schreiten drückt die Musik aus, ein Larghetto in C-Dur, ein denkbar feierlicher langsamer Marsch in punktierten Rhythmen, piano, aber mit vollem Orchester: (gedämpfte) Trompeten, drei Posaunen, Hörner, bedeckte Pauken; Flöten, Klarinetten (Bassethörner), Fagotte; Streicher. Zum ersten Mal seit der Ouvertüre sind wieder die drei Posaunen zu hören. Der dreistimmige Posaunensatz und die Ersetzung der Oboen durch Klarinetten geben dem Orchesterklang eine dunkle Färbung, die Mozart zur Kennzeichnung des Sakralen und Feierlichen

15. Auftritt
Nr. 8: Finale

einsetzt. In strenger Homophonie, die sich deutlich vom lebhaften Durcheinander der sich ins Wort fallenden drei Damen unterscheidet, stimmen die Knaben ihr »Zum Ziele führt dich diese Bahn« an und verkünden ihm ihre Lehre: »Sey standhaft, duldsam und verschwiegen!« Das sind die Tugenden, die nun von ihm gefordert sind. Standhaftigkeit ist »die stoische Constantia, die auch eine Verbindung zur *Entführung* herstellt« (Karl Pestalozzi)[1], die Fähigkeit, in allen Bedrängnissen und Verführungen sich, seinen Zielen und seiner Liebe treu zu bleiben; Duldsamkeit: Er muß sich in Geduld fassen, Befremdliches gelten lassen, Schrecken und Schmerzen ertragen; Verschwiegenheit: Er darf die Geheimnisse nicht verraten, die ihm anvertraut werden. Die drei Knaben erweisen sich schon bei ihrem ersten Auftreten nicht nur als Führer in unbekanntem Gelände, sondern auch als Mystagogen, die den Initianden durch seine Prüfungen geleiten und ihm die Lehren einschärfen, die er dabei zu beachten hat. Vor allem erweisen sie diesen Dienst auch dem Publikum, das sie in das sich in der Aufführung vollziehende Ritual einbeziehen, indem die es darüber aufklären, wo man sich in der Handlung, im Ritual und im größeren Zusammenhang der Weltgeschichte befindet. Karl Pestalozzi sieht in ihnen geradezu die Geschichte als Aufklärung personifiziert.[2]

Ihrem Wesen nach sind die drei Knaben Genien oder Geister und gehören als solche eher in das Feenreich der Königin der Nacht als zum Priesterkönigtum des Sarastro. Sie lassen sich aber weder dem einen noch dem anderen Bereich eindeutig zuordnen. So, wie sie hier und im folgenden auftreten, scheinen sie ganz im Dienste des Sarastro zu stehen; wir dürfen aber nicht vergessen, daß sie ja von den drei Damen als Führer angekündigt worden waren. Sie gehören also zu beiden Bereichen und verweisen dadurch auf die höhere, beide Sphären umspannende Ebene des Rituals, das sich in der Bühnenhandlung vollzieht. Darauf verweist auch die Lehre, die sie Tamino erteilen. Dabei handelt es sich um die Tugenden des ersten Grades, in denen sich der Freimaurer als Lehrling zu bewähren hat. Hier wird er hart angefaßt und auf seine Ernsthaftigkeit und Durchhaltefähigkeit geprüft. Tamino ist nun, in der Freimaurer-Sprache, ein »Suchender« geworden, aber er weiß es noch nicht. Voller Ungeduld, die sich in der lebhaften Triolenbewegung der 2. Violinen verrät, will er wissen, ob er »Paminen retten kann?«, und ihm wird prompt und feierlich beschieden: »Dies kundzutun steht uns nicht an!« Damit erweisen die Knaben selbst sich als »verschwiegen«, und spätestens jetzt wird es dem Zuschauer klar, daß wir aus der Welt des Märchens in die Welt des Mysteriums geraten sind, in der es um Geheimnisse geht und um den Weg der Einweihung, der diese Geheimnisse schrittweise enthüllen wird. Hier weht eine andere Luft, hier herrscht ein anderer Geist als in der Wildnis der Königin der Nacht oder im von Monostatos bewachten Serail des Sarastro.

Die Desillusionierung des Suchenden

Mit dem Marsch und Gesang der Knaben beginnt eine »Finale« überschriebene Szene, die nicht weniger als 586 Takte umfaßt und ohne gesprochene Unterbrechungen durchkomponiert ist. Die Knaben *gehen ab* und lassen Tamino allein zurück mit einem als Rezitativ gestalteten Monolog. »Die Weisheitslehre dieser Knaben sei ewig mir ins Herz gegraben«, mit einer Fermate auf »mir«. Das Orchester begleitet mit kurz eingeworfenen Akkorden, das Tempo ist vermutlich nach wie vor larghetto; die schnellen Modulationen spiegeln Taminos Verunsicherung: »ist das der Sitz der Götter hier?« Die kunstvolle Architektur versichert Tamino, »daß Klugheit, und Arbeit, und Künste hier weilen«, und inspiriert ihn zu der Einsicht »Wo Tätigkeit thronet und Müßiggang weicht, erhält seine Herrschaft das Laster nicht leicht«, die er, von h-Moll nach G-Dur übergehend, in lebhaftem Allegro und einer ariosen Melodik, nun vom Orchester in pulsierendem Rhythmus befeuert, vorträgt. Georg Knepler vermutet, daß es sich hier um »das erste Auftauchen des Wortes Arbeit auf der Opernbühne« handelt.[3] Tamino ist nicht bei Wilden und nicht bei Sybariten gelandet, sondern bei kultivierten, tätigen Menschen, die nicht anders als gut sein können. Dieser Rückschluß von der Architektur auf den Geist einer Gesellschaft ist in der zeitgenössischen Literatur immer wieder als ein Argument gegen die biblische Verunglimpfung der ägyptischen Kultur als Despotie und Sklavenhaltergesellschaft ins Feld geführt worden. Künste, Fleiß und Wohlstand erblühen nur auf dem Boden der Freiheit, Tugend, Weisheit und guter Gesetze.[4]

Abb. 19 Die drei Tempel. Anstelle der kleinen Schreine im griechischen Stil, wie auf den Stichen der Brüder Schaffer (Abb. 18 und 21) erscheinen bei S. Quaglio drei monumentale altägyptische Tempel mit der Cheops-Pyramide im Hintergrund. Bühnenbildentwurf von S. Quaglio (München 1816)

So ist Taminos Entschluß gefaßt, und das Orchester, nun wieder in einzelnen, abrupten Gesten, steigert das Tempo zu allegro assai: »Ich wage mich mutig zur Pforte hinein. Die Absicht ist edel und lauter und rein. Erzittre feiger Bösewicht! Paminen retten, Paminen retten ist mir Pflicht!«. (Hier ist vermutlich ein Tempowechsel von allegro assai zurück zu andante zu ergänzen.) *Er geht an die Pforte zur rechten Seite.* Das Orchester begleitet in D-Dur diese Schritte staccato und piano, und in eiskaltem B-Dur ruft es von innen »Zurück!«. Mit derselben Figur, nun in B-Dur, versucht es Tamino bei der linken Pforte, aber auch hier ruft es, in Es-Dur, »Zurück«. Zum dritten Mal, nun in Es-Dur, führen ihn die Schritte zur mittleren Tür: Hier nun erscheint zu einem feierlich aufsteigenden As-Dur-Akkord und mit einem Tempowechsel nach adagio ein *alter Priester*[5], und es entspinnt sich in vielen Tempi- und Tonartwechseln ein Dialog, der musikalisch zu den absoluten Höhepunkten dieser Oper, wenn nicht überhaupt der Operngeschichte zählt.[6] Es ist ein Prüfungsgespräch: Der Suchende wird auf die Ernst-

Abb. 20 Die drei Tempelpforten. Schinkel stellt seine hybrid-ägyptische Tempelanlage in eine exotische nicht-ägyptische Landschaft. Bühnenbildentwurf von F. Schinkel (Berlin 1816)

haftigkeit und Lauterkeit seiner Absicht hin geprüft. Jeder Freimaurer, der um Aufnahme in den Orden nachsucht, muß beteuern, daß nicht eitle Neugier oder sonstige unlautere oder oberflächliche Motive ihn zu diesem Schritt bewegen, dessen Folgenschwere der untersuchende Bruder ihm in eindringlichster Strenge vor Augen zu halten hat. Hier freilich handelt es sich um einen »Suchenden«, der noch gar nicht weiß, daß er nach Aufnahme in einen Orden strebt. Noch geht er, und gehen wir mit ihm, davon aus, daß es darum geht, Pamina zu retten und mit ihr diesen Ort wieder zu verlassen. Diese Diskrepanz der Deutungshorizonte verleiht dem Gespräch seine einzigartige, musikalisch ausdrucksvoll herausgearbeitete Dramatik.

Mit der Frage »Was suchst du hier im Heiligtum?« spricht der Priester Tamino als »Suchenden« an. Tamino antwortet in leichter Beschleunigung (andante, a tempo[7]) wie ein guter Schüler mit einer schulbuchmäßigen Kadenz und in ritueller Formelsprache: »der Lieb und Tugend Eigentum«. Er hätte ja auch einfach »Pamina!« sagen können, aber er drückt sich allgemein und verschlüsselt aus, und der Priester bestätigt diesen Ton, sein Andante aufgreifend, aber die Tonart allmählich von Es-Dur nach c-Moll verdüsternd: »Die Worte sind von hohem Sinn! Allein, wie willst du diese finden? Dich leiten Lieb und Tugend nicht«, und hält ihm in einer herrischen, rhythmisch punktierten Figur seine Täuschung vor Augen: »weil Tod und Rache dich entzünden!« Tamino ist durchschaut, tappt aber seinerseits weiterhin im dunkeln. Er glaubt, einen Unterschied konstruieren zu können zwischen den ihm so sympathischen tätig-klugen Priestern und dem »Bösewicht«. Das Gespräch gelangt an den entscheidenden Punkt und verläuft im weiteren im bedeutungs- und leidensschweren g-Moll. Sarastro herrscht in diesen Gründen? – doch in der Weisheit Tempel nicht? Als ihm der Priester auch dies bestätigt, bricht seine Konstruktion und mit ihr seine Fassung zusammen. Mit einem wilden Ausbruch in eine weit entfernte Tonart (b-Moll) und einem verminderten Septakkord[8], den Mozart in dieser Oper immer wieder in emotional hochaufgeladenen Momenten einsetzt, von den Streichern mit heftigen Sechzehntel- (Baß) und Zweiunddreißigstel-Tremoli begleitet, gibt er auf: »So ist denn alles Heuchelei!« Er »will gehn, froh und frei, nie euren Tempel sehn!«. Mit einer sanften Figur deuten die Streicher *piano* die weise Milde des voll-

kommen ruhig bleibenden Priesters an. »Erklär dich näher mir, dich täuschet ein Betrug.« Es ist derselbe Betrug, der auch uns, die Zuschauer, noch immer täuscht. Wieder derselbe Ausbruch (aber hinsichtlich der harmonischen Behandlung nicht ganz so schmerzvoll: F7 – b-Moll): »Sarastro wohnet hier, das ist mir schon genug.« Nun wird der Priester deutlicher, aber immer noch *piano*: »Wenn du dein Leben liebst, so rede, bleibe da! Sarastro hassest du?« Noch einmal ein Ausbruch (D7) »Ich haß ihn ewig, ja!« – die Gründe? »Er ist ein Unmensch, ein Tyrann!«, mit kräftigen Orchesterschlägen. Ist das erwiesen? Nun antwortet Tamino ruhiger, in klagendem, fast ariosem g-Moll, und bekräftigt: »durch ein unglücklich Weib bewiesen, das Gram und Jammer niederdrückt.«[9] Ein Weib also. Nun konfrontiert der Priester den zartfühlenden Tamino mit der berüchtigten misogynen Einstellung des Priesterordens, die ihm noch manche Anfechtungen bereiten wird: »Ein Weib tut wenig, plaudert viel: Du, Jüngling, glaubst dem Zungenspiel?« Männer dagegen handeln und reden nicht: »O legte doch Sarastro dir die Absicht seiner Handlung für!« Tamino, noch immer in seiner Täuschung befangen, antwortet beherzt: »Die Absicht ist nur allzu klar! Riß nicht der Räuber ohn Erbarmen die Tochter aus der Mutter Armen?« Überraschenderweise gibt der Priester das ohne Umschweife zu: »Ja, Jüngling, was du sagst, ist wahr.« Tamino muß umdenken. Sarastro steht mit den Priestern im Bunde. Soll Pamina gar das Opfer eines fremdartigen Kultes werden – »man opferte vielleicht sie schon?«, eine reichlich verstiegene Befürchtung[10], die der Priester nicht ausräumt. »Dir dieß zu sagen, theurer Sohn, ist jetzund mir noch nicht erlaubt«[11] – wieder derselbe Verweis auf ein Schweigegebot, wie es schon die drei Knaben angedeutet hatten. Noch immer versteht Tamino nicht, daß er auf einen Einweihungsweg geraten ist: »Erklär dieß Räthsel! Täusch mich nicht!« Aber als ihm der Priester antwortet, »Die Zunge bindet Eid und Pflicht«, ist ihm die Situation mit einem Mal klargeworden. Seine Frage »Wann also wird die Decke schwinden?« gibt zu verstehen, daß er nun weiß, daß er ein Neophyt, ein Kandidat für die Einweihung in die Mysterien und Aufnahme in den Orden der Eingeweihten ist, dem der Kopf mit einer »Decke« verhüllt ist, weil ihm ein Geheimnis noch vorenthalten wird. Das »Wo finde ich sie?« wird zu einer Frage des »Wann?«. Der Priester antwortet ihm mit einer ariosen Figur, deren rituelle Feierlichkeit durch das ständig wiederholte a' in den Oberstimmen ausgedrückt wird und deren punktierte Rhythmen eine abwärts schreitende Bewegung andeuten (wobei das Tempo wieder zum Andante zurückkehrt), bereits als einem zukünftigen Bruder: »Sobald dich führt der Freundschaft Hand, Ins Heiligthum zum ew'gen Band« und *geht ab*. Doch Tamino, allein und, wie er nun weiß, im Banne eines ihm noch verschlossenen Geheimnisses zurückgelassen, bricht in eine Klage aus: »O ew'ge Nacht! Wann wirst du schwinden? Wann wird das Licht mein Auge finden?« Er erinnert sich an den Auftritt der Königin der Nacht und zitiert ihr »O zittre nicht!« –

um einen halben Ton gesenkt und von B-Dur nach a-Moll gewendet – auf die Worte »O ew'ge Nacht«[12]: als Nacht, das heißt als Täuschung, beginnt er nun die Darstellung der Königin zu durchschauen. Wie zum Wort »nicht« bei der Königin, erklingt bei ihm zum Wort »Nacht« eine harte Dissonanz. Über dem A im Baß liegt ein E7-Akkord, Tonika (a-Moll) und Dominante (E), also Taminos gis und das A der Bässe erklingen zusammen. Zu seiner Überraschung findet seine rhetorische Frage eine Antwort. Aus dem Innern des Tempels erklingt leise der Chor der Priester: »Bald, bald, Jüngling, oder nie!« mit tiefen Posaunenakkorden über der nun von den Streichern übernommenen punktiert ab-, d.h. einwärts schreitenden Melodie. Glücklich, Antwort zu finden, wagt Tamino wenigstens die Frage, ob denn Pamina noch lebte, und ist überglücklich, als sie bejaht wird. Er möchte den Göttern ein Danklied anstimmen und *nimmt seine Flöte heraus.*

Das große Rezitativ, in das Mozart Taminos Gespräch mit dem Priester einbettet, sprengt mit seinen 121 Takten, seinen vielfachen Tempowechseln[13], der wechselnden Instrumentation und seiner das ganze Tonartenspektrum des Werkes von As-Dur bis H-Dur ausmessenden modulatorischen Weite alle Konventionen und stellt dadurch die dramaturgische Schlüsselfunktion der Situation heraus.[14] Die große Wende hat sich vollzogen. Tamino hat seinen Plan, Pamina mit Gewalt aus den Armen des »Bösewichts« zu befreien, aufgegeben und sich bewußt den Bedingungen der Einweihung unterworfen, die ihm zu gegebener Stunde – »bald oder nie« – die Decke vom Kopfe bzw. die Binde von den Augen nehmen wird. Er versteht so viel, daß Sarastro offenbar kein »Bösewicht« und die Königin der Nacht keine oder jedenfalls nicht nur eine unschuldig leidende Mutter ist. Alles andere ist für ihn in das Dunkel eines Geheimnisses gehüllt.

Diese tiefgreifende Wendung der Dinge hat man früher nicht nachvollziehen können und daher Zuflucht gesucht bei der berühmten »Bruchtheorie«. Mozart und Schikaneder hätten die Oper ursprünglich als Zaubermärchen geplant, mit der Königin der Nacht als guter Fee und Sarastro als bösem Dämon, sich aber dann mitten in der Arbeit eines anderen besonnen und die Handlung auf die Ebene des Mysteriums und der Freimaurerei umgeleitet.[15] Eine besonders interessante Variante der Bruchtheorie vertritt Brigid Brophy. Ihrer Meinung nach sind die Autoren während ihrer Arbeit an der Oper nicht von einem Zaubermärchen auf einen Freimaurer-Mythos, sondern von dem einen

Freimaurer-Mythos auf den anderen umgeschwenkt, die beide auf dem Roman *Séthos* von Jean Terrasson beruhen. Der erste Mythos, dem die Szenen des ersten Akts bis zur Sprecherszene entstammen, sah eine Rettungsgeschichte mit Abstieg in die Unterwelt vor und beruhte auf einer Verbindung des Orpheus- und des Demeter-Mythos. Der zweite Mythos ist eine Initiationsgeschichte, an deren Ende nicht die Rettung, sondern die Einweihung steht. Den Grund für die Planänderung sieht Brophy in der Sorge, mit der Fortsetzung des ersten Mythos zu viele freimaurerische Geheimnisse zu verraten. Diese Begründung ist zwar unsinnig, weil gerade der zweite Teil dem freimaurerischen Initiationsritual an vielen Stellen ganz besonders nahe kommt; aber Brophy hat darin recht, daß in der Tat Terrassons Roman den Stoff zu beiden Teilen bzw. zu den beiden ihnen zugrundeliegenden Mythen bietet: die Erzählung von der Initiationsreise des Orpheus läßt sich sehr gut mit den ersten Szenen und die Erzählung von der Initiation des Prinzen Sethos natürlich völlig eindeutig mit den späteren Szenen in Verbindung bringen. Damit kommt Brophy der hier vorgeschlagenen Lösung schon sehr nahe. Der einzige Unterschied besteht darin, daß ich nicht von einer nachträglichen Planänderung, sondern von einem von Anfang an beabsichtigten Perspektivenwechsel ausgehe.

Die Bruchtheorie wird heute so gut wie allgemein abgelehnt und bedarf hier keiner Widerlegung mehr; sie erübrigt sich schon deshalb, weil Mozart nachweislich »spätere« Partien gleichzeitig mit »früheren« komponiert hat.[16] Dabei wird aber meist das Kind mit dem Bade ausgeschüttet, weil man im Interesse der Einheit und Geschlossenheit des Kunstwerks die Wende als solche nivelliert. Man bestreitet den Widerspruch und behauptet entweder, die Königin der Nacht sei von vornherein als böse und ihre ganze Sphäre als Lug und Trug gekennzeichnet[17], oder, Sarastro bleibe auch im zweiten Teil der Bösewicht, als der er im ersten geschildert wird.[18] Diese Harmonisierungsversuche tun dem überlieferten Text jedoch erhebliche Gewalt an.

Die Bruchtheorie ist zwar falsch, aber rezeptionsästhetisch aufschlußreich, weil sie das Ausmaß der kognitiven Dissonanz deutlich macht, die die Oper sowohl ihrem Helden als auch den Zuschauern zumutet. Die scheinbar vollkommen grundlose Verwandlung der Königin der Nacht von einer isis- und demeterartigen Göttin zu einer dämonischen Rachefurie der Finsternis ist logisch kaum nachzuvollziehen und stellt das eigentliche Rätsel der *Zauberflöte* dar. Wenn ein

Bruch ausgeschlossen ist, dann müssen wir die radikale Wendung, die Mozart und Schikaneder den *plot* der Oper nehmen lassen, als ein von vornherein geplantes ästhetisches Prinzip zu verstehen versuchen. Es geht ihnen offenbar darum, sowohl den Helden als auch den Zuschauer einem geradezu schockartigen Wechsel der Perspektiven auszusetzen. In diesem Punkt hat Ivan Nagel, einer der klügsten Interpreten der *Zauberflöte*, diese zu Recht mit dem *Cinna* von Corneille verglichen.[19] Auch dort sieht und bewertet der Zuschauer die Welt im ersten Teil vollkommen mit Cinnas Augen und investiert all sein Mitgefühl und seine Sympathie in die Sache der Verschwörung. Mit dem Auftreten des Augustus im zweiten Teil kehrt sich ihm diese Sicht jedoch vollkommen um; jetzt wird Augustus mit unwiderstehlicher Gewalt zum Träger von Mitgefühl und Identifikation. Damit scheint mir glänzend erfaßt, worum es Mozart und Schikaneder geht. Die Wende betrifft nicht allein Tamino, während das Publikum besser weiß, daß entweder die Königin der Nacht von Anfang an schlecht oder Sarastro bis zuletzt ein Bösewicht ist, sondern sie betrifft auch das Publikum, das genau demselben Perspektivwechsel und Sinneswandel unterworfen wird. Die kognitive Dissonanz, die dem 19. Jahrhundert unerträglich war, wird also meiner Ansicht nach von den Schöpfern der Oper bewußt aufgebaut. In der *Zauberflöte* geht es jedoch um mehr als den dramatischen Aufbau von kognitiver Dissonanz wie in Corneilles *Cinna*, die den Zuschauer die Dinge erst mit den Augen der einen, dann mit denen der anderen Partei sehen läßt. Hier wird ein innerer Vorgang von Umdenken, Sinneswandel, ja Konversion gezeigt, den die Oper nicht nur den Helden, sondern auch das Publikum durchmachen läßt. Sehr treffend schreibt Karl Pestalozzi: »Damit sinnt die Oper selbst dem Publikum die Revision des Vorurteils an, das es sich aufgrund des Anfangs bilden mußte. Aufklärung, ist man zu sagen versucht, geschieht auch am Publikum.«[20] Dabei geht es um die Befreiung oder »Reinigung« von Vorurteilen, Leidenschaften und Illusionen. Das Einweihungsgeschehen bildet keine nachträgliche Umleitung des Handlungsablaufs, sondern setzt von Anfang an die »Illusionierung« des Helden voraus. Einweihung bedeutet nämlich nicht nur Erkenntnis der Wahrheit, sondern auch Demaskierung der bisherigen Täuschung. Der Neophyt wird nicht nur aus der Unwissenheit zum Wissen, sondern aus Lüge, Täuschung und Illusion zur Wahrheit geführt. Diesen initiatorischen Prozeß der inneren Umkehr von Illusion zu Desillusionierung soll auch das Publikum mitvollziehen. Aus diesem Grunde wird es in den ersten Bildern vollkommen in die Perspektive der »sternenflammenden Königin« hineingezogen, wobei im Interesse einer positiven Beeindruckung deren isishafte Züge besonders stark herausgestellt werden. Es geht nicht um eine Verwandlung der Königin, sondern um eine Wandlung des Blicks, den Tamino und das Publikum auf sie werfen. Das kann man nicht nachvollziehen, weil es zu schnell geht. Tamino vollzieht diesen Wechsel der Perspektiven in nicht mehr als allenfalls zwei Takten:

TAMINO Erklär dies [T.21] / Rätsel, täusch mich nicht!
PRIESTER Die Zunge [T.22] / bindet Eid und Pflicht.
TAMINO Wann also [T.23] / wird die Decke schwinden?

Gewiß, es folgt noch eine Reihe auch musikalisch sehr herausgehobener Momente, in denen sich Tamino – und der Zuschauer mit ihm – über die neue Sicht der Dinge klarwerden kann. Trotzdem geht dieser Umschlag zu schnell, um als ein innerer Vorgang des Umdenkens verstanden und nachvollzogen werden zu können. Wie Dorothy Koenigsberger sehr treffend bemerkt, »hätten Mozart und Schikaneder einen Raum gebraucht, wie ihn sich Wagner mit seinem *Ring* gestattet hat«, wenn sie ihren Stoff wirklich ausgewogen und verständlich in einer Oper darstellen wollten.[21]

Daß aber von den Schöpfern der Oper genau dies angestrebt wurde, ergibt sich aus der zeitgenössischen Mysterientheorie. Diese arbeitet mit dem Konzept der »doppelten Religion«, einem polytheistischen Volksglauben und einem esoterischen Deismus. Der Neophyt, der auf der letzten Stufe der Einweihung mit dem abstrakten Gott der Philosophen konfrontiert wird, hat zuvor seine Illusionen bezüglich einer personalen Götterwelt abzulegen. Diese rein theologische Form der Desillusionierung, die, um es noch einmal zu betonen, für das 18. Jahrhundert zum Kern der Einweihung gehört, läßt sich natürlich kaum bühnenwirksam darstellen. Die polytheistische Illusion und deistische Desillusionierung werden von Mozart und Schikaneder durch eine konkrete Handlung weniger ersetzt als vielmehr symbolisiert. In den beiden ersten Bildern baut sich die Illusion auf, die im Finale des zweiten Bildes zerstört wird. Das Besondere dieses dramaturgischen Kunstgriffs besteht darin, daß sich die Illusion auch im Zuschauer aufbaut.

Indem diese Bücher dem Märchenschema der entführten Prinzessin folgen, erwecken sie in uns »Vorurteile« über den Fortgang der Handlung, deren Korrektur durch die überraschende Wende uns Taminos Desillusionierung miterleben läßt. Wichtiger als die innere Logik der Handlung ist hier das Wechselbad der Eindrücke und Emotionen, die darin freigesetzt werden und die Zuschauer in Bann schlagen. Von hier aus gesehen wird klar, daß wir uns von Anfang an, ohne es zu wissen, in einem Ritual befanden. In diesem Ritual geht es, wie wir im vierten Kapitel zeigen werden, nicht nur um Belehrung und Aufklärung, sondern auch um eine Wandlung der inneren Grundeinstellung und Weltorientierung, die im antiken Ritual mit dramatischen, die Gefühle der Neophyten sehr stark affizierenden Mitteln ins Werk gesetzt wurde. Diese hochdramatische Konzeption der Mysterienweihe wird von Mozart und Schikaneder auf die Bühne gebracht.

Suchen, Finden, Trennen

Doch zurück zu Tamino, den wir bei seinem Flötenspiel verlassen haben. Er will, wohlgemerkt, nicht »zaubern«, sondern nur den Göttern ein musikalisches Dankopfer bringen und registriert überrascht die Zauberwirkung der Flöte, wie *sogleich Tiere von allen Seiten hervorkommen, ihm zuzuhören. Er hört auf, und sie fliehen. Die Vögel pfeifen dazu.* Tamino-Orpheus spielt ein Andante in C-Dur und gibt, auf dieselbe Melodie singend, seiner Verwunderung einen Ausdruck, der sich zu einer regelrechten kleinen Da-capo-Arie im konventionellen Sinne entwickelt (eine Form, die in der *Zauberflöte* sonst nicht vorkommt[22]), aber in der Reprise mitten im Satz abbricht: »weil durch dein Spielen selbst wilde Tiere Freude... Doch (und nun wechselt er nach c-Moll) nur Pamina, nur Pamina bleibt davon.«[23] Die Fortsetzung ist ein sehnsüchtiges Rufen nach Pamina, mit G-Dur-Tonleitern auf der Flöte, die dann plötzlich Papageno von ferne mit seiner Panflöte aufnimmt. Welche Freude! Presto, mit herzklopfender Begleitung: »Vielleicht sah er Pamina schon, vielleicht eilt sie mit ihm zu mir! Vielleicht« – Fermate, adagio – »vielleicht« – Fermate – und wieder presto: »führt mich der Ton zu ihr.« Liebevoller, empfindsamer alle Gefühlsregungen aus-

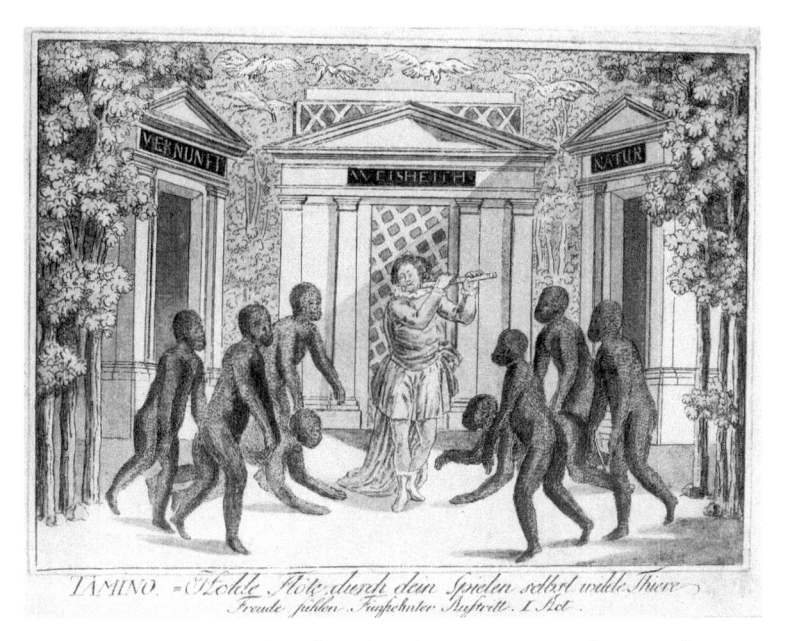

Abb. 21 Tamino-Orpheus bezaubert die Tiere. Unten sieht man Affen, oben verschiedene Vögel. Im Hintergrund die drei Tempelpforten. Stich der Brüder Schaffer (1795)

leuchtend kann eine Musik Sprache nicht beseelen. Ich würde die Vermutung wagen, daß das schlichte Wort »vielleicht« nie vorher und nie nachher eine vergleichbar gewichtige Vertonung erfahren hat. Tamino

eilt ab, Papageno und Pamina (*ohne Fesseln*) erscheinen auf der Bühne. Die Tonart bleibt G-Dur, schon weil Papagenos Panflöte gebraucht wird, aber das Tempo wechselt zu andante, rätselhafterweise, denn höchste Eile ist nicht nur geboten, sondern auch das Thema des in parallelen Terzen geführten Gesangs. Nur geschwinde, nur geschwinde, *16. Auftritt* nur geschwinde! Daß der hinzukommende Monostatos diese Worte ironisch nachäfft, ist Mozarts Einfall und im Libretto nicht vorgesehen. Wir sind wieder in der Atmosphäre des Puppenspiels. Die herbeigerufenen Sklaven sollen die beiden Ausreißer in Fesseln legen, aber Papageno besinnt sich rechtzeitig auf sein Glockenspiel, das nun wie die Zauberflöte zum ersten Male erklingt, und zwar mit durchschlagendem Erfolg. Monostatos und die Sklaven vergessen augenblicklich ihr Vorhaben, fangen verzückt zu der Musik des Glockenspiels zu singen und zu tanzen an und *gehen* zuletzt zur Musik *marschmäßig ab*.[24] Noch wußten wir ja nichts über die Zauberwirkung des Glockenspiels. Die drei Damen hatten es nicht verraten. So holen Pamina und Papageno jetzt den fälligen Kommentar nach und wechseln mit einer zauberhaft schlichten Melodie, die in Schuberts Vertonung von Goethes »Heideröslein« nachklingt, auf die Meta-Ebene der moralischen Belehrung: »Könnte jeder brave Mann solche Glöckchen finden! Seine Feinde würden dann ohne Mühe schwinden, und er lebte ohne sie in der besten Harmonie! Nur der Freundschaft Harmonie lindert die Beschwerden; ohne diese Sympathie ist kein Glück auf Erden.«[25] Harmonie, Freundschaft, Sympathie und Glück auf Erden, das sind dieselben Ideale des irdischen Paradieses, die auch im Zusammenhang der Zauber-Flöte zur Sprache gekommen waren und allgemein die Wirkung und Aufgabe der Musik beschreiben sollen bei der ästhetischen Erziehung des Menschen zu einer vollkommenen Gesellschaft, wie sie die Freimaurer betreiben, aber wie sie auch jedem anderen wohlgesinnten Menschen einleuchten.

Unvermutet und musikalisch unvermittelt *fällt ein starker Marsch mit Trompeten und Pauken ein*. Dazu ertönt ein Chor, noch unsichtbar: »Es lebe Sarastro, Sarastro lebe!«[26] Zwischen Papageno und Pamina entspinnt sich ein hastiger Dialog. »Was soll das bedeuten? Ich zittre, ich bebe« – worauf Pamina: »O Freund, nun ist's um uns getan, dies kündigt den Sarastro an.« Da fällt Papageno in seine Hasenfüßigkeit zurück und in das panische c-Moll, in dem wir Tamino zuerst erlebt haben. »O wär ich eine Maus, wie wollt ich mich verstecken! Wär ich so klein wie Schnecken, wie kröch ich in mein Haus! Mein Kind, was werden wir nun sprechen?« Worauf Pamina, in denkbar größtem Gegensatz zu Papagenos zitternder Panik, mit einer heroischen und hochpathetischen musikalischen Gebärde in C-Dur und mit grandioser Steigerung vom Septim- zum Oktavsprung, ausruft: »Die Wahrheit, die Wahrheit,

17. Auftritt

sey sie auch Verbrechen!«[27] – einer ihrer ganz großen Augenblicke, der dieser kurzen Szene eine eindringliche, über sie selbst hinausweisende Bedeutung gibt. Schikaneder hatte an dieser Stelle ein Duett auf der kommentierenden Meta-Ebene einbauen wollen, weil ihm das Motiv der Wahrheit so wichtig war:

Die Wahrheit ist nicht immer gut,
Weil sie den Großen wehe tut;
Doch wär sie allezeit verhasst,
So wär mein Leben mir zur Last.[28]

Mozart tat sicher gut daran, dieses Duett zu streichen, weil es den dramatischen Spannungsbogen gestört hätte. Vielleicht nahm er aber auch auf die politische Zensur Rücksicht. Der Gedanke dieser Verse spielt nicht nur auf die politische Theologie der Mysterientheorie an, derzufolge die Wahrheit, die in den Mysterien gehütet wird, nicht staatstragend ist (und darum »den Großen wehe tut«), sondern auch auf die Hoffnung, daß dieser Zwang zur Geheimhaltung der Wahrheit nicht »allezeit« andauern möge.

Sarastro

Der Marsch wird lauter, der Chor betritt die Bühne. »Es lebe Sarastro, Sarastro soll leben! Er ist es, dem wir uns mit Freuden ergeben! Stets mög er des Lebens als Weiser sich freun. Er ist unser Abgott, dem alle sich weihn.« Zuletzt fährt Sarastro in seinem *von sechs Löwen gezogenen Wagen* auf die Bühne (vgl. Abb. 17). Der Auftritt des Sarastro ist bombastisch, um dem Auftritt oder vielmehr der Epiphanie der Königin der Nacht die Waage zu halten, er ist solar – der Löwe ist das Tier der Sonne –, so wie die Erscheinung der Königin der Nacht auf ihrem Sternenthron astral (und in manchen Inszenierungen sogar lunar) war, und er ist ähnlich überirdisch-unwirklich. Löwen sind keine geeigneten Zugtiere, schon gar nicht auf der Jagd, es sei denn in der Götterwelt. Noch ist Sarastro für uns nicht ganz vermenschlicht und die Königin der Nacht nicht voll dämonisiert. Der Marsch verklingt. Larghetto,

18. Auftritt

drei F-Dur-Akkorde im selben Rhythmus wie zum Anfang der Ouverture: in Terzen aufsteigend, der zweite und dritte mit Sechzehntel-Vorschlag (– ‿ ‿) lassen aufhorchen, ebenso wie der erstmalige Einsatz

von Bassethörnern (in F). Pamina *kniet* und gesteht, ihrem Vorsatz getreu, in arioser Form die Wahrheit: daß sie fliehen wollte, »allein, die Schuld liegt nicht bei mir. Der böse Mohr verlangte Liebe, darum o Herr entfloh ich dir.« Dieselbe ariose Form aufgreifend und weiterführend, hebt Sarastro die Kniende auf und eröffnet ihr mit einer »Kantilene von seltsam ergreifender Wehmut« (Abert[29]): »Denn ohne erst in dich zu dringen, weiß ich von deinem Herzen mehr: Du liebest einen Andern sehr, einen Andern sehr. Zur Liebe will ich dich nicht zwingen, doch geb ich dir die Freiheit nicht – zur Liebe will ich dich nicht zwingen, doch – – – doch geb ich dir die Freiheit nicht.« Der letzte Satz wird wiederholt, und diesmal springt Sarastro mit dem Wort »doch« von seiner hohen tenoralen Linie unvermittelt auf das tiefe F herunter, auf dem er eine halbe Note verweilt, bevor er den Satz dann in dieser Tiefe zu Ende führt. »Mich rufet ja die Kindespflicht!« gibt Pamina zu bedenken, und die Begleitung malt ihre Sorge in lebhafter Sechzehntelbewegung, aber Sarastro schneidet ihr in punktierten Rhythmen und pathetischem Crescendo das Wort ab: »Du würdest um dein Glück gebracht, wenn ich dich ihren Händen ließe!« – eine herrische Geste, die in ihrem punktierten Rhythmus und ihrem unvermittelten Übergang nach c-Moll/g-Moll die ähnliche Geste des Priesters, »weil Tod und Rache dich entzünden!«, im Gespräch mit Tamino aufnimmt und ausbaut. In beiden Fällen geht es um die Konfrontation der Dialogpartner mit der priesterlichen, ihrer eigenen entgegengesetzten Wahrnehmung der Verhältnisse. Pamina läßt sich jedoch nicht so schnell zur priesterlichen Sicht konvertieren und hält Sarastros finstrem g-Moll übergangslos in lieblichstem B-Dur entgegen: »mir klingt der Muttername süße«, wobei sie, eine Terz tiefer, ein Motiv aus Taminos Bildnisarie aufgreift (»Dies Etwas kann ich zwar nicht nennen«),

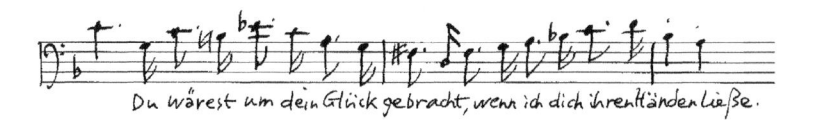

Du wärest um dein Glück gebracht, wenn ich dich ihren Händen ließe.

weil Tod und Rache dich entzünden

das schon zu Sarastros Worten die Bläser einigermaßen verräterisch eingeworfen hatten. Sarastro aber beharrt: Sie ist »ein stolzes Weib« und verkündet nun seinerseits die misogyne Weisheit seines Ordens: »Ein Mann muß eure Herzen leiten, denn ohne ihn pflegt jedes Weib aus

mir Klingt der Mutter Name sü – ße

Dieses Etwas kann ich zwar nicht nennen

ihrem Wirkungskreis zu schreiten.« Wir haben den verminderten Septakkord inzwischen oft genug in semantisch prägnanten Zusammenhängen gehört, um zu wissen, was er bedeutet: Qual und Schmerz, Not und Tod und vor allem, der »Bodenlosigkeit« dieses Akkords besonders gut entsprechend, Desorientierung. Daß Mozart Sarastros Worte (»denn ohne ihn pflegt jedes Weib aus ihrem Wirkungskreis zu schreiten«) nun gleich mit zwei um eine kleine Sekund versetzten verminderten Septakkorden, dazu mit Fermaten auf den Silben »ihn« und

»Wir(kungskreis)« begleitet, deutet auf die völlige Desorientierung des aus seinem Wirkungskreis schreitenden Weibes, aber auch auf die innere Qual, die Sarastro bei dieser Vorstellung weiblicher Emanzipation empfindet.[30] Der Dialog ist ein extremes Beispiel für Mozarts diskonti-

nuierliche Kompositionstechnik. Jede Wendung in Rede und Gegenrede bringt ein neues musikalisches Ereignis, das, aus dem Vorhergehenden unableitbar, das Jetzt erlebbar macht.

Eine zweideutige Szene. »Du liebest einen Andern sehr«: Mozart läßt nicht nur Sarastro diese Phrase wiederholen, sondern unter- oder vielmehr »über«-streicht sie gleich in doppelten Oktaven durch die unisono mit der Singstimme geführten Violinen und Flöten.[31] Das läßt aufhorchen und zwingt uns, diese Worte nicht leichtzunehmen. Einen andern als wen? »Zur Liebe will ich dich nicht zwingen« – zur Liebe mit wem? Natürlich nicht mit Monostatos, der kommt als Gegenstand von Paminas Liebe überhaupt nicht in Frage und ist wohl auch deshalb als Harmswächter eingesetzt. Sollte Sarastro am Ende sich selbst meinen? Verzichtet er darauf, Pamina zur Liebe zu zwingen? Aber hatte er es denn auf Paminas Liebe abgesehen? Die Worte lassen sich kaum anders deuten, und Mozarts melodische und instrumentale Behandlung dieser Takte unterstreicht ihre emotionale Bedeutungsschwere und damit Sarastros starke innere Bewegung. Die Musik läßt nur zwei Rückschlüsse zu: Entweder, Sarastro ist aus reinem Mitgefühl mit Pamina so stark ergriffen, oder aber, er ringt sich zu einem Verzicht durch.[32] Sarastros Worte »denn ohne erst in dich zu dringen, weiß ich von deinem Herzen mehr« werden zweimal von den Bläsern (Oboen und Bassethörnern) in parallelen Terzen mit jenem schon erwähnten Motiv kommentiert, das fast wörtlich Taminos melodische Phrase auf die Worte »dies Etwas kann ich zwar nicht nennen, doch fühl ich's hier wie Feuer brennen« aufnimmt. Bei Tamino geben die ebenfalls in parallelen Terzen geführten Bläser (Klarinetten) das Motiv als Stichwort vor (T. 15-17), bei Sarastro erinnern sie kommentierend daran (T. 410f., 412f.). Entweder will Mozart damit andeuten, daß Sarastro weiß, wer

[Notenbeispiel: „denn oh - ne erst in dich zu dringen"]

dieser andere ist und voll innerer Bewegung mitempfindet um welche schicksalhafte Liebe es hier geht, oder aber, er will zu erkennen geben, daß auch bei Sarastro Liebe im Spiel ist. Das macht diesen jedoch noch nicht zum »Bösewicht« oder auch nur zu einer moralisch zwielichtigen Figur.[33] Ebenso wie Mitgefühl, ja vielleicht mehr noch, ist Entsagung eine große moralische Leistung. Die Musik hebt diese Begegnung zwischen Pamina und Sarastro als einen »großen Augenblick« heraus. Vielleicht wird Sarastro erst in diesem Moment klar, daß die Götter nicht ihm, sondern dem alsbald auftretenden, von Sarastro vorausgeahnten Tamino Pamina zum Weib bestimmt haben, wie er es dann seinen Mitbrüdern in der Eröffnungssitzung des II. Aufzugs verkünden wird. Das alles schwingt hier aber nur mit und bleibt völlig in der Schwebe. Noch immer gewinnt Pamina, und gewinnen wir mit ihr, keinen festen Boden unter den Füßen hinsichtlich der Frage, woran wir mit Sarastro eigentlich sind.

Allegro, eine in Vierteln die F-Dur-Tonleiter um eine ganze Oktave heruntersteigende Tonleiter wird in der Oberstimme mit Staccato-Achteln und Vorschlägen zierlich umspielt, ein buffoneskes Motiv, das den ganzen neunzehnten Auftritt über ständig wiederholt wird – mit um so wirkungsvoller herausfallenden gelegentlichen Ausnahmen.

Monostatos tritt mit Tamino auf, und die beiden Liebenden sehen einander zum ersten Mal von Angesicht: »Er ist's! – sie ist's! – ich glaub es kaum! Sie ist's! – er ist's! – es ist kein Traum!« Ein großer Augenblick, der denn auch musikalisch durch die Begleitung für einen kurzen Moment herausgehoben wird, bis auch die Liebenden mit ihrem »es schling mein Arm sich um ihn/sie her« nach einem auftaktigen Oktavsprung in die absteigende Linie einstimmen und die Begleitung überraschenderweise das buffoneske Motiv wieder aufnimmt.[34] Ebenso bedeutsam wie die von Mozart gesetzten Zäsuren durch Themen-, Tempo-, Tonartwechsel sind solche überraschenden Kontinuitäten, wo ein so entscheidendes Ereignis wie die erste Begegnung der beiden Liebenden musikalisch vollkommen bruchlos eingebaut wird in eine immer weiter vorangetriebene variierende Durchführung eines einzigen obsessiven Motivs (wir hören es nicht weniger als neunzehn Mal!). *Sie umarmen sich*, werden aber alsbald von Monostatos getrennt. Monostatos präsentiert stolz seinen neuen Gefangenen und erhofft sich großen Lohn. In Sarastros Worte »Gebt diesem Ehrenmann sogleich« fällt er mit derselben vom g' heruntersteigenden Phrase, die den beiden Liebenden Ausdruck ihres Entzückens verschaffte, mit der Beteuerung ein: »Schon deine Gnade macht mich reich!«, um dann auf die Fortsetzung »nur siebenundsiebenzig Sohlenstreich!« um so erschreckter in f-Moll zu verfallen: »Ach Herr, den Lohn verhofft ich nicht!«, was Sarastro, nach F-Dur wechselnd, mit blanker Ironie abtut: »Nicht Dank! Es ist ja meine Pflicht!« *Monostatos wird abgeführt.* Die Szene soll Sarastro als einen weisen, alles durchschauenden Richter zeigen; so preist ihn der Chor: »Es lebe Sarastro, der göttliche Weise! Er lohnet und strafet in ähnlichem Kreise.« Heutzutage wirkt diese flapsige Behandlung schwerer Körperstrafen eher unangenehm, so daß man dann später Sarastro auch seine Hallenarie – »und ist ein Mensch gefallen, führt Liebe ihn zur Pflicht« – nicht mehr abnimmt. Aber dort singt Sarastro von Rache, nicht von Strafe; und es bleibt durchaus offen, ob in Sarastros Welt Mohren überhaupt als Menschen im vollen Sinne zählen.[35]

Abschließend – wieder erklingen drei Akkorde, diesmal mit 2 mal 3 Schlägen im Rhythmus ⌣ – ⌣ – ⌣ – und in drei Harmonieschritten (F – d – G) – verfügt Sarastro die Einweisung der beiden Fremden in den Prüfungstempel. »Bedecket ihre Häupter dann, sie müssen erst gereinigt sein.« Dem Freimaurer wird bei seiner Aufnahme eine Binde um die Augen gelegt. Der Chor applaudiert in extrem rasantem Presto (allabreve): »Wenn Tugend und Gerechtigkeit der Großen[36] Pfad mit Ruhm bestreut, dann ist die Erd ein Himmelreich und Sterbliche den Göttern gleich.« Wieder geht es um das große Ziel: das irdische Paradies und die Vergöttlichung des Menschen. Wir bewegen uns in einer »heidnischen« Welt, in deren Sicht die Welt nicht darum kein Himmelreich ist, weil Adam und Eva vom Apfel gegessen haben, sondern weil Laster und Habgier, Unrecht und Machtstreben die Welt regieren anstatt Tugend und Gerechtigkeit. Könnte man Tugend und Gerechtigkeit an die Macht bringen, dann stünde der Verwirklichung des irdischen Paradieses nichts mehr im Wege. Wie ernst wir diese Worte zu nehmen haben, wird sich zeigen, wenn sie später von den drei Knaben wörtlich wiederholt werden. Es ist klar, daß hier eine Botschaft vermittelt werden soll und daß wir hier dem Sinnzentrum dieser Botschaft nahekommen. Die beiden Chöre, die Sarastros Auftritt rahmen, sind denkbar verschieden. Der erste, »Es lebe Sarastro«, unterstreicht mit seinem statischen Prunk die Majestät des Herrschers, der zweite bringt mit seiner vibrierenden Begeisterung die millenaristische (Vor-)Freude über den schon eingetretenen oder nah bevorstehenden paradiesischen Zustand der Erde zum Ausdruck. Mit dieser Vorfreude und dem Wissen um bevorstehende Prüfungen wird das Publikum in die Pause entlassen. Wir wollen diese Pause nutzen, um uns über die Mysterienforschung der Wiener Freimaurerlogen, ihr Interesse an den antiken Mysterien im allgemeinen und den Mysterien der Isis im besonderen Klarheit zu verschaffen – und werden sehen, daß sich hier die Lösung findet für das Rätsel des plötzlichen Perspektivenwechsels.

Viertes Kapitel
Illusion und Desillusionierung –
Die Mysterientheorie der Freimaurer

Abb. 22 Eine Sitzung der Loge *Zur Gekrönten Hoffnung*, mit Mozart (ganz rechts vorn). Als Ceremonienmeister in der Bildmitte wurde Fürst Nikolaus Esterhazy (Haydns Patron) identifiziert, der dieses Amt 1790 ausübte. Daß, wie oft angenommen, links neben Mozart Schikaneder dargestellt sein soll, ist äußerst unwahrscheinlich; er gehörte dieser Loge nicht an.
Anonymes Gemälde, Anfang 1790

Mozart und die Wiener Freimaurerei um 1785

> Ist's denn Wirklichkeit, was ich sah?
> Ihr Götter! Täuscht mich nicht!

Hier ist vielleicht der Ort, um zunächst einige grundlegende Informationen über die Situation der Wiener Freimaurerei im allgemeinen und über die Logen, in denen Mozart verkehrte, im besonderen einzufügen.[1] Die erste Loge in Wien wurde 1742 gegründet, nachdem Franz Stephan von Lothringen, der Gemahl Maria Theresias, bereits 1731 in den Freimaurerorden aufgenommen worden war. Maria Theresia war jedoch der Freimaurerei nicht gewogen, und die sich allmählich entwickelnden Wiener Logen waren gezwungen, mehr oder weniger im verborgenen zu wirken. Erst 1780 brachte der Tod der Kaiserin eine Wende; jetzt »kroch ein Völkchen aus allen Winkeln und Nebenwegen hervor, das sich zeither gar nicht hatte blicken lassen«.[2] Wien zählte zu dieser Zeit sechs Logen mit ungefähr 200 Mitgliedern, einige Jahre später waren es acht Logen mit etwa 1000 Mitgliedern:

1. *Zu den drei Adlern* (1770 von Prag aus gegründet; ihr gehörte Mozarts Freund und Geldgeber Michael Puchberg an, sowie Herzog Georg August von Mecklenburg-Strelitz, zu dessen Ehren Mozart die »Maurerische Trauermusik« schrieb)
2. *Zum Palmbaum* (auch hier war Puchberg Mitglied)
3. *Zur Gekrönten Hoffnung*
4. *Zum heiligen Joseph* (eine Loge rosenkreuzerischer Tendenz)
5. *Zur Wahren Eintracht* (am 12.3.1781 als Tochterloge der *Gekrönten Hoffnung* gegründet: »das geistige Zentrum des Illuminismus«[3])
6. *Zur Beständigkeit* (gegründet 1782, mit rosenkreuzerischer Tendenz; erster Meister vom Stuhl war Otto von Gemmingen, Mitbegründer H. H. Frhr. von Ecker, der Begründer der »Asiatischen Brüder«)

7. *Zur Wohltätigkeit* (gegründet 1783 als Tochterloge der *Gekrönten Hoffnung*, u.a. durch Otto von Gemmingen, der erster Meister vom Stuhl wurde)

8. *Zu den drey Feuern* (gegründet 1783)

Im Dezember 1785 hatte Joseph II. das sogenannte Handbillet oder Freimaurerpatent erlassen, das den Zweck verfolgte, die Logen stärkerer staatlicher Kontrolle zu unterwerfen. Schon im Vorjahr hatte er verfügt, daß die Logen, die vorher der Großen Landesloge von Deutschland in Berlin unterstanden, eine eigene österreichische Landesloge bilden mußten; Abhängigkeit von ausländischen Logen wurde nicht länger geduldet. Großmeister dieser Loge wurde ein enger Freund des Kaisers, Graf (später Fürst) Dietrichstein, der, obschon selbst Rosenkreuzer, auch mit dem Illuminaten Born befreundet war. Viele vermuten, daß von Born selbst auf diesen kaiserlichen Erlaß hingewirkt hat, um der von ihm bekämpften »Schwärmerei« Einhalt zu gebieten, die in der sich enorm entwickelnden Wiener Logenlandschaft blühte. Mit dem Ergebnis konnte jedoch auch er nicht zufrieden sein. Besonders empört waren die Brüder über das Wort »Gaukeley«, mit dem das Billet die Freimaurerei insgesamt denunzierte.[4]

Nach dem Handbillet Josephs II. mußten die Logen auf drei reduziert werden, die nicht mehr als je 180 Mitglieder umfassen durften. In Wien ließen es die enttäuschten und entmutigten Freimaurer bei zwei bewenden. So entstanden:

Zur Wahrheit (aus den Logen *Zu den drei Adlern, Zum Palmbaum, Zur Wahren Eintracht* und *Zu den drei Feuern*) – erster Meister von Stuhl wurde Ignaz von Born, der aber im Oktober abtrat. Die Loge selbst löste sich im April 1789 auf;

Zur neugekrönten Hoffnung, ab 1788 *Zur Gekrönten Hoffnung* (aus den Logen *Zum hl. Joseph, Zur Beständigkeit, Zur Wohltätigkeit*). Ab 1790 machte sich die Loge *Zum hl. Joseph* selbständig.

Mozart war also 1784-1785 Mitglied der Loge *Zur Wohltätigkeit*, 1785-1788 *Zur neugekrönten Hoffnung* und 1788-1791 *Zur Gekrönten Hoffnung*.

1785 wurde der Illuminatenorden in Bayern verboten und die Brüder schweren Verfolgungen ausgesetzt, d.h. ihrer Ämter enthoben und des Landes verwiesen. Seitdem hatte sich das politische Klima auch in Österreich verändert. Die Französische Revolution und die in ihrem Kontext aufkommende Verschwörungstheorie, die die Freimaurerei als

Wegbereiter der Revolution und Komplizen der Jakobiner denunzierte, verschärfte die Krise.[5] Unter Franz II. kam es 1794/95 zu den berüchtigten Jakobinerprozessen, in die auch Franz Xaver Süßmayr verwickelt wurde; Anton Kreil verlor seine Professur in Ofen. Am 2. Dezember 1793 stellte die Loge *Zur Gekrönten Hoffnung* ihre Arbeit ein, einige Wochen später »deckte« auch die Loge *Zum hl. Joseph*. 1795 wurden alle geheimen Gesellschaften, darunter die Freimaurerei, in den österreichischen Erblanden verboten. Die eigentliche Blütezeit der Wiener Freimaurerei umfaßte daher nicht mehr als vier bis fünf Jahre, von 1780/81 bis 1784/85.

Im März 1781 wurde als eine Abspaltung der Loge *Zur Gekrönten Hoffnung* die Loge *Zur Wahren Eintracht* gegründet, die unter der Leitung des bedeutenden Mineralogen Ignaz von Born sehr schnell aufblühte und sich zu einem Hort der Aufklärung und einer inoffiziellen Akademie der Wissenschaften entwickelte. Zwei Jahre später, im Februar 1783, gründete der Bühnenschriftsteller, Dramaturg und Theatertheoretiker Otto Reichsfreiherr von Gemmingen-Hornberg, ein Freund Mozarts noch aus dessen Mannheimer Zeit (1778/79), ebenfalls als Tochterloge der *Gekrönten Hoffnung* die Loge *Zur Wohltätigkeit,* die ihre ersten Sitzungen im Lokal der *Wahren Eintracht* abhielt und dieser Schwesterloge eng verbunden blieb.[6] Man darf vermuten, daß diese beiden Sezessionen aus der *Gekrönten Hoffnung* mit dem Gegensatz zwischen Aufklärung und Anti-Aufklärung, d.h. zwischen Illuminaten und Rosenkreuzern, zu tun haben. Zwar waren alle Wiener Logen in ihrer Grundstruktur »Johannislogen« und kannten nur die drei Grade Lehrling, Geselle und Meister. Im Rahmen der 1784 gegründeten Großloge von Österreich waren die sogenannten Hochgradsysteme genehmigungspflichtig. Das hieß aber nicht, daß es nicht im geheimen durchaus weitere Grade gab. Diese hingen mit den drei auf der Grundstruktur der Johannisloge aufbauenden Richtungen zusammen: »Illuminaten«, »Gold- und Rosenkreuzer« und »Asiatische Brüder«. Die Illuminaten vertraten den Standpunkt einer radikalen Aufklärung im Sinne von Rationalismus und Deismus,[7] die Gold- und Rosenkreuzer praktizierten eine spirituell überhöhte Alchemie auf dem Boden eines weitgefaßten Katholizismus,[8] und die Asiatischen Brüder, der einzige Orden, der auch Juden aufnahm, stand den magisch-mystischen Traditionen der Kabbala nahe.[9] Der gemeinsame Nenner aller dieser Gruppierungen ist in formaler Hinsicht die Organisation als

Freimaurer und in inhaltlicher Hinsicht eine im weitesten Sinne neuplatonische Ausrichtung. Den Illuminaten galten die Rosenkreuzer und Asiatischen Brüder als »Schwärmer«, den anderen Freimaurern galten die Illuminaten als politisch und religiös verdächtig. Dieser 1776 von Adam Weishaupt, einem Professor für Philosophie in Ingolstadt, gegründete Orden zielte auf eine Umgestaltung der Gesellschaft im Sinne der Aufklärung und ihrer Werte wie Abbau von Standesschranken, Presse- und Gedankenfreiheit, Brüderlichkeit, Menschenrechte, Bildung, Gerechtigkeit, Wohltätigkeit, insbesondere Armen- und Krankenpflege. »Durch die Heranbildung einer neuen Elite von Tugendhaften wurde auf evolutionärem Weg der völlige Wandel aller sozialen und politischen Strukturen, die Herbeiführung einer Weltrepublik, angestrebt.«[10] Die Nähe dieser Ideale zu den Devisen der Französischen Revolution war offensichtlich und trug dem in Bayern bereits 1784 verbotenen Orden ab 1789 auch anderenorts Verfolgungen ein, die in den Jakobinerprozessen unter Franz II. gipfelten. Ignaz von Born, Otto von Gemmingen und viele namhafte Mitglieder beider Logen waren Illuminaten. Es kann als ausgemacht gelten, daß diese Logen der Ideenwelt und den Zielen des Illuminismus nahestanden, und das gleiche darf man wohl auch für die *Zauberflöte* voraussetzen, die aus diesem Milieu hervorgegangen ist. Andererseits schwankten viele prominente Freimaurer zwischen dem Illuminismus und den mehr spirituellen Richtungen der Rosenkreuzer und der Asiatischen Brüder. Das gilt besonders für Mozarts Freunde wie Otto von Gemmingen, der den Asiatischen Brüdern nahestand, und Franz Joseph Graf Thun-Hohenstein, »der nemliche sonderbare, aber gutdenkende rechtschafene Cavalier«[11], der Wunderheiler, Asiatischer Bruder und Rosenkreuzer war.[12] Es galt aber nicht für Ignaz von Born, der zeit seines Lebens ein geschworener Feind aller »Schwärmerey« blieb. Vielleicht ist dies der Punkt, auf den sich die Legende gründet, von Born sei das Vorbild des Sarastro in der *Zauberflöte*, denn sonst sucht man vergeblich für Anhaltspunkte einer Ähnlichkeit.[13] Das betrifft allerdings nicht den Sarastro der Hallenarie, in dessen heiligen Hallen man die Rache nicht kennt, aber den Sarastro der Schlußverse: »Die Strahlen der Sonne vertreiben die Nacht, zernichten der Heuchler erschlichene Macht« – das hätte vielleicht auch von Born sagen können. Sein Gebet an den »Gott der Wahrheit« läßt an Deutlichkeit nichts zu wünschen übrig.

Auffordern will ich deinen gerechten Zorn über den Unwürdigen, der ... sich je dieses Hammers bemächtigen sollte, um diesen der Wahrheit geweihten Tempel durch Lehren zu entheiligen, die mit dem Mahlzeichen des mystischen Unsinns gebrandmarkt sind. Niemand soll mit geheimer, verborgener Weiheit ... prahlen, um verächtlich die nützlichsten und geprüftesten Kenntnisse herabzuwürdigen und sich das Ansehen eines hocherleuchteten Weisen und Maurers zu geben ...[14]

Ignaz von Born muß ein Mensch von großem persönlichen Zauber und sprühender Intellektualität gewesen sein, um den sich geradezu eine Art von Kult entwickelt hatte – »er ist unser Abgott, dem alle sich weihn« –, und der Dichter Alxinger meinte sogar, wenn die Menschen dies um Gott verdient hätten, würde er Born ein Zepter anstelle des Hammers führen lassen, also zum Herrscher statt zum Großmeister einsetzen:

Du, der in weiser Hand den Hammer führt
Und einen Zepter führte, wenn um Gott
Die Menschen dieß verdienten, edler Born...[15]

Das mag schon auf Sarastro hinweisen. Ignaz von Born starb im Juli 1791, gleichzeitig mit der Vollendung der *Zauberflöte*. Er war aufgrund einer schweren Krankheit, die er sich bei einer gefährlichen Grubenbesichtigung zugezogen hatte, in den letzten Jahren seines Lebens opiumsüchtig und weitgehend bewegungsunfähig geworden.[16]

Wie schon der Name sagt, ging es der Loge *Zur Wohltätigkeit*, der weniger Wissenschaftler und Intellektuelle als Beamte und Künstler angehörten, vor allem um das praktische und öffentliche Wirken des Maurers in der Gesellschaft. Mozart trat dieser Loge, sicher auf Anwerben seines Freundes Gemmingen, am 14. Dezember 1784 bei und wurde bereits am 5. Januar 1785 in der Schwesterloge *Zur Wahren Eintracht* zum Gesellen befördert. Da die Protokolle der *Wohltätigkeit* verloren sind, wissen wir nichts über seine Erhebung in den Meistergrad; sie muß aber vor dem 22. April 1785 erfolgt sein, sonst hätte er an dieser Meisterloge der *Wahren Eintracht*, bei der sein Vater Leopold zum Meister befördert wurde, nicht teilnehmen dürfen. Sein Name ist jedoch im Protokoll verzeichnet.[17] Mozart war wie schon sein Vater Leopold intellektuell hochgebildet und mit der französischen Aufklärung vertraut (wie beider Bibliotheken bezeugen); zweifellos stand er sozial und intellektuell vor allem den Illuminaten nahe. Trotzdem kann man ihn sich schlecht als radikalen Aufklärer und Rationalisten vorstellen. Dazu war er erstens zu tief im Katholizismus verwurzelt und zweitens eine zu vielschichtige Persönlichkeit. Vielem, was ihm in der Gedankenwelt der illuministisch dominierten Logen begegnete, stand er zwar sympathisierend, aber distanziert gegenüber, und diese »liebevolle Distanz« prägt sich deutlich genug in seiner Behandlung der Sarastro-Welt aus. Obwohl kein homo politicus, litt Mozart zweifellos an der Ungerechtigkeit und Unfreiheit der herrschenden politischen Zustände, die er in seinen Da Ponte Opern so treffend und schonungslos zu zeichnen verstand und sah in der illuministisch inspirierten Freimaurerei und ganz besonders im Ideal der Wohltätigkeit[18] eine Möglichkeit, als Künstler, im Medium des Kunstwerks, durch ästhetische Erziehung auf eine Verbesserung der menschlichen Verhältnisse hinzuwirken.

Bemerkenswert an Mozarts Freimaurertum ist vor allem sein unbeirrtes Festhalten an diesem Engagement auch in den Zeiten der Krise und des Niedergangs, die das Freimaurerpatent Josephs II. vom 11. Dezember 1785 eingeleitet hatte. Ignaz von Born trat 1786 aus dem Orden aus.[19] Mozart aber trat der Loge *Zur neugekrönten* (ab 1788: *Gekrönten*) *Hoffnung* bei und komponierte zu ihrer (Wieder-)Eröffnung zwei Lieder (KV 483 und 484). Er blieb nicht nur bis zum Ende seines Lebens engagiertes Mitglied der Loge – seine letzte vollendete Komposition KV 623 galt der Einweihungsfeier eines neuen »Tempels« –, sondern hat sich offenbar sogar mit dem Gedanken der Gründung einer eigenen Loge getragen, die »die Grotte« heißen sollte.[20] Zum Zeitpunkt der *Zauberflöte* (1791) befand sich also die Freimaurerei in einer schweren Krise, erhoffte sich aber von Kaiser Leopold II. (1790-92), dem als Großherzog von Toscana der Ruf eines aufgeklärten und hochgebildeten Monarchen vorausging und den die Freimaurer überdies, vermutlich zu Unrecht, ebenfalls für einen Freimaurer hielten, eine Wende zum Besseren. Auch diese Hoffnung mag den Plan einer Freimaureroper beflügelt haben.

Das Mysterienprojekt der *Wahren Eintracht*

Das Jahr 1782 war ein Schicksalsjahr in der Geschichte der europäischen Freimaurerei. In diesem Jahr fand der Konvent zu Wilhelmsbad statt, der Klarheit über die Frage bringen sollte, ob die auf den Johannislogen aufbauenden Hochgradsysteme der »Strikten Observanz« höhere Geheimnisse verwalteten und worin der Ursprung und die Natur dieser Geheimnisse bestünden. Der Konvent führte zu einer Implosion des Geheimnisses. Die Legende von einer geheimen Fortexistenz des mittelalterlichen Templerordens und seiner von unbekannten Oberen verwalteten Geheimnisse wurde als Betrug entlarvt. Das führte zu schweren Zerwürfnissen in der Freimaurerei, die sich nun deutlich in jene zwei Lager spaltete, denen wir in Wien begegnet waren: die aufklärerische und die spirituelle Freimaurerei.

Im gleichen Jahr erschien anonym ein Buch *Über die alten und neuen Mysterien*, als dessen Verfasser der Orientalist und Theologe Johann August (Frhr. von) Starck (1741-1816) festgestellt wurde.[21] Sein Buch stellt den ersten großangelegten Versuch von seiten eines engagierten Freimaurers dar, Ursprung und Endzweck der Freimaurerei durch eine systematische Erforschung der antiken Mysterien neu zu bestimmen. In diesem nach allen Regeln der damaligen historisch-kritischen Wissenschaft gearbeiteten Buch vertritt Starck folgende Grundthesen:

– Die ursprüngliche und natürliche Religion ist der Deismus; der Polytheismus ist eine Verfallserscheinung im Zusammenhang der Staatenbildung.

– Die Mysterien entstanden als Reaktion auf den Verfall und bewahren die Ur-Religion unter den Bedingungen polytheistischer Volksreligion. Sie sind aus Ägypten in Griechenland und der ganzen übrigen Mittelmeerwelt verbreitet worden und stehen in scharfem Antagonismus zur polytheistischen Volksreligion.

– Die Mysterien sind (darin widerspricht er Warburton, auf dessen bahnbrechende Theorie ich weiter unten eingehe) nicht vom Staat eingesetzt, sondern nur staatlich sanktioniert. Als »Kleine Mysterien« wirken sie staatstragend, in dem sie Unsterblichkeit und Lohn/Strafe lehren, und als »Große Mysterien« schützen sie den Staat, indem sie streng geheim gehalten werden.

Am Ende zieht Starck aus seiner historischen Untersuchung die Folgerungen für die Freimaurerei und schließt mit einer ebenso bitteren wie klarsichtigen Abrechnung mit der Strikten Observanz und ihrer Intoleranz gegenüber abweichenden Richtungen innerhalb der Freimaurerei. Sie habe das große Schisma bewirkt, an dem die Freimaurerei kranke. Er selbst unterscheidet drei Richtungen innerhalb der Freimaurerei: Logen ohne Geheimnisse, aber mit »Plane«, d.h. ausgeprägter politischer Agenda (= Illuminaten), Logen mit übertriebenen Geheimnissen (= Rosenkreuzer und Asiatische Brüder) und schließlich Logen mit Geheimnissen, aber im Rahmen der Vernunft, worunter er die von ihm selbst vertretene Richtung versteht.

Im gleichen Jahr 1782 nimmt auch die Loge *Zur Wahren Eintracht* in Wien ihre systematische Erforschung der antiken Mysterien auf. Spiritus rector dieses Projekts ist natürlich Ignaz von Born. In der ersten Übungsloge am 4. November 1782 stellt er das Projekt vor[22], zusammen mit dem ersten Teil seiner Abhandlung über die »Mysterien der Aegyptier«[23], dem ersten Teil einer Abhandlung von Anton von Scharf über die »Kabbala der Hebräer«[24] und einer Rede von Josef von Sonnenfels »Über den Einfluß der Maurerei auf die bürgerliche Gesellschaft«[25]. Die Übungslogen absolvierten also ein erhebliches Programm. Die Forschungen sollen »den entferntesten Spuren seiner (sc. des Ordens) Entstehung« und »allen auch nur zufälligen Ähnlichkeiten« nachspüren, die er mit den geheimen Gesellschaften aller Zeiten und Völker gemein hat. Es geht also nicht nur um »das Band der Verwandtschaft«, sondern auch um das »der Ähnlichkeit« (S. 13). »Wir liefern zu diesem Ende unseren Brüdern Nachrichten von den Mysterien aller Völker: der Phönizier, Egyptier, Perser, Indianer (gemeint sind: Inder), Griechen, und Römer, Nachrichten von den Mysterien der Christen, und den Verbrüderungen des Mittelalters« (13). Dabei sollen in der Geschichte der Mysterien verschiedene Entwicklungsstadien – »Aufnahme«, »Verfall« und »Modifikationen« – unterschieden werden, »ein Umstand, der in den bisherigen Untersuchungen der Mysterien selten beachtet worden ist« (14). Dieses neuartige Interesse an den geschichtlichen Entwicklungsstadien der Mysterien erklärt sich aus dem Krisenbewußtsein der Wiener Loge, das aus vielen Beiträgen spricht. Man sieht die Freimaurerei selbst in einem Verfallsstadium begriffen und will dem gegensteuern, indem man sich auf die Ursprünge besinnt und das Schicksal vergleichbarer Geheimgesellschaften studiert.

In dieser »Vorerinnerung« werden zwei Fronten errichtet: einmal gegen die dogmatisch fundierte Religion, insbesondere den Katholizismus, und zum anderen gegen dogmatisch orientierte, auf Glauben anstatt Forschung und Einsicht gegründete Richtungen innerhalb der Freimaurerei. Die erste Front wird in den Beiträgen durchweg als »Aberglauben« apostrophiert. Die zweite drückt sich in der Unterscheidung und Gegenüberstellung von »religiöser« und »wissenschaftlicher Freymauerey« aus, wie sie der *Wahren Eintracht* und ihrem Mysterienprojekt als einer Fundierung wissenschaftlicher Freimaurerei mehr oder weniger explizit zugrunde liegt.[26]

In den Übungslogen der folgenden Jahre werden nach den ägyptischen Mysterien, mit denen Ignaz von Born den Anfang macht, weil sie als Ursprung aller Mysterien gelten[27], und der »Kabbala der Hebräer« (A. von Scharf) die »Mysterien des Urchristentums« (K. J. Michaeler)[28], die »Mithras-Mysterien« (J. A. von Bianchi)[29], die »Mysterien der Indier« (I. von Born)[30], die »Geschichte des pythagoräischen Bundes« (A. Kreil)[31], die Magie (K. Haidinger)[32], die »phönizischen Mysterien« (K.J. Michaeler)[33], die »kabirischen Mysterien« (C. L. Reinhold)[34], die »Mysterien der alten Hebräer« (C. L. Reinhold)[35], die »Großen Mysterien der Hebräer« (C. L. Reinhold)[36], die »eleusinischen Mysterien« (A. Kreil)[37], die bakchischen Mysterien (M. Durdon)[38] sowie grundsätzliche Fragen über die »wissenschaftliche Maurerei« (A. Kreil)[39] und den Einfluß der Mysterien auf die Wohlfahrt des Staates (A. V. von Schittlersberg) behandelt.[40]

Diese Abhandlungen, die teilweise den Umfang regelrechter Monographien erreichen, markieren den Höhepunkt der Faszination an den antiken Mysterien im allgemeinen und an den ägyptischen Mysterien im besonderen, aus der auch die *Zauberflöte* hervorgeht. Nicht irgendeine diffuse »Ägyptomanie«, sondern das leidenschaftliche Interesse an Mysterien, alten und neuen, bildet den geistigen Kontext und Nährboden der Oper. Die Autoren dieses freimaurerischen Mysteriendiskurses sind größtenteils Spezialisten ihres Gebiets und verfügen über eine solide klassische Bildung. Das gilt auch für den Mineralogen I. von Born, der zunächst als Jesuitenzögling eine klassische Ausbildung genoß und über ausgezeichnete Kenntnisse der alten Sprachen, der Rhetorik und der Mythologie verfügt haben soll.[41] Nur die Abhandlung I. von Borns über die ägyptischen Mysterien hat bisher in der Zauberflötenforschung einige Beachtung gefunden.[42] Zweifellos gehört sie zu den Quellenschriften der *Zauberflöte*. Viel aufschlußreicher erscheint mir aber das wissenschaftsgeschichtliche Phänomen dieser Mysterienforschung als solcher und was ihr einerseits als Anliegen zugrunde liegt und sich andererseits als Gesamtbild oder »Mysterientheorie« aus ihr entnehmen läßt. Das Projekt der Wiener Loge muß man jedoch in einem größeren, europäischen Rahmen sehen. Dieses Thema lag in den Jahren zwischen 1776 und 1787 in der Luft und beschäftigte die intellektuellen Kreise insbesondere der Freimaurerei mit außerordentlicher Intensität. Es ist wohl kein Zufall, daß die Jahre 1776 bis 1787 Anfang und Ende des Illuminatenordens bezeichnen.

Neben dem schon erwähnten Buch von J. A. Starck sind als die bedeutendsten »Parallelaktionen« zum Wiener Mysterienprojekt fünf Werke zu nennen: NN, *Über die Einweihungen in den alten und neuern Zeiten*, Memphis und Braunschweig [St. Petersburg] 1782, Friedrich Victor Leberecht Plessing, *Osiris und Sokrates*, Berlin und Stralsund 1783, [Paul Joachim Siegmund Vogel,] *Briefe, die Freymaurerey betreffend, Zweite Sammlung: Briefe über die Mysterien*, Nürnberg 1784, Guillaume Emmanuel Joseph Guilhem de Clermont-Lodève Baron de Sainte Croix, *Recherches historiques et critiques sur les mystères du paganisme*, Paris 1784[43] und [Anonymus], *Characteristick der Alten Mysterien*, Frankfurt u. Leipzig 1787. C. L. Reinhold publizierte 1787 seine Beiträge zum Journal für Freymaurer bei Göschen in Leipzig als selbständige Monographie, und auf der Grundlage dieser Schrift veröffentlichte F. Schiller 1790 seinen Essay *Die Sendung Moses*, der den ägyptischen Mysterien bei weitesten Kreisen auch außerhalb der Freimaurerei zu faszinierender Strahlkraft verhalf.

Als Auslöser der deutschen Mysterienfaszination muß die Schrift des Göttinger Philosophen und Religionshistorikers Christoph Meiners über die Eleusinischen Mysterien (1776) gelten.[44] Meiners wiederum greift auf das monumentale Werk des englischen Bischofs, Literaturwissenschaftlers und Altphilologen William Warburton, *The Divine Legation of Moses*, zurück, das 1738-1741 in drei Bänden erschienen war und in seinem zweiten von 9 Büchern die antiken Mysterien behandelt.[45] Es gibt auch ältere Untersuchungen über die Mysterien, aus dem 17. und frühen 18. Jahrhundert. Dabei handelt es sich aber um rein antiquarische Werke, die das Material zusammenstellen, ohne viel mit ihm anzufangen. Warburtons Buch bedeutete hier einen Paradigmenwechsel mit seiner verblüffenden These von der Geburt der

Mysterien aus dem Geist der politischen Theologie des Heidentums. Diese These hatte freilich erst Christoph Meiners mit fast 40jähriger Verspätung ans Licht gehoben, und seine Schrift über die Eleusinischen Mysterien inspirierte Adam Weishaupt bei der Gründung des Illuminatenordens. Die Religion der Vernunft oder natürliche Theologie könne nicht staatstragend sein, so Warburtons These. Der Staat braucht Götter zum Schutz der Gesetze und zum Ausdruck nationaler Identität. Die Elite schafft sich in der Form einer inneren Emigration die Mysterien, um in deren Schutz die Wahrheit über den fiktiven Charakter der politischen Götterwelt und die All-Einheit des Göttlichen zu bewahren und weiterzugeben. Innere Emigration ist auch die Signatur des Illuminatenordens, der in der Form des Geheimbunds die Tugenden politischer Kultur ausbilden will, die nicht durch Revolution, sondern durch allmähliche friedliche Umgestaltung die Welt vom Despotismus zur Freiheit führen sollen.[46]

Die Autoren sind sich dieses Paradigmenwechsels durchaus bewußt. Die älteren Autoren, schreibt der anonyme Verfasser einer *Characteristick der Alten Mysterien*, »behandeln ihre Materie blos antiquarisch, und überlassen es dem Leser, was er sich für ein Urtheil über den Werth der Mysterien aus den beygebrachten Nachrichten und Stellen der alten Autoren zusammensetzen will. Dagegen haben verschiedene neuere Schriftsteller die Absicht der Mysterien, und ihren Bezug auf die moralischen und religiösen Kenntnisse der damaligen Welt, weiter zu entwickeln gesucht.«[47] Im gleichen Jahr charakterisiert Michael Durdon im *Journal für Freymaurer* den barocken Antiquarianismus als »unnütze Gelehrsamkeit«, der es darum ging, »auf eine gelegentlich angenommene Rubrique hin alles zu sammeln, was mit derselben auch nur in der entferntesten Beziehung steht«, ohne sich darum zu kümmern, ob diese disparaten Daten sich im Kopf des Lesers mit dessen Vorwissen zu einem kohärenten Bild zusammenfügen.[48]

Zu den im engeren Sinne wissenschaftlichen Auseinandersetzungen mit den antiken Mysterien muß man auch fiktionale Darstellungen und Rekonstruktionen insbesondere der ägyptischen Einweihungen hinzunehmen. Dazu gehören in erster Linie der Roman des Abbé Jean Terrasson[49], den Matthias Claudius unter dem Titel *Geschichte des egyptischen Königs Sethos* ins Deutsche übersetzt hat[50], und die in Freimaurerkreisen ungemein einflußreiche Schrift [von Carl Friedrich Köppen und Johann Wilhelm Bernhard von Hymmen,] *Crata Repoa; oder Ein-*

weihungen in der alten geheimen Gesellschaft der egyptischen Priester, Berlin 1778.

Die Mysterienforschung und Mysterienfaszination des späten 18. Jahrhunderts ist ein Thema von großem wissenschaftsgeschichtlichen Interesse, das uns hier aber nur insoweit beschäftigen soll, als auch die *Zauberflöte* aus dieser Faszination hervorgegangen ist und daher auf ihre Weise bestimmte Ergebnisse und Perspektiven dieser Forschungen aufnimmt. Ich will daher versuchen, die Mysterientheorie, die sich aus diesen Schriften abzeichnet, in einigen summarischen Zügen zu skizzieren, und mich dabei auf drei Punkte beschränken, in denen die *Zauberflöte* am deutlichsten der zeitgenössischen Mysterientheorie verpflichtet ist. Das ist die Vorstellung von der Desillusionierung des Neophyten als erster Schritt der Einweihung, die Verbindung von Einweihung und Herrschaft bei der letzten Stufe der Einweihung und drittens die Bedeutung der Prüfung als affektive Prägung und Transformation des Neophyten.

Die »Kleinen Mysterien« und die Desillusionierung des Neophyten

Die bahnbrechende Neuerung Warburtons, die geradezu zu einem Paradigmenwechsel in der Erforschung der antiken Mysterien führte, war die politische Deutung, die er den Mysterien gab und die genau zu dem Zeitpunkt ihre Wirkung entfaltete, als die Freimaurerei mit der Gründung des Illuminatenordens ihrerseits politisch wurde und ihre Rolle in Gesellschaft und Staat neu bestimmte. Für diese Neuorientierung in den späten 70er und 80er Jahren des 18. Jahrhunderts bot Warburtons Theorie der antiken Mysterien das zentrale Modell.

Warburton zog eine scharfe Trennungslinie zwischen den heidnischen Religionen und dem biblischen Monotheismus, wandte dann aber sein ganzes Interesse den heidnischen Religionen und der Frage zu, wie Religion ohne Offenbarung funktionieren kann. Seine Untersuchung der heidnischen Religionen war daher in vieler Hinsicht eine Parallelaktion zu Giambattista Vicos Untersuchung der Geschichte der Völker. Auch Vico zog eine scharfe Trennungslinie zwischen *historia sacra* und *historia profana*, um sich dann mit seinem ganzen Interesse der *historia profana* als Forschungsgegenstand zuzuwenden. Seine Frage war, wie Geschichte ohne göttliche Führung funktionieren kann. Was nun die Religion betrifft, war Warburtons These, daß alle heidnischen Religionen Geheimnisreligionen und als solche »doppelte Religionen« sind. Der Begriff der »doppelten Religion« oder »doppelten Philosophie« war nicht neu, sondern lag schon der »Paganologie«, der Erforschung der vormosaischen Welt, des 17. Jahrhunderts zugrunde.[51] Darunter verstand man die Unterscheidung zwischen exoterischer und esoterischer Überlieferung. Bis zu Warburton aber wurde diese Unterscheidung erstens auch auf die biblische Religion angewandt und zweitens nicht im Sinne politischer Funktionalisierung verstanden. Das Doppelgesicht der Religion ergab sich nach traditioneller (auf Platon zurückgehender) Ansicht aus der irreduziblen Zweiteilung jeder Gesellschaft in einfaches Volk und gebildete Elite. Diese wissenssoziologische Unterscheidung steigerte Warburton durch seine politische Deutung der Mysterien zu einem scharfen, geradezu dualistischen Antagonismus. In seiner Konzeption der doppelten Religion standen sich nicht nur Volk und Elite, sondern auch Fiktion und Wahrheit gegenüber.

Die Fragestellung, unter der William Warburton die antiken Mysterien und die Religionsgeschichte überhaupt untersuchte, war das Problem ihrer staatstragenden Funktion. Für eine heidnische, d.h. nicht auf göttlicher Offenbarung beruhende Religion kam nur eine funktionalistische Erklärung in Betracht, und als Funktion der Religion erschien ihm wiederum die politische als die bei weitem bedeutendste. Die Religionen haben sich zusammen mit den Staaten entwickelt. Die polytheistischen Götterwelten der heidnischen Religionen erfüllen dabei vor allem zwei Funktionen: Sie wachen über die Einhaltung der Gesetze, und sie bilden in ihrer differenzierten Vielheit die Grenzen einer in Städte, Regionen, Landschaften, Länder, Staaten usw. entsprechend vielfältig differenzierten politischen Identität ab. Die Götter sind unabdingbare Fiktionen, ohne die ein geordnetes, friedliches Zusammenleben vieler Menschen in großen Staatsverbänden nicht möglich wäre. Die wichtigste aller staatstragenden Lehren ist die Vorstellung von der Unsterblichkeit der Seele und von Lohn und Strafe in einem jenseitigen Leben. Ohne die Furcht vor einer nachtodlichen Vergeltung würde kein Mensch die Gesetze des Staats einhalten und die Gebote allgemeiner Sittlichkeit beachten. Jede (heidnische) Religion hat nun zwei Gesichter: das exoterische Gesicht der Volksreligion und das esoterische Gesicht einer Elitereligion bzw. der Mysterien. In der Volksreligion geht es um Feste, Opferkult und Frömmigkeit, in den Mysterien dagegen um sittliche, geistige, wissenschaftliche und spirituelle Bildung und Ausbildung.

Hier führt nun Warburton unter Berufung auf den Bericht, den Clemens von Alexandrien von den Eleusinischen Mysterien gibt, eine weitere Unterscheidung ein, nämlich die zwischen den Kleinen und den Großen Mysterien. Diese Unterscheidung hat im Zusammenhang der Freimaurerei eine ganz besonders zentrale Bedeutung.

Die Großen Mysterien bestanden, nach Warburton, in zwei Schritten: erstens in der Befreiung des Neophyten von seinen bisherigen Irrtümern, d.h., die Götter wurden als das entlarvt, was sie sind: Fiktionen, und zweitens in der Schau der Wahrheit. Einweihung ist also wesentlich ein Prozeß der Desillusionierung. Beim Überschreiten der Schwelle zwischen den Kleineren und den Größeren Mysterien soll der Initiand seinen früheren Glauben aufgeben, seinen irrigen und fiktiven Charakter durchschauen und »die Dinge so sehen, wie sie sind«.[52] Die Desillusionierung des Initianden wird erreicht, indem ihm erzählt wird, daß die Götter nichts als vergöttlichte Sterbliche sind und daß es nur Einen unsichtbaren und namenlosen Gott gibt, die letztendliche Ursache und Grundlage des Seins, »der aus sich selbst entstand und dem alle Dinge ihr Dasein verdanken«. Diese Sätze sind einem orphischen *Hieros Logos* entnommen, der bei vielen patristischen und älteren Autoren begegnet und den Warburton in der Fassung des *Protreptikos* von Clemens von Alexandrien zitiert.[53] Warburton deutet diesen Text als die Rede, die der Hierophant in den Eleusinischen Mysterien an den Initianden richtet. In der modernen Übersetzung von Christoph Riedweg, der diesem Text eine Monographie gewidmet hat, lautet der erste Teil des *Hieros Logos*:

Ich werde zu jenen sprechen, die befugt sind.
Die Türen aber schließt, ihr Uneingeweihten,
alle zugleich! Du aber höre, Sproß der lichtbringenden Mondgöttin,
Musaios, denn Wahres werde ich verkünden. Nicht soll dich, was
früher in der Brust gut schien, des lieben Lebens berauben!
Auf das göttliche Wort blicke! Diesem widme dich,
den geistigen Nachen des Herzens steuernd. Gut beschreite

den Pfad! Schau einzig auf den Herrscher der Welt,
den Unsterblichen! Ein altes Wort kündet leuchtend von diesem:
Einer ist er, aus sich selbst geworden. Aus Einem ist alles entsprungen.
Unter ihnen geht er umher, doch keiner der Sterblichen
erblickt ihn, er hingegen sieht alle.[54]

»Nicht soll dich, was früher in der Brust gut schien, des lieben Lebens berauben!« – dieser Satz stellt für Warburton die Abschwörung der vertrauten Religion dar. An deren Stelle tritt nun der All-Eine: Einer ist er, aus sich selbst geworden. Aus Einem ist alles entsprungen.

Auch in Terrassons Sethos-Roman, dem Mozart und Schikaneder die Szenerie der Feuer- und Wasserprobe und den Text der Inschrift über der »Schreckenspforte« entnommen haben, spielt die Desillusionierung des Neophyten keine besondere Rolle. Dieser Roman war vor Warburtons Mysterienbuch erschienen, das dieses Motiv erstmals herausgestellt hat. Anstelle einer Aufklärung über den illusorischen Charakter seiner religiösen Vorstellungen bekommt Sethos einen Becher mit dem Wasser des Lethe-Flusses zu trinken, den er bei seiner Wasserprobe durchschwommen hat.[55] Immerhin wird auch damit klargestellt, daß der Neophyt seine früheren Vorurteile ablegen muß, wenn er in die Welt der Eingeweihten eintritt: »Als er trank, sagte ihm der Oberpriester, daß dies Wasser ein Getränk der Lethe oder der Vergessenheit aller falschen Maximen sey, die er bisher aus dem Munde ungeweihter Menschen gehört habe.«[56]

In der *Zauberflöte* erscheint dieser Schritt der Desillusionierung des Neophyten sehr viel früher, er bildet die erste Stufe der Einweihung überhaupt. Darin folgen Schikaneder und Mozart also nicht Warburton, sondern der Rekonstruktion, die die freimaurerische Schrift *Crata Repoa* von den »ägyptischen« Initiationsriten gibt. Dort richtet der »Hierophantes« diese Worte an die Initianden des ersten Grades »des Pastophoris oder Lehrlings«:

Ich wende mich zu euch, die ihr das Recht habt, mich anzuhören.
Schließet alle Türen vest zu, damit die Profanen und die Spötter nicht hinein kommen mögen.
Ihr aber, Mene, Musée[57] oder Kinder der Arbeit der himmlischen Untersuchung, höret meine Rede! Ich trage euch große Wahrheiten vor.
Hütet euch vor Vorurteilen und Leidenschaften, welche euch von dem rechten Wege der Glückseligkeit entfernen werden.

Richtet eure Gedanken auf das göttliche Wesen, und lasset dasselbe stets vor euren Augen seyn, um dadurch euer Herz und Sinne zu lenken. Wenn ihr den sichern Pfad der Glückseligkeit betreten wollt, so bedenkt, daß ihr stets vor den Augen des Allmächtigen einhergeht, der die Welt erschaffen. Es ist das einzige Wesen, welches alle Dinge erhält und hervorgebracht hat, und das von sich bestehet. Er sieht alles. Kein Sterblicher kann ihn sehen, und kein Mensch wird sich seinen Blicken entziehen.[58]

»Hütet euch vor Vorurteilen und Leidenschaften«, diese Ermahnung ist offensichtlich das Vorbild für Schikaneders Duett »Bewahret euch vor Weibertücken«, auf das wir im 5. Kapitel eingehen werden. Schikaneder übernimmt nur die Struktur der »Desillusionierung« und läßt alles Theologische weg. An die Stelle der polytheistischen Götterwelt der Volksreligion, deren Schleier der Initiand als Irrtum erkennen und abwerfen soll, setzt er die Königin der Nacht und alles, was sie ihm über Sarastro und seine Eingeweihten erzählt hat. Wie anders hätte sich die Struktur von Täuschung und Ent-täuschung auch bühnenwirksam darstellen lassen?

Bei Terrasson und in der Schrift *Crata Repoa* ist aber tatsächlich auch von erotischen Versuchungen die Rede, denen der Neophyt widerstehen mußte. Terrasson drückt sich hier in bezug auf die Frauen der Priester und ihre Reize sehr zurückhaltend aus:

Ihre Frauen, die man ehrenhalber Priesterinnen nannte, ob sie gleich in Egypten, wenigstens in den obern Tempeln, gar keine priesterlichen Verrichtungen hatten, wohnen mit ihnen in Einem Bezirk des Hauses; die vier Stockwerke waren nämlich doppelt, und die Zimmer der Priester lagen über den Gärten, die Zimmer der Priesterinnen aber lagen nach außen zu, und zwischen beyden war ein Gang oder Gallerie, die das Haus der Länge nach in zwey Theile absonderte, und der Theil, wo die Priesterinnen wohnten, hieß auch ehrenhalber der priesterliche Pallast, da die andere Seite bloß das Haus der Priester genannt ward. Die Priesterinnen konnten in das Zimmer ihrer Männer gehen, nur nicht in ihr Cabinet. Sie giengen niemals in die Gemeinsäle, oder Oerter des Hauses; aber auf dem großen Gange konnten sie frey gehen, und auf den Nebengängen, die auf die Porkirche (tribunes) des Tempels, und nach den Gärten führten. Man hatte dem Candidaten verboten, mit ihnen nirgends zu reden, noch sie zu grüßen, ob er sie gleich gewöhnlich kannte, und sie in der Welt, und sonderlich bey dem König und der Königin, dahin sie zu gewissen Stunden, wie andre Frauen, giengen, gesehen hatte. Man wollte dadurch dem Candidaten begreiflich machen, daß man verstehen müsse, sich zuweilen Dinge zu versagen, die an sich erlaubt sind, und wo man sich mitten darin befindet. Aber, was ohne Zweifel für wohl erzogene Leute sehr hart scheinen wird, diese Personen, die meistens sehr schön waren, machten ihm jedesmal, wenn sie vorbey giengen, sehr ehrerbietige Verbeugungen, ohne daß er das geringste Zeichen eines Gegencompliments machen durfte. Man übte ihn dadurch in der Festigkeit, die ein tugendhafter Mann den Reizen des andern Geschlechts entgegen stellen muß, wenn es auf Pflicht ankommt.[59]

Crata Repoa geht hier sehr viel weiter:

Schmackhafte Speisen, welche von schönen Weibern ihm aufgetragen wurden, erfrischten seine abgematteten Kräfte. Dieses waren die Frauen der Priester, welche, gleich wie die Gefährtin der Diana, ihn besuchten und ihn auf alle mögliche Weise zur Liebe reizten.[60]

In der *Zauberflöte* sind es die drei Damen, die Tamino und Papageno besuchen, um sie zumindest zum »Plaudern« zu verführen, und sich über ihre »Sprödigkeit« beklagen. Daß es sich bei diesen Verführerinnen nach Auffassung der Zeit um die zweifellos keuschen und ehrbaren Frauen der Priester handelte, die diese Rolle nur spielten, ohne sie zu verkörpern, läßt möglicherweise auch die drei Damen der *Zauberflöte* und vielleicht sogar die Königin der Nacht in einem anderen Licht erscheinen. Handelt es sich bei ihren Auftritten etwa um von den Priestern inszenierte theatralische Veranstaltungen? Sollten gar die ganzen mit der Königin der Nacht und ihren Damen verbundenen Szenen Theater im Theater sein? Erklärt sich auf diese Weise, warum sich die drei Damen und die drei Knaben sowie vor allem die Königin der Nacht und Sarastro nie auf der Bühne begegnen? Sind die drei Damen Frauen von Priestern, ist etwa die Königin der Nacht gar Sarastros Gemahlin, die in diesem priesterlichen Drama die Rolle der Gegenspielerin übernimmt? Ich halte eine solche Deutung zwar für ziemlich konstruiert, aber es ist doch bemerkenswert, wie genau sie der zeitgenössischen Auffassung von der Theatralität der antiken Mysterien entspricht. Allerdings hätte diese Konstruktion, wenn sie denn der Oper wirklich zugrunde läge, dem Publikum am Ende enthüllt werden müssen. Statt dessen fährt die Königin der Nacht mitsamt ihrem Anhang im Stile von Don Giovanni am Ende zur Hölle, ohne daß Tamino und Pamina dabei sind und von diesem Ereignis noch einmal eine letzte emotionale Erschütterung empfangen können. Diese Szene überschreitet den rituellen Rahmen, das Spiel im Spiel.

Mysterientheoretisch gesehen verkörpert auch Papageno, wie die Königin der Nacht, einen Aspekt der Volksreligion.[61] Zum einen ist die Volksreligion »Aberglaube«, ein Gewebe aus Fiktionen, um an deren Gängelband das Volk lenken und regieren zu können, zum anderen aber auch die Religion des Volkes, der einfachen Leute, die an personale Gottheiten mit ausgeprägten Eigenschaften glauben wollen und denen der erhabene Deismus der Eingeweihten zu hoch und abstrakt ist. So gesehen, ist es sehr bedeutungsvoll, daß zwar die Königin der Nacht, der »Aberglaube«, am Ende der Oper ausgegrenzt und vernichtet wird, das »Volk« jedoch in Gestalt Papagenos des allgemeinen Glücks beim triumphalen Ende auf seine Weise teilhaftig wird. »Wohltätigkeit« und »Menschenglück« wären ja auch nichts als leere Worte, wenn sie nicht auch Menschen wie Papageno zugute kämen. Papageno hat weder das erste noch das letzte Wort in dieser Oper, aber er hat ständig mitzureden, und er tut das in der Sprache des Volkslieds, die Mozart als eigenständiges Idiom sorgfältig gegen alle anderen musikalischen Sprachen der Oper abhebt und mit den wunderbarsten melodischen Einfällen ausstattet. Mozart und Schikaneder brechen also den starren Antagonismus zwischen Volksreligion und Elitereligion, wie er in Gestalt der Theorie der »doppelten Religion« das ganze 18. Jahrhundert beherrscht hatte, auf und unterscheiden zwischen dem »Volk« auf der einen Seite, vertreten durch Papageno, und den dem Volk eingeredeten »Vorurteilen« der Religion, vertreten durch die Königin der Nacht, auf der anderen Seite. Die freimaurerische Aufklärung propagiert die Allianz zwischen Volk und Elite (zu der Tamino und Pamina in dieser Oper heranreifen) und verlagert den Antagonismus auf die Ebene der Ideen.

Nach diesem Ausflug in die Mysterienforschungen der Wiener Freimaurer wollen wir nun unseren Gang durch die Oper wiederaufnehmen und sehen, wie sich die folgenden Szenen im Licht der zeitgenössischen Vorstellungen über die »Kleinen Mysterien« darstellen.

Fünftes Kapitel
Die ersten Prüfungen

Abb. 23 Im Vorhof des Prüfungstempels.
Stich von Ignaz Alberti im Textbuch von 1791

Die Abstimmungssitzung über die Aufnahme – die »feyerliche Scene«

Zum zweiten Aufzug hebt sich der Vorhang über einer verwandelten Bühne: *Das Theater ist ein Palmwald; alle Bäume sind silberartig, die Blätter von Gold. 18 Sitze von Blättern; auf jedem Sitze steht eine Pyramide und ein großes schwarzes Horn mit Gold gefaßt. In der Mitte sind die größte Pyramide auch die größten Bäume. Sarastro nebst anderen Priestern kommen in feierlichen Schritten, jeder mit einem Palmenzweige in der Hand. Ein Marsch mit Blasinstrumenten begleitet den Zug.* 2.Aufzug 1.Auftritt Nr. 9: Marcia Worauf es hier sicherlich vor allem ankommt, ist das Überirdische, Surreale der Szenerie. Ist hier »die Erd schon ein Himmelreich und Sterbliche den Göttern gleich« geworden? Wichtig ist gewiß auch das ägyptisierende Kolorit der Szenerie, wie immer wir uns diese seltsame Verbindung von Blättersitzen und Pyramiden vorzustellen haben. Es ist aber klar, daß uns die Szene nicht ins alte Ägypten versetzen will, wo es ebensowenig wie anderswo auf der Erde silberne Palmen mit goldenen Blättern gab, sondern an einen fast schon himmlischen Ort, an dem es recht ägyptisch zugeht.[1]

Die Marcia wird entgegen der (in der Partitur gestrichenen) Anweisung des Librettos nicht »von Blasinstrumenten«, sondern vom großen Orchester[2], *sotto voce*, gespielt. Anders als die Ouvertüre, die Mozart schon vor seiner Abreise nach Prag wenigstens in den Hauptstimmen niedergeschrieben hatte, wurde diese Nummer tatsächlich erst am 28. September geschaffen. Um so bemerkenswerter ist, daß Mozart von einer Skizze dieses Marsches in d-Moll keinen Gebrauch machte, son-

Abb. 24 Die »feyerliche Scene«. Die vorgeschriebene Zahl der 18 Sitze ist hier auf 8 reduziert. Bühnenbildentwurf von J. Quaglio (München 1793)

dern ein vollkommen neues Stück komponierte. Es handelt sich um ein zartes, feierliches *Andante* von ebenso schlichter wie edler Rhetorik, die an den späten Haydn erinnert – 8+20, mit Wiederholungen 56 Takte von höchster Vollkommenheit. Der sakrale Charakter dieser Musik ist unverkennbar. Der besondere Reiz der Melodieführung liegt in der Variation der Perioden: Auf eine abtaktige Zweier- folgt eine auftaktige Zweier- und auf diese eine abtaktige Vierer-Periode. Genau so ist auch das Thema des Andante in Haydns Symphonie Nr. 104 aufgebaut, das dazu auch noch mit einer sehr ähnlichen Phrase beginnt.[3]

Das ganze Stück ist zart und piano zu spielen, bis auf drei Sforzatopiani im zweiten Teil, wo die Oberstimmen jeweils ein langgehaltenes c, d und f hervorheben. Der Marsch ähnelt in vielen Einzelheiten dem Marsch Nr. 25 aus *Idomeneo*[4], dem wiederum der Vorwurf gemacht wurde, er sei aus Glucks *Alceste* gestohlen (I/3)[5], was lediglich deutlich macht, daß wir es hier mit einem Typus zu tun haben, dessen »Ahnenreihe weit in die französische tragédie lyrique hinaufreicht« (Abert[6]).

Allen drei Märschen ist gemeinsam, daß ihnen eine Arie mit Chor folgt, mit der zusammen sie eine rituelle Handlung einrahmen.

Der Marsch strahlt die meditative Feierlichkeit aus, die der antike Autor Chairemon (1. Jh. n. Chr.) in einer vielzitierten Stelle seines verlorenen Werks über die Hieroglyphen den ägyptischen Priestern und insbesondere ihrem Bewegungsstil zuschreibt. Ich gebe diese Stelle nach Ignaz von Born wieder, der sie in seiner Abhandlung über »Die Mysterien der Aegyptier« zitiert: »Nur an Festtagen kamen sie in die Gesellschaft anderer Menschen, sonst wandelten sie stets neben und unter den Bildsäulen ihrer Götter herum. Ihr Gang war abgemessen, ihre Augen niedergeschlagen, ihre Stirne in Nachdenken vertieft, ihr Betragen ernsthaft und der Würde ihrer Bestimmung angemessen.«[7]

Es folgt die einer »Umstimmungsloge«[8] nachgebildete Sitzung, bei der über die vorläufige Annahme des Aufnahmegesuchs eines Kandidaten entschieden wird. Es geht dabei aber um mehr als um eine bloße »Zulassung zur Prüfung«. Der Neophyt wird auch im Falle des Scheiterns Mitglied des Ordens und daher »Osiris und Isis gegeben« sein. Einleitend erklärt Sarastro, »daß unsere heutige Versammlung eine der wichtigsten unserer Zeit ist« – eine Bemerkung, die zunächst befremdet, sich aber im weiteren Verlauf der Sitzung aufklären wird – und daß Tamino, ein Königssohn, »an der nördlichen Pforte unseres Tempels«

wandelt voll Verlangen, »seinen nächtlichen Schleier von sich zu reißen und ins Heiligtum des größten Lichtes zu blicken«. So wird auch in der Freimaurerei der Antrag auf Aufnahme eines neuen Mitglieds von einem Bürgen vorgetragen, um den Brüdern Gelegenheit zum Einspruch oder kritischen Nachfragen zu geben; für Tamino übernimmt Sarastro selbst die Rolle des Bürgen. Kritische Nachfragen lassen nicht auf sich warten: »Er besitzt Tugend? – Tugend! – Auch Verschwiegenheit? – Verschwiegenheit. – Ist wohlthätig? – Wohlthätig!« Verschwiegenheit ist ein Vorgriff aufs Kommende, und »Wohltätigkeit« ist, sollten wir meinen, im Begriff der Tugend enthalten. Tugend wird Tamino in der *Zauberflöte* immer wieder bescheinigt. Das deutsche Wort »Tugend« übersetzt französisches *vertu*, die hervorstechendste Eigenschaft, mit der Terrasson seinen Helden Sethos ausgestattet hat. Damit ist nicht Sittsamkeit gemeint, sondern Mut, Tatkraft und Entschlossenheit, sich mit allen Kräften des Körpers, der Seele und des Geistes für die gute Sache einzusetzen und sich allen Aufgaben, Gefahren und Prüfungen zu stellen, die mit dem richtigen Weg verbunden sein mögen.

Die Herausstellung der Wohltätigkeit hat jedoch in der Welt der Freimaurerei ebenso wie in der Welt der *Zauberflöte* eine zentrale Bedeutung. Es geht ja darum, die »Erde« zu einem »Himmelreich« umzugestalten. Das gelingt nur, wenn die Freimaurer auch außerhalb der Loge in deren Sinne tätig werden. »Wohltätigkeit« heißt Weltverantwortung. Im besonderen obliegt diese Aufgabe den gesellschaftlich hochgestellten, womöglich gekrönten Häuptern, denen sich ganz andere Möglichkeiten politischen und sozialen Wirkens bieten, und Tamino ist ja ein »Königssohn«. Der Begriff der Wohltätigkeit bekommt natürlich noch eine ganz andere Bedeutung vor dem Hintergrund der Tatsache, daß Mozarts Loge ursprünglich *Zur Wohltätigkeit* hieß und von seinem Freunde Otto von Gemmingen 1782 in diesem Zeichen gegründet worden war. Gemmingen war Illuminat, und Wohltätigkeit ist ein illuministisches Ideal. Den Illuminaten ging es um öffentliches Wirken, sie sahen den Endzweck ihres Geheimbunds in der Überwindung des Geheimnisses, durch Herbeiführung gesellschaftlicher Verhältnisse, unter denen sich Gleichheit, Gerechtigkeit, Menschenliebe und Menschenwürde frei entfalten können.[9]

Die »Umstimmung«, zu der Sarastro die Priester aufruft, geschieht im Maurerritual erst zum Abschluß der Lehrlingsprüfung und entscheidet über die Aufnahme in die Loge. Sie wird mit schwarzen und weißen Kugeln (»Ballotten«) durchgeführt; finden sich nach der Abstimmung nur weiße Kugeln im Gefäß, dann ist sie »helleuchtend« ausgefallen. Mozart und Schikaneder lassen die Abstimmung den Prüfungen vorausgehen und mit einem Hornstoß durchgeführt werden. So ertönt jetzt zum Zeichen der Zustimmung »der dreimalige Akkord«, und zwar genau so (in B-Dur), wie er in der Mitte der Ouverture erklungen war (˘−− ˘−− ˘−−). Wirkte dieses Signal in der Ouvertüre noch wie eine Art klanglicher Hieroglyphe, ein Zeichen, das zwar sehr wohl als bedeutungsvoll erkannt, aber in seiner Bedeutung nicht entziffert werden kann, so ergibt sich nun im nachhinein die Deutung. Der Zuhörer hatte diese Klänge schon einmal gehört, mit Erstaunen und Befremden; jetzt erklingen sie wieder, und er versteht, was sie bedeuten. Mit diesem Signal ist Tamino in den Orden aufgenommen. Mozart hatte diese Akkorde offenbar während der Generalprobe auf einem Zettel notiert, der dann später dem gebundenen Autograph der Partitur als p. 224 eingefügt wurde.

Sarastro dankt »im Namen der Menschheit« (also im Sinne der Wohltätigkeit und Weltverantwortung) für die Zustimmung und deckt die Hintergründe von Taminos Bewerbung auf, die nun in der Tat sowohl diesen Dank als auch seine Einschätzung der Bedeutung dieser Sitzung gerechtfertigt erscheinen lassen. Tamino und Pamina sind von den Göttern einander zu Gatten, und das heißt: zu Herrschern über ein mächtiges vereinigtes Reich bestimmt. Wenn Tamino zu den Eingeweihten gehört, dann ist der Sache von »Weisheit und Vernunft« ein großer Vorteil erwachsen gegenüber dem »Vorurteil«, das in Gestalt der stolzen Mutter Paminas »durch Blendwerk und Aberglauben das Volk berücken und unseren festen Tempelbau zerstören will«. Mit Taminos Einweihung ist also das Projekt, die Erde zum Himmelreich »und Sterbliche den Göttern gleich« zu machen, einen großen Schritt vorangekommen. Die maurerischen Bezüge dieser Rede sind zu evident, um eigens herausgestellt werden zu müssen. Daß mit der Rolle der Königin der Nacht hier die katholische Religion in ihren kirchlichen Institutionen gemeint ist, bedarf auch kaum einer weiteren Begründung. Was hier »Vorurteil« genannt wird, entspricht aus der Sicht der Gegenseite dem, worauf in der Sphäre der Königin mit »Haß, Verleumdung, schwarzer Galle« angespielt wurde, ein tödlicher Konflikt, den die Oper als den Gegensatz darstellt zwischen der Königin der Nacht, die für Aberglauben, Blendwerk und Volksverführung steht, und Sarastro, der die Sache von Weisheit und Vernunft vertritt und der in der Welt des späten 18. Jahrhunderts, der Welt des damaligen Publikums, sein offensichtliches Korrelat fand im Konflikt zwischen Kirche und Aufklärung im allgemeinen, sowie Exjesuiten und Freimaurern im besonderen. Hier werden keine verschlüsselten Geheimnisse angedeutet, sondern eine allen (zumindest in Wien) vertraute geschichtliche Situation so deutlich wie möglich in eine fiktive Handlung übersetzt. Daß es der Zensor nicht gemerkt hat, spricht nicht gegen die Deutlichkeit. Leider ist der Zensurakt über die *Zauberflöte* bis heute nicht aufgefunden worden. Wir dürfen aber nicht vergessen, daß sowohl Joseph II. wie Leopold II. aufgeklärte Monarchen waren, unter deren Regime es die katholische Kirche eher noch schwerer hatte als die Aufklärung.

Noch einmal werden Bedenken laut. Der Sprecher äußert Sorgen, Tamino könnte den harten Prüfungen unterliegen (es geht also um Leben und Tod), er ist schließlich Prinz. »Noch mehr – er ist Mensch!« lautet Sarastros heute vielbelächelte Antwort. Der »Mensch«, diese utopische Konstruktion des 18. Jahrhunderts, ist im 20. Jahrhundert in Mißkredit geraten.[10] Die einen bestehen auf dem irreduziblen Konflikt der Rassen oder Klassen oder Kulturen, die anderen sehen in diesem »Menschen« nichts als eine männlich-europäische Konstruktion, die westliche Arroganz dem Rest der Welt überstülpen will. Diese Einsichten bzw. Verblendungen waren dem 18. Jahrhundert noch fremd, »der Mensch« war noch ein hohes Ideal, das gegen die pessimistische Anthropologie der Kirche und des Absolutismus durchgesetzt werden mußte. Die *Zauberflöte* hat auf ihre Weise am Menschheitsdiskurs der Aufklärung teil. Sie stellt die Frage, ob der »Prinz« Tamino, der Vogelmensch Papageno, der »Mohr« Monostatos ein Mensch sei (»Ist mir denn kein Herz gegeben? Bin ich nicht von Fleisch und Blut?«). Im weiteren Verlauf des Stückes werden wir noch erfahren, daß Menschentum eher eine Sache der Kultur als der Natur ist und daß nicht jeder »verdient, ein Mensch zu sein«.

Jedenfalls ist Tamino als Mensch den Göttern anheimgegeben und wird im Falle des Todes »der Götter Freuden früher fühlen als wir«. Daß die Prüfungen, denen sich Tamino unterziehen muß, wirkliche Todesgefahr beinhalten, erfüllt den heutigen Zuschauer mit Unbehagen. Tatsächlich werden im Verlauf der weiteren Handlung zwar nicht Tamino, aber Pamina und Papageno hart an die Schwelle des Selbstmords herangeführt werden. Wir nehmen als Zuschauer solche Grenzsituationen als Schläge eines unerbittlichen Schicksals oder auch einer übermächtigen bösen Macht hin, aber nicht als bewußt und in allerbester Absicht arrangierte Psychotests eines Prüfungsprozesses. Daher erscheinen vielen Interpreten wie z.b. Wolfgang Willaschek, einem der aufmerksameren Betrachter des Werkes, Sarastro und die Mitveranstalter dieser Prüfung in einem zweifelhaften Licht. Wie kann eine wohlwollende Prüfungsinstanz den Tod eines Prüflings in Kauf nehmen? Da sähen wir es lieber, wenn hier mit einem Netz gearbeitet würde.[11] In der Tat bilden die drei Knaben im Falle von Pamina und Papageno ein solches Netz. Wir müssen versuchen, uns in die Ritualsituation hineinzudenken; ein Ritual ist nun einmal eine todernste Sache. Die Priester, die es vollziehen müssen, sind ihm ebenso unterworfen wie der Initiand. Sie sind an ihre Rollen gebunden, die ihnen Ernst und Strenge vorschreiben. Sie nutzen aber, wie sich im folgenden zeigen wird, jeden Spielraum zur Aufhellung und Vermenschlichung des rituellen Geschehens.

Der Sprecher wird von Sarastro zum Hierophanten bzw., in der maurerischen Terminologie, zum »Frère terrible« oder »Förchter« bestimmt, der Tamino und seinen Reisegefährten belehren und durch die Prüfungen geleiten soll. Abschließend stimmt Sarastro ein Gebet an Isis und Osiris an zugunsten des »neuen Paars« (womit wohl eher Tamino und Pamina als Tamino und Papageno gemeint sind), in das der Chor respondierend einfällt: *Nr. 10 Aria con coro*

O Isis und Osiris, schenket
Der Weisheit Geist dem neuen Paar!
Die ihr der Wandrer Schritte lenket,
Stärkt mit Geduld sie in Gefahr.
(Chor: stärkt mit Geduld sie in Gefahr.)
Laßt sie der Prüfung Früchte sehen,
Doch sollten sie zu Grabe gehen,
So lohnt der Tugend kühnen Lauf,
Nehmt sie in euern Wohnsitz auf.
(Chor: nehmt sie in euern Wohnsitz auf.)

In Terrassons Roman wird der Initiand, Sethos, mit einem entsprechenden Gebet durch den Oberpriester begrüßt, aber erst nach bestandener Prüfung:

O Isis, große Göttin der Egypter, gieb deinen Geist dem neuen Diener, der so viel Gefahren und Beschwerlichkeit überstanden hat, um vor dir zu erscheinen. Mache ihn auch sieghaft in den Proben seiner Seele und lehre sein Herz die Gesetze, damit er würdig werde, zu deinen Geheimnissen (mystères) zugelassen zu werden. Als alle Priester die ersten Worte dieses Gebets: O Isis, große Göttin der Egypter, wiederholt hatten, ließ man den Sethos wieder aufstehn, und der Oberpriester reichte ihm ein zusammengesetztes Getränk, das die Griechen Cyceon genannt haben, und sagte ihm, daß dies ein Getränk der Mnemosyne oder des Gedächtnisses für alle die Lehren sey, die er von der Weisheit erhalten werde.[12]

Auch bei Terrasson fungiert der Oberpriester als Vorbeter, dem der Priesterchor respondiert. Das Vorbild ist unverkennbar.

Diese »Arie mit Chor« klingt in ihrer Stimmung, worauf Walter Lüthy aufmerksam gemacht hat, stark an die Arie »Accogli o re del mar« aus *Idomeneo* (Nr. 26) an.[13] »Jeder dieser beiden stimmungsverwandten Szenen geht ein würdevoller Marsch in F-Dur voran, deren Ähnlichkeit so verblüffend ist, daß man teilweise die Hauptmelodie des einen als Kontrapunkt zu dem anderen setzen kann.« Marsch und Arie/Chor gehören also in Mozarts Konzeption eng zusammen; beide repräsentieren das Sakrale, in *Idomeneo* wie in der *Zauberflöte*. Die Begleitung bewegt sich mit 2 Bassethörnern, 2 Fagotten, 3stimmigem Posaunensatz, Bratschen und Violoncelli (aber ohne Bässe!) in tiefen Lagen, ebenso wie Sarastros Baß und der respondierende Männerchor.[14]

Die erste Prüfung: Die Abkehr von falschen Lehren

2. Auftritt Nach dieser Szene von höchster sakraler Feierlichkeit verwandelt sich *das Theater in einen kurzen Vorhof des Tempels, wo man Rudera* (Fragmente) *von eingefallenen Säulen und Pyramiden sieht, nebst einigen Dornbüschen. An beiden Seiten stehen practicable hohe altägyptische Thüren, welche mehr Seitengebäude vorstellen.* Die Szenenanweisung klingt wie die Beschreibung einer Abbildung (oder eher die Montage aus verschiedenen Abbildungen, eine mit Pyramiden, eine andere mit einer Tempelruine) aus einer zeitgenössischen Reisebeschreibung Ägyptens. Interessant ist vor allem die Ruinenromantik. Sie deutet Altertum und Verfall an: Die Mysterien, die hier gefeiert werden, gehen in unvordenkliche Zeiten zurück, und der Ort ihrer Feier ist, wo schon nicht in Ägypten selbst gelegen, jedenfalls einstmals von Ägyptern angelegt worden. Als Erweis des Altertums betont der ruinöse Zustand die Authentizität der Mysterien. Sie sind keine *invented tradition*, sondern ein Überbleibsel aus ägyptischer Frühzeit und darauf angelegt, »bald« wieder die Welt aus ihrem Verfall zu erlösen.

Auf diese Szene (aber noch einiges mehr) bezieht sich offensichtlich das Frontispiz, das der Drucker und Kupferstecher Ignaz Alberti seiner Ausgabe des Textbuchs der *Zauberflöte* beigefügt hat (vgl. Abb. 23).[15] Links ragt eine steile Pyramide auf, die mit Pseudo-Hieroglyphen bedeckt ist (Sternzeichen und Tierbilder: ein Stierkopf, zwei gekreuzte Schlangen und ein Ibis, Storch oder Reiher mit einem Wurm im Schnabel), rechts steht auf einem Sockel eine große Vase. Im Vordergrund öffnet sich ein in die Tiefe führender Gang, in dem links drei zerstörte Grabplatten und rechts Pickel und Spaten, die Grabwerkzeuge, lehnen nebst einem Krug und einem Stundenglas; ganz rechts zwei offenbar beschriftete Tafeln. Von der Gestalt eines jungen Mannes, die gegenüber der Pyramide an einer Aufschüttung lehnt, ist nur die linke nackte Schulter und das nach oben gewandte Gesicht sichtbar; vielleicht handelt es sich um eine Statue, vielleicht aber auch um einen lebenden Menschen – einen Neophyten im Zustand seiner Wiedergeburt? Im Aufnahmeritual der Freimaurer wird dem »Suchenden« die linke Schulter entblößt. Im Hintergrund öffnen sich zwischen Felsen Bögen, durch die man in das Tempelinnere blickt. Von einer Tafel mit Pseudohieroglyphen über dem Bogendurchgang hängt ein fünfzackiger Stern herab. Der Szenenanweisung entsprechen die Pyramide, die herumliegenden »Rudera« und die Vorhofsituation. Sehr viel enger aber ist die Entsprechung zur Wiedergabe des entsprechenden Bühnenbilds auf dem fünften der sechs Schafferschen Stiche zur *Zauberflöte* von 1795: Hier sieht man die Bogenarchitektur, den herabhängenden, hier siebenzackigen Stern und die Vase auf dem Sockel (Abb. 30).[16] Die große Vase würde ich nach der zeitgenössischen Ikonographie am ehesten als einen Deus Canopus identifizieren wollen, wie er, z.B. in Wörlitz[17] und in Potsdam, zur Ausstattung ägyptisierender Heiligtümer gehörte.[18] M.F.M. van den Berk sieht darin die »Hermetische Vase« der Alchemisten. In J.H. Jung-Stillings Roman *Das Heimweh* aus dem Jahre 1794, der in engster Anlehnung an Terrasson auf fast hundert Seiten von den Einweihungsprüfungen seines Helden in den unteridischen Anlagen Ägyptens erzählt, spielen Kanopen eine zentrale Rolle. Mehrfach gelangt Eugenius an einen Kanopus, der »erlöst« werden soll, indem der Deckel mit einem verborgenen Schlüssel geöffnet wird.[19] Albertis Stich ist eine Kombination von zwei Stichen von J.L. Le Geay aus seiner *Collection de divers sujets de Vases, Tombeaux, Ruines et Fontaines* (1770).[20] Auf dem einen ist die Vase dargestellt in einer Felsgrotte, zusammen mit antiken Fragmenten, auf dem anderen die Bogenarchitektur mit Blick ins Tempelinnere sowie rechts vorn die Grabinstrumente und antike Fragmente, darüber ein Kreuz, das von einer aufgestützt liegenden Figur, die einen Totenkopf in der Hand hält, angebetet wird. Statt des Sterns hängt von oben über dem Bogen eine Laterne herab. Alberti hat die Pyramide hinzugefügt, die Laterne in einen fünfzackigen Stern verwandelt und die Szene der Kreuzanbetung getilgt. Zweifellos steckt der Stich voller Anspielungen auf freimaurerische, alchemistische oder rosenkreuzerische Geheimnisse und will den Zuschauer auf ein Mysterienspiel einstimmen.

Diese Szene versetzt uns in das unterirdische »Ägypten« der Krypten, Grotten und Gänge, die als geheime Prüfungs-, Ausbildungs- und Forschungsstätten dienen und die wir als ein zentrales Element des freimaurerischen Imaginaire im zweiten Kapitel kennen gelernt haben. Zwar spricht die Bühnenanweisung nicht von unteridischen Anlagen, sondern von einem »kurzen Vorhof«, Albertis Stich und die Wiedergabe der Bühnendekoration auf dem Stich der Gebrüder Schaffer machten jedoch deutlich, daß wir uns darunter einen halb ruinösen und finsteren Ort vorzustellen haben, wie ihn sich die Freimaurer etwa unter der »Höhle des Hermes« vorstellten, einen Ort, dessen schauervolle Atmosphäre die Seele der Einzuweihenden auf die Erfahrungen und Belehrungen der Initiation einstimmen sollte.

Hier, in tiefer Nacht und Finsternis, beginnen die Prüfungen der beiden Neophyten. Sie werden vom Hierophanten und anderen Priestern hereingeführt, man nimmt ihnen die Säcke ab, schrecklicher Donner rollt von ferne, alles ist darauf angelegt, die Prüflinge zu erschüttern und ihr Gemüt zur Aufnahme der kommenden Lehren empfänglich zu machen. Es handelt sich um die erste von insgesamt drei Stationen des Einweihungsweges, der sie durch Nacht zum Licht führen soll.

3. Auftritt   Nachdem die anderen Priester sich entfernt haben, bleiben die beiden Initianden mit dem Sprecher und einem anderen Priester zurück.

Die erste Belehrung beginnt mit der Frage, die Tamino bereits bei seiner ersten, noch ahnungslosen Begegnung mit dem Sprecher gestellt wurde und die auch dem »Suchenden«, der sich um Aufnahme in eine Freimaurerloge bewirbt, gestellt wird: »Was sucht oder fordert ihr von uns? Was treibt euch an, in unsere Mauern zu dringen?« Diesmal antwortet Tamino kurz »Freundschaft und Liebe« und erklärt sich bereit, mit Einsatz des Lebens dafür zu kämpfen. »Prinz, noch ists Zeit zu weichen«, warnt ihn der Mystagoge. »Einen Schritt weiter, und es ist zu spät.« Das ist die Botschaft, die in Terrassons Roman drei Männer mit der Schakalsmaske dem Prinzen Sethos verkünden, denen er auf seinem unterirdischen Weg begegnet: »Wir stehen nicht hier, um Euch auf eurem Wege aufzuhalten. Setzt Ihr ihn fort, wenn die Götter Euch Muth dazu gegeben haben. Wenn Ihr aber unglücklich genug seyd, denselben Weg zurückzukommen, so werden wir Euch auf dem Rückwege anhalten. Noch könnt Ihr umkehren, aber einen Augenblick weiter, so könnt Ihr niemals mehr aus diesen Örtern wieder herauskommen, wenn ihr nicht sofort durch den Weg herausgeht, den Ihr Euch vor Euch machen werdet, ohne den Kopf zu wenden und zurückzuweichen.«[21] Natürlich muß hier vor allem auch das aus mehreren Quellen bekannte Ritual der Loge *Zur Wahren Eintracht* herangezogen werden. Bei der Aufnahme in den Lehrlingsgrad wird der Suchende in die »finstere Kammer« geführt, einen mit schwarzem Tuch ausgeschlagenen, schwarzem Tisch und Stuhl, Lampe und Totenkopf ausgestattetem Raum, und dort für eine Zeit sich selbst überlassen. Nach etwa einer halben Stunde tritt der »Frère terrible« ein und redet ihn an:

Ist es Ihr ernstlicher Wille, sich in unsere ehrwürdige Gesellschaft aufnehmen zu lassen? – Ja! – Haben Sie aber auch schon reiflich überdacht, daß Sie sich in eine Verbindung einlassen, welche auf das heiligste gehalten werden muß, und Ihnen das Leben kosten würde, wenn Sie dieselbe in etwas wichtigem übertreten sollten? – Ja! – Ich gebe Ihnen noch Zeit, sich ernstlich zu bedenken. Prüfen Sie sich wohl, ob Sie standhaft genug sein werden, ein Geheimnis von solcher Wichtigkeit zu bewahren. Üben Sie sich in der Geduld, ich werde bald wieder erscheinen.[22]

Im maurerischen Ritual wird der Suchende nach einer Viertelstunde nochmals in ähnlichem Sinne befragt, wobei ihm vor allem die furchtbaren Prüfungen vorgehalten werden, denen er sich wird unterziehen müssen. Ist er weiterhin entschlossen, muß er die linke Schulter, die

Brust und das linke Knie entblößen, und es werden ihm die Augen verbunden.[23] Es wird ihm dann eingeschärft, die Binde auf keinen Fall abzunehmen oder zu lockern. In diesem Zustand wird er scheinbar allein gelassen, dabei aber von einem heimlich zurückgebliebenen Bruder beobachtet. Bezwingt er seine Neugier und lockert die Binde nicht, so nimmt das Ritual seinen Fortgang. Diese Neugiersprüfung entscheidet über die Zulassung zur Initiation, in deren Verlauf der Initiand wiederum dreimal befragt wird.

Die erste Frage gilt seiner Entschlossenheit:

Ob Sie willens sind, sich uns gänzlich zu überlassen, und nach denen Gesetzen, welchen wir gehorchen, zum Freimaurer gemacht zu werden, oder ob Sie sich bedenken und zurückkehren wollen? Sie haben Freiheit, zu tun, was Ihnen gefällt. Antworten Sie mir mit einem überlegten Ja oder Nein![24] – Ja! –

Die zweite seiner Freiheit von Vorurteilen über die Freimaurerei:

Wenn Sie als ein ehrlicher und gewissenhafter Mann sollten geglaubt haben oder noch befürchten, daß bei uns etwas vorfiele, welches gegen Gott, die Religion, gegen den Kaiser und die Regierungsform, gegen ehrliche und tugendhafte Menschen, gegen gute und anständige Sitten stritte, so versichere ich Sie hiermit auf mein Ehrenwort, daß es nicht so ist. Antworten Sie mir derowegen noch einmal und bekräftigen Sie Ihr voriges Ja mit einer gleichen Versicherung. – Ja! –

Das dritte ist eine abschließende Bekräftigung:

Gesetze und Amtspflicht verbinden mich das dritte Einwilligungswort oder Ja von Ihnen zu fordern. Geben Sie es, so geben Sie es laut und fest. – Ja! – [25]

Auch Tamino muß seine Entschlossenheit dreimal bekräftigen, dann wird der Bund mit Handschlag geschlossen. Mit Papagenos entsprechender Einvernehmung wird der hohe Ton dieses Prüfungsgesprächs sofort parodiert. »Kämpfen ist meine Sache nicht. Ich verlange auch im Grunde gar keine Weisheit. Ich bin so ein Naturmensch, der sich mit Schlaf, Speise und Trank begnügt...« Papageno wäre bei so schlichten Bedürfnissen in der Tat für die Sache des Ordens verloren, hätte nicht auch er seine schwache Stelle, die Liebe: »... und wenn es ja seyn könnte, daß ich mir einmahl ein schönes Weibchen fange...« An diesem Punkt hakt der Priester ein. Und wenn ihm ein solches Weibchen als Lohn bestimmt sei? Gegenfrage: Mit Risiko des Todes? »Ich bleibe ledig.« Schließlich gelingt es dem Priester doch, mit diesem Köder Papageno zum Weitermachen umzustimmen. Männer, »welche Liebe fühlen«, sind auch für die »Weisheitsliebe« nicht verloren. Papageno wird seine Papagena sehen, aber kein Wort mit ihr sprechen dürfen. Auch Tamino »legen die Götter ein heilsames Stillschweigen auf«. Er »wird Pamina sehen, aber nie sie sprechen dürfen«. Das bezieht sich aber schon auf die zweite Schweigeprüfung. Die erste wird darin bestehen, mit der bisher als Wirklichkeit geglaubten Weltsicht konfrontiert zu werden, sie als Täuschung zu durchschauen und ihren Einflüsterungen unzugänglich zu sein. Das ist die erste Form jenes »heilsamen Stillschweigens«, das den Prüflingen auferlegt ist. Im anschließenden Duett[26] warnen die Priester: »Bewahret euch vor Weibertücken: dies ist des Bundes erste Pflicht.« Dieser unvermutete Ausbruch der Priester, die eben noch von Liebe und Schönheit gesprochen haben, ist einigermaßen hart und befremdlich. Tamino soll die Geliebte nicht sprechen dürfen und sich vor »Weibertücken« in acht nehmen. So dürfen wir die beiden Weisungen aber nicht zusammenbringen. Sie beziehen sich auf zwei ganz verschiedene Prüfungen. Die »Weibertücken«, vor denen sich Tamino und Papageno bewahren sollen, beziehen sich auf die Sphäre der Königin der Nacht, also den Aberglauben, dem die beiden Neophyten abschwören müssen. Das Schweigen gegenüber Pamina stellt nicht seine Überzeugung und kognitive Standfestigkeit auf die Probe, sondern seine Kraft zu äußerster Selbstüberwindung. Sie verlangt ihm geradezu ein Martyrium ab.

»Manch weiser Mann ließ sich berücken; Er fehlte und versah sich's nicht. Verlassen sah er sich am Ende, Vergolten seine Treu mit Hohn. Vergebens rang er seine Hände: Tod und Verzweiflung war sein Lohn.« Der letzte Satz, *sotto voce* gesungen, hebt sich mit seiner staccato getupften, tiefen Begleitung von Fagotten, Posaunen, Bratschen und Bässen als eine Botschaft heraus, die dadurch nur um so eindringlicher wirkt, als sie den beiden gleichsam zugeflüstert und von den Instrumenten noch einmal wiederholt wird. Wolfgang Hildesheimer meint,

Nr. 11 Duetto

daß Mozart hier bewußt gegen den Text komponiert hat, dessen finstere und ein wenig widersinnige und ungrammatische Formulierung (erst Tod, dann Verzweiflung[27], außerdem müsste es »waren« heißen, aber diese Lizenz sei aus metrischen Gründen gewährt) einen weniger beschwingten Ausdruck nahegelegt hätte.[28] Ich halte das nicht für zwingend. Mozart hatte es nicht nötig, gegen den Text zu komponieren; wenn er ihm nicht paßte, hätte er ihn geändert oder ändern lassen. So verfuhr er mit seinen anderen Librettisten und zweifellos auch mit Schikaneder, mit dem er aufgrund ihrer alten und herzlichen Freundschaft (sie duzten sich) besonders eng zusammenarbeitete.[29] Gernot Gruber hält dieses Duett für eine Karikatur[30], Harald Haslmayr gar für eine »grimmige Persiflage, noch ärger, als hätte Mozart gegen den Text komponiert«. Er erkennt darin ein »waschechtes Wiener Vorstadt-Bänkellied«. Es fragt sich aber, wer hier karikiert bzw. persifliert werden soll. Der Gedanke, Mozart wolle das »pfäffische Gehabe« (Gruber) der Mystagogen lächerlich machen, scheint mir die Logik und Stringenz der Handlung gefährlich zu untergraben. Eher würde ich annehmen, daß Mozart die Priester einen jener Spielräume zur »Aufhellung« nutzen läßt, von denen oben die Rede war. Wenn sie hier wirklich ein Wiener Vorstadt-Bänkellied anstimmen, dann ist das nicht pfäffisch, sondern schalkhaft und menschlich. Was hat es aber zu bedeuten, wenn Mozart einen Brief an Constanze vom 11. Juni 1791, in dem er ihr unter anderem mitteilt, daß er »aus lauter langer Weile von der Oper eine Arie komponiert habe«, mit dem Zitat dieser Zeile endigt: »Ich küsse Dich 1000mal und sage in Gedanken mit Dir: Tod und Verzweiflung war sein Lohn!«?[31]

Der Sinn dieses Duetts erschließt sich nur auf dem Hintergrund der zeitgenössischen, insbesondere freimaurerischen Mysterientheorie. Ihr zufolge richtete der Hierophant (also der Sprecher) im Zuge der Initiationsriten an die Initianden eine Rede, in der er sie warnte: »Hütet euch vor Vorurteilen und Leidenschaften, welche euch von dem rechten Wege der Glückseligkeit entfernen werden!«[32] (Vgl. S. 164f.). Da die *Zauberflöte* diese »Vorurteile«, die sich in der Mysterientheorie auf die illusionären Gottesvorstellungen der Volksreligion beziehen, durch die Königin der Nacht und ihre Sphäre repräsentiert, werden sie hier als »Weibertücken« dargestellt. Bei Terrasson sowie in der darauf aufbauenden Mysterienrekonstruktion der *Crata Repoa* wird der Neophyt aber auch noch speziell weiblichen, nämlich erotischen Versuchungen ausgesetzt, und zwar durch »die Frauen der Priester, welche... ihn besuchten und ihn auf alle mögliche Weise zur Liebe reizten«.³³ Auch dieses Motiv mag in den »Weibertücken« anklingen. Die Misogynie des Priesterordens erklärt sich also bis zu einem gewissen Grade dadurch, daß die *Zauberflöte* den »Aberglauben«, dem Tamino abschwören muß, durch die weibliche Sphäre der Königin der Nacht darstellt. Auf der anderen Seite wird aber auch Sarastros Männerbund durchaus nicht in jeder Hinsicht affirmiert, sondern als eine überholte Gesellschaftsform dargestellt, die durch die von den Priestern natürlich in keiner Weise einkalkulierte Einweihung und Einbeziehung Paminas in ihren Bund ganz erheblich reformiert werden wird.³⁴ Außerdem wird das so überaus feierliche Einweihungsritual in fast allen Schritten durch Papageno parodiert. Nicht erst Mozart hat durch seine Vertonung in den Text gewissermaßen einen doppelten Boden eingezogen. Auch der Text ist nicht so einfältig, wie er vielen erscheint. Man stelle sich in Wagners *Parsifal* einen Papageno vor, der die Gralsriten parodierte!

Um die Misogynie des Priesterordens in der *Zauberflöte* richtig einzuschätzen, müssen wir unterscheiden zwischen den explizit herausgearbeiteten Frauenbildern der Oper und den impliziten Strömungen des Zeitgeists an der Schwelle zum bürgerlichen Zeitalter mit seinen spezifischen Frauenbildern und Männerphantasien.³⁵ Natürlich hat die *Zauberflöte* ihren Anteil an den unreflektierten Klischees des Weiblichen, wie sie im Zusammenhang der bürgerlichen Spätaufklärung grassierten und von der feministischen Kritik zu Recht kritisch beleuchtet werden.³⁶ Das ist aber etwas ganz anderes als die reflektierte Charakterisierung eines spezifischen Frauenbildes, wie es Mozart und Schikaneder hier mit dem Priesterorden verbinden. Dieser Unterschied wird von der feministischen Kritik nicht genügend beachtet. Was die Oper bewußt heraus- und damit in unzweifelhaft kritischer Absicht auch bloßstellt, ist die misogyne, männerbündlerische Haltung des Priesterordens. Dieses Motiv gehört gewiß nicht zu den unreflektiert übernommenen Stereotypen.

Die Priester verschwinden, die beiden Initianden bleiben sich selbst überlassen. Wie von den Priestern bestellt, tauchen die drei Damen aus der *Versenkung* auf, um mit ihren »Weibertücken« die beiden Neophyten zu verunsichern. In 164 Takten entfaltet sich eine freie Kombina-

4. Auftritt
5. Auftritt
Nr. 12 Quintetto

tion des Damen-Terzetts und der beiden Männerstimmen, die sich nur zum Schluß zum Quintett zusammenfinden. Nach dem einleitenden »Wie, wie, wie? Ihr an diesem Schreckensort?« warnen die Damen, die hier einmal streng homophon singen, ohne sich ins Wort zu fallen, die beiden Abtrünnigen vor dem ihnen zugeschworenen Tod, in den Geigen begleitet von einer reizvollen Phrase, die oft wiederkehrt, weil auch Tamino seine standhaften Sentenzen zu derselben Begleitung singt. »Tamino, hör! du bist verlohren! Gedenke an die Königinn!« Die folgenden Eröffnungen »zischeln« sie in hastigen Achteln: »Man zischelt viel sich in die Ohren von dieser Priester falschem Sinn. Man sagt, wer ihrem Bunde schwört, der fährt zur Höll'[37] mit Haut und Haar.« Tamino erweist sich nun aber als vollständig und unwiderruflich umgewandelt, »konvertiert«: »Geschwätz, von Weibern nachgesagt, von Heuchlern aber ausgedacht.« Die große Wende, der vermeintliche Bruch, hat sich vollzogen. In Taminos Augen vertreten die Königin und ihre Damen nun das Falsche, und der ehemalige »Bösewicht« Sarastro steht für das Wahre. Schließlich geben die Damen auf – »wir müssen sie mit Schaam verlassen, es plaudert keiner sicherlich« – und vereinigen sich mit den beiden Herren zu einem lehrhaften Kommentar: »*(forte:)* Von festem Geiste ist ein Mann, *(piano:)* er denket was er sprechen kann«, bis dann unvermittelt die »Eingeweihten von innen schreien« und diesem beschwingten Quintett in G-Dur mit einem pathetischen c-Moll-Ausbruch ein Ende machen: »Entweiht ist die heilige Schwelle, hinab mit den Weibern zur Hölle!« *Ein schrecklicher Akkord mit allen Instrumenten; Donner, Blitz und Schlag.* Die Damen verschwinden mit Wehgeschrei bei dem »schrecklichen Akkord« (hier greift Mozart zweimal zu seinem äußersten Mittel, dem verminderten Septakkord, zuerst $A_{\flat 7}^{9\flat}$ über C, dann $A_7^{9\flat}$ über Cis), und Papageno fällt in Ohnmacht. *Dann fängt der dreymalige Accord an –* das Signal zur Fortsetzung des Prüfungsweges.

6. *Auftritt* Der Sprecher und der begleitende Priester treten auf und beglückwünschen Tamino zu seiner Standhaftigkeit: »Dein standhaft männliches Betragen hat gesiegt.« Sinn dieser Prüfung war, sich gegenüber den Einflüsterungen der Außenwelt und ihrer bisher als wirklich geglaubten Weltsicht unzugänglich zu erweisen. Tamino bekommt wieder *den Sack um*, und auch Papageno, der behauptet, in einer Ohnmacht[38] zu liegen, wird verhüllten Haupts auf die weitere Wanderschaft geschickt.

Abb. 25 Zuspruch nach der ersten Prüfung (II/6).
Bühnenbildentwurf von J. Quaglio (München 1793)

Die Oper überläßt sie ihrem Schicksal und folgt zunächst einem anderen Handlungsstrang.

Paminas Versuchung

Das Theater verwandelt sich in einen angenehmen Garten; Bäume, die nach Art des Hufeisens gesetzt sind; in der Mitte steht eine Laube von Blumen und Rosen, worin Pamina schläft. Der Mond beleuchtet ihr Gesicht. Ganz vorn steht eine Rasenbank.

Vom »Schreckensort« des vorangegangenen Bildes wechselt die Szene zur lieblichsten Idylle. Der Kontrast könnte nicht größer sein.

Monostatos *kommt, setzt sich nach einer Pause.* In einem Monolog reflektiert er seine Lust auf die »spröde Schöne«. Nebenbei erfahren wir zu unserer Beruhigung, daß er »noch mit heiler Haut auf die Erde

Abb. 26 Pamina schläft in der Gartenlaube bei Mondlicht (I/7).
Bühnenbildentwurf von S. Quaglio (München 1816)

tritt«, die angedrohte Bastonade ist also nicht vollstreckt worden.[39] Jede der Hauptpersonen, mit Ausnahme der Königin der Nacht und der drei Knaben, geht irgendwo einmal oder mehrmals auf die Liebe ein, die drei Damen gleich eingangs, Tamino in der Bildnisarie, Pamina und Papageno in ihrem Duett »Bei Männern...«, Sarastro, der Pamina nicht »zur Liebe zwingen will«, dann wiederum Pamina und Papageno in ihren je unterschiedlichen Liebesnöten; hier hat nun auch Monostatos eine »Liebesarie«, und bei ihm erscheint die Liebe als Lüsternheit.

Nr. 13 Aria »Es ist doch eine verdammt närrische Sache um die Liebe. Ein Küßchen, dächte ich, ließe sich entschuldigen.« *Alles wird so piano gesungen und gespielt, als wenn die Musik in weiter Entfernung wäre.* Mozart schreibt *sempre pianissimo* vor. C-Dur. Neun Takte Vorspiel geben das Thema und die Stimmung vor, hastig, verstohlen, wie gepeitscht, durch die Piccoloflöte ins Janitscharenhafte verfremdet, das einzige exotische Element der ganzen Oper.[40] Durch das Fehlen jeder Art von Dynamik, das ganze Stück jagt ja in *einem* Tempo und *einer* Lautstärke vorüber, bekommt diese Art von »Liebe« etwas Mechanisches, Ausdrucksloses.

Auch der geringe Tonumfang – das Hauptthema spielt sich im Rahmen einer Quint ab – gibt der Melodie eine ausdrucksmäßige »Flachheit«.

> Alles fühlt der Liebe Freuden,
> Schnäbelt, tändelt, herzet, küßt –
> Und ich soll die Liebe meiden,
> Weil ein Schwarzer häßlich ist!

Immerhin: »Ist mir denn kein Herz gegeben, *bin ich* nicht von Fleisch und Blut?«[41] – und auf die Worte »bin ich« macht die Melodie des in die Dominant-Tonart G-Dur modulierenden B-Teils sogar einen Oktavsprung (von d'' nach d'), aber die zum »flachen« A-Teil zurückkehrende Melodie scheint genau dies zu verneinen.[42]

Bevor jedoch Monostatos seinen unsittlichen Vorsatz ausführen kann, erscheint *die Königin der Nacht aus der mittleren Versenkung, so daß sie gerade vor Pamina zu stehen kommt*. Monostatos prallt zurück, wird aber Zeuge der folgenden Szene, in der nun die Königin der Nacht die ganze Schwärze ihres Charakters enthüllt. Die Königin ist ungeduldig: *8. Auftritt*

KÖNIGIN Wo ist der Jüngling?
PAMINA Der ist der Welt und den Menschen auf ewig entzogen. –
  Er hat sich den Eingeweihten gewidmet.
KÖNIGIN Den Eingeweihten? – Unglückliche Tochter! Nun bist du auf ewig mir entrissen.

Nun erfahren wir zusammen mit Pamina ein wichtiges Geheimnis der Vorgeschichte. Den siebenfachen Sonnenkreis, den Sarastro jetzt auf der Brust trägt, offenbar eine Art Geheimwaffe, denn weiter unten wird er als »alles verzehrend« bezeichnet,[43] hatte der verstorbene König, der Vater Paminas, den Eingeweihten bestimmt. Ihrer Führung hätten Frau und Tochter sich überlassen sollen. Nun will die Königin den Sonnenkreis zurückerobern. Darum allein geht es, die Tochter ist nur Instrument ihres maßlosen Machtstrebens. Pamina bekommt einen Dolch ausgehändigt mit dem Auftrag, Sarastro zu töten und den Sonnenkreis der Königin auszuhändigen. Und damit steigt sie, ohne *Nr. 14 Aria* langes Vorspiel, in ihre wahrhaft furiose d-Moll Arie ein: »Der Hölle Rachen kocht in meinem Herzen, Tod und Verzweiflung, Tod und Verzweiflung (bei der Wiederholung durch die starke Pathosformel des neapolitanischen Sextakkords herausgehoben) flammet um mich her!«

Wieder die Formel »Tod und Verzweiflung«, wieder (und hier ohne Not!) singularisch konstruiert. »Fühlt nicht durch dich Sarastro Todesschmerzen, so bist du meine Tochter nimmermehr.« Die Königin bekräftigt diese Drohung mit glitzernden Staccato-Koloraturen, die zweimal das dreigestrichene f''' erreichen, und endet mit einem furchtbaren Fluch: »Verstoßen sey auf ewig, verlassen sey auf ewig, zerstrümmert seyn auf ewig alle Bande der Natur«[44] – mit einer weiteren Koloratur auf »Bande«, nun in Triolen, die aber in die Moll-Variante des Staccato-Motivs führen und noch einmal, nun auf »alle Bande der (Natur)«, auf einem über fast zwei Takte ausgedehnten neapolitanischen Sextakkord landen – um dann im Stil eines leidenschaftlichen Accompagnato zu enden: »hört, hört, hört,« – das dritte »hört« über drei Takte auf dem b'' ausgehalten – »Rachegötter, der Mutter Schwur!«.[45] Ein Fluch, der in seiner leidenschaftlichen Gewalttätigkeit die mutterliebende und mutterabhängige Pamina nicht anders als geradezu traumatisiert zurücklassen kann. »Morden soll ich? Götter! das kann ich nicht.«

Man kann die Erscheinung der Königin der Nacht wie schon die vorige der drei Damen als eine halluzinatorische Veranstaltung interpretieren, die von den Priestern inszeniert wurde, um die Standhaftigkeit der Prüflinge auf die Probe zu stellen, wobei dann die arme Pamina von allen die bei weitem schwersten seelischen Folterqualen zu bestehen hat. Aber auf der vordergründigen Handlungsebene müssen wir davon ausgehen, daß die Königin in der Tat mit ihren Damen in den Tempelbereich eingedrungen ist und dort aus dem Untergrund heraus operiert. Auf jeden Fall ist es zum Verständnis alles Folgenden wichtig, sich klarzumachen, daß Paminas starke Mutterbindung von der Mutter selbst aufgekündigt wurde und ihr damit der Boden unter den Füßen weggezogen wurde, der sie bisher am stärksten, stärker noch als die Liebe zu Tamino, getragen hatte.

9. – 10. Auftritt Monostatos, der alles mitangehört hat, meint, Pamina mit seiner Mitwisserschaft der Mordpläne erpressen zu können – »Liebe oder Tod!« – und auf diese finstere Weise doch noch ans Ziel zu kommen, als Sarastro dazwischentritt, der wiederum alles weiß: daß Monostatos' »Seele so schwarz ist wie sein Gesicht« und daß die Königin »in unterirdischen Gemächern des Tempels herumirrt und Rache gegen mich und die Menschheit kocht«; diesmal jedoch zeigt er nach allen Seiten *11. – 12. Auftritt* Milde. Monostatos wird nicht bestraft, und die Königin – »du sollst sehen, wie ich mich an deiner Mutter räche«: nämlich gar nicht. Das beschreibt die berühmte »Hallenarie«, die nun, nach zweitaktigem kurzen Vorspiel anhebt. *Larghetto* (ursprünglich: *Andantino sostenuto*), E-Dur, eine im Tonarten-System der *Zauberflöte* eher entlegene Tonart. »Entschieden besitzt bei Mozart E-Dur den Charakter des Außergewöhnlichen und wird auch tatsächlich nur ... zur Darstellung besonders erhabener und würdevoller Stimmungen, zur Darstellung seltsamer Vorgänge ... verwendet«.[46] Hier haben wir es gewiß mit einer »besonders erhabenen und würdevollen Stimmung zu tun«, aber die Idee der sanften Winde und des Meeresfriedens, wie sie in der Arie der Ilia »Zefiretti lusinghieri« (Nr. 19), dem Chor »Placido il mar« (Nr. 15) aus *Idomeneo* und dem traumhaften Terzettino »Soave sia il vento, tranquilla sia l'onda« (Nr. 10) aus *Così fan tutte* anklingt, mag auch mitspielen bei dieser Vision einer utopischen Gesellschaft, die das Strafrecht durch Liebe ersetzt. Sarastros Arie ist ein dreiteiliges Strophenlied, ein geistliches Kunstlied von höchster Schlichtheit, das nur durch seinen enormen Tonumfang, von cis bis zum tiefen Fis, die Grenzen des Kirchenlieds sprengt. Jedenfalls ist Sarastros Arie nach Tonart, Form, Tonumfang und Stimmung auf allergrößten Kontrast zu den vorangehenden Arien der Königin der Nacht und des Monostatos angelegt. Eine motivische Auffälligkeit ist die Behandlung der Worte »dann wandelt er an Freundes Hand vergnügt und froh ins bess're Land«, die in der Begleitung in Staccato-Sechzehnteln zweimal die E-Dur-Tonleiter hinauf- und herunter »wandelt«[47], zu einem von den Hörnern und einer der beiden Fagottstimmen über fünf Takte durchgehaltenen Orgelpunkt auf H, dessen feierliche Statik das Gegengewicht zur Bewegung der Streicher bildet.

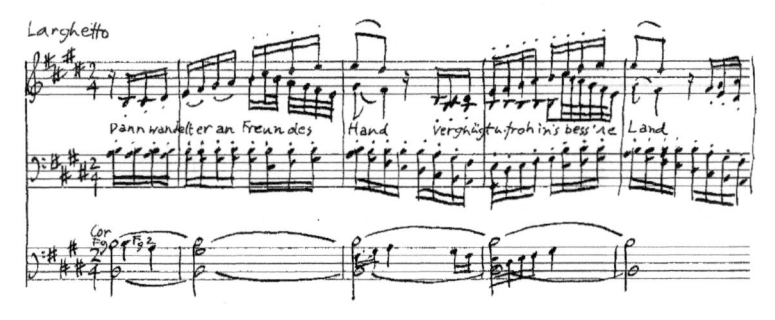

Nr. 15 Aria

Diese Szene erfüllt im Rahmen der Opernhandlung eine formale und eine inhaltliche Funktion. Formal führt sie das Prinzip fort, die Handlung in der Sarastro-Welt doppelsträngig zu führen. Ein Handlungsstrang folgt Tamino, ein anderer Pamina. Nur in bestimmten, herausgehobenen Momenten kreuzen sich die beiden Stränge. Zunächst trafen wir Pamina und Papageno, darauf Tamino mit den drei Knaben und dem Sprecher. Dann kam es beim Auftritt Sarastros zu einem kurzen Zusammentreffen der beiden Stränge. Der zweite Aufzug beginnt mit der Priesterversammlung und folgt dann Tamino, dem sich nun Papageno angeschlossen hat, bei seiner ersten Prüfung. Statt nun die beiden weiter auf ihrem Prüfungsweg zu begleiten, wird auf die Pamina-Ebene geschwenkt. Inhaltlich erfüllt sie die Funktion einer semantischen Parallele. Genau wie Tamino muß sich auch Pamina den Einflüsterungen der Außen- und Herkunftswelt als unzugänglich erweisen. Auch sie muß sich von dem lösen, was ihr bisher als letztverbindliche Wirklichkeit gegolten hat, und sich einer vollkommen neuen Weltsicht öffnen. Für sie ist dieser Schritt viel schwerer als für Tamino, weil er die Loslösung von der Mutter erfordert, die ihr alles bedeutet hatte, bevor Tamino in ihr Leben trat. Einen Moment lang glaubte sie, ihre Mutterbindung mit der Liebe zu Tamino verbinden zu können. Jetzt weiß sie, daß sie sich entscheiden muß. Wir müssen uns vorstellen, daß die Ereignisse auf beiden Handlungsebenen gleichzeitig verlaufen. Während Papageno auf Pamina stieß und sich mit ihr auf die Flucht begab, begegnete Tamino, von den drei Knaben geführt, dem Priester. Während Tamino und Papageno den Einflüsterungen der drei Damen widerstehen, erhält Pamina Besuch von ihrer Mutter.

Die zweite Prüfung:
Schweigen angesichts der Geliebten

Das Theater verwandelt sich in eine Halle, wo das Flugwerk gehen kann. Das Flugwerk ist mit Rosen und Blumen umgeben, wo sich sodann eine Tür öffnet. Ganz vorn sind zwei Rasenbänke.

Die Handlung schwenkt wieder zurück zu den zwei Neophyten, die inzwischen in einen neuen Bereich des Prüfungstempels vorge-

Abb. 27 Papageno und die Alte (II/15) in den Gewölben des
(hier noch wenig ägyptisierenden!) Prüfungstempels.
Bühnenbildentwurf von J. Quaglio (München 1793)

drungen sind. Trotz des Ausdrucks »Halle« muß die Szene im Freien spielen, da sonst das »Flugwerk« wenig Sinn hat. Auch die »Rasenbänke« sprechen für eine gartenhafte Szenerie. Die beiden Neophyten *werden (ohne Säcke) von den zwei Priestern hereingeführt* und »sich selbst überlassen«. »*Sobald die röchelnde Posaune tönt*«, sollen sie ihren Weg fortsetzen. Wieder heißt die Parole »Schweigen«, auch wenn die Prüfung, wie sich zeigen wird, viel schwerer geworden ist. Zunächst jedoch geht es, auch dies wieder im Kontrast zur vorangegangenen Szene, eher burlesk zu. Papageno, der das Plappern nicht lassen kann, wird als erster auf die Probe gestellt. Von »Schweigen« kann in seinem Fall keine Rede sein. *14. Auftritt*

15. Auftritt

Ein uraltes Weib erscheint auf das Stichwort »Wasser« und bietet ihm zu trinken an. Sie unterhalten sich. »Wie alt? – Achtzehn Jahr und zwei Minuten« ... »Hast du denn auch einen Geliebten? – I freilich – auch so alt? – um zehn Jahr älter! – das muß eine Liebe seyn! Wie heißt er denn – Papageno!« Hier spätestens hätte Papageno schweigen müssen.

191

Abb. 28 Der zweite Auftritt der drei Knaben, im Flugwerk und mit gedecktem Tisch. Bühnenbildentwurf von J. Quaglio (München 1793)

16. – 17. Auftritt

Nr. 16 Terzetto

Als er zurückfragt: »Wie heißt du denn?«, ertönt *starker Donner* und die Alte verschwindet. Klar: Papageno hat die Probe nicht bestanden. Statt furchtbarer Strafe aber erheitert sich die Szenerie: *Die drei Knaben kommen in einem von Rosen bedeckten Flugwerk. In der Mitte steht ein schöner gedeckter Tisch. Der eine hat die Flöte, der andere das Kästchen mit Glöckchen.*

Zu diesem Auftritt erklingt in den Streichern eine geradezu überirdisch liebliche Musik von schwebender, hingetupfter Leichtigkeit, in A-Dur (die einzige Nummer der *Zauberflöte* in A-Dur!), jener Tonart, in der die Streicher ihren wärmsten Glanz entfalten, und auch der Gesang der drei Knaben atmet diesmal statt des lehrhaften, sakralen Ernstes liebliche Wärme und Lebensfreude: »Seyd uns zum zweytenmal willkommen, ihr Männer, in Sarastros Reich!«[48] Zum zweiten Mal: Sie

Abb. 29 »Du hier? Gütige Götter!«
Pamina und der schweigende, Flöte spielende Tamino,
rechts der tafelnde Papageno (II/13). Stich der Brüder Schaffer (1795)

zählen ihre Auftritte mit und verweisen damit auf den ersten zurück (»Zum Ziele führt dich diese Bahn«) und auf den dritten voraus (»wenn wir zum drittenmal uns sehen«), nicht ahnend, daß Papagenos Leidensdruck noch einen vierten Auftritt erzwingen wird. Drei Auftritte sind vorgesehen: Sie gliedern das Einweihungsritual, in dessen Mitte wir uns jetzt mit ihrem zweiten Auftritt befinden, in drei Prüfungsphasen. Sie geben den Männern ihre Zaubermittel zurück und bringen ihnen Speis und Trank, über die sich Papageno sofort hermacht, während Tamino lieber fastet[49] und auf seiner Flöte musiziert. Hätte er das nur unterlassen! Denn nun kommt Pamina, angelockt durch die Töne, *18. Auftritt* und Tamino darf nicht mit ihr sprechen. Wieder kreuzen sich die beiden Handlungsstränge, nun zum ersten Mal unter Prüfungsbedingungen.

Vergegenwärtigen wir uns Paminas seelische Verfassung. Die Mutter, ihr nächst, aber eigentlich sogar vor Tamino erster Gedanke, hat sie verstoßen, ja, sie förmlich verflucht. Sie flüchtet sich zu Tamino im

Zustand äußerster Angst, Trauer, Verzweiflung und seelischen Schmerzes. Was sie jetzt nötiger als alles andere braucht, ist Trost, Zuspruch, Zuwendung. Tamino ist ihre einzige Hoffnung, ihr einziger Lebenssinn. Aber er schweigt, winkt ihr, sich zu entfernen, verweigert jede Erklärung seines unbegreiflichen Betragens. »O, das ist mehr als Kränkung, mehr als Tod! Liebster, einziger Tamino!«

Nr. 17 Aria Und nun setzt sie ohne jedes Vorspiel zu ihrer berühmten Arie an, die unter den Lamenti und Verzweiflungsarien der Opernliteratur einen, wenn nicht überhaupt *den* Gipfel darstellt.[50]

Ach ich fühls, es ist verschwunden –
Ewig hin der Liebe Glück!
Nimmer kommt ihr, Wonnestunden,
Meinem Herzen mehr zurück.
Sieh, Tamino, diese Thränen,
Fließen Trauter, dir allein.
Fühlst du nicht der Liebe Sehnen,
So wird Ruh im Tode seyn.

Die Tonart ist – natürlich – g-Moll[51], das Tempo nicht, wie man erwartet, larghetto, sondern *Andante*; 6/8-Takt. Die Begleitung, Akkorde im monotonen Stil des barocken largo e staccato, aber mit intermittierenden Pausen dem 6/8-Takt angepaßt, ein stockender Herzschlag, zehn Mal das G im Baß, auch dissonant gegen d7, ein Zeichen depressiver Erstarrung, das sich zum Schluß noch eindrucksvoller wiederholen wird. Die Flöten, Oboen, Fagotte fallen gelegentlich mit

Klagelauten ein, indem sie, wie schon in Taminos Bildnisarie, melodische Stichworte soufflieren[52], während die Streicher ihren starren Rhythmus fast unbeirrt bis zur klagenden Schlußphrase durchhalten. Das Thema erinnert an die erste Arie der Königin der Nacht, mit seinem klagenden Quintabgang von d'' nach g' und dem anschließenden

Sprung nach oben, bei der Königin um eine Sext nach es'', hier gar um eine Oktave nach g''.[53] Die letzten Zeilen der beiden kurzen vierzeiligen Strophen werden jeweils wiederholt und schwingen in weit ausgreifende Koloraturen aus, die sich auf musikalische Weise »reimen«, d.h. sich gegenseitig variieren. Ludwig Stoffels zeigt in seiner sehr eindrucksvollen Analyse dieser Arie, daß die Figur »meinem Herzen, meinem Her...« (T. 13f.) nicht nur am Ende der zweiten Strophe eine Terz tiefer auf die Worte »so wird Ruhe, so wird Ruh ...« (T. 31f.) aufgegriffen wird, sondern in beiden Formen eine elaborierte Variation der Grundform »so wird Ruhe, so wird Ruh« von T. 25-26 darstellt.[54] Obwohl auch diese Arie keine eigentlichen Wiederholungen kennt, entsteht hier doch durch solche variierenden Rückgriffe ein so dichtes Beziehungsnetz, daß sich in der fortschreitenden Bewegung auch der gegenläufige Eindruck des Auf-der-Stelle-Tretens, Nicht-weiter-Könnens, der hoffnungslosen Erstarrung abbildet. Bemerkenswert ist auch die in den T. 33-34 acht Mal erklingende Septime g'a in den Violinen. Besonders charakteristisch ist der Sprung abwärts um eine verminderte Septime, in der barocken Musikrhetorik die Figur des *saltus duriusculus*[55], von as'' nach h' und b'' nach cis''. Die Bläser machen

ihn vor, nach einem Sechzehntellauf nach oben (T. 16-19), die Singstimme macht ihn später nach (T. 27 und 29, mit interessantem Wechsel der Betonung durch den Septsprung: »Fühlst du nicht der Liebe Sehnen, fühlst du nicht der Liebe Sehnen«).[56] Ähnliches spielt sich auch in Takt 23-24 auf das Wort »Sehnen« ab: einen auch hier von den Bläsern vorgegebenen Septabgang aufnehmend – von es''' nach fis'' in den kleinen Terzschritten des verminderten Septakkords d $^{9>}_{7>}$, der den Schmerz des Sehnens ausdrückt – springt die Singstimme auf dem Wort »Sehnen« im *saltus duriusculus* von es'' nach fis' herab.[57] Die Arie schwelgt in Sept- und verminderten Septakkorden[58] und mündet mit einem neapolitanischen Sextakkord beim wiederholten »so wird Ruh ...« in jene die Worte »Ruh im Tode, im Tode, im Tode« wiederholende Schlußsequenz ein, bei der das g in den Geigen erstarrt stehenbleibt, was immer auch darunter harmonisch passiert[59], die Singstimme aber mit einem Duodezim-Sprung von g' zu g'' und hinunter zu cis den ganzen Raum ihrer Klage ausmißt. Das kurze Orchesternachspiel beschreibt in den fallenden Melodiebögen das Niedersinken der Verzweifelnden, wobei die Hemiolen der Oberstimmen im 3/4-Takt mit dem 6/8-Takt des Basses kontrastieren.

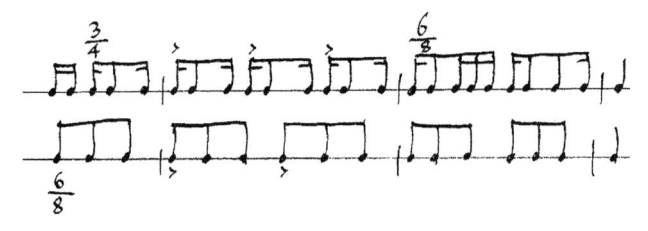

Angesichts solcher Verzweiflung stumm zu bleiben entspricht Orpheus' Verpflichtung, sich nicht nach Eurydike umzusehen. Orpheus darf mit Eurydike sprechen, aber nicht sie anblicken, Tamino darf Pamina sehen, aber nicht mit ihr sprechen.[60] Tamino, anders als Orpheus, schafft es. Pamina kann sich Taminos Schweigen nicht anders als ein Zeichen seiner erkalteten Liebe erklären. Tatsächlich ist diese Szene dem Orpheus-Mythos nachgebildet, und zwar der Form, die ihm Gluck und sein Librettist Calzabigi in der Oper *Orfeo ed Euridice* (1762) gegeben haben.[61] Auch hier entspringt der tragische Konflikt dem uneinholbaren Wissensabstand zwischen den beiden Liebenden. Auch bei Gluck »ist es vor allem das Informationsdefizit Euridices (die von dem Beschluß der Götter nichts weiß), das als entscheidendes Moment in die Prüfungssituation miteingeht bzw. deren prekäre, kritische Dimension überhaupt erst bedingt. Das Nicht-Wissen Euridices, das Orfeos Verhalten in ihrer Sicht als unerklärlich und unverständlich erscheinen läßt, wirkt als Figur der Differenz, die den Konflikt zwischen den Liebenden hervortreibt und Orfeo zum Verstoß gegen die göttliche Anweisung bewegt.«[62] Auch hier deutet Eurydike die Tatsache, daß Orfeo sich nicht nach ihr umsieht, als ein Zeichen von Lieblosigkeit. Genau wie Pamina will Eurydike angesichts von Orpheus' vermeintlich erstorbener Liebe den Tod vorziehen.

Pamina, es ist kaum anders vorstellbar, verläßt die Szene im Zustand äußerster psychischer Verstörung, Tamino, der bei dem fröhlich tafelnden Papageno zurückbleibt, wird es trotz äußerlicher Gefaßtheit kaum anders gehen. Diese Prüfung hat ihm ein äußerstes an Selbstüberwindung und Selbstverleugnung abverlangt. Nach allen Regeln der Ästhetik sollte hier der Vorhang fallen und der erste Abschnitt des zweiten Akts zu Ende sein. Paminas Lamento markiert einen Höhe- und Wendepunkt, nach dem die Handlung unmöglich so weitergehen kann, als wäre nichts geschehen. Genau das ist aber, was wir auf der Bühne *19. Auftritt* sehen. Papagenos grausam-gefühllose Reaktion auf die erschütternde Szene ist schwer erträglich:

Papageno *(Ißt hastig.)* Nicht wahr, Tamino, ich kann auch schweigen, wenns seyn muß. Ja, bey so einem Unternehmen, da bin ich Mann. – *(Er trinkt.)* Der Herr Koch und der Herr Kellermeister sollen leben!– *(Dreymaliger Posaunenton. Tamino winkt Papageno, daß er gehen soll.)*

Die Posaune ertönt, Zeichen zum Weiterziehen. Papageno sträubt sich. Löwen kommen heraus und bedrohen ihn; Tamino, der weiterhin kein Wort redet, rettet den Gefährten durch Flötenspiel und *reißt ihn mit Gewalt fort.* Jetzt fällt der Vorhang, aber nur für eine rasche Verwandlung, die den Abschnitt keineswegs beendet, sondern noch um eine ganze Reihe von Auftritten (20-26) weiterführt.

Das »letzte Lebewohl«

Das Theater verwandelt sich in das Gewölbe von Pyramiden. Sarastro, Sprecher und einige Priester. Zwei Priester tragen eine beleuchtete Pyramide auf Schultern, jeder Priester hält eine transparente Pyramide, in der Größe einer Laterne, in der Hand. Wiederum verlagert sich die Szene an einen anderen Ort: Es ist der Ort, dem Tamino zustrebt. Nun sind wir also endgültig in der Unterwelt, d.h. den Substruktionen der memphitischen Pyramiden, angekommen, in die der Sethos-Roman des Abbé Terrasson den Schauplatz der Initiationsprüfungen seines Helden verlegte und in denen der Logenbruder Anton Kreil die unterirdischen Wissensspeicher, Forschungsstätten und Kultbühnen der ägyptischen Priesterelite erblickte. Die »auf den Schultern getragene« Pyramide müssen wir uns als eine große pyramidenförmige Lampe mit einer Höhe von vielleicht ein bis zwei Metern vorstellen, im Gegensatz zu den kleinen pyramidenförmigen Laternen, die die anderen Priester in den Händen halten.

Nr. 18 Coro Die Priester stimmen einen dreistimmigen Chor an. *Adagio*, D-Dur, piano, mit gelegentlichem Forte, ein besonders klassisches Beispiel für die in der *Zauberflöte* dargestellte Sakralmusik. Wir befinden uns in der zweiten, der mittleren Prüfungsphase, Tamino hat die schwere Prüfung, angesichts von Paminas Verzweiflung zu schweigen, glänzend bestanden; Grund genug zur Freude, die aber angesichts der bevorstehenden dritten Prüfung nur verhalten ausfallen kann. Diese verhaltene Freude bricht sich in den gelegentlichen Forte-Ausbrüchen Bahn. »O Isis und Osiris, welche Wonne!«, mit einem Sforzato auf *Wel*-che«.[63] Das Grundmotiv des Gesangs ist »bald«; das Wort wird acht Mal gesungen. »Bald fühlt der Jüngling neues Leben, bald ist er unsrem Dienste ganz ergeben. Sein Geist ist kühn, sein Herz ist rein, bald, bald, bald wird er unser würdig seyn.« »Bald oder nie« hatten ja schon gleich anfangs die Priester aus dem Tempelinnern geantwortet auf Taminos bange Frage »wann?«.

Ausgerechnet auf der Opernbühne führt Mozart vor, wie eine sakrale Musik klingt, die nicht opernhaft ist. Es ist dieser Mangel an Opernhaftigkeit, den im Gefolge Wolfgang Hildesheimers neuere Interpreten der Priestermusik in der *Zauberflöte* vorwerfen; aber gerade

20. Auftritt

darauf kam es Mozart offenbar an. Er entwickelt hier ein spezifisches musikalisches Idiom, das die Sphäre der Priester musikalisch charakterisieren soll.[64]

Tamino wird bedeckten Hauptes hereingeführt. Sarastro begrüßt ihn: »Prinz, dein Betragen war bisher männlich und gelassen; nun hast du noch zwei gefährliche Wege zu wandern.« Damit sind nicht zwei Prüfungen, sondern die letzte Prüfung mit dem Weg durch Wasser und Feuer gemeint. »Man bringe Paminen!« befiehlt Sarastro. Die Regieanweisung schreibt vor: »*(Eine Stille herrscht bei allen Priestern, Pamina wird mit eben diesem Sack, welcher die Eingeweihten bedeckt, hereingeführt; Sarastro löst die Bande am Sacke auf).*« Die Stille der Priester bringt ihre Überraschung zum Ausdruck. Sie erstarren beim Anblick Paminas, die *21. Auftritt* gegen alle Ordensregel gleichfalls mit dem Sack der Eingeweihten verhüllt ist. Das bedeutet, daß auch sie nun als eine Initiandin behandelt wird. Bisher war sie vom rituellen Prüfungsprozeß ausgeschlossen. Der Prüfung waren »die beiden Fremdlinge« unterworfen, während sie sich in anderen Bereichen des Palast- und Tempelgeländes aufhielt. Nun ist auch sie, eine Frau, zur Prüfung zugelassen. Das macht die Kopfverhüllung deutlich. Offenbar hat Sarastro die Brüder in diesen Schritt nicht eingeweiht. Für alles weitere ist es wichtig, sich bewußt zu halten, daß es sich für beide Liebenden um eine Prüfung handelt. Obwohl Sarastro ihr »die Bande am Sack aufgelöst hat«, spricht Pamina wie im Dunkeln und bemerkt zunächst die »fürchterliche Stille«, die ihr entgegenschlägt.

PAMINA Wo bin ich? – Welch eine fürchterliche Stille! –
Saget, wo ist mein Jüngling? –
SARASTRO Er wartet deiner, um dir das letzte Lebewohl zu sagen.
PAMINA Das letzte Lebewohl? – O, wo ist er? – Führt mich zu ihm! –
SARASTRO Hier.
PAMINA Tamino!
TAMINO Zurück!

Die Wendung »das letzte Lebewohl« ist, wie sich zeigt, doppelsinnig und bedeutet hier »zum letzten Mal ›lebewohl‹, bis ihr endgültig vereint seid«; ihr normaler Sinn jedoch ist »zum letzten Mal, denn ihr werdet euch nie mehr wiedersehn«, und Pamina kann die Worte nicht anders als in diesem Sinn verstehen. Taminos »Zurück!« zieht eine grausame Grenze zwischen ihm und ihr, dieselbe, der er sich bei sei-

Nr. 19 Terzetto nem von Liebe beflügelten Eindringen in Sarastros Reich konfrontiert sah. Damals war er außen, sie innen, jetzt ist er innen, sie außen. Das anschließende Terzett in B-Dur ist trotz seiner drängenden, angstvollen Stimmung *Andante moderato*, nicht *Agitato*, überschrieben, steht aber im Alla-breve-Takt. Der »gemäßigt schreitende« Puls bezieht sich auf Halbe, nicht Viertel.[65] Die Trennung von Celli und Kontrabässen ist, worauf mich Harald Haslmayr aufmerksam macht, überaus auffällig und zumindest in der *Zauberflöte* einmalig. Die Begleitung besteht in einer Viertel- und einer Achtelbewegung. Bei den Vierteln alternieren die tiefsten und die hohen Streicher: Die Kontrabässe akzentuieren die starken, die Violinen die schwachen Taktteile. Dazwischen arpeggieren die Celli, Bratschen und Fagotte die Akkorde in einer aufsteigenden Achtelbewegung, die durch Oktavierung (Celli und Bratschen) und Dreifachbesetzung stark hervorgehoben wird.

Pamina beginnt das Terzett voller Angst: »Soll ich dich, Theurer! nicht mehr seh'n?« und findet eine liebevolle Anrede für Tamino, von dem sie sich nicht mehr geliebt, dem sie sich gleichgültig geworden glaubt. Sarastros Begütigung »Ihr werdet froh euch wiederseh'n!« wischt sie ungläubig beiseite. Wir dürfen nicht vergessen, daß sie sich in einem Zustand äußerster Verstörung befindet, die sich in düsteren Vorahnungen ausdrückt: »Dein warten tödtliche Gefahren..., du wirst dem Tode nicht entgehen...«, worauf Tamino in parallelen Terzen, um nicht zu sagen »in beängstigend heiterer Kumpanei« (Willaschek) mit Sarastro entgegnet: »die Götter mögen mich/ihn bewahren..., der Götter Wille mag geschehen«. Man versteht Pamina, wenn sie bei soviel gottergebener Gelassenheit ausbricht: »O liebtest du, wie ich dich liebe, du würdest nicht so ruhig seyn.« Noch hat sie sich innerlich nicht von ihrer früheren Weltsicht oder Wirklichkeitskonstruktion gelöst, in der den Priestern nicht zu trauen ist. Auch Taminos wiederum im Duett mit Sarastro gesungene Versicherung »Glaub mir, ich/er fühle(t) gleiche Triebe, wird/wird ewig dein Getreuer seyn« vermag sie nicht zu beruhigen. Wenigstens verändert sich jetzt aber die Stimmenverteilung; jetzt singen Pamina und Tamino in Terzparallelen »Wie bitter sind der Trennung Leiden«, während Sarastro im Baß dagegenhält »die Stunde schlägt, ihr müßt jetzt scheiden.« Nach einem Zwischenteil, in dem die Einsicht »nun ich muß fort« von allen Stimmen durchkonjugiert wird – »so mußt du fort«, »nun er muß fort« –, vereinigen sich die Liebenden zum Lebewohl und zu dem Wunsch »Ach, goldne Ruhe, kehre wieder!«, der eigenartig berührt, weil sie ja noch keinen Augenblick »goldner Ruhe« gemeinsam genossen haben.[66]

Wir müssen davon ausgehen, daß Sarastros Versicherung »Ihr werdet froh euch wiedersehn« Pamina in keiner Weise beruhigt hat. Sie weiß sich von ihrer Mutter verstoßen und fühlt sich von Tamino verlassen, der trotz ihrer flehentlichen Bitten entschlossen ist, einen Prüfungsweg weiterzugehen, der in ihren Augen nur in den Tod führen kann. Sie hat sich ja noch nicht zu der neuen Sicht der Dinge bekehrt, die in Sarastro das Gute und in der Königin der Nacht das Böse erblickt, und traut nicht den »Eingeweihten« und ihren Absichten mit Tamino. Dieser Abschied, »das letzte Lebewohl«, hat sie in ihren Zweifeln und ihrer Verzweiflung nur bestärkt. Nur unter den Voraussetzungen ihrer noch nicht erfolgten Konversion und ihrer fortdauernden Verstörung ist der Fortgang der Handlung verständlich. Pamina verbleibt in düsterer Todesnähe, in die der Fluch der Mutter und Taminos vermeintliche Kälte sie gebracht haben.[67]

Dieses Terzett stellt in den Augen der meisten Interpreten der *Zauberflöte* ein schweres dramaturgisches Problem dar.[68] Warum spricht Pamina ihren Tamino nicht auf sein ihr so unverständliches, sie so tief kränkendes Schweigen an, warum versucht sie nach dieser doch im Ganzen scheinbar tröstlichen Begegnung sich trotzdem das Leben zu nehmen, was soll überhaupt dieses Lebewohl mitten in der Sequenz der Prüfungen? Die Erklärung dieser Unstimmigkeiten liegt auf der Hand: Die Personen sprechen in diesem Terzett gar nicht miteinander – Tamino steht ja immer noch gegenüber Pamina unter einem strikten Schweigegelübde –, sondern drücken im Gesang ihre Gedanken aus. Die Sprache hat hier keine kommunikative, sondern expressive Funktion. Pamina hört Taminos Liebesversicherung nicht.[69]

Der vermeintlichen Unlogik dieses Terzetts versuchen viele Aufführungen durch Umstellung zu entgehen. Wir müssen also fragen, warum Mozart und Schikaneder das Terzett dort, wo es steht, eingefügt haben, was also seine dramaturgische Funktion ist. Sie ergibt sich aus der bisher nicht erkannten Ritualstruktur der Handlung. Mozart und Schikaneder kommt es darauf an, die ersten beiden Prüfungen, bei denen Papageno noch dabei ist, und die letzte Prüfung, zu der Tamino nur allein und dann auf eine das Ritual revolutionierende und vermutlich die Priester selbst überraschende Weise zusammen mit Pamina zugelassen ist, durch eine starke Zäsur voneinander abzusetzen. Dieser

Abb. 30 Tamino und Papageno im Prüfungstempel. Dargestellt ist die Szene, bei der sich Taminos und Papagenos Wege trennen (II/20).
Die Szenerie entspricht Albertis Stich im Textbuch von 1791 (Abb. 23).
Stich der Brüder Schaffer (1795)

Funktion dienen die Auftritte 20 und 21. Der 20. Auftritt (Nr. 18: Chor der Priester) zieht einen beglückwünschenden Schlußstrich unter die erste Prüfungssequenz. Der 21. Auftritt leitet (Dialog und Terzett Nr. 19) zur zweiten Prüfungssequenz über. Der 22. Auftritt spielt ebenfalls in diesem Intermezzo zwischen erster und zweiter Prüfungssequenz. Er macht deutlich, daß sich von nun an Taminos und Papagenos Wege trennen.

Papageno erblickt Papagena

Sarastro führt Tamino ab, Pamina entfernt sich, die Szene bleibt leer zurück. Sie verändert sich nicht, wohl aber die Stimmung. Papageno ruft von außen und will hinein. Zu beiden Türen ruft es »Zurück!« mit einem *Donnerschlag, das Feuer schägt zur Thüre heraus; starker Accord.* »Nun kann ich weder vorwärts noch zurück! (*weint*)«. Der schlimmste Fall ist eingetreten: Papageno ist vom Prinzen verlassen worden. Nun verdreifachen sich die parallel geführten Handlungsstränge. Pamina ist in ihre Sphäre zurückgekehrt, Tamino ist in dem »Gewölbe von Pyramiden« verschwunden, das wir uns als den Ort der dritten und letzten Prüfung vorzustellen haben, und Papageno kann ihm auf diesem Prüfungsweg nicht folgen. Diese schwerste Prüfung bleibt Papageno erspart, dafür wird er jetzt, wie sich zeigen wird, seiner zweiten Prüfung ausgesetzt, die auch ihn an den Rand des Todes führen wird. Der Sprecher tritt auf *mit seiner Pyramide* (= seiner Laterne). »Mensch! Du hättest verdient auf immer in finstern Klüften der Erde zu wandern!« Doch erlassen die Götter ihm die Strafe, dafür »wird er aber das himmlische Vergnügen der Eingeweihten nie fühlen«. Das strebt Papageno auch nicht an: »Je nun, es giebt ja noch mehr Leute meinesgleichen. – Mir wäre jetzt ein gut Glas Wein das größte Vergnügen.« »Sonst hast du keinen Wunsch in dieser Welt?« Noch hat sich bei Papageno die »Liebe« nicht zu dem alles bestimmenden Prinzip verdichtet, das ihn aus seinem selbstvergessenen Leben von der Hand in den Mund bzw. in den Tag hinein herausrisse und zu großen Taten beflügelte. Den Wein bekommt er und wird mit den ersten Schlucken – »Herrlich! Himmlisch! Göttlich!« – in eine gehobene und »wunderliche« Stimmung versetzt, die ihn nun seinerseits, so wie vorhin Tamino, zum Musizieren treibt. Sein tastendes »Ich möchte – ich wünschte – ja was denn?« parodiert auf seiner niederen Ebene den »Amour naissant« von Taminos Bildnisarie »Ich würde, würde, warm und rein, was würde ich?« Da fällt ihm dann, nach 8 Takten Vorspiel auf dem Glockenspiel, auch sein eigentlicher Wunsch wieder ein: »Ein Mädchen oder Weibchen«. Das Tempo *Andante*, die Tonart diesmal F-Dur (und nicht G-Dur, da er seine Panflöte nicht braucht). Mozart benutzt hier die Melodie des »Lieds eines Vogelstellers« von Christian Friedrich Schubart (1782), das Schikaneder in der

22. Auftritt

23. Auftritt

Nr. 20 Aria

Fassung des Memminger Gastwirts, Dichters und Komponisten Rheineck (1786) kennengelernt haben wird, als er im Herbst 1786 in Memmingen bei ihm zu Gast war.[70] In dieser ursprünglichen Form ist es noch heute auf Höltys Text »Üb' immer Treu und Redlichkeit« bekannt. Mozart hat es um einen B-Teil im 6/8-Takt erweitert[71] und aus den drei Strophen ein wahres Konzertstück für Glockenspiel gemacht. Bei der Aufführung am 8. Oktober konnte er der Versuchung nicht widerstehen, das Instrument bei dieser Nummer selbst zu spielen und dabei Schikaneder-Papageno gehörig zu foppen (der den Spaß mit Bravour parierte).[72]

Die beiden Strophen variieren die Themen der Einweihung. In der ersten geht es um »die himmlischen Freuden der Eingeweihten«, die Papageno versagt sind, aber die ihm schon durch ein Weibchen zuteil würden: »dann schmeckte mir Trinken und Essen, dann könnt ich mit *Fürsten* mich messen, des Lebens als *Weiser* mich freun, und wie im *Elysium* seyn.« Fürsten, Weiser, Elysium, das sind Stichworte, die auf die Sphäre deuten, in die Tamino aufgebrochen ist und die Papageno zwar versagt bleibt, aber durch ein »Weibchen« für ihn mehr als aufgewogen würde.[73] In der zweiten Strophe geht es um den Gedanken an den Tod, der jetzt auch den lebenslustigen Papageno packt: »Helf eine mir nur aus der Not, sonst gräm ich mich wahrlich zu Tod!« Das ist nicht nur so dahergereimt. »Wird keine mir Liebe gewähren, so muß mich die Flamme verzehren, doch küßt mich ein weiblicher Mund, so bin ich schon wieder gesund.« Papageno ist von der Liebeskrankheit ergriffen, nur bezieht sie sich paradoxerweise auf ein unbekanntes Objekt. Das wird sich im nächsten Moment ändern.

24. Auftritt Wie Pamina durch Taminos Flötenspiel, so wird nun die »Alte« durch Papagenos Glöckchen angelockt. Sie bietet sich ihm als das unbekannte Liebesobjekt an. Schlägt er sie aus, wird er auf immer bei Wasser und Brot »eingekerkert« bleiben. »Ohne Freund, ohne Freundinn mußt du leben und der Welt auf immer entsagen.« Da nimmt Papageno schon lieber die Alte und schwört ihr ewige Treue mit der beiseite gesprochenen Einschränkung »so lang' ich keine Schönere sehe«. Auf den Schwur hin verwandelt sich die Alte in ein junges Weib, welches ebenso gekleidet ist wie Papageno. Nun ist es um Papageno geschehen: Nun hat die unstillbare Sehnsucht einen Namen und ein Gesicht erhalten. Unmittelbar darauf wird Papagena vom Sprecher
25. Auftritt fortgeschafft – »er ist deiner noch nicht würdig«. Papageno versinkt im

Boden. Eine komische Anspielung auf den Höllensturz der drei Damen sowie, vorausdeutend, auf den der Königin der Nacht und ihres Anhangs.

Nur im Licht der Mysterientheorie und ihrer Ritualstruktur wird der Sinn der sechs Szenen und drei musikalischen Nummern verständlich, die noch vor dem Schluß des ersten Teils auf Paminas große Klagearie folgen, mit der dieser Teil nach unserem Empfinden enden sollte. Mozart und Schikaneder brauchten den Chor Nr. 18, um die große Bedeutung der soeben von Tamino bestandenen Prüfung hervorzuheben. Sie brauchten das Terzett Nr. 19, um einen Schlußstrich unter die erste Prüfungssequenz zu ziehen, der, wie wir gleich sehen werden, die Grenze zwischen den »Kleinen« und den »Großen Mysterien« markiert. Und sie brauchten Papagenos Arie Nr. 20 mit nachfolgender, kläglich gescheiterter Prüfung und komischem »Höllensturz«, um klar hervorzuheben, daß sich von nun an Taminos und Papagenos Wege trennen. Zu den Großen Mysterien wird er nicht mehr zugelassen sein.

Sechstes Kapitel
Die Großen Mysterien

Abb. 31 Die Feuer- und Wasserprobe als letzte Stufe der Großen Mysterien – eine wilde Gebirgsszenerie in der Ästhetik des Erhabenen. Bühnenbildentwurf von S. Quaglio (München 1816)

Die Berufung zum Herrscheramt

> Erleuchtet wird er dann imstande sein ...

Immer wieder betonen die Schriften zu den antiken Mysterien unter Berufung auf Plutarch und Clemens von Alexandrien, daß zu den Großen Mysterien nur die zum Herrscheramt Berufenen zugelassen werden. Plutarch schreibt in seinem Traktat über Isis und Osiris:

> Wenn unter den Ägyptern ein König aus dem Militärstand gewählt wird, bringt man ihn von Stund an zu den Priestern und unterrichtet ihn in jener Arkantheologie, die geheimnisvolle Wahrheiten unter obskuren Fabeln und Allegorien verbirgt. Daher stellen sie Sphingen vor ihren Tempeln auf, um zu bedeuten, daß ihre Theologie eine gewisse arkane und rätselvolle Weisheit enthält.[1]

Bei Clemens heißt es noch sehr viel deutlicher:

> Die Ägypter offenbaren ihre religiösen Mysterien nicht unterschiedslos allen, noch teilen sie das Wissen um die göttlichen Dinge den Profanen mit, sondern nur denen, die zur Nachfolge im Königtum ausersehen sind, und zu solchen von den Priestern, die dazu aufgrund ihrer Geburt und Erziehung am besten qualifiziert sind.[2]

Im Licht der von Warburton erschlossenen oder vielmehr konstruierten politischen Funktion der Mysterien bezog man die Einweihung der künftigen Herrscher speziell auf die »Großen Mysterien«. Die Großen Mysterien, schreibt Meiners, »waren für Gesetzgeber, Helden, Staatsmänner«.[3] Zu diesen Auserwählten gehört Tamino. Er ist ja dazu bestimmt, zusammen mit Pamina die Nachfolge Sarastros anzutreten und »einst als weiser Fürst zu regieren«. Im Hinblick auf diese politische Berufung muß er sich der Feuer- und Wasserprobe unterziehen, die in der *Zauberflöte* die letzte und schwerste Stufe der Einweihung, die »Großen Mysterien«, darstellt.

Auch in Terrassons Roman geht es um die Einweihung eines Prinzen und künftigen Königs. Daher gehen hier Einweihung und Thronbesteigung ineinander über. In der Vorstellungswelt der Freimaurer bezeichnet die Stufe zwischen den kleinen und den Großen Mysterien den Schritt von Selbstverbesserung zu Weltverbesserung. Bei der Einweihung geht es um eine Verwandlung des Individuums, die zuerst beim Selbst des Initianden ansetzt, um zuletzt in politisches, weltgestaltendes und, wenn nötig, umgestaltendes Wirken zu münden. Es ist vor allem dieser Aspekt der Mysterien, der sie in der Sicht der Freimaurer als ein Vorbild erscheinen ließ. Auch der Freimaurer strebt, soweit sich das aus der zeitgenössischen Literatur, insbesondere den Texten des »Journals für Freimaurer« erheben läßt, zunächst nach Selbstverbesserung oder Selbstvervollkommnung, und zwar im Rahmen und mit Hilfe einer Gruppe Gleichgesinnter. Sarastro bringt es in seiner Hallenarie auf die Formel »und ist ein Mensch gefallen, führt Liebe ihn zur Pflicht« und erinnert die Brüder im ersten Auftritt des zweiten Aufzugs: »Diesen Tugendhaften zu bewachen, ihm freundschaftlich die Hand zu reichen, sei heute eine unserer wichtigsten Pflichten.« Bei dieser Form der Freundschaft geht es vor allem um Beihilfe zur Selbstverwandlung, zur Umwandlung des Ich in ein besseres, im letzten Ziel vollkommenes Wesen. Aber das ist nicht alles. Endziel der Selbstverwandlung ist die Weltverwandlung, nicht unbedingt im Sinne der Revolution, aber durchaus im Sinne der Aufklärung, Herstellung gerechterer Lebensbedingungen, Vermehrung der Glückschancen usw. Auch diese politische Perspektive ist in der *Zauberflöte* sehr präsent, ohne aus der Oper gleich ein jakobinisches Manifest zu machen. Zuerst vernehmen wir das Stichwort »Menschenglück« (*the pursuit of happiness* – nicht von ungefähr findet sich dieser Begriff sowohl in der *Zauberflöte* als auch in der amerikanischen Erklärung der Menschenrechte) bei der Überreichung der *Zauberflöte*:

O so eine Flöte
Ist mehr als Gold und Kronen wert
Denn durch sie wird Menschenglück
Und Zufriedenheit vermehrt.

Dann heißt es in einem allerdings von Mozart nicht komponierten Duett des Librettos:

Die Wahrheit ist nicht immer gut,
weil sie den Großen wehe tut.
Doch wär sie allezeit verhasst,
so wär mein Leben mir zur Last.

Darin ist das Problem der Geheimhaltung angedeutet, zu der die Wahrheit unter den herrschenden Verhältnissen gezwungen ist, und zugleich die Hoffnung ausgesprochen, daß es einmal anders werden wird. Von den »Großen«, also den Herrschenden, singt der Schlußchor des ersten Aufzugs:

Wenn Tugend und Gerechtigkeit
Der Großen Pfad mit Ruhm bestreut,
dann ist die Erd ein Himmelreich
und Sterbliche den Göttern gleich.

Die entscheidenden beiden Verse, die das Ende der Unterdrückung und den Beginn der Freiheit ankünden, erklingen dann noch einmal beim dritten Auftritt der drei Knaben, der zugleich den Anfang der zweiten Prüfungssequenz, der »Großen Mysterien« markiert:

Bald prangt, den Morgen zu verkünden,
Die Sonn' auf goldner Bahn
Bald soll der Aberglaube schwinden,
Bald siegt der weise Mann!

O holde Ruhe, steig hernieder,
Kehr in der Menschen Herzen wieder;
Dann ist die Erd' ein Himmelreich,
Und Sterbliche den Göttern gleich.

Im Hinblick auf dieses politische Ziel einer Vermehrung von Menschenglück und Zufriedenheit, ja, in letzter Instanz, einer Umwandlung der Erde in ein Himmelreich, wird Tamino zusammen mit Pamina der schwersten Prüfung unterzogen und der höchsten Weihe teilhaftig. Erst wenn der mit Bruderhilfe veredelte Mensch auch in die Lage versetzt wird, herrschend oder verwaltend in die Weltgestaltung einzugreifen, hat die Menschheit eine Chance auf Glück und Zufriedenheit. Es geht um die Wiederherstellung eines Goldenen Zeitalters, eines Friedensreichs, dessen vornehmstes Kennzeichen die »holde Ruhe« ist.[4]

In der Mysterienforschung der Loge *Zur Wahren Eintracht* spielte die politische Dimension der antiken Mysterien eine ganz besondere Rolle, strebten doch die Freimaurer im Wien Josephs II. zumindest als Illuminaten ebenfalls nach politischem Einfluß. Daher ist es interessant, einen Blick in einige der einschlägigen Schriften dieser Loge zu werfen, auch wenn uns das scheinbar weit von der *Zauberflöte* wegführt. Den entscheidenden Beitrag zur politischen Bedeutung der Mysterien lieferte Augustin Veit von Schittlersberg mit seinem Vortrag »Ueber den Einfluß der Mysterien der Alten auf den Flor der Nationen«.[5] Schittlersbergs Vortrag ist keine gelehrte Abhandlung. Er faßt nur die in vorangegangenen Vorträgen vorgebrachten Daten zusammen und gibt ihnen eine bestimmte Tendenz. Die These, die er damit untermauern will, ist eine direkte Antwort auf das Freimaureredikt oder Handbillet Josephs II. und läuft auf die Beobachtung hinaus, daß die Blüte der Nationen mit der Blüte der Mysterien zusammenhängt, die Mysterien also für die Wohlfahrt des Staatswesens von entscheidender Bedeutung sind. Schittlersberg erweist sich hier als ein geradezu zynischer Vertreter der radikalen Aufklärung, die ganz gewiß nicht in Mozarts Sinne war. Gerade deshalb erscheint sein Beitrag besonders aufschlußreich: Er bezeugt die Tragweite der Überlegungen, die in der Loge bezüglich der antiken Mysterien und der sich in ihnen spiegelnden Freimaurerei und ihrer politischen Rolle angestellt wurden und macht damit zugleich die Distanz deutlich, in der wir Mozarts eigene Auffassungen und damit auch die Botschaft der *Zauberflöte* gegenüber solchen radikalen Positionen anzusetzen haben. Dieser Text gibt auch dem Motiv der Desillusionierung des Neophyten eine politische Deutung. Zwar hält auch Schittlersberg an dem Grundsatz fest, daß die in den Mysterien überlieferte und gelehrte Wahrheit nicht staatstragend ist. Im höchsten Grade staatstragend aber ist die Kenntnis dieser Wahrheit durch die Herrschenden, denn nur der von den »Fesseln des Aberglaubens« befreite Herrscher vermag das Volk am Gängelband des Aberglaubens zu führen.

Den Auftakt von Schittlersbergs Vortrag bildet eine melancholische Betrachtung über die allgemeine Dekadenz der Zeit. Das Wiener Mysterienprojekt trägt auch in den anderen Beiträgen der Loge unverkennbar nostalgische Züge. Die Freimaurer blicken auf die Mysterien der Alten wie auf ein Goldenes Zeitalter zurück. Wenn es wahr ist, daß die Menschheitsgeschichte einen Lebenszyklus beschreibt, dann »fällt sicher der Zeitraum männlicher Fülle auf die blühenden Epochen der Aegyptier, der Griechen und der Römer«.[6] Im Wien des späten 18. Jahrhunderts wähnte man sich im Greisenalter der Menschheit.

Hinsichtlich des Wohlstands stand Ägypten an der Spitze der alten Nationen. Diese Blüte findet ihre einzige Erklärung in der Macht, die den Philosophen in Ägypten eingeräumt war. »Die Zügel der Herrschaft über dieses Land waren in den Händen der Philosophie, und diesen so seltenen Vorzug hatte es der Schule seiner Mysterien zu verdanken.« Alle »Könige Ägyptens, wenn sie nicht ohnehin schon dem Priesterorden angehörten, mußten in die Mysterien eingeweiht werden«. Was waren es nun für Begriffe, Kenntnisse und Grundsätze, die die Herrschenden in den Mysterien empfangen hatten? »Der Glaube an Götter, an ein künftiges Leben und eine vergeltende Gerechtigkeit jenseits des Grabes« war allgemein »das unfehlbarste Hilfsmittel, dessen sich die Staatsverwaltung zur Ausführung großer Entwürfe und zum Besten des Staats bedienen konnte. Es würde äußerst gefährlich gewesen seyn, das Volk aus einem Wahn zu bringen, der es dem Willen seiner Regenten gefangen gab.« So scharf hat diese Form politischer Theologie noch nicht einmal Warburton formuliert. An dieses einigermaßen zynische, aber in gewissem Umfang nachvollziehbare Prinzip knüpft Schittlersberg nun eine Überlegung von unüberbietbarem Zynismus an. »Aber eben so übel würde es mit Ägypten gestanden haben, wenn seine Könige, seine Lehrer und Richter, die Bewahrer seiner Gesetze und die Rathgeber seiner Fürsten in demselben Wahn geblieben wären.«[7] Der Aberglaube ist ein treffliches Mittel, um ein Volk zu regieren, aber wehe dem Land, dessen Regierende demselben Aberglauben verfallen sind! »Man sieht es zur Genüge an unsern benachbarten Osmanen und den asiatischen Staaten, wie wenig sich ein Volk nur zu einem mittelmäßigen Flor emporarbeiten könne, wo der Mann am Steuerruder des Staats und der Sklave der Galeere in den nämlichen Fesseln des Aberglaubens geschmiedet arbeiten.«[8] Also müssen die Regierenden eingeweiht, das heißt aufgeklärt werden. Die »Stifter der Mysterien Aegyptens hatten dafür gesorgt, vor allem die Denkart des Regenten und seiner Gehülfen über den Punkt der Religion zu reinigen und ihnen die Binde des Volksglaubens abzunehmen, welche um die Augen der Untergebenen gebunden, denselben die Hand ihres Leiters um so willkommener, um die Augen des Führers hingegen, jeden seiner Schritte zaghaft und wankend machen mußten.« In der weiteren Ausmalung dieser Einweihung schwingt sich Schittlersberg zu einer Begeisterung auf, die sein persönliches Credo verrät:

> Hier both sich dem Mysten hinter dem Schleyer der Symbolen jene herrliche Idee von dem Urheber der Dinge dar, welche, wenn es denn wahr ist, was uns Jamblichius davon aus der Geheimnißlehre der Aegyptier überliefert hat, die erhabenste, geprüfteste Vorstellung war, die sich nur immer der menschliche Geist von Gott machen konnte.[9]

Die Wohlfahrt Ägyptens zog die Aufmerksamkeit gleichzeitiger Nationen auf sich, Männer, »die den hohen Beruf fühlten, in ihrem Vaterland Epoche zu machen«, wallfahrten zu den Mysterien und verbreiteten »Aegyptens erhabene Geheimnisse« nach Griechenland und Italien, die daraufhin entsprechend aufblühten. Die Mysterien erzielten immer, wohin sie auch kommen und gebracht werden, die erfreulichsten Wirkungen, sie klärten die Herrschenden auf, vermehrten das Wissen, die Techniken und Künste und damit den Wohlstand und trösteten überdies die bedrängten Seelen mit erbaulichen Lehren über das Jenseits. Sie gründeten sich auf »die Maxime, welche ein philosophischer Fürst unsres Jahrhunderts durch Worte und Thaten behauptet hat, daß in einer weisen und glänzenden Regierung die Religionsbegriffe des Volks von jenen des Gesetzgebers ganz unterschieden sein müßten«.[10] Damit kommt Schittlersberg noch einmal auf seinen Lieblingsgedanken zurück. Im Innern der Tempel und der Weltweisheitsschule (die Mysterien wurden nicht nur von den Priestern, sondern auch von den Philosophen gepflegt) wurde den Eingeweihten »die Binde des Volksglaubens abgenommen und die Religion des gemeinen Haufens als ein politischer Kunstgriff dargestellt«.[11] Nochmals betont er mit Zitaten aus Augustinus, »daß es in den Mysterien Sachen gebe, die das Volk durchaus nicht wissen dürfe«, und »daß deswegen die Griechen über ihre Geheimnisse das tiefste Stillschweigen bewahrt hätten«, und fügt dann selbst Augustinus' Kritik an: »Ein Geständnis, welches die ganze Politik derjenigen aufdecket, die den Staat regierten. Sie flößen unter dem Vorwande der Religion Meinungen ein, die sie selbst für falsch hielten, um sich desselben zu bemeistern, und es durch die stärksten Bande der bürgerlichen Gesellschaft an sich zu knüpfen.«[12] Offenbar merkt er nicht, daß dieses Zitat seiner ganzen Argumentation den Boden entzieht. Das Geheimnis, das nicht publik werden darf, besteht vor allem in der Fiktivität der Götter, die im Grunde nichts als vergöttlichte Menschen oder Naturphänomene sind. Dafür beruft sich Schittlersberg auf Cicero, aus dessen Werken er mehrere Stellen anführt. In den Mysterien von Samothrazien sei es nach Varro ebenfalls nicht um Götter gegangen, sondern um Himmel, Erde und was Platon »Ideen« nennt. »So bedeute Jupiter Himmel, Juno die Erde, Minerva die Ideen.«[13] Auch in den Eleusinischen Mysterien »wurde nach Diodor die ganze Geschichte der Ceres zur bloßen Allegorie, welche hinter dem damaligen Systeme der Kosmologie verborgen lagen. Diese Göttinn hieß dort Erde oder das leitende Principium, Pluto und Proserpina waren die zwo Prinzipien des Übels und des Guten, Jachus, der von den Titanen zerstückelt wurde, war das Bild der angenommen großen Weltrevolution und seine Wiederauferstehung bedeutete den Vorgang der Welt aus dem Chaos.«[14] Schittlersberg sieht darin nicht, wie sonst in der Zeit üblich, eine Vergöttlichung der Natur, sondern eine Reduktion des Göttlichen auf bloße Naturphänomene.[15] Aus alldem geht nach Schittlersberg hervor, »daß es bey den Griechen und Römern Hauptmaxime war: nur ja nicht das Volk aus dem Schlummer des Glaubens zu wekken, in welchen es die Politik wie ein Kind durch Mährchen eingewiegt hatte«, und zweitens »eben diesen Glauben in den Köpfen derjenigen zu zernichten, welche entweder mittelbar oder unmittelbar mit der Leitung des Volks beschäftiget waren«.[16] Die »Mysterienlehre war also den Volksbegriffen ganz entgegengesetzt«. Damit unterstreicht Schittlersberg noch einmal den Antagonismus zwischen Volks- und Elitereligion, wie ihn die *Zauberflöte* in den Gegensatz zwischen den Sphären der Königin der Nacht und Sarastros übersetzt, und betont die Notwendigkeit, die Herrscher über den illusionären Charakter der Volksreligion aufzuklären. Allerdings geht er mit seiner zynischen These, daß sich die Herrschenden der Volksreligion als einer Strategie bedient hätten, das Volk ihrer Herrschaft gefügig zu machen, weit über das hinaus, was sich mit der politischen Theologie der *Zauberflöte* allenfalls in Verbindung bringen ließe.

Der wichtigste Text für die Deutung der höchsten Einweihung als der Vorbedingung zum Herrscheramt stellt die Abhandlung Anton Kreils über die Geschichte des Pythagoräischen Bundes dar. Auch bei den Pythagoräern findet sich die doppelte Unterscheidung von innen und außen, indem innerhalb des Bundes noch einmal zwischen Exoterikern und Esoterikern unterschieden wird. »Den ersteren wurde außer der allgemeinen Tugendlehre die Wahrheit und ihre Bestimmung nur unter dem Schleyer der Symbolen vorgeleget, den zweyten hingegen völlig enthüllet.«[17] Im inneren Orden wird nochmals zwischen Mathematikern, Theoretikern und Politikern unterschieden, offenbar im Sinne dreier aufsteigender Grade. Der höchste Grad der Politiker »war dazu bestimmt, als vollendete Menschen die griechischen Staaten zu regieren und ihnen Verfassung und Gesetze zu geben«.[18]

Die Epoptie

Die höchste und letzte Stufe der Einweihung sollte also den Initianden nach Ansicht der freimaurerischen Mysterientheorie zum Herrscheramt bzw. zu politischem Wirken befähigen. Das jedenfalls war im alten Ägypten, dem Ursprung aller Mysterien, der Sinn dieser letzten Weihe. Dafür konnte man sich auf Plutarch und Clemens berufen. Aus dieser Verbindung von Wahrheit, Geheimnis und Politik, die Warburton in seinem Buch über die antiken Mysterien konstruiert und Christoph Meiners in seiner Abhandlung über die Eleusinischen Mysterien noch weiter ausgebaut hatte, bezogen insbesondere die Illuminaten unter den Freimaurern, die nach politischer Wirksamkeit strebten, ihre Legitimation.

Nach Meiners betrafen die Mysterien Kenntnisse, »die mit der öffentlichen Volksreligion nicht genau übereinstimmen, aber einzelnen Personen ebenso heilsam und nothwendig sind, als sie dem Pöbel sorgfältig entzogen werden müssen. Diese Mysterien, die in der Mitteilung gewisser, der Nationalreligion entgegengesetzter Kenntnisse bestehen, werden entweder mündlich fortgepflanzt oder in heiligen Schriften aufbewahrt, die allein in den Händen der Priester bleiben.«[19] Eine Seite später spricht Meiners von »wahren, dem Aberglauben des Volks entgegengesetzten Kenntnissen«[20], konstruiert also den Gegensatz zwischen Volksreligion und Mysterien ähnlich, wie die *Zauberflöte* den Gegensatz zwischen den Sphären der Königin der Nacht und Sarastros. Die Königin der Nacht vertritt den »Aberglauben«, Sarastro die diesem entgegengesetzten Kenntnisse, die Wahrheit. »Diese Kenntnisse nun mußten sie nothwendig geheim halten, weil sie dem allgemeinen Glauben des Volks entgegengesetzt waren, und durch ihre Verbreitung Staat und Religion umgekehrt, Götter von ihren Sitzen und Altären herabgeworfen hätten.«[21]

Meiners spricht nun zwar auch schon in bezug auf die Kleinen Mysterien von einer »mächtigen Sinnesänderung«[22], womit genau beschrieben ist, was in Tamino schon bei der ersten Begegnung mit Sarastros Welt vorgeht, aber die eigentliche Desillusionierung des Neophyten gehört auch bei ihm erst zu den Einweihungen in die Großen Mysterien. Hier »wurde man unterrichtet, und zwar in Grundsätzen, die die ganze Religion des Volks übern Haufen warfen«. Jetzt »riß man auch von den Augen der Epopten den Schleyer des Aberglaubens weg, den die Fabeln der Dichter und Volksreligion vor den Augen der Einzuweihenden hergewebt hatten«.[23] Meiners übernimmt Warburtons politisch-theologische Perspektive und betont, »daß man in den Mysterien die Götter des Volks entgötterte, und den Epopten im Allerheiligsten des Tempels eben die Irrthümer benahm, worinn man das Volk zu erhalten, oder zu bestärken suchte«[24], aber »man riß nicht nur ein altes Gebäude von Irrthümern um, sondern bauete auch ein neues herrliches von heilsamen Wahrheiten auf, von welchem das ganze Alterthum glaubte, daß der grosse Haufe sie zu fassen aus Sinnesblödigkeit schlechterdings unfähig wäre. Man verkündete ihnen die Lehre von einem einzigen Gott, lehrte die wahre Natur und Beschaffenheit der Geister, oder Dämonen, und zeigte zugleich den Adel, die Glückseligkeit, und künftige Bestimmung unsrer menschlichen Seelen.«[25]

In einem Gedicht Johann Baptist Alxingers anläßlich seiner Aufnahme in die Loge *Zur Wahren Eintracht* findet Warburtons These von der Staatsfeindlichkeit der Wahrheit einen besonders klaren und unverblümten Ausdruck. Sein Gedicht handelt von der Aufnahme des Orpheus in die Mysterien der Isis:

Als Orpheus noch ein kleiner Nahme war,
Noch nicht berühmt durchs ganze Griechenland,
Noch nicht verehrt vom Volk, dem er nachher
Gesetze, gute Sitten, Götter gab;
Da zog sein Herz, in welchem schon der Keim
Der künftgen Größe lag, nach Memphis ihn:
Hier pocht er an geheimer Weisheit Thor,
Man that ihm willig auf, man ließ ihn ein,
Gewöhnte nach und nach ans heilge Licht
Sein blödes Aug', und als es stark genug
Geworden, führte man ins Innerste
Den edlen Sänger; klein war dieß Gemach,
für wenig Auserkohrne nur bestimmt,
(Denn ach, es gab in jenen Zeiten auch
Schon eingeweihten Pöbel, der voll Stolz
Mit dem Geräth im Vorsaal tändelte,
Der ernstlich des gefleckten Apis Horn,
Den Hundkopf des Anubis und den Schweif
Des heilgen Krokodils anbethete)
Ein hehres Weib stand mitten im Gemach;
Ihr Nahm' ist Wahrheit, und sie floh, verbannt
Von Königen, in diesen stillen Kreis.
Verschleyert war ihr Antlitz, doch es floß
Ein Duft der Gottheit von der Holden her.
Hast du den Muth, sie zu enthüllen? sagt
Dem staunenden, gerührten Jünglinge
Der Oberpriester, und der Jüngling geht,
Zieht ihr den Schleyer von dem Angesicht,
Umfaßt sie als Geliebte, schwöret ihr
Den Schwur der ewgen Treu und brach ihn nie.
Doch weil er wußte, daß die Göttin nackt
Unheilgen Augen sich nicht zeigen kann,
So gab er, (eine Vorsicht, die nachher
Um Thoren nicht ein Ärgerniß zu seyn,
Die Weisen aller Völker nachgeahmt
Und noch nachahmen,) dem Ägyptischen
Gewand der Göttin einen Griechschen Schnitt.
Wir, die wir heut an eurer Thür gepocht,
Wir haben von dem Sänger Thraciens
Nichts, als nur Wahrheitslieb' und Folgsamkeit;
Und dennoch nahmt ihr uns so freundlich auf,
Als einst Evander die vertriebenen
Trojaner nach dem Einsturz Ilions.

> Du, der in weiser Hand den Hammer führt
> Und einen Zepter führte, wenn um Gott
> Die Menschen dieß verdienten, edler Born,
> Empfang' itzt unsern Dank und ihr mit ihm,
> Geliebte Brüder, wir vergleichen euch
> Dem heilgen Ocean, denn dieser nimmt
> Nicht große Flüsse nur, auch Bächlein auf.[26]

Auch diesem Gedicht liegt die zeitgenössische Mysterienkonzeption zugrunde. Es geht um die Einweihung des Orpheus in die Großen Mysterien, im Unterschied zu den Kleinen Mysterien, in die auch »Pöbel« eingeweiht ist und die sich um die Geheimnisse der tiergestaltigen ägyptischen Götter drehen. Die Großen Mysterien führen den Adepten in das »Adyton« des Tempels, das nur wenigen Auserwählten betretbare Allerheiligste des Tempels, das, nach einer Stelle bei Clemens von Alexandrien, der Wahrheit geweiht ist:

> Die Ägypter kennzeichneten den wirklich geheimen Logos, den sie im innersten Heiligtum der Wahrheit bewahrten, durch »Adyta« (d.h. durch absolut unbetretbare Räume).[27]

Alxingers Gedicht beschreibt eine ähnliche Szene wie Schillers spätere Ballade »Das verschleierte Bild zu Sais« (1795), freilich mit umgekehrter Tendenz: Während bei Schiller der Priester den Jüngling vor der Aufhebung des Schleiers warnt, wird Orpheus hier ausdrücklich dazu eingeladen, den Schleier zu heben. Während bei Schiller der ungehorsame Jüngling über dem Anblick der entschleierten Wahrheit in lebenslange Schwermut verfällt, umarmt der beglückte Orpheus die nackte Wahrheit als Geliebte und gelobt ihr ewige Treue. Der »griechische Schnitt«, den er ihrem Gewand gibt, spielt auf die Übertragung der ägyptischen Mysterien nach Griechenland an, die man dem Orpheus zuschrieb. Auch Ignaz von Born hatte in seiner Schrift »Über die Mysterien der Aegyptier« auf das verschleierte Bild zu Sais Bezug genommen und dabei vorausgesetzt, daß dem auserwählten Eingeweihten, aber nur ihm, die Aufhebung des Schleiers durchaus erlaubt und möglich sei: »Nur jener deckt ihren Schleyer ungestraft auf, der ihre ganze Macht und Kraft kennet.«[28]

Entscheidend aber sind in unserem Zusammenhang die Verse, die auf das Schicksal der Wahrheit Bezug nehmen. Die Wahrheit, heißt es,

»floh, verbannt von Königen, in diesen stillen Kreis«. Dadurch wird auf die Schließung von Alxingers alter Loge angespielt, die durch das Freimaurerdekret Josephs II. erzwungen wurde, darüber hinaus aber ganz allgemein auf die Situation der »inneren Emigration«, zu der sich die freiheitsliebenden, politisch motivierten Vertreter der Aufklärung unter den herrschenden Umständen des Absolutismus gezwungen sahen.

Tod und Wiedergeburt in den Großen Mysterien

Wenn er des Todes Schrecken überwinden kann ...

In den antiken Mysterien geht es nach Ansicht der Mysterientheorie des späten 18. Jahrhunderts um eine echte Umwandlung des Menschen, d.h. des inneren Menschen, und zwar unter drei Aspekten: 1. Die Befreiung von Irrtümern, Illusionen, 2. die Erkenntnis der Wahrheit und die Erwerbung aller damit verbundenen höheren Einsichten und 3. die Überwindung, Verwandlung und Veredelung (»Sublimation«) der eigenen Natur. Die beiden ersten Aspekte betrafen die kognitiven Fähigkeiten, der dritte dagegen betraf die Affekte, Triebe, Gefühle, Leidenschaften wie Angst, Schrecken, Schauder, Ehrfurcht, Verlangen, Sehnsucht, Faszination, Liebe.

Die angestrebte Umwandlung des Selbst erschien nur möglich durch eine intensive affektive Behandlung des Initianden, eine Art emotionaler Schocktherapie. In diesem Sinne wurde der Neophyt allen möglichen Schrecknissen und Versuchungen ausgesetzt und durch schwere, seinen Mut, seine Entschlossenheit und sein Durchhaltevermögen auf die Probe stellenden Prüfungen hindurchgeschickt. Anders war ihm die Erfahrung der Selbstüberwindung und Selbstverwandlung nicht zu vermitteln. Er mußte einen symbolischen Tod sterben und wurde belohnt durch Erlebnisse, die seine Auferstehung in ein paradiesisches Elysium vorwegnahmen und ihm das Bewußtsein persönlicher Erwähltheit und Unsterblichkeit vermittelten. Die Prüfungen führen ihn, wie es bei Apuleius heißt, an die »Schwelle des Todes« (*confinium mortis*). Daher sind auch, wie aus einem berühmten, bei Stobaios überlieferten Zitat hervorgeht, die Wörter für »einweihen« und »sterben« im Griechischen gleich. In diesem von Stobaios angeblich aus der

Schrift »Über die Seele« des Themistios ausgezogenen, aber allgemein dem Plutarch zugeschriebenen Fragment geht es vor allem um die affektive Beeindruckung des Neophyten, dem mit theatralischen Mitteln eine Erfahrung von Tod und Auferstehung beigebracht wird, wie sie auch die Seele vor dem Sterben durchmacht:[29]

> Hier ist die Seele ohne Erkenntnis außer wenn sie dem Tode nah ist. Dann aber macht sie eine Erfahrung, wie sie jene durchmachen, die sich der Einweihung in die Großen Mysterien unterziehen. Daher sind auch das Wort »sterben« ebenso wie der Vorgang, den es ausdrückt, (τελευτᾶν) und das Wort »eingeweiht werden« (τελεῖσθαι) ebenso wie damit bezeichnete Handlung einander gleich. Die erste Stufe ist nur mühevolles Umherirren, Verwirrung, angstvolles Laufen durch die Finsternis ohne Ziel. Dann, vor dem Ende, ist man von jeder Art von Schrecken erfaßt, und alles ist Schaudern, Zittern, Schweiß und Angst. Zuletzt aber grüßt ein wunderbares göttliches Licht und man wird in reine Gefilde und blühende Wiesen aufgenommen, wo Stimmen erklingen und man Tänze erblickt, wo man feierlichheilige Gesänge hört und göttliche Erscheinungen erblickt. Unter solchen Klängen und Erscheinungen wird man dann, endlich vollkommen und vollständig eingeweiht, frei und wandelt ohne Fesseln mit Blumen bekränzt, um die heiligen Riten zu feiern im Kreise heiliger und reiner Menschen.[30]

Die Symbolik von Tod und Wiedergeburt ist in den Einweihungsriten der Völker, wie vor allem Mircea Eliade gezeigt hat[31], geradezu universal verbreitet. Der Neophyt stirbt im Initiationsritual einen symbolischen Tod, um in seinen neuen Zustand als Mitglied des Ordens hinein wiedergeboren zu werden. In diesem Rahmen hat man auch die antiken Mysterienkulte einschließlich der Mysterien der Isis zu sehen. Siegfried Morenz hat in seinem Buch über die Zauberflöte darauf aufmerksam gemacht, daß derartige Einweihungsriten aus dem alten Ägypten nicht belegt sind, sondern daß hier die Dinge genau umgekehrt liegen: nicht die Initiation wird als symbolischer Tod, sondern die Bestattung wird als symbolische Initiation begangen. Aber das zeigt nur, daß auch Altägypten, was die Verbindung von Tod und Initiation angeht, keine Ausnahme darstellt und daß die antike Überzeugung, daß das alles in Ägypten seine Wurzeln hat, durchaus nicht auf lauter Mißverständnissen beruht, sondern auf reicher Anschauung und Erfahrung basiert. Für die *Zauberflöte* ist diese Kritik ohnehin irrelevant, da es hier ja gar nicht um das alte Ägypten, sondern um die Mysterien der Isis geht; und in diesen spielte die Symbolik von Tod und Wiedergeburt ohne jeden Zweifel eine zentrale Rolle.

Interessanterweise nimmt nun auch in den Riten der Freimaurer diese Symbolik einen zentralen Ort ein. Sie ist dort mit der Meisterweihe, also den Großen Mysterien als der letzten und höchsten Stufe der Einweihung, verbunden. Entsprechend dem Zeitgeist des empfindsamen Zeitalters kommt es hier vor allem auf die Empfindungen an, die durch die Riten im Neophyten erweckt werden. Der Initiand mußte sich in einen Sarg legen und auf diese Weise in der Form eines symbolischen Todes die Passionsgeschichte des Adoniram (Adon Hiram) nachvollziehen, des mythischen Architekten des salomonischen Tempels, den die Freimaurer als ihren Gründungsheiligen verehren.[32] In seinem anläßlich der Gesellen- und Meisterweihe Leopold Mozarts gehaltenen Vortrag über »Szientifische Freymaurerey« geht Anton Kreil auf die drei Grade der Johannislogen und die in den jeweiligen Einweihungen vermittelten Erfahrungen ein: ...

Im Lehrlingsgrad geht es um

den Wandel des Weisen, Standhaftigkeit, Gleichmüthigkeit, Klugheit und Verschwiegenheit« (die Tamino sich als »die Weisheitslehre dieser Knaben« »für ewig in das Herz gegraben« sein lassen will). Im zweyten Grade werden uns die Wissenschaften und die Verstandesübungen dringend empfohlen. Im Meistergrade, o ihr waret eben Zeugen, welche Empfindungen in dem Herzen eines Bruders erregt werden, und mit welcher Rührung er weggeht, wenn er mit ganzer Seele und mit ganzer Theilnehmung zugegen war. Dieses Bild des Todes, diese lebhafte Versetzung in den Sarg, die ewige Ruhestätte, die Aller wartet, dieser Versuch zum Voraus, wie sichs in dem engen Gehäuse liegen liesse, o meine Brüder! sie machen herrliche Wirkung in dem Gemüthe all derer, die der Pflege der Weisheit fähig sind.[33]

Auch Mozart selbst hat bei seiner Meisterweihe, die wenige Wochen oder Monate vorher erfolgt sein muß, dieselben Empfindungen durchgemacht, auf die er dann zwei Jahre später in seinem berühmten Brief an den sterbenskranken Vater zurückkommt, wo er von seiner Befreundung mit dem Tode als dem »wahren Endzweck unseres Lebens« schreibt.[34]

Diese Riten entnahmen die Freimaurer den kärglichen Aufschlüssen über die antiken Mysterien, in denen sie ihre Modelle erblickten und die sie aus diesem Grunde mit solcher Intensität erforschten. Auslöser dieser freimaurerischen Mysterienforschung war, wie oben gezeigt, das den antiken Mysterien gewidmete zweite Buch des monumentalen

Werks von Bischof William Warburton über Moses und seine göttliche Sendung (1738-41), aber erst in seiner Auswertung durch den Göttinger Philosophen Christoph Meiners in seiner Schrift über die Eleusinischen Mysterien. Meiners sieht den Sinn der dramatischen Darstellungen in den Mysterien darin, daß sie »nothwendig die Sinne stärker rühren, der bezauberten Einbildungskraft sich tiefer eindrücken mußten, und durch die lebhafte erregte Täuschung eine stärkere Überzeugung der Wahrheit hervorbringen mußten, als wenn man sie in kalten Worten, oder toten Buchstaben vorgetragen hätte«.[35] Anton Kreil berichtet in seinem Referat über die Eleusinischen Mysterien:

Die Darbietungen begannen mit einer Lesung (*legomenon*), wobei der Mystagoge »einen Hymnus des Orpheus und einige Stücke aus der Kosmogonie des phönizischen Weisen Sanchuniaton absang« (man glaubte im 18. Jahrhundert wesentlich mehr über die Eleusinischen Mysterien zu wissen als heutzutage).[36] Dann folgten die Vorführungen von allerhand »Erscheinungen« (*deiknymenon*), die die Initianden vor allem emotional ansprechen sollten. Tiefe Finsternis, Donner und Blitz, Monstren, Geheul, sogar körperliche Übergriffe sollten sie in Angst und Schrecken versetzen, bis sie vom Hierophanten erlöst und in den Tempel eingeführt wurden, wo sich nun ihren Augen in hellstem Lichtglanz liebliche, offenkundig jenseitige Szenen zeigten, »reine heilige Orte und Wiesen, auf denen sich festliche Tänzer vergnügten«; »endlich kamen die Eingeweihten auf Thronen zu sitzen« und wurden von dem Reigen seliger Geister umringt. Sie waren einen symbolischen Tod gestorben und erlebten nun das Elysium.[37]

Zur Vorstellung, die man sich im 18. Jahrhundert von den ägyptischen Mysterien machte, gehörte auch die künstliche Erzeugung von Blitz und Donner, um die Einzuweihenden in Angst und Schrecken zu versetzen. Cornelius de Pauw meint, daß »die Aegypter, da sie die ganze Zurüstung der Mysterien, welche seitdem nach Asien und Europa gebracht wurden, zuerst ersonnen haben, als die Erfinder des künstlichen Donners, und jener Ergießung des mit einemmahl mitten in der Finsternis erscheinenden Lichtes anzusehen seyn«. De Pauw erklärt sich die Erzeugung des Donners so, daß »das Zurückschlagen der Luft ein fürchterliches Geräusch in diesem Gebäude hervorbrachte, sobald man Thüren oder Zuglöcher daselbst öffnete, wodurch wieder andere mit Gewalt zugeschmissen wurden«.[38] Nach der Schrift *Crata*

Repoa, die eine höchst phantastische Rekonstruktion der ägyptischen Mysterien gibt, »verursachte man (in der Einweihung zum untersten Grad) einen künstlichen Wind, und ließ über den Eingeweihten regnen. Die Blitze fuhren ihm ins Gesicht, und schreckliche Donner erschütterten sein Gehör.«[39]
Der Myste mußte durch diese seelisch und körperlich entsagungsvollen, bedrohlichen und schmerzhaften Erlebnisse hindurch, wenn anders sie für ihn zu existentiellen, sein Selbstbewußtsein zutiefst prägenden Erfahrungen und zu unverlierbaren Elementen seines Ichs werden sollten. Die Initiation war darauf angelegt, dem Initianden eine neue Identität zu vermitteln, eine Identität im doppelten Sinne der Zugehörigkeit zu einer Gemeinschaft und der individuellen Verwandlung. Er erwarb sich sein neues Selbst sowohl durch Zugehörigkeit und war in dieser Hinsicht bei allen Prüfungen sichtbar oder unsichtbar geleitet und begleitet von der Gemeinschaft, die ihn erwartete, als auch durch Situationen extremer Einsamkeit und Ausgesetztheit mit Schrecknissen, Schmerzen, Gefährdungen, die ihn mit seinem Selbst, seinen innersten Ängsten und Trieben konfrontieren sollten. Die Einsamkeit des Mysten ist ein zentrales Element der Prüfung und bildet das Gegengewicht zur Gemeinschaft, um die es letztlich geht. Der Initiand wird ein neuer Mensch, indem er durch die Einsamkeit hindurchgeht und in die Gemeinschaft aufgenommen wird.

Daher heißt es bei Terrasson:

> Wer diesen Weg allein geht und ohne hinter sich zu sehen, der wird gereinigt werden durch das Feuer, durch das Wasser und durch die Luft; und wenn er das (!) Schrecken des Todes überwinden kann, wird er aus dem Schooß der Erde wieder herausgehen, und das Licht wieder sehen, und er wird das Recht haben, seine Seele zu der Offenbarung der Geheimnisse der großen Göttin Isis gefaßt zu machen![40]

Mozart und Schikaneder haben das entscheidende »allein« gestrichen, weil Tamino ja auf diesem Weg nicht allein sein wird. Das ist die entscheidende Veränderung, die sie an dem Mysterienritual vornehmen. Bei ihnen hat das Ritual ja einen zweiten Sinn: Es führt nicht nur zur Selbstumwandlung und zur Aufnahme in die neue Gemeinschaft, sondern auch zur endlichen Vereinigung der beiden Liebenden. Daher muß die Einsamkeitsprobe in eine andere Prüfungssituation verlegt werden. Es ist die Szene, in der Tamino Pamina sieht und nicht mit ihr sprechen darf. Dies ist zugleich die Szene seiner äußersten psychischen, emotionalen Belastung, hier wird ihm die letzte Selbstüberwindung abgefordert. Er würde zweifellos tausendmal lieber selbst sterben als Pamina sagen hören: »Das ist schlimmer als Tod.« Tamino durchlebt hier geradezu ein Martyrium. Das Leiden eines über alles geliebten Menschen nicht nur tatenlos mitansehen, sondern auch noch selbst verschulden zu müssen ist schlimmer als alles eigene Leiden.

Die letzte Prüfung, der Gang durch Feuer und Wasser, ist nach dem Vorbild von Terrassons Roman gestaltet, aus dem Mozart und Schikaneder die eindrucksvolle Inschrift über den »Schreckenspforten« wörtlich übernehmen. Darin heißt es, »wenn er (der Prüfling) des Todes Schrekken überwinden kann, schwingt er sich aus der Erde himmelan«. Es geht ohne jeden Zweifel um den Tod in dieser letzten Prüfung, aber nicht als etwas zu Durchlebendes, kontemplativ zu Vergegenwärtigendes wie bei der Meisteraufnahme der Freimaurer, sondern um eine Art Unterweltsfahrt, nun eindeutig nach dem »ägyptischen Modell«. In *Crata Repoa* heißt die Einweihung zum Dritten Grad »das Thor des Todes«.[41]

Auch im Initiationsritual der Loge *Zur Wahren Eintracht* war eine Reise durch die Elemente vorgesehen. Genau gesagt sind es drei Reisen, die den »Leidenden«, wie er im Ritual genannt wird, mit verbundenen Augen, eine Degenspitze auf die entblößte Brust gesetzt, auf dem »Weg der Tugend« dreimal im Uhrzeiger- und Gegenuhrzeigersinn in der Loge herumführen. Bei diesen Reisen ist alles auf emotionale Erschütterung abgestellt. Ständig wird er gewarnt, sich zu bücken, rechts oder links auszuweichen, dabei mit Erde und Wasser bespritzt; die Brüder erkundigen sich immer wieder, was das Eisen macht. Ob es schon heiß ist? – es glühet – es glüht heftiger – es ist hellroth. Bei der ersten Reise bleibt es bei dieser rein sprachlichen Feuerprobe, die sich auf das Feuer der Bruderliebe bezieht. Dann wird der Initiand auf die zweite Reise geschickt, diesmal von Westen ausgehend im Gegenuhrzeigersinn. Nochmals Fragen nach dem Zustand des Eisens. Es nimmt im Glühen zu. Dem »Leidenden« wird heiße Luft ins Gesicht geblasen. »In der Folge heftiges Brausen einer Windmaschine.« Die dritte Reise führt den Leidenden von Norden im Uhrzeigersinn um die Loge. Nun ist das Eisen »weißglühend«. »Dann macht in diesem Augenblick der Frère terrible ein starkes Feuer, mittels einer feuerfangenden Materie durch ein brennendes Licht, was flattert und aufbraust, folglich das Schrecken des Leidenden vermehrt.«[42]

Der Gedanke eines Gangs durch die Elemente, im Initiationsritual der Loge wie in der *Zauberflöte*, beruht auf der verschlüsselten Schilderung, die Lucius in dem Roman des Apuleius von Madauros von seiner Einweihung gibt:[43]

Accessi confinium mortis	Ich habe das Gebiet des Todes betreten
et calcato Proserpinae limine	meinen Fuß auf die Schwelle der Proserpina gesetzt
per omnia vectus elementa remeavi	und bin, nachdem ich durch alle Elemente gefahren bin, wieder zurückgekehrt.
nocte media vidi solem	Mitten in der Nacht habe ich die Sonne
candido coruscantem lumine	in weißem Licht strahlen sehen.
deos inferos et deos superos	Den unteren und den oberen Göttern
accessi coram	bin ich von Angesicht zu Angesicht gegenübergetreten
et adoravi de proxumo	und habe sie aus der Nähe angebetet.

Apuleius hat bei den Worten *per omnia vectus elementa* wohl kaum an eine Mutprobe gedacht. Eher möchte man vermuten, daß sich diese Wendung von der »Fahrt durch alle Elemente« auf die Nachtfahrt der Sonne und damit auf die Wanddekorationen einer Krypta in der Art der ägyptischen Königsgräber bezieht, in die Lucius hinabgestiegen ist. Von einem Prüfungsweg durch Feuer und Wasser ist in der persischen Überlieferung die Rede. Darauf hatte der Orientalist Joseph Anton von Bianchi in seinem Vortrag über »Die Magie der alten Perser und die mithrischen Geheimnisse« in der Loge *Zur Wahren Eintracht* aufmerksam gemacht. Zoroaster soll im dreißigsten Jahr seines Lebens eine Reise zum Thron des Ormuzd angetreten haben. Sie führte ihn an einen »Feuerberg: Er mußte hinein, er gieng schadlos durch. Geschmolzene Metallene wurden über ihn ausgegossen und er verlohr kein Haar ... Wen Gott schützt, sagt der Verfasser, und wenn er durch Feuer oder Wasser muß, fürchtet er sich doch nicht.«[44] Von der Initiation in die Mithras-Mysterien schreibt Bianchi: »Der Einzuweihende muß z.B. verschiedene Tage hintereinander durch große Wasser waten und durchs Feuer gehen. Dann muß er sich in der Einsamkeit aufhalten, fasten, und noch viele andere Übungen vornehmen, bis er durch die achtzig Prüfungsgrade gegangen ist: und dann erst, wenn er mit dem Leben davon kommt, wird er endlich zu den Geheimnissen des Mithra eingeweyht.«[45]

Bei Terrasson und auch in der freimaurerischen Adaption der *Crata Repoa* schließt sich an den Durchgang durch Feuer und Wasser noch eine »Luftprobe« an, eine akrobatische Übung an den Ringen, die zwar theatralisch leicht darzustellen wäre, aber auf die Mozart und Schikaneder dann doch aus sehr guten Gründen verzichtet haben, weil diese Darstellung aufgrund der zirkusartigen Akrobatik nur komisch wirken mußte. Luft und Erde klingen allein in dem Vers der Inschrift an »schwingt er sich aus der Erde himmelan«.

Bei Apuleius bildet der Triumph des Mysten den Abschluß der Prüfungen. So wie sein Abstieg in die Unterwelt nicht nur einen symbolischen Tod, sondern, nach ägyptischer Vorstellung, auch die Nachtfahrt des Sonnengottes bedeutet hatte, erscheint er nun bei seiner Rückkehr am Morgen als Sonnengott. Er wird mit den Gewändern und Insignien des Sonnengottes bekleidet und erscheint auf einem Podest der jubelnden Volksmenge *ad instar solis*, wie die Sonne.

In der *Zauberflöte* spielt sich dieselbe triumphale Verwandlung ab, aber nicht der Myste, sondern die Bühne »verwandelt sich in eine Sonne«. Diese Verwandlung geschieht aber nicht bereits, als Tamino und Pamina unversehrt aus der Feuer- und Wasserprobe hervorgehen, sondern erst, als die Königin der Nacht mit Monostatos und ihren Damen nach ihrem Putschversuch in der Versenkung verschwindet:

Zerschmettert, zernichtet ist unsere Macht,
Wir alle gestürzet in ewige Nacht!
(Sie versinken.)
Sogleich verwandelt sich das ganze Theater in eine Sonne.
Sarastro steht erhöht; Tamino, Pamina, beide in priesterlicher Kleidung. Neben ihnen die ägyptischen Priester auf beiden Seiten. Die drei Knaben halten Blumen.

SARASTRO Die Strahlen der Sonne vertreiben die Nacht,
Zernichten der Heuchler erschlichene Macht!

Wir müssen jedoch diese Vorgänge als simultan auffassen. Während Tamino und Pamina die letzte Prüfung bestehen, versucht die Königin der Nacht mit ihrem Anhang die Herrschaft des Sarastro zu stürzen. Mit dem Sieg der beiden Neugeweihten über die Elemente stürzt die Königin in die Finsternis hinab.

Im Sieg des Lichts über die Finsternis gewinnt der Gegensatz zwischen Aberglauben und Weisheit eine geradezu manichäische Schärfe. Darauf hat Jean Starobinski hingewiesen:

> Es gilt, ein zureichend starkes verneinendes Prinzip zu erfinden zwecks Erklärung der Tatsache, daß das Licht der Gerechtigkeit nicht auf Anhieb in allen Herzen Fuß faßt. Da ja die menschliche Welt noch nicht in Glanz erstrahlt, heißt dies, daß der Fürst der Finsternis (hier handelt es sich um eine Fürstin der Finsternis, aber das läuft auf das gleiche hinaus) Widerstand leistet. Jede Eschatologie, jede Utopie muß ein Feindbild entwickeln, dem es die Verzögerung des universalen Glücks zur Last legen kann. Jede Utopie ist also manichäisch. Nun ist aber der Manichäismus von einem »Zoroastrismus« abgeleitet. Der Name »Sarastro« ist also in diesem Fall vollkommen gerechtfertigt.[46]

Im Blick auf die Mysterientheorie der Zeit und ihre Konzeption der »doppelten Religion« kann man diesen Dualismus genauer fassen. Nicht Ahura Mazda und Ahriman, nicht das absolute Gute und das radikal Böse stehen sich in der Welt gegenüber, sondern Aberglaube und Vernunft. Die Vernunft bzw. Wahrheit ist nicht staatstragend, der Aberglaube hält nicht stand vor dem Tribunal der Vernunft. Diesen Zwiespalt gab es im Goldenen Zeitalter nicht, weil es keinen Staat gab, der das Volk »durch Blendwerk und Aberglauben berücken« und zur Einhaltung der Gesetze zwingen muß, und es wird ihn in der angestrebten Zukunft nicht mehr geben, wenn das Volk durch Bildung und Erziehung dazu gekommen sein wird, die Gesetze der Gerechtigkeit durch Einsicht anzunehmen und zu verinnerlichen. Der Gegensatz zwischen Aberglaube und Aufklärung ist also nicht in der Welt, wie sie ist, angelegt und daher nicht manichäisch zu deuten, sondern ein Produkt der Geschichte, das einen Anfang und daher auch ein Ende hat.

Was wir aus dieser »Pausenbetrachtung« in den letzten Abschnitt der Oper mitnehmen wollen, ist vor allem die zentrale Rolle der Todeserfahrung bei der letzten Stufe der Einweihung, den »Großen Mysterien«, auf die Tamino und Pamina nun zugehen. Für Tamino sind es »die Schreckenspforten, die Not und Tod mir dräun«. Für Pamina aber ist es der Zustand der äußersten Verzweiflung, der sie zum Selbstmord treibt. Selbst Papageno wird dieser Prüfung gewürdigt; seine letzte Szene parodiert Paminas Erfahrungen: Auch ihn treibt die Sehnsucht in eine für ihn unerträgliche Lage:

Seit ich gekostet diesen Wein –
Seit ich das schöne Weibchen sah,
So brennt's im Herzenskämmerlein,
Wo zwicket's hier, so zwicket's da!

Auch er will sich das Leben nehmen:

Diesen Baum da will ich zieren,
Mir an ihm den Hals zuschnüren,
Weil das Leben mir mißfällt;
Gute Nacht, du schwarze Welt! –
Weil du böse an mir handelst,
Mir kein schönes Kind zubandelst,
So ist's aus, so sterbe ich.
Schöne Mädchen, denkt an mich! –

So werden auch Pamina und Papageno durch ihre unerfüllte Liebessehnsucht an die Schwelle des Todes geführt. Die eine will sich mit einem Dolch, der andere mit einem Strick das Leben nehmen. Dolch und Strick gehören zusammen mit Leuchter, Totenkopf und der beim Anfang des Johannesevangeliums aufgeschlagenen Bibel zu den Objekten, mit denen der Suchende in der mit schwarzen Tüchern ausgeschlagenen »finsteren Kammer« allein gelassen wird, bevor er zu seiner Wanderung auf dem gefährlichen Prüfungsweg gerufen wird. Auch Mozart hat am 14. Dezember 1784 in dieser Kammer gesessen und über Dolch, Strick und Totenkopf meditiert.[47]

Auch für Papageno führt, genau wie für Pamina, die Rettung durch die drei Knaben zur Vereinigung mit der Geliebten. So findet auch Papageno aus dem Prüfungsprozeß wieder heraus, wenn auch nicht auf der hohen Ebene der Großen Mysterien, die zur Thronbesteigung führen, dann doch auf der Ebene eines bescheidenen Lebensglücks, das demjenigen zuteil wird, der in den Prozeß hineingeraten ist, aber die Prüfungen nicht besteht. In diesem Fall, schreibt Terrasson,

bemächtigen die drey Männer ... sich seiner und ließen ihn durch diese Pforte in die unterirdischen Tempel hinein, aus denen er niemals wieder heraus kam, weil man die Beschaffenheit der Proben nicht bekannt haben wollte. ... Ihr Gefängniß war übrigens nicht hart. Man machte sie, wenn sie es wollten, zu Bediensteten vom zweyten Rang in diesen unterirdischen Tempeln, und sie konnten sich mit Töchtern dieser Bediensteten verheyrathen.[48]

Papageno gelangt auch in die Priesterwelt, verbleibt dort aber, was seinen Wünschen und seinem Naturell auch vollkommen entspricht, im niederen Stand. Auch er wird durch die Todesschrecken, die auch ihm nicht erspart bleiben, zu einem neuen Zustand der Glückseligkeit geläutert.

Mozart, um das noch einmal zu unterstreichen, war diesen Empfindungen bei seiner Aufnahme und seiner Meisterweihe selbst ausgesetzt; sie müssen ihm viel bedeutet haben und gerade jetzt bei der Komposition der *Zauberflöte*, als der Auftrag für das *Requiem* bereits in seinem Geist zu arbeiten begonnen hatte, besonders gegenwärtig gewesen sein.

Siebtes Kapitel
Die letzte Prüfung

Abb. 32 »Das Theater verwandelt sich in eine Sonne«.
Simone Quaglios grandioses Schlußbild mit dem blauen Band des
Tierkreises zeigt eine Himmelsvision im Sinne von Dantes Paradiso.
Schlußbild von S. Quaglio (München 1816)

Die drei Knaben retten Pamina

Das Theater verwandelt sich in einen kurzen Garten.[1] Wir sind also wieder »außen«, während Tamino innen im Gewölbe der Pyramide seiner letzten Prüfung entgegengeht. Wieder befinden wir uns auf einer anderen Ebene der Handlung; erst später wird sich herausstellen, daß es Paminas Ebene ist. *Die drei Knaben fahren herunter* und verkünden mit ihrem dritten Auftritt den Beginn der dritten Prüfung. Das 10taktige Vorspiel, ein reiner, dunkler Bläsersatz (Klarinetten, Fagotte, Hörner, keine Flöten und Oboen) in Es-Dur, begleitet in feierlich punktiertem Marschrhythmus sotto voce und andante das Herabschweben der Knaben und verbreitet auch ohne priesterliche Bassethörner und Posaunen eine sakrale Atmosphäre, die im lebhaftesten Kontrast zu ihrem zweiten Auftritt steht. Diesmal sind sie allein, kein Neophyt ist da, den zu führen ihre Aufgabe wäre. So ist das Publikum der einzige Adressat ihrer Botschaft, die sich daher nicht auf der Ebene der dramatischen Handlung, sondern auf der Meta-Ebene des belehrenden Kommentars bewegt. Zum dritten Mal erklingt, gleich dreimal, das leitmotivische »Bald« und auch andere Stichworte werden aufgegriffen:

26. *Auftritt*
Nr. 21 *Finale*

Bald prangt, den Morgen zu verkünden,
die Sonn auf goldner Bahn,
bald soll der Aberglaube[2] schwinden,
bald siegt der weise Mann.
    O holde Ruhe, steig hernieder,
       kehr in der Menschen Herzen wieder;
dann ist die Erd ein Himmelreich
und Sterbliche den Göttern gleich.

Die ersten vier Verse setzen die aktuelle Handlungszeit, das nahende Ende der Prüfungsnacht, in Parallele zum nahen Ende des Aberglaubens und dem Sieg der Weisheit (»der weise Mann«, um des Reimes willen; es sollte hier nicht zu viel auf die Geschlechterdifferenz gegeben werden). Noch hat Tamino die letzte Prüfung nicht bestanden, noch ist die Welt zerrissen vom Kampf zwischen »Aberglauben« und »Weisheit«, das heißt in der Sprache der Freimaurerei, zwischen der auf Offenbarung und blindem Glauben beruhenden kirchlichen Volksreligion und der auf Einsicht gegründeten natürlichen Religion der Vernunft.

Ein kurzer Mittelteil beschwört die »holde Ruhe« und greift das Motiv der »gold'nen Ruhe« auf, die Tamino und Pamina unlängst besungen haben. Was in ihrem Terzett befremdlich wirkte, klärt sich nun auf. Die holde Ruhe bezieht sich auf das Goldene Zeitalter, den Stand der Unschuld, der die Menschenherzen bestimmte, bevor Aberglaube und Glaubenskampf die ursprüngliche Eintracht zerstörten. Wenn die Ruhe dieser »Harmonie«, »Sympathie«, »Bruderliebe« und wie die Namen alle heißen, mit denen die Oper diesen Ur- und Endzustand umschrieben hat, kurz, das Goldene Zeitalter zurückkehrt, wird die Erd ein Himmelreich und Sterbliche den Göttern gleich: Mit diesem Verspaar schloß der erste Akt.[3]

Mit dem Gesang der drei Knaben beginnt das »Finale«, das nicht weniger als 920 Takte umfaßt (alle musikalischen Nummern des zweiten Aufzugs zusammen haben ohne das Finale nur knapp 700 Takte!) und ohne dialogische Unterbrechung, dafür aber mit einigen Verwandlungen, ungeheuren szenischen und musikalischen Kontrasten und psychischen Stimmungswechseln durchkomponiert ist.

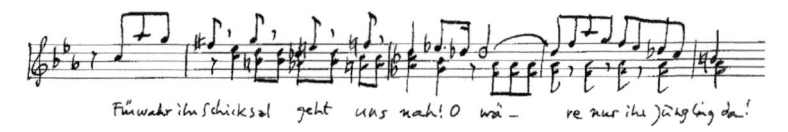

27. Auftritt Sowie die Knaben Pamina erblicken, wechselt die Tonart nach c-Moll und der homophone Gesang in ein erschrockenes Durcheinanderreden mit chromatischen Skalen und kühnen Modulationen. Erst jetzt wird Pamina auch für die Zuschauer sichtbar, *halb wahnwitzig, mit einem Dolch in der Hand.* Sie spricht mit dem Dolch, in einer äußerst expressiven Wendung: »Du also bist – mein Bräutigam« mit einem Oktavsprung von g' zu g" auf »also« und »Bräuti-«, und fährt fort in ihrer Todesphantasie: »Geduld, mein Trauter, ich bin dein! Bald werden wir vermählet seyn.« Die Knaben, Zeugen dieser Szene, sind von Mitleid ergriffen – »Fürwahr ihr Schicksal geht uns nah! O wäre doch ihr Jüngling da!«, mit einem chromatischen Quartfall, der typischen Klagefigur des *passus duriusculus*, in den beiden Unterstimmen und einer neapolitanischen Sexte bei den Worten »O wäre doch ihr Jüngling (da)«, erkennen rechtzeitig ihre Selbstmordabsicht und reden sie in einem unvermittelten, lieblichen Es-Dur an: »Holdes Mädchen, sieh uns an!« Doch das holde Mädchen läßt sich nicht abbringen. »Lieber durch dies Eisen sterben, als durch Liebesgram verderben!« Sie leidet nicht nur an verschmähter Liebe, sondern auch unter dem Fluch der Mutter: »Mutter! Durch dich leide ich und dein Fluch verfolget mich.« Unbeirrt von den Vorhaltungen (»Selbstmord strafet Gott an dir«) und Bitten der Knaben (»Mädchen, willst du mit uns gehn?«) beharrt sie: »Ha, des Jammers Maß ist voll! (mit demselben chromatischen Quart-

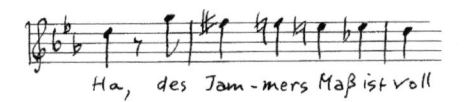

fall, den schon zwei der drei Knaben angestimmt haben) Falscher Jüngling, lebe wohl! Sieh, Pamina stirbt durch dich; dieses Eisen tödte mich!« (*will sich erstechen*). Zu einem energischen punktierten Signal der Bläser, zu denen jetzt auch die Hörner treten in plötzlichem Es-Dur, der Paminas g' (g-Moll) wieder wie schon mehrfach in dieser Oper in einen Trugschluß verwandelt[4], fallen ihr die Knaben mit dem Zwischenruf »Ha! Unglückliche, halt ein!« in den Arm und schlagen ein anderes Tempo an, um sie in vorwärts drängendem Allegro über Taminos Liebe aufzuklären. Immer wieder gibt das Orchester, mal mit den Geigen, mal mit den Flöten, ein Motiv vor, einen absteigenden Lauf von as'' nach d'' bzw. es'' nach a', der im Crescendo auf einem Forte endet und dieses sehnsuchtsvoll Vorwärtsdrängende ausdrückt.

Noch kann es Pamina nicht glauben: »Was? Er fühlte Gegenliebe, Und verbarg mir seine Triebe; wandte sein Gesicht von mir? Warum sprach er nicht mit mir?« Diese Frage rührt an das Geheimnis der Prüfung, das die Knaben nicht preisgeben dürfen: »Dieses müssen wir verschweigen, doch wir wollen dir ihn zeigen...« Sehen ist nun das Stichwort. »Ich möcht ihn sehn!« stößt Pamina fünfmal hintereinander hervor, atemlos vor Verlangen, und doch, im Augenblick höchster Spannung, bleibt die Zeit stehen und die vier vereinigen sich zu einem lehrhaften, kommentierenden Quartett *ad spectatores*: »Zwey Herzen, die von Liebe brennen, kann Menschenohnmacht niemahls trennen. Verloren ist der Feinde Müh, die Götter selbsten schützen sie.« Die Lehre paßt nur teilweise auf den vorliegenden Fall, denn von »Feinden« kann ja keine Rede sein, zumindest die Knaben sollten es besser wissen, daß die Instanzen, die diese Trennung verhängen, keine »Feinde« sind. Vielleicht wissen sie, was sich dem Zuschauer erst später offenbart, aber gleichzeitig abläuft: daß die Königin der Nacht mit Monostatos und dem Damengefolge in den Tempel eingedrungen ist, um den »siebenfachen Sonnenkreis« und die jetzt dem Monostatos versprochene Pamina zurückzuholen. Das sind in Wahrheit die Feinde, die es darauf abgesehen haben, die beiden Liebenden zu trennen. Pamina aber glaubt möglicherweise noch immer, daß »die Eingeweihten« ihre Feinde sind, die sie von Tamino trennen wollen. Jedenfalls wird hier die Bedeutung der Liebe noch einmal, im Rückbezug auf Taminos Bildnisarie und Pamina/Papagenos Duett, als die alles überwindende, höchste Form menschlicher Bindung hervorgehoben. Die Liebenden wachsen über die Sphäre des Menschlichen, in der die Feinde ihr Unwesen treiben können, hinaus in eine Sphäre, in der sie des Schutzes der Götter gewiß sein dürfen. Dieses Aufsteigen drückt Pamina in einem über 4 Takte gehaltenen jubelnden b'' aus, das sie über den Gesang der Knaben legt. Sie erklimmt es in den Quart- und Terzschritten des Es-Dur-Akkords und fällt dann von dort auf das Wort »Götter« die Tonleiter bis zum d' hinab: eine grandiose Steigerung des »Liebesmotivs«, das in Taminos Bildnisarie erstmals anklang.

Durch Feuer und Wasser

Wenn du durchs Wasser schreitest, bin ich bei dir, wenn durch Ströme, dann reißen sie dich nicht fort. Wenn du durchs Feuer gehst, wirst du nicht versengt, keine Flamme wird dich verbrennen.

Jesaja 43,2

Durch Feuer und Wasser mußten wir gehen, doch du hast uns herausgeholt, so daß wir wieder frei atmen können.

Ps 66, 12

Verwandlung. Das Theater verwandelt sich in zwey große Berge; in dem einen ist ein Wasserfall, worin man Sausen und Brausen hört; der andere speyt Feuer aus; jeder Berg hat ein durchbrochenes Gegitter, worin man Feuer und Wasser sieht; da, wo das Feuer brennt, muß der Horizont hellroth sein, und wo das Wasser ist, liegt schwarzer Nebel. Die Scenen sind Felsen. Jede Scene schließt sich mit einer eisernen Thüre.

Tamino ist leicht angezogen, ohne Sandalien. Zwey geharnischte Männer führen Tamino herein. Auf ihren Helmen brennt Feuer, sie lesen ihm die transparente Schrift vor, welche auf einer Pyramide geschrieben steht. Diese Pyramide steht in der Mitte ganz in der Höhe, nahe am Gegitter.

Taminos Prüfungsweg hat ihn vor die letzte, schwerste Prüfung geführt. Die Szene ist nach dem Vorbild der Einweihung des jungen Sethos in dem gleichnamigen Roman des Abbé Jean Terrasson gestaltet, der von Matthias Claudius ins Deutsche übersetzt wurde. Auch dort muß der junge Prinz in den Substruktionen einer Pyramide durch Feuer und Wasser gehen. Pyramiden als Einweihungsorte sind ein typisches Motiv nicht nur der zeitgenössischen Literatur, sondern auch der Gartenkunst.[5] Die Inschrift, die die beiden Geharnischten Tamino vorlesen, ist gleichfalls wörtlich aus dem Terrasson übernommen:

28. Auftritt

Der, welcher wandert diese Straße voll Beschwerden,
Wird rein durch Feuer, Wasser, Luft und Erden.
Wenn er des Todes Schrecken überwinden kann,

Abb. 33 »*Das Theater verwandelt sich in zwey große Berge; in dem einen ist ein Wasserfall, worin man sausen und brausen hört; der andre speyt Feuer aus; jeder Berg hat ein durchbrochenes Gegitter, worin man Feuer und Wasser sieht; da, wo das Feuer brennt, muß der Horizont hellroth sein, und wo das Wasser ist, liegt schwarzer Nebel. Die Scenen sind Felsen, jede Scene schließt sich mit einer eisernen Thüre*« (Schikaneders Bühnenanweisung). Bühnenbildentwurf von J. Quaglio (München 1793)

Schwingt er sich aus der Erde Himmel an.
Erleuchtet wird er dann imstande seyn,
Sich den Mysterien der Isis ganz zu weih'n.

So liest sich diese Inschrift bei Terrasson:

QUICONQUE FERA CETTE ROUTE SEUL, ET SANS REGARDER DERRIERE LUI, SERA PURIFIÉ PAR LE FEU, PAR L'EAU ET PAR L'AIR; ET S'IL PEUT VAINCRE LA FRAYER DE LA MORT, IL SORTIRA DU SEIN DE LA TERRE, IL REVERRA LA LUMIÈRE, ET IL AURA DROIT DE PRÉPARER SON ÂME À LA RÉVÉLATION DES MYSTÈRES DE LA GRANDE DÉESSE ISIS.[6]

Wer diesen Weg allein geht, und ohne hinter sich zu sehen, der wird gereinigt werden durch das Feuer, durch das Wasser und durch die Luft; und wenn er das Schrecken des Todes überwinden kann, wird er aus dem Schooß der Erde wieder herausgehen, und das Licht wieder sehen, und er wird das Recht haben, seine Seele zu der Offenbarung der Mysterien der großen Göttin Isis gefasst zu machen.[7]

Abb. 34 Feuer und Wasser. Bei Schinkel sind die Prüfungsanlagen
in die Substruktion des Tempels eingebaut.
Bühnenbildentwurf von F. Schinkel (Berlin 1816)

Vorbild dieser Szene ist natürlich Dantes Abstieg ins Inferno, dessen Pforte die Inschrift trägt: LASCIATE OGNI SPERANZA VOI CH'ENTRATE – wörtlich zitiert in Alessandro Striggios und Claudio Monteverdis *Orfeo*. Hier aber handelt es sich nicht um den Eingang zur Unterwelt, sondern zu den Krypten oder Katakomben der Pyramiden, die der Initiand zu durchwandern hat, um dann, wenn er alle Gefahren bezwungen und alle Prüfungen bestanden hat, im Tempel des größten Lichts wieder aufzutauchen.[8]

Was Mozart musikalisch aus dieser Szene, der Verlesung der Inschrift durch die beiden Geharnischten, macht, hat in keiner seiner anderen Opern und wohl auch in sonstigen Opern der Zeit eine Parallele.[9] Die Tonart ist c-Moll, das Tempo adagio. Ein kurzes Vorspiel von sechs Takten betont den Ernst der Stunde. Unisono und signalartig erklingt forte ein »c« – ⌣ –, darauf eine schmerzvoll klagende Phrase im Quartabgang von der Oberterz, die seit Dowlands *Lachrymae* als Tränenmotiv gilt; wiederum das unerbittliche Unisono, auf »g«, gefolgt von

Flow my tears, fall from your springs

der schmerzvollen Phrase. Judith Eckelmeyer hat gezeigt, daß diese Takte die Moll-Variante desselben Themas darstellen, das dann nach dem Bestehen der Prüfung in triumphalem Dur vom beglückwünschenden Chor erklingt.[10] Dann beginnt eine fugierte Choralvariation im strengsten Stil Johann Sebastian Bachs.[11] Hierzu schreibt Maximilian Stadler im Jahre 1827:

Mozart hat in dieser Oper einen Choral eingeschaltet, der nicht seine Erfindung war; aber auch zur Begleitung desselben wählte er eine Idee des berühmten Seb. Bach. Um dem Herrn Weber die Mühe zu ersparen, durch Briefe Bach's Choral

a₁) Kontrapunktische Cantus-firmus-Studie (Fragment)

aussuchen zu lassen, will ich ihn auf Kirnberger's Kunst des reinen Satzes. Berlin 1774, Seite 243 hindeuten.[12] Nun ist noch zu bemerken, daß Mozart zu eben diesem Choral schon vorher eine ganz andere Begleitung von ihm selbst setzte, die ich in seiner Handschrift besitze.[13] Allein Mozart wusste in seinen letzten Lebensjahren die großen Meister noch so zu schätzen, daß er Ideen von ihnen seinen eigenen vorzog. Wer beyde Choräle miteinander vergleicht, wird die Verschiedenheit dieser herrlichen Begleitung von selbst einsehen.[14]

So verschieden, wie Stadler meint, ist das Fugenthema der Begleitung nicht. Die Ähnlichkeit zeigt sich, wenn wir Takt 1 und Takt 2 vertauschen.[15] Es scheint vollkommen evident, daß wir hier eine Skizze zum Choral der Geharnischten vor uns haben, die Mozart nicht zugunsten der »großen Meister«, sondern einer prägnanteren Melodieführung verwarf. Die besondere Pointe, die er dem Thema in der Endgestalt

hinzufügte, bestand in der Kombination mit dem chromatisch absteigenden Seufzermotiv als Kontrasubjekt. Wie Reinhold Hammerstein gezeigt hat, wurzeln die beiden Themen, das schon in der Skizze angelegte Schrittmotiv (*Ascensus* oder *Anabasis*) und das Gegenthema (*Passus duriusculus,* der chromatische Quartfall, als *Suspiratio,* »Seufzermotiv«) in der barocken Figurenlehre und beziehen sich auf die textlichen Motive des »Wanderns« und der »Beschwerden«.

Die Aufgabe, die sich Mozart mit dieser Nummer stellte, bestand darin, einen aus seiner Umgebung möglichst stark herausfallenden musikalischen »Fremdkörper« zu schaffen, der das Fremde und Ferne der verlesenen, vielleicht sogar, wie es der Stich Abb. 33 nahelegt, aus dem Hieroglyphischen übersetzten Inschrift im Sinne einer Botschaft aus längst vergangener Zeit deutlich macht. Um diesen Kontrast ging es ihm und nicht um ein Exercitium im alten Stil. Im Kirchenstil des späten 18. Jahrhunderts war der barocke Kontrapunkt gerade noch lebendig, aber selbst hier würde es schwerfallen, ein so genaues Stilzitat zu finden. Dieses Stück zeugt, wie Stadler mit Recht behauptet, von intensivster Auseinandersetzung mit den Werken Johann Sebastian Bachs, auch wenn Mozart (was Reinhold Hammerstein und andere bezweifeln) diesen Choral und die Technik der fugierten Choralbearbeitung aus Kirnbergers *Lehre des reinen Satzes* übernommen haben sollte. Vergleichbare Stilzitate finden sich gelegentlich in Mozarts Instrumentalwerken, als Früchte seiner intensiven Beschäftigung mit den Werken Bachs und Händels, auf Anregung und teilweise auch im Auftrag seines Förderers Gottfried van Swieten; das eindrucksvollste Beispiel sind wohl Adagio und Fuge c-Moll für Streichquartett KV 546[16] und die Fantasie f-moll für ein Orgelwerk in einer Uhr KV 608.[17] In den kirchlichen Vokalkompositionen finden sich zahlreiche Fugen,[18] von denen aber nur die letzte, das Kyrie aus dem Requiem, als ein Stilzitat betrachtet werden kann.[19] Mozart war überdies nicht nur ein großer Organist, er bewarb sich in seinen späten Jahren auch wiederholt und mit Erfolg darum, dem alternden Domkapellmeister am Stephansdom, Leopold Hofmann, im Hinblick auf spätere Nachfolge »für itzt nur unentgeltlich adjungiret zu werden«; nur starb er zwei Jahre vor Hofmann.[20] Anders aber als in den zitierten Werken wird hier dieses Stilzitat, wie gesagt, um des Kontrasts willen eingesetzt. Es soll als ein absoluter Fremdkörper aus seiner Umgebung herausfallen.

Das Thema setzt in den 2. Violinen ein; es verbindet eine schreitende Bewegung in Staccato-Achteln mit chromatischen Seufzermotiven als Ausdruck der »Beschwerden«. Darüber legen sich die beiden Singstimmen als Cantus firmus mit dem Luther-Choral »Ach Gott vom Himmel sieh darein«, dessen Halbe (»Gott vom Himmel sieh«) Mozart in Viertel aufteilen mußte (»wel-cher wan-dert die-se Stras-se voll-Be-«).

Reinhold Hammerstein meint, dieses Lied habe sich Mozart und Schikaneder wegen des siebten Verses nahegelegt, wo von der Läuterung des Silbers im Ofen die Rede ist[21]; in Luthers fünfter Strophe nimmt sich das tatsächlich wie eine Anspielung auf die bevorstehende Feuerprobe aus: »Das Silber, durchs Feu'r siebenmal / Bewährt, wird lauter funden; / Von Gotts Wort man erwarten soll / Desgleichen alle

Luther: Ach Gott, vom Himmel sieh darein

Mozart: Der, welcher wandert diese Strasse voll Beschwerden,

L.: und laß dich des erbarmen,

M.: Wird rein durch Feuer, Wasser, Luft und Erden;

Nur L.: wie wenig sind der Heil'gen dein,
Verlassen sind wir Armen.

L.: Dein Wort man läßt nicht haben wahr,

M.: Wenn er des Todes Schrecken überwinden kann,

L.: der Glaub ist auch verloschen gar

M.: schwingt er sich aus der Erde himmel an.

L.: bei allen Menschen Kindern.

M.: Erleuchtet wird er dann im Stande sein,

Nur M: Sich den Mysterien der I-sis ganz zu weihn.

Stunden. / Es will durchs Kreuz bewähret sein, / Da wird sein Kraft erkannt und Schein / Und leucht stark in die Lande.«

Man könnte sich aber auch vorstellen, daß es das Generalthema des Psalms, der Antagonismus zwischen den »Frommen« und den »Lügnern« war, der gut zu der in Aberglauben und Wahrheit »gespaltenen Welt« der *Zauberflöte* zu passen schien. Luthers Strophen sind siebenzeilig, wobei die Zeilen 3 und 4 die Melodie von 1 und 2 wiederholen. Die Melodie besteht also aus fünf Abschnitten; durch die Wiederholung der ersten beiden ergeben sich sieben. Der von Mozart zu vertonende Text umfaßt zwar nur sechs Zeilen, dafür wird aber bei Mozart nichts wiederholt. Er mußte daher die Melodie um einen sechsten Abschnitt ergänzen, was sich auch dadurch anbot, daß Luthers Melodie, denkt man sie sich in c-Moll, auf d, also auf der Dominante, schließt. Mozart benutzt diese Chance, um auf dem Wort »Isis«, gewissermaßen als persönliches, im Jahre 1524 undenkbares Siegel seiner Bearbeitung, einen neapolitanischen Sextakkord anzubringen, der innerhalb des fremdartigen musikalischen Kontexts seinerseits als starker »Fremdkörper« herausspringt. Mozart setzt in dieser Oper den Neapolitaner sparsam und sehr bewußt als »Pathosformel« ein. Das Wort »Isis« bekommt dadurch einen tragischen, schmerz- oder schreckensvollen Akzent, der auf das »mysterium tremendum« der verschleierten Göttin und auf die Schrecken der bevorstehenden Prüfung verweist.

Mit Taminos Reaktion – »mich schreckt kein Tod, als Mann zu handeln, / Den Weg der Tugend fortzuwandeln« – wechselt abrupt die musikalische Sprache zurück in die Oper, in ein pathetisch entschlossenes Accompagnato in f-Moll, bei dem Tamino – nach einer scharfen Dissonanz auf dem Wort »Tod«[22] – zu den Worten »Schließt mir die Schreckenspforten auf!« nun seinerseits mit einem *forte* herausgestellten neapolitanischen Sextakkord in Ges-Dur auf dem Wort »auf« dem sich auftuenden Schrecken unerschrocken entgegenblickt, um dann, zurück nach c7 – f-Moll, *piano* zu bekräftigen: »Ich wage froh den kühnen Lauf.« Da ertönt, *von innen*, Paminas Stimme: »Tamino halt! Ich muß dich sehn!« (bei ihrem »ich möcht ihn sehn!« hatten wir sie ja verlassen), und sofort wendet sich mit der Tonart (Des-Dur: Mozart bewegt sich hier im Hinblick auf die kommende »Aufhellung« in extremen b-Tonarten) und dem Tempo (*Allegretto*) die Stimmung von Ernst

Abb. 35 Tamino und Pamina vor den Schreckenspforten.
Die Kleidung entspricht nicht Schikaneders Anweisung
(*Tamino ist leicht angezogen, ohne Sandalen*), vgl. dagegen Abb. 36.
Kolorierter Stich der Brüder Schaffer (1795)

und Entschlossenheit in erregte Vorfreude, bei der sich Tamino mit
den beiden Geharnischten zu einem beschwingten Terzett vereinigt:
»Wohl mir/dir, nun kann sie mit mir/dir gehen, Nun trennet uns/
euch kein Schicksal mehr, Wenn auch der Tod beschieden wär.« Jetzt
ist auch das Schweigegebot aufgehoben. »Dir ist erlaubt, mit ihr zu
sprechen.« »Welch Glück, wenn wir uns/euch wiedersehn! Froh Hand
in Hand in Tempel gehen!« Kein Zweifel: »Ein Weib, das Nacht und
Tod nicht scheut, ist würdig und wird eingeweiht« – eine aus freimaurerischer Sicht durchaus revolutionäre Entscheidung. Welches Ge-
wicht Mozart diesem Satz beimaß, zeigt sich darin, daß er jede Note,
d.h. jedes der sieben einsilbigen Worte, mit einem Akzent versah
(sechsmal fp, zuletzt f): »(Ein) Weíb, dás Nácht únd Tód nícht scheút«.[23]
Während einer kurzen Überleitung von As-Dur über f-Moll nach F-
Dur tritt Pamina ein. Wieder wandelt sich mit dem Wechsel von Ton-

art (drei Stufen aufwärts im Quintenzirkel, was man als weitere große Aufhellung empfindet), Takt (von Alla breve zu 3/4) und Tempo (von allegretto zu andante) die Stimmung, aus der erregten Vorfreude in das erfüllte Glück des Wiedersehens.

Zum dritten Mal kreuzen sich im Rahmen des Prüfungsgeschehens Paminas und Taminos Handlungsstränge, um sich nun endgültig zu vereinigen. Zumindest der Vorschein jener »goldenen Ruhe«, nach der sich die Liebenden sehnten, fällt während der 8 Takte auf die Szene, als sich die Liebenden wiedersehen und umarmen: »Tamino mein! O welch ein Glück! – Pamina mein! O welch ein Glück«. Pamina stimmt die »Liebesfigur« von Taminos Bildnisarie an, bei der die Melodie in einer Sext von der Unterquart zur oberen Terz (c" – a") springt und von dort in Sekundschritten wieder zum c" heruntersteigt.

Einer der ganz großen, zutiefst ergreifenden dramatischen Momente der Oper. Nachdem für diese kurze Weile die Zeit stillezustehen schien, setzt nun in den Violinen und Bratschen eine Achtel-Bewegung in repetierten Staccato-Akkorden ein, welche die Liebenden sanft in die Gegenwart und die anstehenden Aufgaben zurückholt. Darunter markieren die Bässe pizzicato die Viertelschläge, die Hörner legen langgehaltene Töne darüber. Es wird ernst. Bis zum Eintritt in den Prüfungsberg werden sich nun Bewegung und Stillstand abwechseln: immer wieder bleiben die Liebenden auf ihrem Gang in Reflexionen und Erzählungen stehen. Das Gespräch der Liebenden entfaltet sich in arioser Form. (Bewegung:) »Hier sind die Schreckenspforten, Die Noth und Tod mir dräun« – »Ich werde aller Orten /An deiner Seite seyn«: Diese Antwort Paminas unterbricht mit einer Wendung von unendlicher Lieblichkeit[24], der sich die Streicher anpassen, die schreitende Bewegung, die aber zu ihren folgenden Worten gleich wieder einsetzt: »Ich selbsten führe dich, die Liebe leitet mich!« *Nimmt ihn bei der Hand.* Bei dieser Wendung stockt, gewissermaßen vor Überraschung, die Begleitung. Daß ein »Weib« eingeweiht wird, ist schon kühn genug, aber daß sie nun auch noch die Führung übernimmt, ist eine unerhörte Innovation! Durch diesen Schritt wird Sarastros autoritäre Sentenz – »ein Mann muß eure Herzen leiten, denn ohne ihn pflegt jedes Weib aus seinem Wirkungskreis zu schreiten« – explizit zurückgenommen. Jetzt ist es ein Weib, das Taminos Schritte leitet und damit eine neue Ordnung heraufführt, in der auch die misogynen Ansichten der Isispriesterschaft als Vorurteile entlarvt werden.

Pamina heißt Tamino, die Zauberflöte »anzuspielen«.[25] Liebe und Musik sind die verwandelnden Schutzmächte, die Pamina zum Beistand anruft für die bevorstehende Prüfung. Zuvor jedoch erklärt sie Tamino die Bewandtnis der Zauberflöte, die Begleitung wird wieder bewegter, und das Fagott holt im Zwiegespräch mit ihr zu einer großen erzählenden Gebärde aus: »Es schnitt in einer Zauberstunde / Mein Vater sie aus tiefstem Grunde / Der tausendjähr'gen Eiche aus, / Bey Blitz und Donner, Sturm und Braus«, vom Orchester mit tremolierenden Fortepiani (F7) zu den Worten »Donner« und »Sturm« begleitet. Wieder tun wir einen Blick in die Vorgeschichte der Opernhandlung. Paminas Vater war nicht nur ein weiser Herrscher, sondern offenbar auch ein mächtiger Zauberer, der die Gunst dieser Zauberstunde zu nutzen wußte für die Herstellung dieses einzigartigen Instruments, das aus Holz geschnitzt, aber zu Gold geworden ist.[26] Das Wort »Zauberflöte«, also die eigentliche Titelheldin des Stücks, kommt in der Oper nur dreimal vor: zweimal im ersten Aufzug (»Die Zauberflöte wird dich schützen, im größten Unglück unterstützen«, bei der Überreichung, und »Silberglöckchen, Zauberflöten sind zu eurem/unserem Schutz vonnöten!« beim Abschied) und einmal im zweiten Aufzug, nämlich an dieser Stelle. Hier also tritt sie in ihrer eigentlichen Funktion in Aktion, ihren Spieler »im größten Unglück«, nämlich in Todesgefahr, zu unterstützen, wie es nur die Musik vermag.

Durch Paminas Eingreifen und den Einsatz der Zauberflöte wird Taminos todesmutige Tapferkeit relativiert; nicht sie, sondern die Liebe ist entscheidend. So steht es bereits bei Terrasson, auch wenn bei ihm der Held, der junge Prinz Sethos, eher von allgemeiner Menschenliebe als von der Liebe zu einer Frau beseelt ist. Bei seiner Einweihung kommt es nicht auf Tapferkeit, sondern allein »auf eine gerade, wohltätige Seele an«. Man muß sich von dem Irrtum freimachen, »Größe bestünde darin, sich über alle Regel hinwegzusetzen«.[27] »Der Ursprung aller Irrtümer«, so erklärt der Hierophant, »liegt in der falschen Idee, die Sie sich vom Helden gemacht haben, wenn Sie glauben, seine erste Tugend bestehe in der Tapferkeit. Die Tapferkeit ist mehr eine natürliche, vorteilhafte Disposition der Seele und des Körpers als eine Tugend, achtungswürdig erst durch höhere Tugend, die sie leitet: Bei dem Helden ist sie die Liebe überhaupt, oder die Menschenfreundschaft.«[28] Ohne solche Leitung ist Tapferkeit nur »eine blinde und schädliche Leidenschaft«.[29] Mit dieser Szene wird daher Sarastros Satz »Ein Mann muß Eure Herzen leiten« um die andere Seite ergänzt. Auch der Mann bedarf der Leitung. Eine Frau bzw. die Liebe muß sein Handeln leiten, und die Zauberflöte tritt hier nicht als ein magisches Mittel in Aktion, sondern als ein Symbol der allbezwingenden Kraft der Liebe.

Die Tonart ist nach F-Dur zurückkehrt[30], und die beiden Liebenden verbinden sich mit den beiden Geharnischten zu einem Quartett: »Wir wandeln/ihr wandelt durch des Tones Macht froh durch des Todes düstre Nacht.« Die Zeilen werden wiederholt, und bei der Wiederholung blühen die beiden Geharnischten auf. Die Tenorstimme des einen schwingt sich bei den Worten »froh durch den Todes ...« zur Führungsstimme auf. Auf dem Wort »Nacht« hebt Mozart bei der Wiederholung zweimal seinen typischen Trugschluß durch ein verhaltenes Mezzofortepiano und den in der Oper immer wieder im Sinne einer Pathosformel zum Ausdruck des Schmerzes eingesetzten verminderten Sept-Nonakkord [G]-H-d-f-as-d'-f'-as' hervor, der aus dem F-Dur-Kontext schmerzlich herausspringt. *Die Thüren werden nach ihnen zugeschlagen; man sieht Tamino und Pamina wandern; man hört Feuergeprassel und Windegeheul, manchmal auch den Ton eines dumpfen Donners, und Wassergeräusch. Tamino bläst seine Flöte; gedämpfte Pauken accompagniren manchmal darunter.* Tamino spielt einen langsamen Marsch *(Adagio)* in C-Dur, begleitet von gelegentlich eingeworfenen Bläserakkorden (Trompeten, Hörner, Posaunen) und tiefen Paukenschlägen. Flöten und Trommeln sind die Instrumente der Militärmusik; sie werden hier durch die Vereinzelung der Flöte und die sehr tiefen Pauken zu einem Klangbild von einzigartiger sakraler Feierlichkeit verwandelt.[31] Die weit auseinandergezogene Tonlage der Flöte und der Pauken macht die Einsamkeit, die exponierte Stellung der beiden Liebenden angesichts der Gewalt der Elemente und damit die Grundsituation des »Erhabenen« nach dem Verständnis des späten 18. Jahrhunderts sinnfällig. Das Erhabene, diese Zentralkategorie der Ästhetik des 18. Jahrhunderts, wird gern sowohl mit der in den Mysterien vermittelten Grenzerfahrung an der »Todesschwelle« (Apuleius) als auch mit dem alten Ägypten, insbesondere seiner Architektur, in Verbindung gebracht.[32] Als Inbegriff des Erhabenen aber gilt die Natur in ihren dem Menschen unzugänglichsten und fremdesten Erscheinungsformen: dem Hochgebirge, der Wüste, dem Meer. Das Erhabene übersteigt das menschliche Dar- und Vorstellungsvermögen, und doch vermag eine starke Seele dem überwältigenden Eindruck standzuhalten.[33] Diese Konfrontation der menschlichen Seele mit der überwältigenden Gewalt der Elemente wird hier rituell inszeniert. Nichts vermöchte die äußerste Exponiertheit und Einsamkeit der Seele auf dieser »grausen Bahn« und zugleich ihre der Todesangst trotzende Standhaftigkeit musikalisch sinnfälliger zum Ausdruck zu bringen als die einzelne, vom Orchester verlassene Flöte. Die tiefen Pauken unterstreichen nur ihre Vereinsamung, sie sind keine »Begleitung«. In der Flötenmelodie drückt sich die standhaltende Seele aus und verrät zugleich das Geheimnis ihrer Stärke: die Liebe. Der Marsch, mit dem Tamino den Gang »auf grauser Bahn« begleitet, ist wohl eine freie, improvisierte Variation auf das Thema seiner Bildnisarie, wobei man deren kurzes zweitaktiges Orchestervorspiel zum Thema hinzunehmen muß, jedenfalls aber eine sehr exponierte Wiederaufnahme des Liebesmotivs mit dem Sextensprung von der Unterquart auf die Oberterz und dem anschließenden absteigenden Lauf, mit dem sich kurz zuvor Tamino und Pamina in die Arme gesunken waren (»Tamino mein!«).

Zu diesen Klängen schreiten die beiden durchs Feuer und besingen in parallelen Terzen und Sexten die bestandene Probe. Wieder erklingt der Marsch zum Gang durch die Wasserfluten. *Man sieht sie hinuntersteigen und nach einiger Zeit wieder heraufkommen. Sogleich öffnet sich eine Thüre; man sieht einen Eingang in einen Tempel, welcher hell beleuchtet ist. Eine feyerliche Stille. Dieser Anblick muß den vollkommensten Glanz darstellen.* Die »feierliche Stille« hat Mozart nicht in seine Komposition einbezogen.[34] Eigentlich handelt es sich bei dem »Anblick des vollkommensten Glanzes« um den Akt der »Epoptie«, der höchsten Schau, die das Endziel der Einweihung darstellt. Es ist dieser Augenblick, über den Clemens von Alexandrien schreibt: »Die Großen Mysterien beziehen sich dagegen auf das Ganze (*ta sympanta*), von dem nichts zu lernen übrig bleibt, sondern nur zu schauen (*epopteuein*) und die Natur und die Handlungen (*pragmata*) mit der Vernunft zu erkennen (*perinoein*).«[35] Der Schleier der Isis wird aufgehoben, und der verzückte Blick fällt auf die entschleierte Wahrheit. Diese höchste Offenbarung wird nur den Auserwählten zuteil. »Nur jener deckt ihren Schleyer ungestraft auf, der ihre ganze Macht und Kraft kennet«, wie Ignaz von Born in seiner Mysterienschrift betont.[36] Es war ein glänzender Einfall des Theatergenies Schikaneder, das schlechthin Undarstellbare, die entschleierte Isis, durch blendendes Licht darzustellen. Was Mozart hier übersprungen hat, holte Haydn mit dem überwältigenden C-Dur-Akkord nach, der in der *Schöpfung* zu den Worten »und es ward Licht« auf dem Wort »Licht« erklingt. Vermutlich wäre anstelle einer Generalpause, an die Schikaneder bei seiner Bühnenanweisung offenbar dachte, ein solcher

Abb. 36 »Wir wandelten durch Feuer-Gluthen, /
Bekämpften muthig die Gefahr« (II/28).
Radierung von C. Büscher nach einer Zeichnung
von Johann Heinrich Ramberg
aus dem Almanach *Orphea*, Leipzig 1826.

lang durchgehaltener Fortissimo-Akkord die einzige Lösung gewesen. Statt dessen aber – vielleicht weil ihm das zu pathetisch, zu sakral und oratorienhaft erschienen wäre – läßt Mozart unmittelbar anschließend an Taminos Flötenspiel die beiden Liebenden ihr Lied mit zwei Zeilen zu Ende führen: »Ihr Götter, welch ein Augenblick! Gewähret ist uns Isis' Glück!« *Sogleich fällt der Chor unter Trompeten und Pauken ein,* mit

251

einer Allegro-Fanfare in aufsteigendem C-Dur-Dreiklang: »Triumph, Triumph, Triumph! Du edles Paar, besieget hast du die Gefahr, / Der Isis Weihe ist nun dein, kommt (und dieses ›kommt‹ wird nun sich förmlich überstürzend in den verschiedenen Stimmen abwechselnd wiederholt) tretet in den Tempel ein!«[37] Ein glanzvoller Schluß. Fast scheint es, die Oper sei zu Ende und die offenen Handlungsstränge – Papageno? Monostatos? Die Königin der Nacht? – in Vergessenheit geraten. Doch weit gefehlt: sie werden nun alle noch der Reihe nach im Zuge dieses Finales in raschen Verwandlungen aufgearbeitet. Wieder müssen wir diese Verwandlungen als Schwenks in einem Raum der Gleichzeitigkeit verstehen. Während Pamina und Tamino durch Feuer und Wasser schreiten, geschieht auf den anderen Ebenen der Handlung anderes.

Papagenos dritte Prüfung und Erlösung

29. *Auftritt* Zuerst Papageno. *Das Theater verwandelt sich wieder in den vorigen Garten. Papageno ruft mit seinem Pfeifchen* und versucht in Vogelfängermanier seine Papagena anzulocken – doch vergebens. Musikalisch handelt es sich um ein freies Rondo. Wir haben den aufsteigenden Dreiklang – Prim, Terz, Quint – des »Triumph, Triumph, Triumph« noch im Ohr, mit dem der Chor in C-Dur soeben das siegreiche Paar gefeiert hat. Jetzt hören wir ihn in G-Dur und in beschwingtem 6/8-Takt. Die Anspielung ist unverkennbar. Wenn es ein »Leitmotiv« in der *Zauberflöte* gibt, dann ist es diese Figur, mit der die Ouvertüre anhebt und die immer wieder an herausgehobenen Momenten erklingt: zu Taminos Bildnisarie, wenn man Orchestervorspiel und den Einsatz der Stimme zusammennimmt, zu Paminas Auftritt vor Sarastro (1. Finale, T. 395f.), im Marsch durch Feuer und Wasser und, in c-Moll, gleich bei Taminos allererstem Auftritt: »zu Hilfe, zu Hilfe, sonst bin ich verloren«. Jetzt zeigt sich, daß auch Papageno auf seine ländlernde oder walzernde Weise an dem Ritual teilnimmt, das mit diesem Dreiklang signalisiert wird. Die gelegentlich in Moll wechselnde Grundtonart ist G-Dur, weil Papageno ja sein auf G gestimmtes Faunenflötchen einsetzen können muß. Auch er ist aus seinen Prüfungen nicht unverändert hervorgegangen, sondern hat einen Läuterungsprozeß durchgemacht: »Ich

Abb. 37 Der »kurze Garten«, die Szenerie von Paminas und Papagenos Selbstmordversuchen. Bühnenbildentwurf von S. Quaglio (München 1816)

plauderte, und das war schlecht, / Darum geschieht es mir schon recht! Seit ich gekostet diesen Wein / Seit ich das schöne Weibchen sah – So brennts im Herzenskämmerlein, / so zwickt es hier, so zwickt es da!« Nun hat auch er »die Schönheit angeschaut mit Augen« und fühlt sich wahrhaftig »dem Tode schon anheimgegeben«: »Müde bin ich meines Lebens! Sterben macht der Lieb ein End, / wenn's im Herzen noch so brennt.« Papagenas ihm entzogener Anblick hat ihn in dieselbe Lage versetzt wie zuvor Pamina die ihr vermeintlich entzogene Liebe Taminos. Papageno nimmt einen Strick und will sich aufhängen, immer in der Hoffnung, es könnte sich doch noch »eine« (ein Rückfall in seine wahllose Promiskuität) seiner erbarmen (d.h. aus dem Publikum: ein kindliches, aber sehr bühnenwirksames Spiel mit der Grenze zwischen Theater und Wirklichkeit). Bis drei will er noch zählen (für die Zahl Drei sind wir auch ohne freimaurerische Vorkenntnisse mittlerweile sensibilisiert worden) – doch, und damit verfällt er in ein schwermütiges *Andante* und die Schmerzenstonart g-Moll, »es bleibt dabei, weil mich nichts zurücke hält, gute Nacht, du falsche Welt!« – »die erste

Valse triste der Musikgeschichte«, wie Harald Haslmayr zu dieser Stelle treffend anmerkt.[38]

Im letzten Augenblick greifen auch hier die Knaben noch einmal ein, obwohl sie ihre vom Ritual vorgeschriebenen drei Auftritte schon absolviert haben, und rufen: »Halt ein, o Papageno und sei klug! Man lebt nur einmal, dies sei dir genug!« Sie erinnern ihn an sein Glockenspiel. In der Tat! »Ich Narr vergaß der Zauberdinge. Erklinge Glockenspiel, erklinge! Ich muß mein liebes Mädchen sehn, ich muß mein liebes Mädchen sehn!« Während er sein Glockenspiel schlägt und dazu ein ganzes Lied auf die einzige, ständig wiederholte Zeile singt »Klinget, Glöckchen, klinget! Bringt mein Weibchen her!«, holen die Knaben Papagena aus ihrem Flugwerk. »Papageno, sieh dich um!« – und nun beginnt das berühmte »pa – pa – pa – pa…«-Duett, das von dem stotternden, überwältigten Staunen[39] und der Freude des Wiederfindens – »bist du mir nun ganz gegeben?« – sofort zur Familienplanung übergeht und die Liebe als Kindersegen besingt. Das Duett ist mit seinen repetierten Noten und seiner harmonischen Schlichtheit bewußt als eine komische Einlage gestaltet, ein Intervall von *comic relief* zwischen zwei hochpathetischen Szenen.

Die Vertreibung der Nacht

> Der Nebel der Barbarei, des finstern Aberglaubens verschwindet,
> die Nacht weicht dem siegenden Licht.
> *Friedrich Schiller*[40]

30. Auftritt Der Übergang zur folgenden Szene, von G-Dur nach c-Moll, könnte kaum härter sein. *Der Mohr, die Königin mit allen ihren Damen, kommen von beyden Versenkungen, sie tragen schwarze Fackeln in der Hand.*

Wie angekündigt ist Monostatos zur Gegenseite übergelaufen und will die Königin mit ihrem Damenheer in den Tempel führen. »Mit allen ihren Damen«, »von beiden Versenkungen« – diese Anweisungen lassen darauf schließen, daß Schikaneder an mehr als die drei Damen gedacht hat und die Bühne mit nächtlichen Damen füllen wollte. »Nur stille, stille, stille, stille! Bald dringen wir in Tempel ein.« Aber Monostatos hat seine Dienste an eine Bedingung geknüpft: »Doch Fürstin, halte

Wort! Erfülle... dein Kind muß meine Gattin sein.« Das wird ihm von der Königin und den drei Damen vierstimmig bestätigt. Da wird die Gruppe von einem Geräusch beunruhigt: »Doch still, ich höre schrecklich rauschen, wie Donnerton und Wasserfall« – »Ja, fürchterlich ist dieses Rauschen, wie fernen Donners Widerhall!« Vielleicht sollen wir uns vorstellen, daß, während sich dies hier abspielt, Tamino und Pamina gerade ihre Wasserprobe bestehen. In deren Zusammenhang war ja vom *Ton dumpfen Donners, und Wassergeräusch* die Rede. Der schnelle Wechsel und der krasse Kontrast der Szenen legt Gleichzeitigkeit nahe.[41] »Nun sind sie in Tempels Hallen« kann sich nur auf die soeben, nach bestandenen Prüfungen dort eingetretenen Tamino und Pamina beziehen. »Dort wollen wir sie überfallen, die Frömmler tilgen von der Erd mit Feuersglut und mächt'gem Schwert.« Das Feindbild »Frömmler« überrascht; die Gegenseite spricht ja von »Aberglauben«. Beide Seiten bezichtigen sich also religiöser Voreingenommenheit. Die Verschwörer vereinigen sich zum feierlichen Schwur: »Dir, große Königin der Nacht, sei unserer Rache Opfer gebracht«, da *hört man den stärksten Akkord, Donner, Blitz, Sturm.* Als »stärkster Akkord« erklingt ein verminderter Septakkord $\text{e}7^{9>}_{>}$, der nach Auflösung (wohin auch immer, besonders nach f-Moll) förmlich schreit, aber unaufgelöst über mehrere Takte durchgehalten wird.[42] »Zerschmettert, zernicht ist unsere

Macht« singen unisono die Verschwörer und versinken, indem ihr Gesang zu den Worten »wir alle gestürzet in ewige Nacht« von as'' zum h, also über fast zwei Oktaven, absteigt, im Boden. Bei Don Giovannis Höllenfahrt sind es, woran mich Johannes Weidinger erinnert, genau zwei Oktaven. Sogleich – während das Orchester vom tumultuarischen f-Moll ins lichte Es-Dur und in liebliche Klänge überleitet – *verwandelt sich das ganze Theater in eine Sonne. Sarastro steht erhöht; Tamino, Pamina, beyde in priesterlicher Kleidung. Neben ihnen die ägyptischen Priester auf beyden Seiten. Die drei Knaben halten Blumen.*

Sarastro verkündet in einem Accompagnato mit mehrfachem Tempowechsel: »Die Strahlen der Sonne vertreiben die Nacht, (maestoso:) vernichten der Heuchler (Fermate, dann andante:) erschlichene Macht!

Letzter Auftritt

Abb. 38 Sonnentempel – »das Theater verwandelt sich in eine Sonne« (II/30). Friedrich Schinkel (Berlin 1816)

Die Eingangsfigur zu den Worten »die Strahlen der Sonne« entspricht sehr weitgehend der Eingangsfigur der Freimaurerkantate KV 420^a (=429) »Die Seele des Weltalls, o Sonne«. Der Chor fällt ein mit großem Orchester: »Heil sei euch Geweihten! Ihr dranget durch Nacht. Dank sey dir, Osiris, Dank dir, Isis, gebracht!«[43] Erst dann bricht in einem merkwürdig verhaltenen[44] Allegro der Schlußjubel aus, der die freimaurerischen Kardinaltugenden Schönheit, Stärke und Weisheit abschließend noch einmal ganz groß herausstellt:

Es siegte die Stärke und krönet zum Lohn
die Schönheit und Weisheit mit ewiger Kron'.

Schönheit, Stärke und Weisheit sind die Ideale, auf die hin sich der Freimaurer im Bruderbunde entwickeln und veredeln soll. Sie werden in der Logensymbolik vielfältig repräsentiert. Stärke, Weisheit und

Die Strahlen der Sonne vertreiben die Nacht

Dir, Seele des Weltalls, o Sonne!

Schönheit bedeuten die drei Ritterschläge, mit denen der »Suchende« zum Abschluß der Initiation in die Loge aufgenommen wird. Weisheit, Schönheit und Stärke sind auch die Stichworte, die mit dem höchsten, dem 30. Grad des Schottischen Ritus verbunden sind.[45] Die Begriffe beziehen sich auf die Phasen des Bauens: Weisheit ersinnt den Bauplan, Stärke setzt ihn ins Werk, Schönheit tritt am fertigen Bau in Erscheinung. Schönheit brachten Tamino und Pamina mit: Sie entzündete die gegenseitige Liebe, die sie zu Weisheit und Stärke beflügelte. Weisheit, Schönheit, Stärke heißt also das maurerische Ideal der Selbstvervollkommnung – wobei »Schönheit« und »Stärke« überraschen. Dabei denkt man vielleicht eher an Turnvater Jahn als an die Freimaurerei. In den Logen wurde am inneren, nicht am äußeren Menschen gearbeitet. Schönheit und Stärke müssen sich auch eher auf den inneren Menschen beziehen. Auf der Opernbühne aber tritt die Ästhetik in ihr volles Recht.

Viermal endet die Oper, einmal in C-Dur mit dem Triumph der bestandenen Prüfung, das zweite Mal in G-Dur mit der entsprechenden Vereinigung von Papageno und Papagena, das dritte Mal in c-Moll mit der Vernichtung der Königin der Nacht und ihres Gefolges und zuletzt in Es-Dur mit dem Sieg des Lichts über die Finsternis. Vier Schlüsse, vier Verwandlungen. Schluß 1 und 2 bilden ein Paar, so wie auch Schluß 3 und 4.

Die Schlußszenen 1 und 2 stellen die himmlische und die irdische

Liebe, das hohe und das niedere Paar, Elite- und Volksreligion gegenüber, und zwar nicht im Sinne eines unversöhnlichen Antagonismus, sondern einer versöhnlichen Ergänzung. Auch Papageno gelangt ans Ziel, wenn auch auf einem anderen Wege, der ihm die letzten Prüfungen erspart, ihm dafür jedoch die Wonnen der Weisheit und der höheren Erkenntnis vorenthält. Papageno teilt das Los derjenigen in Terrassons Roman, die vor den letzten schwersten Prüfungen zurückgeschreckt sind; sie werden als Gärtner, Handwerker, Hirten und Fischer in die Gemeinschaft aufgenommen und bilden das »Volk«, das glücklich und zufrieden in der weitgehend unterirdischen Umgebung von Memphis wohnt. Der Blick »ins Heiligtum des größten Lichts« ist Papageno und Papagena versagt. Daher haben sie laut Bühnenanweisung auch abzutreten, bevor sich dann mit der letzten Verwandlung das Theater »in eine Sonne« verwandelt. Dennoch empfiehlt es sich, die beiden nach ihrer Szene nicht völlig abtreten, sondern nur in den Hintergrund treten zu lassen; dort sollten sie bis zuletzt auf der Bühne sein, um die Gleichzeitigkeit der Handlungsebenen abschließend auch visuell zu verdeutlichen. Die Schlußszenen 3 und 4 dagegen sind antithetisch aufeinander bezogen. Der Sturz der einen ist der Triumph der anderen. Der Sieg der Aufklärung bedeutet den Untergang des Aberglaubens.

Die Kunst des Schikaneder-Theaters bestand darin, die Verwandlungen so rasch durchzuführen, daß sich die vier Szenen zu einem einzigen grandiosen Schluß vereinigen.

Am Schluß der Oper steht aber nicht nur der Sieg der Wahrheit und Weisheit über den Aberglauben, des Lichts über die Finsternis, der Sonne über die Nacht, sondern vor allem der Triumph des vereinten Paares über eine in Wahrheit und Aberglauben, Licht und Finsternis, Männlichkeit und Weiblichkeit gespaltene Welt. Nicht Sarastro triumphiert am Ende über die Königin der Nacht, sondern Pamina und Tamino gehen über die Schwelle der Einweihung und Vereinigung einer versöhnten Zukunft entgegen, in der, zumindest was das Männliche und das Weibliche angeht, die Spaltung überwunden ist. Im allerletzten Schlußchor mit seinem ständigen Wechsel von piano und forte, Soli und Tutti vereinigen sich Grazie und Stärke, Zartheit und Kraft zu einem abwechselnd tänzerisch beschwingten und sieghaft auftrumpfenden Jubel.

Achtes Kapitel
Ein Nachgespräch über Einheit und Vielheit in der Oper

Soziale Gegensätze und musikalische Idiome

Nach diesem Gang durch die Oper, unterbrochen von Ausflügen in die kulturellen Hintergründe und Kontexte, sind einige zusammenfassende Betrachtungen am Platz, die das, was dabei als Vordergrund und Hintergrund auseinandergetreten war, zueinander in Beziehung setzen sollen. Vor allem stellt sich nun, im Licht der neuen Materialien über die Mysterienforschungen der Wiener Loge, die Frage nach der Einheit des Werks und der ihm zugrundeliegenden Konzeption. Zweifellos ist es zunächst einmal der Eindruck einer geradezu barocken Vielheit, der sich aufdrängt. Die Handlung der *Zauberflöte* ist in einer ungewöhnlichen Weise von Gegensatzpaaren bestimmt: hoch und niedrig, männlich und weiblich, Aberglauben und Wahrheit, Unwissenheit und Weisheit, Profanität und Sakralität, Licht und Finsternis, Wildnis und Zivilisation, gut und böse, Mensch und Nichtmensch, schwarz und weiß und vieles andere. Zum Teil verstärken sich diese Gegensätze, zum Teil stehen sie aber auch quer zueinander. Letzteres gilt vor allem für jene beiden Gegensatzpaare, die ich für das dominierende Strukturprinzip der Oper ansehen möchte: hoch und niedrig auf der einen, und Aberglauben und Wahrheit auf der anderen Seite. Ohne die Differenz im geringsten zu verwischen, stellt die Oper zwischen dem ersten Gegensatzpaar, hoch und niedrig, eine vielfältige Allianz her, während sie beim zweiten Gegensatzpaar, Aberglauben und Wahrheit, einen unversöhnlichen Antagonismus herausbildet. Der Gegensatz von hoch und niedrig wird durch Tamino/Pamina einerseits und Papageno/Papagena andererseits verkörpert. Die Parallelführung der Handlung mit einem hohen und einem niedrigen Paar gehört natürlich zum Grundbestand sowohl der musik- als auch wortdramatischen Bühnentradition; ungewöhnlich ist vielleicht nur die bedeutende, vielleicht sogar dominierende Rolle, die hier dem Vertreter der niedrigen Ebene eingeräumt ist. Papageno hat mit drei Arien und zwei

Duetten musikalisch den Löwenanteil gegenüber Tamino und Pamina mit nur je einer Arie. Das mag daran liegen, daß Schikaneder sich die Rolle des Papageno auf den Leib geschrieben hat, sowie auch an der Tradition des Wiener Vorstadttheaters, deren Bühne Mozart mit dieser Oper erstmals betritt – alle seine anderen Opern waren ja für das Burgtheater und ähnliche höfische Anlässe geschrieben worden.[1] Jedenfalls ist dreierlei klar: der Gegensatz zwischen hoch und niedrig spielt erstens in der *Zauberflöte* eine die Handlung in besonderer Weise bestimmende Rolle, zweitens ist in diesem Gegensatz der Vertreter der niederen Ebene musikalisch und dramatisch gleich, wenn nicht geradezu bevorzugt behandelt, und drittens wird zwischen den beiden Ebenen eine Allianz hergestellt, ohne die Differenz doch, wie gesagt, im mindesten zu verwischen.

Die Allianz von hoch und niedrig wird in der Opernhandlung zunächst dadurch hergestellt, daß Papageno zum Diener und Reisebegleiter des Tamino bestellt wird, dann vor allem, und das ist schon sehr viel ungewöhnlicher, durch das Duett »Bei Männern«, zu dem sich Pamina und Papageno vereinigen, und schließlich dadurch, daß sich auch Papageno, obwohl ihm die höheren Weihen der Initiation versagt bleiben, auf die Seite Sarastros und der Eingeweihten, also der Wahrheit und Weisheit, schlägt. Wenn auch die Allianz der Reisegemeinschaft von Tamino und Papageno vorwiegend für komische Kontraste sorgt, so ist es die Allianz der Schicksalsgemeinschaft von Pamina und Papageno, wie sie in ihrem Duett und dann in den beiden parallel gebauten Selbstmordszenen dargestellt wird, die dieses Bündnis auf eine ganz andere, menschliche Ebene hebt.

Der Gegensatz zwischen hoch und niedrig wird also deutlich abgespalten vom Gegensatz zwischen Aberglauben und Wahrheit, den die Königin der Nacht und Sarastro verkörpern. Es ist zwar unbestreitbar, daß Papageno die Wahrheit verschlossen bleibt und daß er für immer zu den »Profanen« gehört, denen das Glück der Eingeweihten versagt ist. Daß Mozart bei aller Liebe diese Figur so gesehen hat, ergibt sich schon daraus, daß er, wie er in einem Brief an Constanze berichtet, einen besonders borniertem Besucher, der über alles lachen zu müssen glaubte und die Oper offenbar in toto für eine Volksbelustigung hielt, »Papageno« schimpfte und hinzusetzte, »der Dalk hat nichts verstanden«.[2] Papageno ist der ewige *bebelos*, wie es griechisch heißt, dem die Mysterien verschlossen sind. Dennoch ist er eindeutig eine positive Figur und hebt sich darin deutlich von Monostatos, dem anderen Vertreter der niederen Ebene ab. Das macht die Handlung durch den beiderseitigen Seitenwechsel deutlich. Während Monostatos von der Seite der »Wahrheit« auf die Seite des »Aberglaubens« wechselt, geht Papageno auch ohne erfolgreich bestandene Einweihung von der Seite des Aberglaubens zu der der Wahrheit über, zu der ihm zwar die volle Einsicht fehlt, aber der er dennoch auf der Ebene des Volks angehört. Wie der amerikanische Musikwissenschaftler Karol Berger gezeigt hat, könnte sich diese Bewertung der Figuren auch in der Namensgebung ausdrücken, wenn man Papageno als »zeugenden Vater« liest im Gegensatz zu Monostatos als dem »Alleinstehenden«.[3]

Dieser Allianz steht nun die Situation einer unversöhnlich in Aberglauben und Weisheit gespaltenen Welt gegenüber. Die Formel von der »gespaltenen Welt« wurde von Friedrich Dieckmann geprägt und trifft sehr genau den geradezu manichäisch übersteigerten Gegensatz zwischen den Sphären der Königin der Nacht und des Sarastro.[4] Es ist aber wichtig, gerade im Kontext der historischen Situation, in der sich die sozialen Gegensätze in der Französischen Revolution explosiv entladen haben und die Gemüter in ganz Europa beschäftigen, sich klarzumachen, daß diese Spaltung in der *Zauberflöte* nur den geistigen und nicht den sozialen bzw. politischen Raum betrifft. Dieser Unterschied wurde in jenen Jahren nicht beachtet. Zu nahe lag die politische Deutung des Gegensatzes zwischen Aberglauben und Wahrheit. 1794 legte ein Kritiker im französisch besetzten Rheinland eine jakobinische Deutung vor, nach der Tamino das französische Volk, die Königin der Nacht die aristokratische Tyrannei, Pamina die Freiheit und Sarastro die auf weise Gesetze gegründete Regierung verkörpern, während ein österreichischer Kritiker, Johann Valentin Eybel, umgekehrt die Oper im antijakobinischen Sinne interpretierte, wobei die Königin der Nacht die jakobinische Ideologie vertritt und Pamina die von ihr hervorgebrachte Republik, die von Sarastro, der göttlichen Weisheit entführt und einem Gemahl aus königlichem Geblüt zugeführt wird, womit dann die legitime Herrschaft wiederhergestellt wird.[5] Diese Deutungen verkennen den rein geistigen Charakter des Konflikts, der die Welt spaltet.

So wie der Gegensatz zwischen hoch und niedrig in der Tradition des Volks- und Vorstadttheaters als seinem sozialen und kulturellen Umfeld wurzelt, so gehört der Gegensatz zwischen Aberglauben und

Wahrheit in das intellektuelle Umfeld der Wiener Freimaurerei, insbesondere der Illuminaten, die in den Logen *Zur Wahren Eintracht* und *Zur Wohltätigkeit* eine Hochburg besaßen. In den Schriften der Loge, insbesondere bei ihrem Meister vom Stuhl, Ignaz von Born, stoßen wir auf die scharfe Polemik und die geradezu manichäisch anmutende Schwarz-Weiß-Malerei, mit der in der *Zauberflöte* die Sphären Sarastros und der Königin der Nacht gegeneinander abgesetzt werden. Zugleich gilt in den Logen das Prinzip der brüderlichen Gleichheit, das alle Standesunterschiede aufhebt oder überformt. Während also die von Illuminaten bestimmten Wiener Logen den Gegensatz von hoch und niedrig bzw. Adel und Bürgertum programmatisch herunterspielen, wird der Gegensatz von Aufklärung und katholisch-kirchlichem Konservatismus dramatisch verschärft. Papageno, der Vertreter des niedrigen Volkes, steht beidem, Aufklärung wie klerikaler Reaktion, gleichermaßen fern. Seine Figur veranschaulicht die Stellung des »profanen« Volkes in diesem Konflikt zwischen Aufklärung und klerikaler Bevormundung: Unfähig zur Weisheit, zur philosophischen Einsicht in die Wahrheit der Eingeweihten, schlägt es sich doch auf die richtige Seite.

Die den Handlungsaufbau dominierenden Gegensatzpaare lassen sich folgendermaßen darstellen:

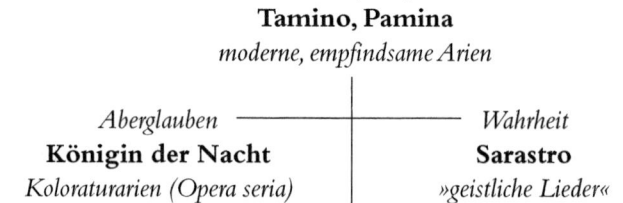

Hoch (Adel)
Tamino, Pamina
moderne, empfindsame Arien

Aberglauben	*Wahrheit*
Königin der Nacht	**Sarastro**
Koloraturarien (Opera seria)	*»geistliche Lieder«*

Niedrig (Volk)
Papageno, Papagena
Lieder im Volkston
Monostatos
(angedeutete) Janitscharenmusik
buffoneske Motive

Diese vier Pole werden von Mozart mit vier musikalischen Idiomen verbunden:
1. Empfindsame Arien: Tamino, Pamina
2. Koloraturarien im Stil der Opera seria: Königin der Nacht
3. Lieder im sakralen Stil der Freimaurermusik: Sarastro
4. Lieder im Volkston: Papageno

Die Königin der Nacht, die die Sphäre des Aberglaubens vertritt, wird musikalisch extrem weit von Papageno und der von ihm vertretenen Sphäre des Volkes abgesetzt. Ihre Koloraturarien im Stil der Opera seria, und nicht etwa die eher schlichten Gesänge Sarastros und der Priester, repräsentieren den Gegensatz zum Volksliedton Papagenos. Das Duett, zu dem sich Pamina und Papageno verbinden (»Bei Männern, welche Liebe fühlen«), gehört als Strophenlied eher zur dritten als zur ersten und mit seiner figurenreichen Sopranstimme und nach seinem Inhalt mehr zur dritten als zur vierten Stufe. Die Königin der Nacht ist die einzige Stimme, die das dreigestrichene f erreicht, so wie Sarastro als einzige Stimme zum großen F herabsteigt. In beiden Fällen wirken die entsprechenden Töne befremdlich und irgendwie übermenschlich; diese beiden Figuren – die sich übrigens auf der Bühne nie begegnen! – messen also einen Tonumfang von vier Oktaven aus.

Die Verwendung verschiedener musikalischer Idiome ist für Mozarts Meisteropern charakteristisch, in der *Zauberflöte* aber besonders auffallend.[6] Dem entspricht, wie Karl-Heinz Köhler anhand der Tinten und Papiersorten zeigen konnte, weitgehend auch Mozarts Vorgehen bei der Komposition. Köhler konnte zehn verschiedene Kompositionsphasen unterscheiden.[7] Daraus geht nicht nur hervor, daß die Konzeption des Ganzen von Anfang an feststand, sondern auch, daß Mozart verschiedene Stilebenen unterschied und die stilistisch zusammengehörigen Nummern möglichst auch im Zusammenhang komponierte. Zuerst komponierte Mozart die »seriöse Spielebene« des ersten Aufzugs: die Tamino-Szenen von der Introduktion und dem Drei-Damen-Ensemble bis zur Bildnisarie und der Arie der Königin der Nacht, die Szenen 1-8 des ersten Finales und Sarastros Arie mit Chor »O Isis und Osiris«. Die zweite Phase holt die Papageno-Szenen des ersten Aufzugs nach, das Vogelfänger-Lied, das Quintetto mit den drei Damen, das Terzetto mit Pamina und Monostatos und das Duett »Bei Männern, welche Liebe fühlen«. In der dritten Phase wird diese Ebene im zweiten Aufzug weitergeführt mit dem Quintetto »Wie, wie wie?«, dem Duett »Bewahret euch vor Weibertücken«, den Papageno-Szenen des zweiten Finales, dem Lied »Ein Mädchen oder Weibchen« und der Arie des Monostatos »Alles fühlt der Liebe Freuden«. In der vierten Phase macht sich Mozart dann an die ganz ernsten Nummern: den Chor »O Isis und Osiris«, den Gesang der Geharnischten und den ersten Teil der Arie der Königin der Nacht »Der Hölle Rache kocht in meinem Herzen«. In der fünften Phase werden Sarastros Hallenarie, das Terzett der drei Knaben »Seid uns zum zweiten Mal willkommen«, die Arie der Pamina »Ach ich fühl's, es ist verschwunden« und das Terzett »Soll ich dich, Teurer, nicht mehr sehn?« komponiert. In der sechsten Phase werden die »Konturen« der Ouvertüre festgelegt, deren Mittelstimmen dann in der zehnten und letzten Phase mit heute völlig verblaßter, also allzu stark verdünnter Tinte und offenbar im letzten Moment und in höchster Eile nachgetragen wurden. Auch die Phasen sieben bis neun sind Mittelstimmen und Ergänzungen gewidmet; in der neunten werden der zweite Teil der Rache-Arie, der Marsch durch Feuer und Wasser und der Triumph-Chor komponiert.

Papagenos Gesangsnummern sind echte bzw. nachempfundene Volkslieder, die Königin der Nacht singt zwei hochpathetische und artifizielle Koloraturarien im Stil der Opera seria, und die Musik der Priestersphäre ist schon durch die Verwendung der nur hier auftretenden Posaunen deutlich als Sakralmusik gekennzeichnet. Diese drei Ebenen sind so deutlich von der ersten abgehoben, zu der auch die meisten anderen Nummern, insbesondere die großen Ensembleszenen, gehören, daß man sie geradezu als zitierte Musik, als Nummern in Anführungszeichen, verstehen möchte. Schließlich erklingt in der Arie des Monostatos als weitere charakterisierende Sprache wenigstens andeutungsweise »Janitscharenmusik« im Stil der »Türkenoper«, eine Sprache, die Mozart auch sonst gelegentlich, vor allem natürlich in der *Entführung aus dem Serail*, aber nirgendwo sonst in der *Zauberflöte* eingesetzt hat.[8] Innerhalb der Sakralmusik fällt der Gesang der Geharnischten noch einmal heraus durch seine absolute »Fremdsprachlichkeit«. Die strenge Form der fugierten Choralvariation, wie Mozart sie hier handhabt, war längst zu einer »toten Sprache« geworden. Zwar leben die Regeln der kontrapunktischen Satztechnik in der polyphonen Kirchenmusik noch lange fort und werden z.B. von Mozart selbst im mehr oder weniger gleichzeitig entstandenen *Requiem* mit höchster

Meisterschaft angewendet, aber hier handelt es sich um eine »lebende« Sprache, die kein Hörer mit echter Barockmusik verwechseln würde – mit Ausnahme vielleicht des in engster Anlehnung an den Schlußchor von Händels *Dettingen Anthem* gearbeiteten *Kyrie*.[9] Das Stilzitat[10] einer toten Sprache dagegen, wie es Mozart in der Geharnischtenszene durchführt, hat in der zeitgenössischen Kirchenmusik und auch sonst keine Parallele. Auf die Idee einer zitierten Musik mag Mozart angesichts eines zitierten Texts gekommen sein: Die Geharnischten lesen ja eine uralte Inschrift vor, die man sich vermutlich ebenfalls »fremdsprachlich«, vielleicht sogar altägyptisch vorzustellen hat und die sie daher gar nicht ablesen, sondern geradezu übersetzen.

Die übrigen der »Priestersprache« zuzuordnenden Nummern sind gekennzeichnet durch tiefe Bläser (Klarinetten bzw. Bassethörner, Fagotte, Hörner, Posaunen), getragene Tempi und melodische, rhythmische und harmonische Schlichtheit. Die Ähnlichkeit mit Mozarts Logenkompositionen ist unverkennbar, auch wenn man Georg Knepler recht geben muß, daß Mozart »in den nachweisbar für Logenzusammenkünfte geschriebenen Werken – mit einer einzigen Ausnahme (der maurerischen Trauermusik KV 477, J.A.) – über ein künstlerisches Mittelmaß nicht hinausgeht«.[11] Offensichtlich hat Mozart an der Freimaurerei die Existenz einer Sakralsphäre außerhalb der kirchlichen Formen und Konventionen gereizt, für die er ein eigenes musikalisches Idiom entwickelte; an der *Zauberflöte* wiederum reizte ihn die Chance, dieses Idiom einmal auf der höchsten Ebene der künstlerischen Verwirklichung, d.h. mit Berufsmusikern, einzusetzen anstatt mit den beschränkten Mitteln der Loge. Hierher gehören neben den eigentlichen Priesterauftritten die Hallenarie und der erste und dritte Auftritt der drei Knaben. Die Abgehobenheit dieses Idioms gegenüber der ersten Ebene wird an jenen Stellen deutlich, an denen es in deren Idiom übergeht: als die drei Knaben bei ihrem dritten Auftritt Pamina erblicken und als Tamino Paminas Stimme hört. Kennzeichnend für die Priestermusik ist die Verwendung von Posaunen, die nur bei ihren Auftritten vorkommen, mit der einzigen Ausnahme des ersten Auftritts der drei Knaben, der ebendadurch auch als priesterlich herausgestellt wird:

I/15 Drei Knaben: »Zum Ziele führt dich diese Bahn«
I/19 Schlußchor: »Wenn Tugend und Gerechtigkeit«
II/1 Nr. 9 Marsch der Priester
      Nr. 9a Der dreimalige Akkord
      Nr. 10 Arie mit Chor »O Isis und Osiris«
II/2 Nr. 11 Duett »Bewahret euch vor Weibertücken«
      Nr. 12 Quintett, Schluß »Entweiht ist die heilige Schwelle«
II/20 Nr. 18 Chor der Priester »O Isis und Osiris«
II/28 Gesang der Geharnischten »Der, welcher wandelt diese Straße«
      Marsch (durch Feuer und Wasser)
II/30 Auftritt Monostatos, Königin, Damen, Schluß: »Zerschmettert, zernichtet ist unsre Macht«
      Sarastro »Die Strahlen der Sonne«
      Schlußchor »Heil sei euch Geweihten«

Durch die Kunst, den Gegensatz zwischen hoch und niedrig auch im Medium musikalischer Idiome zum Ausdruck zu bringen, gelingt es Mozart, ein Kunstwerk zu schaffen, in dem die eingängigste »Volksmusik« und die anspruchsvollste »Kunstmusik« eine ganz einmalige, das heißt in gewisser Weise erstmalige und auch letztmalige Verbindung eingehen. Natürlich ist die gesamte Musikgeschichte von einer Interaktion zwischen diesen Polen gekennzeichnet – aber wo wären diese beiden Ebenen musikalischen Ausdrucks nicht nur so kunstvoll verbunden, sondern zugleich auch so klar unterschieden worden wie in der *Zauberflöte*? An dieser Sternstunde der abendländischen Kulturgeschichte wird man auch dem Textdichter seinen Anteil zugestehen müssen, der als Schauspieler sowohl den Hanswurst als auch den Hamlet auf jeweils überragende Weise verkörperte und auf seiner Bühne Schiller und Lessing ebenso aufführte wie seine in hastigem Teamwork zusammengestoppelten Volksstücke und Märchenopern. Auch die sozialgeschichtliche Situation des Schikanederschen Vorstadttheaters, das ebenso vom Adel wie vom Volk besucht wurde, hat das ihre zu dieser einmaligen Verbindung des Hohen und Niedrigen beigetragen. Die *Zauberflöte* bringt eine Handlung auf die Bühne und eine Musik zum Erklingen, in der sich das aristokratisch-bürgerlich-volkstümlich gemischte Publikum in seiner für diesen Abend und Anlaß eingegangenen Gemeinschaft wiedererkennen konnte. Mozarts Genialität bei der musikalischen Anlage dieser Oper besteht nun darin, diesen Gegensatz zwischen dem Volkstümlichen und dem Kunst- und Anspruchsvollen durch ein weiteres kontrastierendes Paar musikalischer Ausdrucksstile zum Geviert zu erweitern. Die musikalischen Idiome der Königin der Nacht und der Sarastro-Welt heben sich sowohl voneinander wie von den anderen beiden Idiomen ebenso deutlich ab wie jene beiden Idiome, das hohe und das niedere, untereinander. Mit diesen vier Polen ist das semiotische Feld abgesteckt, auf dem sich die übrigen Nummern situieren.

Dem Reichtum der musikalischen Idiome entspricht der Reichtum der Formen.[12] Da-capo-Arien im konventionellen Sinne gibt es in der *Zauberflöte* überhaupt nicht mehr: die Bildnisarie Taminos, die Klage-Arie Paminas und sogar die beiden Koloraturarien der Königin der Nacht entsprechen nicht mehr dem statischen Typus der Da-capo-Arie, sondern dem von Mozart entwickelten dynamischen Typus der diskontinuierlich zu immer neuen Themen und Motiven voranschreitenden, in Bewegung geratenen Form.[13] Nur Taminos Dankgesang an die Götter im ersten Finale ist eine regelrechte, wenn auch kurze Da-capo-Arie, die aber mitten in der Reprise abbricht. Papagenos Arien sind volkstümliche, Sarastros Arien »geistliche« Lieder, die Arie des Monostatos ist ein Strophenlied, ebenso wie Paminas und Papagenos Duett »Bei Männern, welche Liebe fühlen«. Wenn wir uns fragen, wo sonst in Mozarts Opern derartige Lieder vorkommen, drängt sich das bezaubernde Duettino Nr. 3 aus der *Clemenza di Tito* auf, in dem Sesto und Annio ihre Freundschaft besingen (*Deh prendi un dolce amplesso, amico mio fedel*); hier hat das Stichwort »Freundschaft« Mozart offensichtlich zu einem kleinen Maurerlied im Geist der *Zauberflöte* inspiriert, auch wenn ihm der Text durch seine Einstrophigkeit bei dieser Form nicht entgegenkam. Denken wir uns dieses Liedchen durch zwei Strophen erweitert, dann ergibt sich die Form des Liedes »Bei Männern«.[14]

Secco-Rezitative gibt es in einem Singspiel natürlich nicht; hier werden sie durch gesprochene Dialoge ersetzt. Das *Accompagnato*-Rezitativ im klassischen Stil der Opera seria kommt nur einmal vor: beim ersten Auftritt der Königin der Nacht. Die große Sprecherszene im Finale des ersten Aufzugs (121 Takte) ist mit ihren vielen ariosen Einlagen und Tempowechseln wesentlich freier gestaltet, ebenso wie das sehr viel kürzere, noch wesentlich ariosere Gespräch zwischen Pamina und Sarastro.[15] Eine für Mozarts Meisteropern typische Form sind die großen Ensembleszenen. Im ersten Bild des ersten Aufzugs dominieren die drei Damen das ganze Geschehen, nur gelegentlich durch Tamino und Papageno teils unterbrochen, teils verstärkt. Dem entspricht im Finale des zweiten Aufzugs die 189 Takte umfassende Szene der drei Knaben mit Pamina.

Charakteristisch aber sind die dramatischen, szenisch abwechslungsreichen Finali, in denen nicht wie etwa im *Figaro* eine sich durchhaltende Szene mit immer mehr Personen füllt, sondern die Szene selbst sich verändert. Im ersten Finale sehen wir erst Tamino mit den drei Knaben, dann allein, dann im langen Gespräch mit dem Priester, dann wieder allein mit den von seiner Flöte angelockten wilden Tieren, dann Pamina und Papageno, wiederum erst allein, dann mit Monostatos und seinen Sklaven, dann wieder allein, bis schließlich sukzessive das Volk, Sarastro, Tamino, Papageno, Monostatos und die Sklaven dazukommen und in typisch Mozartscher Manier die Szene füllen. Das zweite Finale ist noch viel extremer, denn hier verwandelt sich auch das Bühnenbild nicht weniger als vier- bis fünfmal. Wir können uns vorstellen, wohin diese Entwicklung hätte führen können: zu einer durchkomponierten Opernform in der Art eines solchen »Finales«. Schon in der *Zauberflöte* ist, wie wir gesehen haben, das zweite Finale mit seinen 920 Takten erheblich umfangreicher als alles, was ihm im zweiten Aufzug an Musik vorhergeht.[16]

Mit dieser Ausweitung der Finali hängt auch der für die *Zauberflöte* charakteristische Kontrast zwischen festen Formen und fließenden Übergängen zusammen. Klar strukturierte und von gesprochenen Dialogen gerahmte Formen haben wir in den Nummern außerhalb der Finali: Sarastros geistlichen Liedern (»O Isis und Osiris, schenket«, »In diesen heil'gen Hallen«), den Volksliedern Papagenos (»Der Vogelfänger«, »Ein Mädchen oder Weibchen«), im Duett Pamina-Papageno (»Bei Männern«), im zweiten Gesang der drei Knaben und in den Arien der Königin der Nacht (»Zum Leiden«, »Der Hölle Rachen«) und des Monostatos (»Alles fühlt«), sowie auch den Arien Taminos (»Dies Bildnis«) und Paminas (»Ach, ich fühl's«). Fließende Übergänge, in denen sich solche Formen in anderes auflösen, finden sich dann innerhalb der Finali: beim Übergang des Chorals der zwei Geharnischten, zunächst in Taminos *Accompagnato* und dann, mit dem Auftritt Paminas, in ein bewegtes arioses Ensemble und ähnlich beim Übergang des dritten Gesangs der drei Knaben (»Bald prangt«) in ein derartiges Ensemble beim Anblick Paminas. Auch Taminos Arie »Wie stark ist nicht dein Zauberton« löst sich beim sehnsuchtsvollen Gedanken an Paminas Abwesenheit in ein arioses *Accompagnato* auf. »Fließend« erscheint vor allem auch die »Sprecherszene« mit ihren mehrfachen Tempowechseln. In anderer Weise fließend wirken die Auftritte der drei Damen im ersten Bild mit ihrem achtmaligen Form-, Thema-, Tempo- und/oder Tonartwechsel (siehe hierzu oben, S. 44f.), ähnlich im »Quintett« (Nr. 5): B-Dur, alla breve: »Hm, hm, hm hm, Die Königin begnadigt dich, Bekämen doch die Lügner alle, O Prinz, nimm dies Geschenk, O so eine Flöte, Nun, ihr schönen Frauenzimmer, Hier, nimm dies Kleinod, es ist dein, Drei Knäbchen, jung, schön, hold und weise« – hier beziehen sich die zitierten Zeilen auf wiederum acht neue Themen, wobei hier aber Tonart, Takt und Tempo gleich bleiben.

Eine Form für sich, die für die *Zauberflöte* ungemein typisch ist, bilden die lehrhaften, meist *sotto voce* vorgetragenen Kurzlieder: »Bekämen doch die Lügner alle«, »O so eine Flöte«, »Könnte jeder brave Mann«, »Von festem Geiste ist ein Mann« und »Zwei Herzen, die von Liebe brennen«. Sie bewegen sich auf einer Meta-Ebene, von der aus sie die Handlung kommentieren, ohne in sie einzugreifen. Das gilt auch für umfangreichere Nummern wie das Duett »Bei Männern, welche Liebe fühlen« und das Terzett der drei Knaben »Bald prangt, den Morgen zu verkünden«. Kennzeichen dieser Lieder ist ihre Abgehobenheit vom dramatischen Geschehen. Stilistisch möchte man auch das Priester-Duett »Bewahret euch vor Weibertücken« dieser Gruppe zuordnen, aber hier wird nicht kommentiert, sondern eingegriffen, denn es wendet sich direkt an Tamino und Papageno, während die anderen Stücke *ad spectatores* gerichtet sind. Diesen Liedern ist der belehrende Gestus gemeinsam. Sie erklären den Zuschauern den moralischen Sinn des Geschehens. Dadurch werden diese in das Ritual einbezogen, dessen Sinn ja die Einweihung, Belehrung und Aufklärung des Neophyten ist.

Goethe bewunderte dieses reiche Formenspektrum und strebte für seine Fortsetzung des Librettos *Der Zauberflöte Zweyter Theil* als Dichter etwas Entsprechendes an. »Ich habe gesucht«, schreibt er an Paul Wranitzky, den er als Komponisten für sein Libretto ausersehen hatte, »für den Komponisten das weiteste Feld zu eröffnen, und von der höchsten Empfindung bis zum leichtesten Scherz mich durch alle Dichtungsarten durchzuwinden.«[17] Dabei dachte Goethe wohl weniger an Schikaneders Libretto, als an Mozarts Komposition, der sich in der Tat durch eine ungewöhnliche Vielfalt musikalischer Formen und Stilebenen »durchgewunden« hatte.

Gerade im Blick auf die musikalische Struktur, insbesondere die Verteilung der Tonarten, tritt aber auch die Einheit des Werkes sehr klar hervor. Die Grundtonart der Zauberflöte ist, wie oft hervorgehoben wurde, Es-Dur. In Es-Dur (mit der Ouvertüre) beginnt und endet die Oper (mit dem 2. Finale). Dazwischen weicht sie, wenn man nur einmal auf die ganz großen Abschnitte blickt, auf C-Dur und F-Dur aus. Auch wenn innerhalb dieser Abschnitte viele Tonarten begegnen, beginnen und enden sie doch in der gleichen Tonart.[18] Judith Eckelmeyer hat diese Struktur mit der Sonatenform verglichen und zugleich auf die Beziehungen zu der erst später in Hegels Dialektik explizit entwickelten Formel des Dreischritts von These, Antithese und Synthese verwiesen.[19] Die Stelle der These nähme dann die Perspektive der Königin der Nacht, die der Antithese die Perspektive des Priesters in der »Sprecherszene« (I/15) ein. Der zweite Akt mit seinem Ausflug nach F-Dur und seiner Rückkehr nach Es-Dur ließe sich in der Terminologie der Sonatenform als Durchführung und Reprise interpretieren. Allerdings fällt es nicht ganz leicht, den sich zum radikalen Dualismus steigernden Antagonismus zwischen den beiden Sphären der Königin der Nacht und des Sarastro als »Synthese« zu begreifen. Wir dürfen aber nicht vergessen, daß ja auch Sarastro mit seiner männerbündischen Priesterwelt überwunden wird, wenn auch durch seine eigene Entsagung in Form einer Selbstüberwindung, indem nun in Gestalt des »neuen Paares« ein neues Zeitalter anbricht.

Schikaneders »Parallel-Montage« und die Erzeugung von Gleichzeitigkeit

Die vielfachen Bühnenverwandlungen sind ein weiteres Charakteristikum der *Zauberflöte*. Sie gehen natürlich auf das Konto von Schikaneder und seiner Vorstellung von einer Zauber- und Maschinenoper. Die *Zauberflöte* umfaßt vierzehn solcher Verwandlungen; in anderen Schikanederopern gibt es davon zuweilen bis zu 21. Ich möchte vorschlagen, zwei Formen von Verwandlungen zu unterscheiden. Die einen vollziehen sich mehr oder weniger allmählich vor den Augen des Zuschauers, z.B. die Erscheinung der Königin der Nacht im ersten Aufzug, wenn die Berge sich teilen und den Blick auf ihren Thron freigeben, oder die Verwandlung des Theaters in eine Sonne, wenn am Schluß sich der Blick »ins Heiligtum des größten Lichtes« öffnet; die anderen vollziehen sich, den Augen des Zuschauers entzogen, plötzlich und versetzen ihn in eine andere Sphäre. Die Verwandlungen dieses zweiten Typs, die in der *Zauberflöte* wesentlich häufiger sind, scheinen auf die Montagetechnik des modernen Films, genauer das Verfahren der »Parallel-Montage« vorauszuweisen. Darunter versteht man die Parallelführung zweier Handlungsstränge, von denen keiner dem anderen (wie im Sprechtheater seit alters üblich) im Sinne einer Nebenhandlung untergeordnet ist.[20] In der *Zauberflöte* vermitteln die Verwandlungen in ihrem plötzlichen Wechsel von der einen zur anderen Handlungsebene den Eindruck der Gleichzeitigkeit. Während Pamina in ihrem »ägyptischen Zimmer« von Monostatos eingesperrt und dann von Papageno befreit wird, wird Tamino von den drei Knaben in den Tempelgarten geführt und begegnet dem alten Priester. Während Tamino und Papageno im Vorhof des Tempels die ersten Stationen ihres Prüfungswegs beschreiten, schläft Pamina in ihrer Blumenlaube und empfängt den Besuch ihrer Mutter, dann Sarastros. Während Pamina von den Knaben vor dem Selbstmord bewahrt wird, gelangt Tamino vor die »Schreckenspforten« seiner letzten Prüfung. Bis hierhin haben wir es mit einer Parallelführung zweier gleichberechtigter Handlungsstränge zu tun. Die folgenden Verwandlungen beziehen sich auf gleichzeitig ablaufende Nebenhandlungen, die der Tamino-Pamina-Handlung deutlich untergeordnet sind: Während Pamina und Tamino durch Feuer und Wasser wandeln, will einerseits Papageno sich aufhängen und erhält mit Hilfe der drei Knaben endlich seine Papagena, und versucht andererseits die Königin der Nacht mit ihrem Damengefolge und ihrem neuen Verbündeten Monostatos Sarastros Herrschaft umzustürzen. Hier vollziehen sich die gleichzeitigen Vorgänge also gleich auf drei verschiedenen Handlungsebenen, eine deutliche Steigerung, ein schwindelerregendes Accelerando der Verwandlung, eine Art Show-down zum triumphalen Ende hin. Diese »Schnitte« sind allesamt hart und extrem kontrastiv. Zwischen Paminas »ägyptischem Zimmer« und dem Tempelgarten, zwischen dem ruinösen Tempelvorhof und Paminas Blumenlaube, zwischen dem Garten, in dem sie sich das Leben nehmen will, und den »großen Bergen« mit

Feuer und Wasser, die Tamino mit dem Tod bedrohen, vor allem aber zwischen diesem grausen Schreckensszenario und dem Garten, in dem Papageno sich erst das Leben nehmen und dann mit Papagena eine kinderreiche Familie gründen will, liegen Welten, visuell und emotional. Goethe hatte dafür Sinn und lobte die »starken Kontraste«. Interessant ist auch, wie Schikaneder die aufgespaltenen Handlungsstränge anschließend wieder zusammenführt, eine Form der Parallel-Montage, die in der Filmwissenschaft als »Konvergenz-Montage« bezeichnet wird.[21] Solche Verknüpfungen ergeben nur Sinn, wenn wir die vorhergehenden Sequenzen als gleichzeitig ablaufend verstehen. In allen Fällen führt die Aufspaltung in simultane Handlungsebenen zu dramatischen Vereinigungen der Liebenden. Sie hat also die Funktion, Trennung und Vereinigung zu visualisieren. Die Pamina-Handlung (Flucht aus dem ägyptischen Zimmer) und die Tamino-Handlung (Begegnung im Tempelhain) kommen zusammen bei Sarastros Auftritt, wo sich Tamino und Pamina zum ersten Mal leibhaftig gegenübertreten. Die Tamino-Handlung (erste Prüfungen im Tempelhof) und die Pamina-Handlung (Blumenlaube, Mutterfluch) kommen zusammen, als Pamina durch Taminos Flötenspiel angelockt wird und das abweisende Schweigen des Geliebten erleben muß. Die Pamina-Handlung (Selbstmordabsicht) und die Tamino-Handlung (Geharnischtenszene vor den Schreckenspforten) kommen zusammen, als Pamina sich überraschend einfindet, um mit Tamino gemeinsam die letzte Prüfung der Einweihung zu bestehen. Überall geht es um Trennung und Vereinigung. »Wie bitter sind der Trennung Leiden«, singen Pamina und Tamino beim Lebewohl-Terzett mit Sarastro. Pamina bringt das Prinzip auf den Punkt: »Zwei Herzen, die von Liebe brennen, kann Menschenohnmacht niemals trennen.« Tamino und die Geharnischten greifen es auf: »Wohl mir/dir, nun kann sie mit mir/dir gehen, nun trennet uns/euch kein Schicksal mehr, wenn auch der Tod beschieden wär.« Dreimal durchleben die Liebenden getrennte Handlungsstränge, die dreimal zu einer Begegnung führen. Das erste Mal werden sie sofort wieder getrennt, ohne daß diese Begegnung auch nur zu einer Unterbrechung der durchlaufenden musikalischen Behandlung führt. Das zweite Mal vereinigt Sarastro sie sich zu einer förmlichen Verabschiedung, die als »letztes Lebewohl« angekündigt und in einem Terzett besungen wird. Erst beim dritten Wiederfinden vor den Schreckenspforten bleibt ihnen eine weitere Trennung erspart.

Pamina im ägyptischen Zimmer ↓	Erste Begegnung, mit →	Tamino im Prüfungstempel ↓	Zweite Begegnung →	Pamina im Garten ↓	Dritte Begegnung
Tamino im Tempelhain	Sarastro, Monostatos, Volk	Pamina im Garten	im Prüfungstempel	Tamino vor den Schreckenspforten	zum gemeinsamen Triumph

Gleichzeitige und nachzeitige Episoden in der Tamino/Pamina-Handlung

Dieses Prinzip entspricht der *plot*-Struktur des antiken Liebesromans. Hier finden sich nicht am Ende zwei Menschen, die füreinander bestimmt sind, sondern hier kommen am Ende endlich zwei Menschen zusammen, die sich längst gefunden haben, aber durch den Neid oder Unmut der Götter oder sonstige widrige Umstände die Prüfung der Trennung durchmachen müssen, bevor sie sich endgültig in Liebe vereinigen dürfen. Wenn Karl Kerényi[22] und Reinhold Merkelbach[23] recht haben, liegt auch den antiken Liebesromanen die Erfahrung der Mysterienweihe zugrunde, auch sie transformieren ein geheimnisvolles und unter strengster Arcandisziplin stehendes Ritual in die öffentliche, exoterische Gestalt des Kunstwerks. Schikaneder stellt seine vielbewunderte Verwandlungskunst (Bühnentechnik) und »Schnitt-Technik« (Dramaturgie) in den Dienst einer inhaltlich-ästhetischen Idee, die man als solche wiederum Mozart zuschreiben möchte, wenigstens den entscheidenden Anteil daran.[24]

Diese und andere Effekte der Schikanederschen Bühnentechnik wie die Erzeugung von Blitz und Donner und der Wechsel von Licht und Finsternis wurden nach der Mysterientheorie der Zeit ähnlich bereits in den antiken Mysterien eingesetzt. Auch zum Ritual der Mysterienweihe gehörte dieser Theorie zufolge vor allem die Erzeugung starker Emotionen und die emotionale Erschütterung des Initianden. Es ging ja um seine Verwandlung, vom Profanen zum Eingeweihten, und diese den ganzen Menschen betreffende Verwandlung war nur durch eine den ganzen Menschen ergreifende Erfahrung (*pathos*) zu bewirken.[25] Für einen Komponisten wie Mozart, dessen Musik in höchstem Maße von der Sprache der Gefühle bestimmt war, mußte der Gedanke, ein solches Ritual, wie er es immer wieder in den »Arbeiten« der Loge erlebte, zur Grundlage einer Opernhandlung zu machen, eine große Faszination ausüben, nicht anders als für einen Theatermann wie Schikaneder, der seine vielgepriesene Bühnentechnik zu einem Höchstmaß an emotionaler Beeindruckung entwickelt hatte. Unwiderstehlich wird so auch das Publikum in das Einweihungsgeschehen hineingezogen und gewissermaßen selbst zu Neophyten. Auf der Bühne vollzieht sich »in Echtzeit« ein Ritual, an dem wir als Betroffene teilnehmen und das uns im Innersten affiziert.

Dabei ergibt sich ein höchst reizvolles Spiel mit den Kategorien der »Illusionierung« und Desillusionierung auf den beiden Ebenen der ästhetischen Fiktion und der rituellen Performanz. Jedes Theater, ebenso wie jedes Märchen und jeder Roman, »illusioniert« seine Zuschauer, Zuhörer, Leser: Das gehört zum Wesen der Fiktion. Hier wird nun aber ein Ritual zum Stoff der ästhetischen Illusionierung gemacht, in dem es um die »Desillusionierung« der Initianden geht. Die »Illusionsbereitschaft« des Zuschauers, um einen Begriff Aleida Assmanns aufzugreifen[26], wird hier in doppeltem Sinne in Anspruch genommen: erstens, sich auf die Opernhandlung als solche einzulassen, und zweitens, sich innerhalb dieses Illusionsrahmens auf die in den ersten Bildern aufgebaute Sinnwelt der Königin der Nacht einzulassen, um sie dann im Fortgang der Handlung als »Illusion zweiter Ordnung« zu durchschauen und sich von ihr in der Form einer rituellen Desillusionierung bzw. Aufklärung befreien zu lassen. Vielleicht haben diesem Kontrast von »Illusionierung« und »Desillusionierung« zuliebe Mozart und Schikaneder die Welt der Königin der Nacht zunächst im positiven und auch Sarastros Welt im negativen Sinne überzeichnet und daher einige Widersprüche bewußt in Kauf genommen. So mag sich z.B. die erste Szene in Sarastros Reich erklären: die furchtbare Bedrohung der Pamina durch Monostatos. Eigentlich sollte Sarastro, der weise und gütige Herrscher, als der er sich später erweisen wird, solche Zustände in seinem Herrschaftsbereich nicht dulden. Diese Szene steht daher wohl noch ganz im Dienst der »Illusionierung«, aber nicht des Tamino, der nicht dabei ist, sondern des Publikums. Durch den unmittelbar anschließenden Auftritt der drei Knaben und des Tamino im Tempelvorhof wird es einer maximalen Kontrastwirkung ausgesetzt. Dieser Kontrast gehört zum Ritual, das eine innere Wandlung, eine Konversion bezweckt. Diese Konversion vollziehen wir überdies sehr viel zögernder mit als Tamino, der sich im Laufe der Sprecherszene ziemlich schnell und für uns kaum nachvollziehbar zu einer veränderten Sicht der Dinge durchringt. Immer wieder fühlen wir auch mit Pamina, die für diese Wandlung sehr viel länger braucht, und mit Papageno, der sie überhaupt nicht vollzieht.

Die *plot*-Struktur: Zaubermärchen und Prüfungsweg

Die *Zauberflöte* beginnt als ein typisches Zaubermärchen und wird in vielen Inszenierungen insgesamt als ein solches verstanden. Um den Märchencharakter eines Handlungsaufbaus nachprüfen und darstellen zu können, verfügen wir über ein vorzügliches Instrument: die Untersuchungen zur »Morphologie« des Märchens durch den russischen Strukturalisten Wladimir Propp.[27] Propps »Morphologie« ist eine Alternative zu der in der Märchenforschung vorherrschenden Motivforschung. Motive sind inhaltlich definiert, z.b. »Bösewicht entführt Königstochter« oder »Flöte als Zaubermittel«, unabhängig davon, was sie zu einer Erzählung beitragen und wo im Ganzen eines Handlungsaufbaus sie auftreten. Demgegenüber bestimmt Propp seine »Funktionen« nach ebendiesem Stellenwert im Gang der Erzählung. Während es Tausende verschiedener Motive gibt, unterscheidet Propp lediglich 31 Funktionen, die sich zu Anfangs-, Mittel- und Schlußsequenzen verbinden. Ihre Auswahl, Komposition und inhaltliche Besetzung dient ihm dazu, die »Gestalt« eines Märchens als individuelle Realisierung eines typischen Schemas zu bestimmen. Wenden wir diese Analysemethode auf die *Zauberflöte* an, ergibt sich ein eigenartiger Befund. Die Bilder im ersten Teil des ersten Aktes ergeben eine typische Anfangssequenz, wobei wie in vielen Märchen die gezeigte bzw. erzählte Handlung, der *plot*, erst mit der 8. Funktion einsetzt, die Propp als »Schädigung« definiert. In der *Zauberflöte* haben wir es mit dem Typ »Der Schädling entführt eine Person«[28] zu tun. Diese Funktion gehört zwar noch in die Vorgeschichte der *gezeigten* Handlung,[29] wird aber in der Erzählung der Königin der Nacht nachgetragen. Darauf folgt die

9. Funktion »Vermittlung«: »Ein Unglück oder der Wunsch, etwas zu besitzen, wird verkündet, dem Helden wird eine Bitte bzw. ein Befehl übermittelt, man schickt ihn aus oder entläßt ihn.«[30] Eine ganz besonders typische Besetzung dieser Funktion ist der Auftrag zur Rettung einer entführten Prinzessin. Propp setzt noch hinzu: »Beispiele, in denen ein Märchen sowohl das Schicksal der Suchenden als auch der Leidenden verfolgt (vgl. Puschkins *Ruslan und Ludmilla*), gab es in unserem Belegmaterial nicht.«[31] Darin unterscheiden sich also Zaubermärchen und Liebesroman; in dieser Hinsicht weicht die *Zauberflöte*, in der auch das Schicksal der Entführten gezeigt wird, von der Struktur des Zaubermärchens ab zugunsten des Liebesromans. Doch geht es zunächst mit der Funktion 10 »Einsetzende Gegenhandlung« weiter: »Der Sucher ist bereit bzw. entschließt sich zur Gegenhandlung.«[32] Diese Funktion wird in der *Zauberflöte* schon vor dem Auftritt der Königin der Nacht und der förmlichen Aussendung erfüllt. Tamino entschließt sich zur Rettung Paminas, kaum daß er durch die drei Damen von ihrer Entführung erfahren hat: »Kommt, Mädchen! führt mich! – Pamina sei gerettet! – der Bösewicht falle von meinem Arm; das schwör' ich bei meiner Liebe, bei meinem Herzen!« Funktion 11 »Abreise«[33] schließt sich an. Diese Sequenz stellt nach Propp »die Schürzung des Knotens dar, aus dem sich der weitere Gang der Handlung entwikkelt.«[34] Genau das ist auch die Funktion der Auftritte 1-8 in der Oper: Sie formen die Erwartung über den weiteren Gang der Handlung. Allerdings geht in der *Zauberflöte* der Abreise des Helden noch Funktion 12 »Erste Funktion des Schenkers« voraus, die in Propps Märchen auf die Abreise folgt: »Der Held wird auf die Probe gestellt, ausgefragt, überfallen usw., wodurch der Erwerb des Zaubermittels oder des übernatürlichen Helfers eingeleitet wird.«[35] In der *Zauberflöte* spielt die aussendende geschädigte Mutter zugleich die Rolle des Schenkers, indem sie dem Helden zusammen mit dem Auftrag, die entführte Tochter zurückzuholen, auch das Zaubermittel zu dessen Erfüllung aushändigt. Das Porträt der Pamina, so zeigt sich jetzt, hatte die Funktion einer Prüfung, die Tamino glänzend bestanden hat. Dadurch entfallen die Funktionen 13 und 14, die sich auf die Auseinandersetzungen des Helden mit dem Schenker beziehen, und die Handlung kann unmittelbar vorrücken zu Funktion 15 »Raumvermittlung«: »Der Held wird zum Aufenthaltsort des gesuchten Gegenstands gebracht, geführt oder getragen.«[36] Diese Funktion wird in der *Zauberflöte* von den »drei

Knaben« übernommen; bevor wir sie jedoch zusammen mit dem von ihnen geführten Tamino antreffen (15. Auftritt), wird noch eine Szenenfolge eingeschoben, die uns das Schicksal der geraubten Pamina vor Augen führt (9.-14. Auftritt). Bis auf diese zur Gattung des Liebesromans gehörende Ausnahme erweist sich die *Zauberflöte* so weit als ein fast vollständig in den Proppschen Funktionen darstellbares Zaubermärchen.

Von nun aber will keine der weiteren von Propp aufgeführten Elemente oder Funktionen mehr auf die Handlung der *Zauberflöte* passen. Zu den Funktionen der Mittelsequenz (16-24) finden sich überhaupt keine Entsprechungen. Was sich anhand der Handlungsanalyse nach Propp zeigen läßt, ist, daß Mozart und Schikaneder der narrativen Märchenlogik so weit folgen, bis sich im Publikum eine starke Erwartung hinsichtlich des Fortgangs der Handlung aufgebaut hat. Diese Erwartung wird dann gleich mit Beginn des zweiten Abschnitts des ersten Akts gründlich enttäuscht, worin wir nicht einen unbewältigten Bruch, sondern eine mit voller künstlerischer Absicht eingesetzte Entsprechung zur initiatorischen Desillusionierung zu erblicken haben. Erst die Funktionen der Schlußsequenz lassen sich wieder zur Zauberflötenhandlung in Beziehung setzen, aber nicht im Sinne der Entsprechung, sondern der Umkehrung! In den Märchen ist während der Abwesenheit des Helden zu Hause ein Gegenspieler aufgetreten, der die Verdienste des Helden und die damit verbundenen Versprechungen für sich beansprucht. Der unerkannt heimgekehrte Held hat seine Identität durch eine schwere Prüfung (Funktion 25) zu erweisen: die Heimkehr des Odysseus ist hierfür das klassische Beispiel. Das ist der Punkt, an dem die Handlung der *Zauberflöte* die Märchenstruktur auf den Kopf stellt. Der vermeintliche Auszug des Helden nimmt den Charakter einer unerkannten Heimkehr an. Damit dreht sich alles um. Sarastro tritt nun in die Rollen des »geschädigten Verwandten« und des »ersten Schenkers« ein. Er gibt dem Helden das Zaubermittel wieder und führt ihm schließlich nach bestandener Prüfung die entführte Tochter zu. Der Königin der Nacht und ihrem Tamino-Ersatz Monostatos fallen nun die Rollen des Gegenspielers und falschen Helden zu. Dem entsprechen Funktion 27: der echte Held wird erkannt (die Anerkennung der beiden Neophyten, Tamino und Pamina, als Eingeweihte – »Der Isis Weihe ist nun dein! Kommt! tretet in den Tempel ein«), und 28 »Der falsche Held wird entlarvt«[37]– der Höllensturz der

Königin der Nacht. Funktion 29 heißt bei Propp »Transfiguration«: Der Held »erhält ein anderes Aussehen«. Damit läßt sich die Aufnahme in den Kreis der Eingeweihten verbinden: *Tamino, Pamina, beide in priesterlicher Kleidung.* Mit der letzten Funktion 31 »Hochzeit und Thronbesteigung« aber fallen Märchenstruktur und Opernhandlung wieder vollkommen zusammen: »Der Held vermählt sich und besteigt den Thron.«[38] Was sich im Märchen auf die *Heimkehr* bezieht und den Helden eigentlich zusammen mit dem geraubten Gegenstand in das Ausgangsland, das Reich der Königin der Nacht, zurückführen müßte, das bezieht sich in der Oper auf die Fortsetzung seines Auszugs in Sarastros Reich. Der vermeintliche Auszug wird zur unerkannten Heimkehr, wobei es hier der Held selbst ist, dem seine Heimkehr und seine wahre, in den folgenden Prüfungen hervortretende Identität »unerkannt« ist. In dieser Verschiebung der Handlung ins innere Erleben des Helden bzw. der beiden Helden liegt die Umdeutung, die die *Zauberflöte* an dem Märchenstoff vornimmt und die Handlung auf eine ganz andere Ebene transponiert.

Als semantische und ästhetische Kernidee der *Zauberflöte* möchte ich den Gedanken der inneren Wandlung oder Konversion ansehen, der radikalen Trennung von Vorurteilen, fremdbestimmten Wertbegriffen und Zielsetzungen, des durchgreifenden Sinneswandels, den Schikaneder und Mozart in Form einer »Illusionierung« und anschließenden »Desillusionierung« sowohl der Protagonisten (Tamino und Pamina) als auch der Zuschauer inszenieren. Die entscheidende Wende vollzieht sich für Tamino zu Ende des ersten, für Pamina zu Ende des zweiten Aufzugs. Der erste Abschnitt spielt im Reich der Königin der Nacht und ist märchenhaft angelegt. Dieser erste Abschnitt ist, unserer Theorie zufolge, bewußt auf die Irreführung des Helden und mit ihm des Zuschauers angelegt. Er führt uns eine Mangelsituation vor Augen und läßt uns erwarten, daß im Fortgang der Handlung diesem Mangel abgeholfen werden wird. Der Königin der Nacht ist ihre Tochter geraubt worden, der Held wird ausgesandt, sie zurückzubringen. Nach allen Grundregeln der narrativen Logik gibt es nur eine mögliche Fortsetzung: Der Held dringt in die Sphäre des Feindes ein, hat eine Reihe gefährlicher Abenteuer zu bestehen und befreit zuletzt die geraubte Tochter. Mit deren Rückführung ist der Mangel behoben und die leidvolle Ausgangssituation in eine freudenvolle Endsituation umgewandelt. Auch der Titel – *Die Zauberflöte* – leistet dieser Irreführung Vorschub. Daß die Handlung eine etwas andere Wendung nimmt als vom Helden und vom Zuschauer vorausgesehen, beruht nicht auf einem künstlerisch unbewältigten Bruch, sondern gehört zum *plot*. Die *Zauberflöte* realisiert ein ähnliches ästhetisches Projekt wie der antike Liebesroman: Geist und Form der esoterischen Mysterienreligion in die exoterische, d.h. öffentliche und allen zugängliche Gestalt eines Kunstwerks umzuschmelzen. Was die Isis-Mysterien für Apuleius' *Goldenen Esel*, ist die Freimaurerei für die *Zauberflöte*, wobei wiederum die Freimaurerei sich als eine Art Wiederaufnahme der – oder Wiederanknüpfung an die – Isis-Mysterien versteht.

Die Initiationsprüfungen treten also nicht etwa an die Stelle einer (ursprünglich geplanten oder in den Quellen vorgefundenen) Märchenfortsetzung. Vielmehr ist das Zaubermärchen Teil der Initiationsprüfungen, die deutlich genug mit den ersten Akkordschlägen der Ouvertüre anheben. Das Zaubermärchen dient der »Illusionierung« der Protagonisten und mit ihnen auch der Zuschauer, in denen es ganz falsche Erwartungen über den Fortgang der Handlung aufbaut. Wir wollen uns das noch einmal etwas genauer in Erinnerung rufen. Den Wechsel zwischen den Phasen der »Illusionierung« und der »Desillusionierung« markiert der Einschnitt zwischen dem ersten und dem zweiten Teil des ersten Aufzugs, d.h. der erste Auftritt der drei Knaben: »Zum Ziele führt dich diese Bahn« – was die hier erstmals seit der Ouvertüre wieder eingesetzten Posaunen zusammen mit sordinierten Trompeten und »bedeckten« Pauken andeuten. Die Posaunen kennzeichnen die »Bahn« als einen sakralen Prüfungsweg, ohne daß der Held anfangs noch durchschaut, daß er in der Rolle des »Suchenden« in einen rituellen Prozeß eingetreten ist.

Mit dem II. Akt beginnt dann das Ritual im engeren Sinne, das »Ritual im Ritual«, in Form einer Sitzung der Eingeweihten, auf der über Taminos Aufnahme in den Orden und Zulassung zur Prüfung abgestimmt wird. Die Struktur der Prüfungen läßt sich auf dem Hintergrund der Mysterientheorie klar bestimmen. Sie gliedern sich nach dem Modell des eleusinischen Einweihungsrituals in die Kleineren und Größeren Mysterien. Papageno, der an ihnen überhaupt nur halbherzig teilnimmt und jedesmal kläglich versagt – sie auf diese Weise komisch parodierend –, wird zu den Prüfungen der Größeren Mysterien gar nicht mehr zugelassen. Die ersten Prüfungen stehen unter dem Zeichen des »Schweigens«. Sie bestehen in zwei Konfrontationen vollkommen unterschiedlichen Charakters, in denen Tamino seine »Verschwiegenheit« unter Beweis zu stellen hat. In der Konfrontation mit den drei Damen geht es um seine Konversion, seine Freiheit von den »Vorurteilen«, Leidenschaften und Verblendungen, die sein Handeln bisher bestimmt haben. Nicht »Lieb und Tugend« hatten ihn geleitet, wie er selbst annahm und behauptete, sondern »Rache für den Bösewicht«; jetzt muß er zeigen, daß er sich zur Wahrheit durchgerungen hat. In der ungleich schwereren Konfrontation mit Pamina dagegen bekommt sein Schweigen eine andere Bedeutung. Hier geht es um die schwerste Form der Selbstüberwindung, die einem Liebenden abverlangt werden kann. Orpheus hatte es nicht vermocht, sich nicht nach Eurydike umzublicken und denen blind zu vertrauen, die ihm diese Prüfung auferlegt hatten. Genau dieses Vertrauen wird nun von Tamino gefordert, und er gehorcht, obwohl er damit Pamina an den Rand des Wahnsinns treibt. Schweigend hört er Paminas g-Moll-Arie an, in der Mozart alle ihm zu Gebote stehenden Mittel (und welche stehen ihm nicht zu Gebote?) aufbietet, ihn und die Zuhörer im tiefsten zu erschüttern.

Tamino wird anschließend von den Priestern beglückwünscht (II/21). Damit wird ein klarer Strich unter die bisherigen Prüfungen gezogen. Jetzt kommt die zweite Prüfungssequenz der Größeren Mysterien auf ihn zu. Bei dieser Prüfung geht es um Leben und Tod, daher darf er sich vorher von Pamina zum »letzten Lebewohl« verabschieden. Auch dieses Lebewohl hat die Funktion, die erste Prüfungssequenz von der zweiten zu trennen. Selbst Papageno bekommt eine große Szene, um sich aus dem Ritual zu verabschieden. Er wird auf einen anderen Prüfungsweg geführt, auf dem wir ihn erst kurz vor Schluß wieder zu Gesicht bekommen.

Durch die erfolgreiche Bewältigung der ersten Prüfungssequenz, die »Schweigen« erforderte, ist Tamino, in eleusinischer Terminologie, zum »Mysten« geworden und zu den »Kleinen Mysterien« zugelassen. Es soll aber mit ihm weiter hinaus, er soll noch eine weitere Prüfungssequenz bestehen, die ihn, wiederum in eleusinischer Terminologie, zum »Epopten«, d.h. zum Schauenden, macht. Er will ja schauen und »in das Heiligtum des größten Lichtes blicken«. Das war ihm bisher noch nicht vergönnt. Es wird sehr deutlich gemacht, daß es jetzt auf Tod und Leben geht und daß es hier nicht auf Verschwiegenheit, sondern auf Tapferkeit, Mut und Entschlossenheit ankommt. Das ist nun schon gar nicht Papagenos Sache. Außerdem jedoch sind zu dieser Prüfung nach der damaligen Mysterientheorie überhaupt nur diejenigen zugelassen, die zum Herrschen berufen sind; und von Tamino haben wir ja bereits aus Sarastros Munde gehört, daß er zum künftigen Herrscher und Ordensmeister bestimmt ist. Die erste Prüfungssequenz der Kleinen Mysterien hat Tamino zum Mysten »gereinigt« und von den »Profanen« abgesondert; die zweite soll ihn nun innerhalb der Gereinigten auf die Stufe der »Erleuchteten« emporführen. Diese ganze Begrifflichkeit kommt im Text selbst vor: »*Erleuchtet* wird er dann im Stande sein, sich den Mysterien der Isis ganz zu weihn«, und zwar unter der Bedingung, daß er »des Todes Schrecken überwinden kann«.

In den Eleusinischen Mysterien muß mindestens ein Jahr liegen zwischen der Zulassung zu den kleinen und den Großen Mysterien, aber die Oper muß dieses Intervall natürlich auf die raumzeitlichen Grenzen einer plausiblen dramatischen Handlung zusammenziehen. So wird Tamino noch in derselben Nacht zur entscheidenden Prüfung geführt. Was in Eleusis bei dieser Gelegenheit vollzogen wurde, wußte man damals und weiß man bis heute nicht; so griffen Mozart und Schikaneder hier auf das ägyptische Modell einer Unterweltsfahrt durch alle Elemente, zumindest durch Wasser und Feuer zurück.

Pamina war wohl vom Orden für diese Prüfung nicht eingeplant; es ist jedenfalls in meinen Augen dramaturgisch reizvoller, sich ihr Auftauchen auch für die Priester als eine Überraschung vorzustellen. Es würde sich in diesem Falle um eine kleine Rebellion handeln, die das alte Ritual in einem entscheidenden Punkt verändert. So etwas hat es noch nie gegeben: daß eine Frau diese Prüfung mitgemacht hat, überhaupt, daß kein einzelner, sondern ein Paar durch Wasser und Feuer geschritten ist. Bei Terrasson wird ausdrücklich hervorgehoben, daß der Neophyt bei dieser Prüfung allein sein muß, und Amedes bleibt daher auch zurück. Es handelt sich also bei der *Zauberflöte* zugleich um die Aufführung eines als solches unendlich wiederholbaren, uralten Rituals und um die Darstellung eines einmaligen, alle bisherigen Ritualvollzüge umwerfenden und aufhebenden Ereignisses.

Bruch, Konversion, Verwandlung

Die Konversion ist der Prozeß einer inneren Verwandlung. Aus dem alten wird ein neuer Mensch. Die Oper bringt diesen inneren Wandel, den Tamino und Pamina durchmachen, als äußeren Wandel zur Erscheinung, und zwar an der scheinbaren, sich in Wahrheit nur in den Augen der Betrachter abspielenden Verwandlung der Königin der Nacht aus der guten Fee in einen bösen Dämon und des Sarastro aus einem Entführer und »Bösewicht« in einen Herrscher voller Weisheit und Güte. Diese doppelte Verwandlung wird in der Oper so stark herausgestellt, daß man sie sich nur im Sinne der Bruchtheorie erklären konnte. Sehr aufschlußreich ist aber, was Hans-Georg Gadamer in seiner Studie zu Goethes »Zauberflöte II. Teil« und ihrer Beziehung zu Mozarts Oper schreibt. Gadamer steht ganz auf dem Boden der Bruchtheorie: »Wir wissen, daß diese Wandlung auf äußere Weise in das Textbuch eingedrungen ist.« Er fragt sich aber, wie es geschehen konnte, daß »der verständnisvolle Hörer der ›Zauberflöte‹ den Umbruch, den der zweite Akt bringt, nicht als albern und sinnlos empfindet, sondern wirklich annimmt«, die Oper allem Widersinn zum Trotz »als Einheit zur wirksamen Erfahrung kommt« und etwa keinen Geringeren als Goethe so tief und nachhaltig beeindrucken konnte, daß er eine Fortsetzung gedichtet hat. Gadamer macht aus dieser Überlegung heraus einen Vorschlag, der ebenfalls den Begriff der Bekehrung verwendet und meiner Deutung ganz nahe kommt: Er fragt, »ob dieser Umbruch nicht genauso zu verstehen ist, wie in jedem Märchen Verwandlung geschieht. Verwandlung ist zwar Zauberei und überraschende Veränderung der Dinge. Aber in ihr ist doch keine reine Beliebigkeit. Sie zeigt Verwandtschaft des Gegensätzlichen an. So mag es richtig sein, daß der verwandelte Räuber, der zum rettenden Weisen wird, hier so etwas wie eine Bekehrung voraussetzt. Aber ist nicht vielleicht umgekehrt alle Bekehrung eine solche Verwandlung, die eine geheimnisvolle Identität verbirgt?«[39] Bekehrung findet statt, aber sie betrifft nicht den »Räuber, der zum Weisen wird«, sondern Tamino und Pamina, die Sarastro, den sie zunächst für einen Räuber halten müssen, als Weisen erkennen lernen.

Viel offensichtlicher als bei Sarastro wird uns aber die Verwandlung bei der Königin der Nacht vor Augen geführt. Wir erleben ja Sarastro nicht wirklich als »Räuber«, sondern hören das nur von ihm erzählen. Einzig sein Diener Monostatos führt uns die sinistren Aspekte der Sarastro-Legende vor Augen. Die Königin der Nacht aber erleben wir mit Tamino zunächst als leidende Mutter und gütige Fee und dann als rasende, rachsüchtige Furie und Dämonin der Finsternis. Auf diese so viel sinnfälligere Verwandlung geht Carolyn Abbate ein und meint, daß Schikaneder sie einer bislang nicht berücksichtigten altfranzösischen Quelle[40] entnommen habe. C. Abbate wendet sich zu Recht gegen die heute verbreitete Tendenz, die Königin der Nacht schon in ihrem ersten Auftritt als böse und betrügerisch darzustellen, und besteht auf dem nur im Sinne der Verwandlung überbrückbaren Gegensatz zwischen ihrer ersten und ihrer zweiten Erscheinung.[41] »Weniger hohl, weniger leer an Anlässen zur Verwunderung und wesentlich schreckenerregender wäre die Annahme, daß die Königin so ist, wie sie erscheint: sowohl die freundliche Herrscherin als auch das Monster, das sein eigenes Kind zu opfern bereit ist. Da ist keine anfängliche Betrügerei und spätere Aufdeckung der Wahrheit, sondern nur eine große Verwandlung. Sie neigt zur Metamorphose, zu körperlicher und geistiger Mutation: das ist ihr Symptom.«[42] Carolyn Abbate hat recht, den Kontrast zwischen den beiden Erscheinungsformen der Königin herauszustellen, genau darauf kommt es Mozart und Schikaneder an. Die »beiden Königinnen« machen aber nur die innere Wandlung Taminos und Paminas deutlich, die Wandlung des Blicks, den sie vor und nach ihrer Bekehrung auf die Königin werfen. Das Geheimnis der *Zauberflöte* ist aber, daß sie auf beiden Ebenen, als äußere Verwandlung und als innere Bekehrung, »als Einheit zur wirksamen Erfahrung kommt«.

In diesem Sinne ist also die *Zauberflöte* in ihrer Gesamtheit ein ästhetisiertes, zum Kunstwerk gestaltetes Ritual, und es dürfte schwerfallen, in der gesamten Opern- und Theatergeschichte hierfür eine Parallele zu finden. Allenfalls Wagners *Parsifal* könnte in seiner Funktion als »Bühnenweihfestspiel« eine Parallele darstellen. Anders aber als im *Parsifal* wird in der *Zauberflöte* das Ritual nicht nur vollzogen, sondern auch transzendiert. Das Ritual bildet, wie wir gesehen haben, ein Spiel im Spiel, das immer wieder auf andere Wirklichkeitsebenen hin transzendiert wird. Dieses Spiel mit verschiedenen Wirklichkeitsebenen ist es, was die *Zauberflöte* der Form des barocken Welttheaters annähert.

Die Ritualebene wird in der Oper zunächst in zwei Richtungen transzendiert: auf eine Ebene »höheren Ernstes« hin durch die eingestreuten Weisheitsworte und auf eine Ebene der buffonesken Komik hin durch Papageno, der das Ritual parodiert, weil er unversehens in den Initiationsprozeß hineingerät, ohne sich wirklich darauf einzulassen und sich von den rituellen Erfahrungen innerlich prägen und verwandeln zu lassen – wie es ja der Sinn des Rituals ist. Er bleibt auch im Tempelbezirk ein Außenseiter, ein »Profaner«, an den die priesterlichen Bemühungen um Sublimation verschwendet sind. Papageno ist, theatergeschichtlich gesehen, die »lustige Figur«, die es nicht nur in die »Große Oper«, sondern überdies auch noch in eine hochsakrale Handlung verschlagen hat, so daß der herkömmliche Kontrast zwischen hoch und niedrig, Herr und Diener, hier durch den zwischen rein und profan gekreuzt oder verdoppelt wird. Man würde erwarten, daß Papagenos respektlose Späße, die das Ritualgeschehen fortlaufend parodieren, den heiligen Ernst der Handlung zerstören – man stelle sich einmal einen Harlekin im *Parsifal* vor! –, aber das Wunder geschieht, daß das Ritual seine Parodie verkraftet und dabei nichts von seinem Ernst und seiner Spannung verliert. Papageno rettet den exoterischen Charakter des Werks und sorgt dafür, daß es nie in reine Esoterik umschlägt. Durch die Einbeziehung des Volks und seiner Lachkultur in die heiligen Vorgänge gewinnt die Oper die Dimensionen des Welttheaters.

Doch zeigt sich auch die Gestalt des Papageno auf dem Hintergrund der Mysterientheorie noch in einem schärferen Licht. In ihrem komischen Kontrast zur Priesterwelt verkörpert sie die Konzeption der *religio duplex*. Die *Zauberflöte* setzt die Theorie der doppelten Religion auf eine sehr raffinierte und wirkungsvolle Weise um, indem sie hier nochmals eine Unterscheidung vornimmt. Auf der einen Seite macht sie den Gegensatz zwischen Volk und Elite an der Gegenüberstellung zwischen dem höheren und dem niederen Paar sinnfällig, die zur Tradition des Wiener Volkstheaters gehört. Diesen Gegensatz steigert die *Zauberflöte*, sehr zum Nutzen der damit verbundenen komischen Affekte, durch die Mysteriensphäre, in die das hohe Paar aufsteigt. In dieser Form entspricht der Gegensatz zwischen Papageno und der Priesterwelt der älteren, wissenssoziologischen Konzeption der *religio duplex*, in der es nicht um Wahrheit und Lüge, sondern einfach um Bildung und Unwissenheit geht.

Aber auch die antagonistische, von Warburton und den Freimaurern vertretene Konzeption der doppelten Religion kommt in der *Zauberflöte* sehr prominent und sinnfällig zum Ausdruck. Es scheint mir evident, daß Mozart und Schikaneder den Gegensatz zwischen Volksreligion oder »Aberglauben« und Mysterien in den Gegensatz zwischen den Sphären der Königin der Nacht und Sarastros übersetzen, wobei sie ihren Begriff von Aberglauben durch ziemlich eindeutige Anspielungen auf die katholische Kirche und ihren Marienkult konkretisieren.[43] Auch das kleine, von Mozart gestrichene Duett, das Paminas Worte »Die Wahrheit, die Wahrheit, wär sie auch Verbrechen« auf der Meta-Ebene des Kommentars ins Allgemeine heben sollte, spielt auf die These von der Staatsfeindlichkeit der Wahrheit an (s. oben S. 211).

Mozart und Schikaneder überwinden also durch die Figur Papagenos den allzu scharfen und einseitigen Dualismus des freimaurerischen Weltbilds, indem sie der freimaurerischen Priesterwelt nicht nur die Königin der Nacht, sondern auch das niedere Paar, Papageno und Papagena, gegenüberstellen: die eine im Sinne des Antagonismus von Fiktion und Wahrheit, das andere im Sinne der unaufhebbaren, aber in Freundschaft verbindbaren Differenz von Weisheit und Einfalt.

Die *Zauberflöte* als »neues Mysterium«

Das wichtigste Motiv der freimaurerischen Mysteriendebatte scheint mir der Glaube, »daß diese Mysterien vielleicht noch nicht ganz von der Erde verschwunden sind« – sondern in Nischen und Krypten des kulturellen Gedächtnisses überwintern und in den Logen, Gärten und Riten der Freimaurer wieder aufleben können. Aus dieser Überzeugung speist sich die Mysteriendebatte. Man interessiert sich für die alten Mysterien, um sie in den nach ihrem Vorbild geformten »neuen Mysterien« wieder aufzunehmen. In diesem Kontext haben wir die *Zauberflöte* zu verstehen. So wie das Opernprojekt der Florentiner Akademie zu Ende des 16. Jahrhunderts die antike Tragödie, so will die *Zauberflöte* das Initiationsritual der antiken Mysterien wieder aufleben lassen. Sie bezieht sich auf die Mysterien der Isis nicht im historischen Sinne einer Rekonstruktion, sondern im Sinne einer Wiederaufnahme unter veränderten Umständen.

Der Leitgedanke der *Zauberflöte* ist die Realisierung eines freimaurerischen Mysterienspiels im Medium der Oper und zugleich die Realisierung des neuen Projekts einer deutschen Oper am Thema einer Mysterienweihe. Dahinter steht aber noch mehr, was man vielleicht mit Schiller (Brief an Goethe vom 27. März 1801) als »Totalidee« bezeichnen möchte: »Ohne eine solche dunkle [d.h. dem Autor selbst gar nicht voll bewußte, J.A.] aber mächtige Totalidee, die allem Technischen vorhergeht, kann kein poetisches Werk entstehen, und die Poesie, däucht mir, besteht eben darin, jenes Bewußtlose aussprechen und mitteilen zu können, d.h. es in ein Objekt zu übertragen.«[44] Elemente dieser Totalidee sind, was die Musik angeht, die Aufhebung der als solche reich und stark herausgearbeiteten Kontraste – zwischen dem Hohen und dem Niederen, dem Lyrischen und dem Derben, dem Kontrapunkt und dem Volkslied, dem Sakralen und dem Buffonesken – in die höhere Einheit des Welttheaters als Mysterienspiel und, was die Handlung angeht, die Verwandlung durch Initiation, ein ja auch in der Literatur des 18. und frühen 19. Jahrhunderts, von Fénelons *Télémaque* (1699), Terrassons *Séthos* (1731), Rousseaus *Émile ou d'éducation* (1762), Wielands *Agathon* (1766/67), bis zu Jung-Stillings *Das Heimweh* (1794-95), Goethes *Wilhelm Meisters Lehrjahre* (1795) und Novalis' *Heinrich von Ofterdingen* (1802), hochbedeutsames Motiv.[45] In diesem Sinne hat Nicholas Till die *Zauberflöte* in Anlehnung an den Begriff des Bildungsromans eine »Bildungsoper« genannt.[46] Man hat oft und mit Recht auf die religiösen Wurzeln des Bildungsromans und des Begriffs »Bildung« hingewiesen. Der Gedanke des individuellen »Bildungswegs« ist tief in der Geschichte der christlichen Religion verwurzelt mit ihren Ideen der Gottesebenbildlichkeit des Menschen, der Nachfolge Christi, der individuellen Erlösung und Rechtfertigung.[47] Weniger bekannt dagegen scheinen die freimaurerischen Bezüge des Bildungsromans und der Bildungsidee. Beide erwachsen nicht unmittelbar aus »der Säkularisierung des Pietismus seit Mitte des 18. Jahrhunderts« (Voßkamp), sondern haben ebenso starke Wurzeln in der Freimaurerei. Die Arbeit an sich selbst, das Projekt der individuellen Selbstvervollkommnung, bildet ebenso das Ziel der Freimaurer wie der Puritaner und Pietisten. Nichts anderes ist mit dem Symbol des Mauerns gemeint: die »Arbeit am rauhen Stein« ist die Arbeit am eigenen Selbst, das zum Baustein einer neuen Gesellschaft werden soll. Nach Ansicht der Freimaurer allerdings gelingt solche Selbstvervollkommnung dem einzelnen nur im Verband der Gruppe, »an Freundes Hand«. Der erste Schritt auf diesem Weg ist daher die Aufnahme in die Gruppe, die Initiation. Die Initiation bewirkt also nicht als solche bereits die Vervollkommnung des Initianden zu einem gebildeten Selbst, sondern schafft durch Umkehr vom bisherigen Leben und Aufnahme in die Gruppe lediglich die Voraussetzung für einen lebenslangen Vervollkommnungsprozeß im Kreis der Brüder. »Erleuchtet wird er dann im Stande sein, sich den Mysterien der Isis ganz zu weihn«: der Prüfungsweg führt nicht zur Vollkommenheit, sondern zur Aufklärung als dem Punkt, von wo aus sich der Eingeweihte ganz dem Projekt der Vervollkommnung – des eigenen Selbst, der Gesellschaft, der Welt – widmen kann.

Die *Zauberflöte* bringt die Idee der Aufklärung in der Form eines Mysterienspiels auf die Bühne. Karl Pestalozzi hat die Oper als ein »Aufklärungsmärchen« gedeutet[48]: Auf dieser Deutung möchte ich aufbauen und sie auf der Grundlage der freimaurerischen Mysterientheorie zum Konzept des »Aufklärungsmysteriums« ausweiten. Diese Theorie rekonstruiert, wie wir gesehen haben, den Prozeß der Einweihung als Desillusionierung. Der Myste wird im Vollzug des Rituals von allen Illusionen und Vorurteilen der Volksreligion (des »Aberglaubens«) gereinigt, um dann ins hellste Licht der Wahrheit blicken zu können. In den Initiationsriten der Freimaurer wird diese Theorie theatralisiert bzw., nach deren eigenem Verständnis, re-theatralisiert, denn es handelt sich ja um eine Wiederbelebung antiker Mysterien, wobei dieses »Theater« allerdings im geschlossenen Raum der Geheimgesellschaft stattfindet und nur für die Teilnehmer, nicht für ein profanes Publikum bestimmt ist, weshalb wir hier besser von einer »Ritualisierung« anstatt »Theatralisierung« sprechen. Was in den Logen der Freimaurer, zumindest jener Richtung, zu der Mozarts Loge gehörte, ritualisiert wird, ist die Idee der Aufklärung. Aufklärung, die Befreiung von »Aberglauben und Vorurteilen«, wird hier in einen rituellen Prozeß umgesetzt, der den Initianden durch Nacht zum Licht führt. Die *Zauberflöte* unternimmt es nun, diese esoterische Ritualisierung der Aufklärung in die Form einer exoterischen Theatralisierung umzuwandeln. So wird in der *Zauberflöte* Aufklärung als ritueller und theatraler Prozeß inszeniert und zum Gegenstand einer genuin ästhetischen Erfahrung.

Allerdings muß man feststellen, daß die Oper als ein Mysterienspiel, das in der Weise des barocken Welttheaters zwischen mehreren Realitätsebenen – Ernst und Spiel, Ritual und Parodie, Illusion und Wahrheit – wechselt, nicht wirklich rezipiert wurde. Es genügt daher nicht, die freimaurerische Mysterienkonzeption aufzudecken, aus der sich der rituelle Rahmen ergibt; wir müssen auch nach den Gründen dafür fragen, warum dieser Rahmen zusammen mit der alsbald in Vergessenheit geratenen Mysterientheorie des 18. Jahrhunderts so schnell unkenntlich werden konnte. Wie war es möglich, daß eine das 18. Jahrhundert so intensiv beschäftigende Idee wie der Konflikt zwischen Öffentlichkeit und Geheimnis, Volksreligion und Elitereligion und die sich daraus ergebende Form der Einweihung als Desillusionierung innerhalb weniger Jahre so in Vergessenheit geraten konnte, daß niemand sie mehr in der *Zauberflöte* wiedererkannt zu haben scheint, und wie ist es andererseits möglich, daß die *Zauberflöte* dadurch in ihrer ästhetischen Wirkung in nichts beeinträchtigt wurde und auch ohne die Kenntnis dieses Rahmens so hervorragend funktioniert? Eine Antwort auf die erste Frage würde ich im Kontext der Französischen Revolution und der damit verbundenen allgemeinen »Verbürgerlichung« der europäischen Kultur suchen. Die Mysterienkonzeption des 18. Jahrhunderts steht und fällt mit dem aufgeklärten Absolutismus und der zentralen politischen Rolle von Geheimgesellschaften in diesem politischen Rahmen. Der Absolutismus erzwingt geradezu mit seiner Ideologie des starken Staates die Unterscheidung von Staat und Gesellschaft, die in der Form der Geheimgesellschaft die ideale Möglichkeit findet, sich gegenüber Staat und Kirche als eigenständige Größe zu konstituieren.[49] Die Aufklärung brauchte »neue Mysterien«, um den Kantschen Exodus, den »Ausgang aus der selbstverschuldeten Unmündigkeit« gegenüber Staat und Kirche rituell und performativ zu vollziehen. Die Romantik brauchte in der post-absolutistischen, demokratischen Welt eine »neue Mythologie«, um das »Volk« zur »Nation« zu einen und demokratisch zu mobilisieren. Damit waren die kulturellen Rahmenbedingungen für das aufklärerische Mysterienspiel hinfällig geworden. Das Mysterienthema verlor seine unmittelbare politische Aktualität und wurde wieder zu einem rein historischen Thema. So wurde auch die Mysterienwelt der *Zauberflöte* historisiert und in das alte Ägypten der napoleonischen Expedition und der von ihr ausgelösten historistischen Ägyptomanie verlegt.

Das Verblassen der den Handlungsaufbau bestimmenden Mysterienkonzeption hat die *Zauberflöte* zum Rätsel werden lassen. Die Einheit von Zaubermärchen und Mysterium, Volkstheater und Freimaureroper war zerfallen. Dieser Prozeß hat neben der Bruchtheorie eine bis heute nicht abreißende Fülle weiterer Deutungen und Lösungsvorschläge hervorgebracht. Warum hat dieser Verlust der Wirkung der Oper – abgesehen von den Schmähungen gegen Schikaneders Libretto – keinen Abbruch getan? Ich würde meinen, daß Mozart und Schikaneder die Oper von vornherein auf die Wirkung als Rätsel bzw. »Hieroglyphe« angelegt haben. Sie konnten ja nicht davon ausgehen, daß die Mysterienidee der Freimaurer einem größeren Publikum bekannt und als integrierendes Handlungskonzept der Oper durchschaubar ist. Im Gegenteil: Sie legten es darauf an, daß die Oper für Eingeweihte wie Uneingeweihte gleichermaßen eindrucksvoll ist, genau wie es die Theorie der doppelten Religion für die antiken Mysterien beschreibt. Sie wirkt auch als Märchenspiel, weil Zaubermärchen und Mysterienritual einen gemeinsamen Ursprung in archaischen Initiationsriten, im Gedanken der Verwandlung des Knaben zum Mann, des Kindes zum Mitmenschen haben.[50] »Die Logik des Märchens ist Verwandlung«, schrieb H. G. Gadamer.[51] Dasselbe gilt für das Ritual (sowie für die alchemistische Prozedur des »opus magnum«), und in dieser Übereinstimmung erweist sich die gemeinsame Wurzel. Das Motiv der Verwandlung wirkt als organisierendes, einheitstiftendes Prinzip auf der Ebene des Rituals wie auch auf der Ebene des Märchens und des Bildungsromans. In dieser gemeinsamen Wurzel liegt auch der Grund dafür, daß die psychoanalytischen Deutungen, wie sie von Erich Neumann[52], Rudolf und Melanie Heinz[53], Bernd Deininger und Helmut Remmler[54] sowie von Bernd Oberhoff[55] vorgelegt wurden, oft so überzeugend wirken. Die Psychoanalyse baut auf dem praktischen Wissen der Initiationsriten und Initiationsmärchen auf, das im Bildungsroman (wie z.B. Abbé Terrassons *Séthos*) literarisiert wurde und von daher auch der *Zauberflöte* zugrunde liegt. Daher wirkt der Ritualcharakter der Oper auch, wenn man ihn nicht durchschaut. Von außen gesehen, scheint es sich vor allem um eine Verwandlung der Königin der Nacht zu handeln, von einer guten, mit isis- oder demeterhaften Zügen ausgestatteten Fee in eine Furie. Von innen gesehen, geht es um die innere Wandlung, die Pamina und Tamino durchmachen.

Erkenntnis, Liebe und Musik

Wir haben uns auf diesen Gang durch die Oper begeben in der Absicht, sie »mit den Augen des 18. Jahrhunderts«, d.h. im geistigen Kontext ihrer Entstehungszeit, aufzunehmen, und haben dabei vor allem nach den Vorstellungen gefragt, die »man«, und das heißt im Falle von Mozart natürlich: die freimaurerischen Kreise, in denen er sich bewegte, mit den »Mysterien der Isis« verbanden. Diese Frage erwies sich in einer Sicht als ungemein ergiebig: es stellte sich heraus, daß die Erforschung der antiken Mysterien das große Projekt der Wiener Loge bildete, mit der auch Mozart verbunden war, und daß der Plan einer Mysterienoper zweifellos aus dieser intensiven Beschäftigung hervorgegangen war. Drei thematische Zusammenhänge, um das noch einmal hervorzuheben, treten im Licht der Mysterienkonzeption der Freimaurer sehr viel klarer hervor:

1. Zeit und Ort der Handlung: Wir verstehen, daß es in der Oper nicht um das »alte«, sondern um ein symbolisches Ägypten geht, zu dem jeder Ort werden kann, an dem die Mysterien der Isis praktiziert werden;
2. Das dualistische Weltbild der Oper: Wir verstehen, daß es hier um Warburtons politische Verschärfung des Gegensatzes zwischen Volks- und Elitereligion geht, die sich als Aberglauben und Wahrheit gegenseitig ausschließen.
3. Der scheinbare Bruch: Wir verstehen, daß die ersten Szenen der Oper im Reich der Königin der Nacht einen integralen Bestandteil der Handlung bilden, weil sie die »Illusion« vorführen, von der Tamino und mit ihm die Zuschauer im Vollzug des Einweihungsrituals geheilt werden.

Auf der anderen Seite müssen wir uns jedoch eingestehen, daß die Einblicke, die wir in die freimaurerischen Mysterienforschungen nehmen konnten, zwar unser Verständnis der Oper gefördert haben, aber mit der zeitgenössischen Aufnahme der Oper wenig gemein haben. Aus den frühen Reaktionen geht ziemlich eindeutig hervor, daß die sich aus der freimaurerischen Mysterienkonzeption ergebende Ritualstruktur der Oper als ein Mysterienspiel immer weniger verstanden wurde. Daß die Oper trotzdem einen so ungeheuren Erfolg hatte, hing wohl auch damit zusammen, daß ihre Handlung in der Mysterienkonzeption der Freimaurer keineswegs restlos aufgeht. Vielleicht das Wichtigste ist damit noch nicht erfaßt. Das ist wohl auch der Grund dafür, daß sich Mozart und Schikaneder zuallerletzt gegen einen Titel wie »Die Egyptischen Geheimnisse« und für »Die Zauberflöte« entschieden. An oberster Stelle stehen die Musik und die Liebe. Diese beiden zentralen Elemente der Opernhandlung gehören offensichtlich zum Wesen nicht des Mysterienrituals, sondern der Oper. Weder bei Warburton noch in den Mysterientraktaten der Freimaurer, ja nicht einmal in Terrassons Roman spielen Liebe und Musik eine Rolle.[56] Dieser für die *Zauberflöte* absolut zentrale Motivstrang ist nicht dem Mysterienritual, sondern dem Orpheus-Mythos entnommen, der ja einen sehr kohärenten Subtext der *Zauberflöte* bildet. Wir haben gesehen, daß Mozarts Klage der Pamina angesichts von Taminos Schweigen ein Gegenstück bildet zu Glucks Klage des Orpheus angesichts von Eurydikes Verschwinden. Die ganze Szene ist der Szene bei Gluck nachgebildet mit sehr charakteristischen Parallelen und Inversionen: in beiden Fällen mißdeuten die Frauen die Kommunikationsverweigerung des Geliebten als Zeichen seiner erkalteten Liebe und wünschen sich den Tod. Weil Orpheus nachgibt und dadurch Eurydike verliert, ist er der Klagende; weil Tamino standhält, ist bei Mozart Pamina die Klagende. In beiden Opern bildet das entsprechende Lamento, des Orpheus bei Gluck, der Pamina bei Mozart, einen besonderen, wenn nicht überhaupt den bewußt herausgestellten Höhepunkt. Während nun bei Gluck wie schon bei Monteverdi entsprechend dem Mythos diese entscheidende Prüfung am Ende steht, kommt hier verwandelnde Kraft der Musik vorher, beim Abstieg in die Unterwelt zum Einsatz. Gegen den zweiten Tod der Eurydike vermag auch die Musik nichts mehr auszurichten. In der *Zauberflöte* dagegen steht die entscheidende Prüfung noch aus, und hier, am Höhepunkt der Prüfungen, wird die Musik mit der Flöte des Tamino zum siegreichen Einsatz kommen. Damit wird die Rolle der Musik bei Mozart sogar noch gesteigert gegenüber dem Orpheus-Mythos, weil sie die entscheidende Wandlung und Überwindung vollbringt. Das Orpheus-Thema und damit die Musik gehören also nicht zur Ritual- und Mysterienschicht der Oper, sondern zu ihrer ästhetischen Form als Oper, also zur »Opernschicht«.

Nun sind aber das Mysterienthema und der Orpheus-Mythos nicht gar so weit voneinander entfernt. Orpheus spielt vielmehr in allen Mysterienschriften und auch (wie das auf S. 218 zitierte Gedicht von J. B. Alxinger zeigt) in der Loge *Zur Wahren Eintracht* eine zentrale Rolle. Er ist es, der die ägyptischen Mysterien nach Griechenland geholt haben soll. Der Mythos seines Abstiegs in die Unterwelt ist nach Terrasson nichts anderes als eine poetische Einkleidung seines Prüfungswegs durch die unterirdischen Substruktionen der Großen Pyramide, des ägyptischen Prüfungstempels. Bei dieser Prüfung mußte er sich doch seiner Leier bedient haben, genau wie Tamino sich der Flöte bedient, und auch Orpheus wird bei diesem *descensus ad inferos* von der Liebe beflügelt. Trotzdem haben, soviel ich sehe, weder Terrasson noch Warburton und andere, die sich mit den antiken Mysterien beschäftigten, aus dieser Verbindung von Einweihung und Musik viel gemacht. Vermutlich wartete dieses Motiv auf einen Mozart, um für die Mysterienkonzeption fruchtbar gemacht zu werden. Die Oper heißt nun einmal *Die Zauberflöte* und verweist uns durch ihren Titel nachdrücklich auf die von diesem Instrument symbolisierte verwandelnde Macht der Musik. Dies heben ja auch die drei Damen bei seiner Überreichung hervor. Die Musik verwandelt die Affekte, sie erhebt Spieler und Hörer über die Widrigkeiten des Lebens und selbst über die lebensbedrohende Gewalt der Elemente hinaus und vermag schließlich, so haben wir wohl die Botschaft der Oper zu verstehen, die Erde in ein Himmelreich zu verwandeln.

Die Liebe ist einerseits mit dem Thema Einweihung so verschmolzen, daß am Ziel des Prüfungsweges die Erringung der Weisheit ebenso wie die Vereinigung mit der Geliebten steht und es sich dabei um zwei Aspekte ein und desselben Zieles handelt, andererseits ist sie der Einweihung sogar übergeordnet, weil erst sie das ganze Geschehen in Gang bringt, Tamino auf den Weg der Einweihung setzt und dazu beflügelt, diesen Weg unter allen Umständen bis zum Ende zu gehen. Stärker als alle »affektiven Prägungen«, mit denen das Ritual der Einweihung seine Sinne und Seele zur Aufnahme der Weisheit bereiten soll, ist der Affekt, der die beiden Liebenden, den einen durch den Anblick eines Porträts, die andere vom bloßen Hörensagen, zueinandertreibt und aneinanderbindet. Das ist auch der Punkt, an dem die *Zauberflöte* am stärksten von ihrem Vorbild, Terrassons Sethos-Roman, abweicht. Dort fehlt das Thema Liebe wie überhaupt die affektive Besetzung des Prüfungswegs. Für den jungen Sethos steht die Einweihung in die Mysterien der Isis auf seinem Erziehungsprogramm. Weder wird er von einer besonderen Sehnsucht dazu getrieben, noch bereitet sie ihm besondere Schreckensqualen. Die Schrecken sind allenfalls auf der Seite des empfindsamen Lesers; Sethos erträgt sie mit einem geradezu sportlichen Heroismus. In der *Zauberflöte* ist das ganz anders. Tamino wäre nie auf die Idee verfallen, sich diesen Prüfungen zu unterziehen, triebe ihn nicht die Liebe zu Pamina, und die furchtbarste aller Prüfungen ist für ihn, ihr gegenüber schweigen zu müssen.

Die Engführung von Erkenntnis und Liebe ist das Zentrum der Philosophie Platons. Der Anblick der Schönheit und die Liebe zum Schönen, lehrt Platons Sokrates im *Phaidros*, lassen unserer Seele Flügel wachsen, so daß sie sich zur Erkenntnis der Ideen aufzuschwingen vermag. Besonders das *Symposion* ist der Grundtext dieser Liebesphilosophie, die das Erkennen aus dem Lieben hervorgehen läßt und der Liebe den Rang einer Kraft einräumt, die den Menschen zum Aufstieg in immer höhere Sphären der Erkenntnis befähigt. Bei der Wiederentdeckung dieser Texte in der florentinischen Renaissance bildeten sie das Zentrum einer Liebesphilosophie, die nicht nur die Stellung des Menschen im Kosmos, sondern vor allem auch den Kosmos selbst aus dem Prinzip der Liebe erklärt, Gedanken, wie sie in der *Zauberflöte* dem Duett »Bei Männern, welche Liebe fühlen« zugrunde liegen.[57] Die Liebe veredelt den Menschen in Richtung auf das Göttliche und »wirkt im Kreise der Natur«. Marsilio Ficino in seinem Kommentar zu Platons *Symposion* und Leone Ebreo in seinen *Dialoghi d'amore* haben dieser neuplatonischen Philosophie der Liebe den umfassendsten und wirkungsvollsten Ausdruck gegeben.

Natürlich fragt man sich, wie solche Gedanken zu Mozart und Schikaneder gelangten, ja, ob eine Schrift wie Leone Ebreos *Dialoghi d'amore* im 18. Jahrhundert überhaupt noch bekannt war. Dies letztere wenigstens läßt sich erweisen. Der junge Friedrich Schiller hatte schon auf der Grundlage seiner Shaftesbury- und Ferguson-Lektüre, die ihn mit neuplatonischen Ideen in Berührung gebracht hatte, in einer seiner medizinischen Dissertationen und in seinen »Philosophischen Briefen« (1786) eine idealistische Liebesphilosophie vertreten; später stieß er dann in der Bibliothek der Universität Jena auf das Werk von Leone Ebreo, von dem er Goethe in einem Brief vom 7. April 1797 berichtet.[58]

Anläßlich von Paminas und Papagenos Duett »Bei Männern, welche Liebe fühlen« habe ich bereits auf Schillers »Philosophische Briefe« als mögliche Quelle hingewiesen. Schiller war einer der meistgelesenen Autoren der Zeit, und der Neuplatonismus war die dominierende philosophische Richtung insbesondere der Wiener Freimaurerei.[59] 1789 hatte Mozart Schillers Busenfreund Christian Gottfried Körner, einen begeisterten Freimaurer, in Dresden besucht. Dessen Schwägerin Doris Stock hatte Mozarts Porträt gezeichnet. Zu Schiller und seiner Liebesphilosophie gab es also Berührungspunkte genug. Aber auch unabhängig von Schiller hatten sich Shaftesburys Ideen einer Liebes- und Freundschaftsphilosophie längst auf dem Kontinent verbreitet. Zwar nehmen die Mysterienschriften der Freimaurer, soweit ich sehe, nie auf das Liebesthema Bezug, aber in anderen freimaurerischen Traktaten, Reden, Gedichten und Liedern sind diese Gedanken gang und gäbe. So muß für einen mit der freimaurerischen Mysterientheorie vertrauten Künstler der Gedanke nahegelegen haben, dem Mysterienthema des Erkenntnisweges durch Verbindung mit dem Liebesthema eine Wendung ins Ästhetische und Exoterische zu geben.

Daß schon der antike Liebesroman diesem Gedanken entsprang, den Prüfungsweg der Liebenden, der sie durch das Bestehen schwerer Gefahren hindurch einander würdig werden läßt, im Sinne einer Allegorie auf die Einweihung in die Mysterien hin durchsichtig zu machen und diesen Vorgang, ohne irgendwelche Geheimnisse zu verraten, im Gewand einer öffentlichen, künstlerischen Form wenigstens anspielungsweise darzustellen, ist eine von Kennern wie Karl Kerényi und Reinhold Merkelbach vertretene, aber letztlich unbeweisbare These.[60] Sehr viel deutlicher aber ist die Engführung von Liebe und Erkenntnis im großen Liebesroman der Renaissance, der *Hypnerotomachia Poliphili* oder »Liebes-Kampf-Traum des Liebhabers der Polia«.[61] Der Roman, so faßt Ulrich Gaier die Handlung zusammen, »erzählt die im Traum vollzogene Bildung des Poliphilo bis zu dem Zustand der geistigen und persönlichen Vollendung, in dem er der Polia würdig ist und nach der Verlobung im Tempel mit ihr auf Cythera versetzt und glücklich gemacht wird. Der persönliche Bildungsweg seines Traumes führt ihn durch einen finsteren Urwald in ein paradiesisches Tal, wo er einschläft; dann trifft er auf eine Pyramide mit Obelisk und antiken Ruinen; danach treibt ihn ein Drache in ein dunkles Labyrinth, aus dem er nur mühsam herausfindet. In den Gärten um den Palast der Freiheit wird er von den sieben Nymphen der fünf Sinne sowie Vernunft und Willen geleitet und geschult. Vor dem Reich der Telosia (Ziel) muß er sich an drei Pforten zwischen himmlischem Ruhm, Liebe und irdischen Ehren entscheiden, wählt die Liebe, findet die verschleierte Polia und wird von ihr durch verschiedene Begegnungen und Szenen der Erfahrung, des Lernens und Erzählens zum Tempel der Venus geführt.«[62]

Auch Tamino hat eine »Erotomachie«, einen »Liebeskampf« zu bestehen. Auch er muß sich seine Pamina und zugleich mit ihr die »Weisheitsliebe« erkämpfen. Sehr auffällig werden im zweiten Aufzug die Prüfungen mit dem Wort »kämpfen« bezeichnet. »Wird Tamino auch die harten Prüfungen, so seiner warten, bekämpfen?« fragt der Sprecher in der ersten Szene. »Bist du bereit, sie [scil. Freundschaft und Liebe] mit deinem Leben zu erkämpfen?« fragt er Tamino im dritten Auftritt. »Weisheitslehre sei mein Sieg; Pamina, das holde Mädchen, mein Lohn«, antwortet Tamino und verknüpft die beiden Themen, Weisheit und Liebe. Auch Papageno wird so befragt, und auch für ihn gilt diese Koppelung von Erkenntnis und Liebe:

Willst auch du dir Weisheitsliebe erkämpfen?« Papageno: »Kämpfen ist meine Sache nicht. – Ich verlang' auch im Grunde gar keine Weisheit. Ich bin so ein Natursmensch, der sich mit Schlaf, Speise und Trank begnügt; – und wenn es ja seyn könnte, daß ich mir einmal ein schönes Weibchen fange ...«, worauf ihm der Zweite Priester klarmacht: »Die wirst du nie erhalten, wenn du dich nicht unsern Prüfungen unterziehst.

Zwar ficht Tamino diesen Liebeskampf nicht im Traum, sondern in einem wirklichen Einweihungsprozeß aus, es handelt sich also nicht um eine »Hypn(o)«-, sondern um eine »Myst«-Erotomachie, aber auch ihm widerfährt dieser Prozeß zunächst ebenso unwillkürlich wie dem träumenden Poliphilo. Wider Willen gerät Tamino, der sich auf der Jagd verirrt hat, von einer Schlange verfolgt, in das Reich der Königin der Nacht, das dem Urwald bei Poliphilo entspricht. Diese unwillkürlichen Entrückungen in eine Wildnis haben natürlich ihr Vorbild im Anfang von Dantes *Divina Commedia*: »mi ritrovai nell' una silva profonda«.

Die prominente Rolle, die die *Zauberflöte* dem Liebesthema einräumt, ist in erster Linie ein Gebot der Gattung. Mit dem Einweihungsritual oder dem Erkenntnisweg allein läßt sich weder eine Roman-, noch eine Opernhandlung bestreiten. Die Umsetzung des Rituals in künstlerische, ästhetisch wirksame Form verlangte gebieterisch nach einer entsprechenden Ausweitung des Intellektuellen (und Zeremoniellen) ins Erotische, dem die platonische Ausweitung des Erotischen ins Geistige entgegenkam. Das Besondere der *Zauberflöte* aber gegenüber dem antiken Liebesroman, der *Hypnerotomachia Poliphili* und vielen anderen Liebes- und Bildungsromanen liegt darin, daß sie das Einweihungsthema nicht im Liebesthema versteckt, sondern in aller Klarheit und Deutlichkeit neben das Liebesthema stellt und mit ihm verknüpft – eben zu einer »Mysterotomachia«.

Die überragende Bedeutung des Liebesthemas in der *Zauberflöte* erinnert uns nachdrücklich daran, daß die künstlerische Gestalt der Oper nicht auf ihre »Ritualstruktur« reduziert werden darf, so genau sich diese auch auf die Mysterienkonzeption der Wiener Freimaurer als ihrem unmittelbaren kulturellen Kontext und Anregungsspender beziehen läßt. Das Initiationsritual ist nur eines, wenn auch das dominierende der Elemente, die ihre komplexe Form bestimmen. Was diese Komplexität angeht, könnte man die Oper dem Formprinzip jener romantischen Landschaftsgärten vergleichen, wie sie sich die wohlhabenden unter den Wiener Freimaurern angelegt haben. Die Gärten im französischen Stil, die auf den Blick des Fürsten hin angelegt sind, vor dem sie die Welt in wohlgeordneter Symmetrie zum beherrschenden Überblick ausbreiten, stehen der höfischen Oper, vor allem der Opera seria mit ihrem streng vorgeschriebenen Aufbau nahe. Dagegen sind die romantischen Gärten darauf angelegt, den Spaziergänger mit unerwarteten Wendungen und Aussichten, Grotten und Wasserfällen, Ritterburgen und Pyramiden, Sphingen, Obelisken und Tempeln zu überraschen. Im Ritual ist jeder Schritt vorgeschrieben; Schikaneder hat aber durch seine harschen Schnitte und scharfen Kontraste ganz bewußt ein Element der Unübersichtlichkeit und Unerwartbarkeit, ja der enttäuschten Erwartung in dieses Ritual eingebaut, das der Formidee des romantischen Landschaftsgartens nahekommt und im Hinblick auf dieses Ideal gewisse Aspekte des barocken Welttheaters wieder aufgreift. Durch das Liebesthema schließlich gewinnt der Vorgang der Einweihung seelische Tiefe. Das Leiden der Geprüften wird uns als ein seelisches Leiden dargestellt, das sich musikalisch ausdrücken und uns ganz anders ergreifen und in Mit-Leidenschaft ziehen kann, als wenn es sich wie in der Roman-Vorlage des Abbé Terrasson nur um Tugend, Klugheit, Entschlossenheit und Weisheit handelte. Diese Tiefe und Komplexität erreichen Mozart und Schikaneder, indem sie in den Ritualablauf der Initiation, der – wie ich hoffe gezeigt zu haben – den Grundstrang der Opernhandlung bildet, zwei weitere Handlungsstränge einflechten: den zum Liebesroman ausgestalteten Orpheusmythos mit seinen Trennungen und Wiederbegegnungen und das aus dem Volkstheater stammende Prinzip der komischen Spiegelung zwischen den Schicksalen eines hohen und eines niederen Paars. Die Mysterienhandlung bildet den Rahmen, in den die beiden anderen Handlungen eingefügt sind. So ergibt sich die Einheit in der Vielheit, die das Wesen jeden großen Kunstwerks ausmacht. Die Zauberflöte ist weder ein »patchwork«, dem erst Mozarts herrliche Musik zur künstlerischen Wirkung verhilft, noch eine esoterische Allegorie, die entschlüsselt werden will, sondern eines jener überragenden Meisterwerke, die aufgrund ihrer Einzigartigkeit zum Rätsel geworden sind. In der Vielschichtigkeit ihrer Handlungsstränge und der Vielsprachigkeit ihrer Musik hat sie weder Vorgänger noch Nachfolger und wurde so zum »großen Rätselwerk unserer Kultur«.

Zitierte Literatur

Abbate, Carolyn, *In Search of Opera*, Princeton 2001
Abert, Anna Amalia, »Bedeutungswandel eines Mozartschen Lieblingsmotivs«, *Mozart Jahrbuch* 1965/66, 7-14
Abert, Hermann, *W.A. Mozart*. Neubearbeitete und erweiterte Ausgabe von Otto Jahns Mozart, 2 Bde., Leipzig 1955
Alxinger, Johann Baptist, *Sämmtliche Gedichte*, Erster Teil, Klagenfurt/Laybach 1788
Ammianus Marcellinus = Marcellin, Ammien, Histoire, Tome III: livres xx-xxii, hg. u. übers. von J. Fontaine, Paris 1996
Angermüller, Rudolph, *Mozart. Die Opern von der Uraufführung bis heute*, Frankfurt 1988
Anonymus, *Athenian letters or, the Epistolary Correspondence of an Agent of the King of Persia, residing at Athens during the Peloponnesian War. Containing the History of the Times, in Dispatches to the Ministers of State at the Persian Court. Besides Letters on various Subjects between Him and His Friends*, 4 Bde., London 1741-43
Anonymus, *Characteristick der Alten Mysterien*, Frankfurt und Leipzig 1787
Anonymus, *Über die Einweihungen in den alten und neuern Zeiten*, Memphis und Braunschweig [St. Petersburg] 1782
Armbruster, Richard, *Das Opernzitat bei Mozart*, Kassel 2001
Assmann, Aleida und Jan (Hsrg.), *Hieroglyphen. Stationen einer anderen abendländischen Grammatologie*, München 2003
Assmann, Aleida, *Eine kleine Geschichte der deutschen Bildungsidee*, Frankfurt 1993
Assmann, Aleida, *Erinnerungsräume. Formen und Funktionen des kulturellen Gedächtnisses*, München 1999
Assmann, Jan, *Moses der Ägypter. Entzifferung einer Gedächtnisspur*, München 1998 (auch als Fischer-Taschenbuch, Frankfurt 2000)
Assmann, Jan, *Die Mosaische Unterscheidung oder der Preis des Monotheismus*, München 2003
Bach, David J., »Mozart und das Theater auf der Wieden: New Attributions and Perspectives«, in: *Cambridge Opera Journal* 9, 1997, 195-232
Bastet, Frédéric, »Mozart in Pompeji«, in: *Mitteilungen der Intern. Stiftg. Mozarteum* 1986, 50-59
Bauer, Wilhelm A. und Deutsch, Otto Erich (Hg.), *Wolfgang Amadeus Mozart, Briefe und Aufzeichnungen* IV, Kassel 1963

Berger, Karol, »Beyond Language. 30 September 1791: Emanuel Schikaneder's Die Zauberflöte, with music by Wolfgang Amadé Mozart, is premiered at the Theater auf der Wieden in Vienna«, in David E. Wellbery (Hg.), *The New History of German Literature*, Cambridge: Harvard University Press (im Druck)
Berger, Karol, »Die Zauberflöte, or the self-assertion of the moderns«, in: Ders., *Bach's Circle, Mozart's Arrow: An Essay on the Origins of Musical Modernity* (i. Dr.)
Berk, M. F. M. van den, *The Magic Flute. An Alchemical Allegory*, Leiden 2004
Bernand, Etienne, *Inscriptions métriques de l'Égypte gréco-romaine*, Paris 1969
Bianchi, Joseph Anton von, »Über die Magie der alten Perser und die Mithrischen Geheimnisse«, *Journal für Freymaurer* 3, 1784, 5-96
Bickerman, Elias, *The Jews in the Greek Age*, Cambridge, Mass., 1988
Bloch, Ernst, *Das Prinzip Hoffnung*, 3 Bde., Frankfurt a.M. 1959.
Blümml, Emil Karl, »Ausdeutungen der Zauberflöte«, in: H. Abert (Hg.), *Mozart-Jahrbuch*, München 1923, 109-146
Borchmeyer, Dieter, (Hg.), *Mozarts Opernfiguren. Große Herren – rasende Weiber – gefährliche Liebschaften*, Bern/Stuttgart/Wien 1991
Borchmeyer, Dieter, »Mozarts rasende Weiber«, in: Ders. (Hg.), *Mozarts Opernfiguren*, 167-212
Borchmeyer, Dieter, *Goethe, Mozart und die Zauberflöte*, Göttingen 1994
Borchmeyer, Dieter, *Macht und Melancholie: Schillers Wallenstein*, Edition Mnemosyne, Neckargemünd 2003
Borchmeyer, Dieter, *Mozart oder Die Entdeckung der Liebe*, Frankfurt a.M. 2005
Born, Gunthard, *Mozarts Musiksprache*, München 1985, 336-339.
Born, Ignaz von, »Die Mysterien der Aegyptier«, *Journal für Freymaurer* 1, 1784, 15-132
Born, Ignaz von, »Über die Mysterien der Indier«, *Journal für Freymaurer* 4, 1784, 5-54
Bovenschen, Sylvia, *Die imaginierte Weiblichkeit. Exemplarische Untersuchungen zu kulturgeschichtlichen und literarischen Präsentationsformen des Weiblichen*, Frankfurt a.M. 1976
Branscombe, Peter, *W.A. Mozart, Die Zauberflöte*, Cambridge 1991
Braunbehrens, Volkmar, *Mozart in Wien*, München 1986
Brauneis, Walther, »Das Frontispiz im Alberti-Libretto von 1791 als Schlüssel zu Mozarts Zauberflöte«, in: *Mitteilungen der intern. Stiftg. Mozarteum* 1993, 45-59
Brauneis, Walther, »Die Wiener Freimaurer unter Kaiser Leopold II.: Mozarts Zauberflöte als emblematische Standortbestimmung«, in: Otto Biba, David Wyn Jones (Hg.), *Studies in Music History* pres. to H.C. Robbins Landon, London 1996, 115-151
Brauneis, Walther, »Mozart und Cagliostro. Zur Ägyptomanie in der Freimaurerei«, in: Angermüller, R., Fornari, G. (Hg.), *Mozart und die Freimaurermusik seiner Zeit*, Bad Honnef 2001, 151-169
Bredekamp, Horst, Janzer, Wolfram, *Vicino Orsini und der Heilige Wald von Bomarzo. Ein Fürst als Künstler und Anarchist*, Worms 2.Aufl. 1991

Brophy, Brigid, *Mozart the Dramatist*, London 1964 2.Aufl. 1988
Budde, Gunilla-Friederike, »Denn unsere Bruderliebe soll ihn leiten«. Zum Zusammenhang von Künstlerexistenz und Freimaurertum bei Wolfgang Amadeus Mozart«, in: *Historische Zeitschrift* 275, 2002, 625-650
Burke, Edmund, *A Philosophical Enquiry into the Origin of our Ideas on the Sublime and the Beautiful*, London 1759
Burkert, Walter, *The Ancient Mystery Cults*, Cambridge, Mass.; 1987; dt. *Antike Mysterien*, München 1990
Carr, Francis, *Mozart und Constanze*, Stuttgart 1986
Casaubon, Isaac, *De rebus sacris et ecclesiasticis exercitationes XVI. Ad Cardinalis Baronii Prolegomena in Annales*, London 1614
Castelli, Ignaz Franz, *Memoiren meines Lebens*, 1913
Chafe, Eric Thomas, *The Church Music of Heinrich Biber*, Ann Arbor 1987
Chailley, Jacques, *La flûte enchantée, opéra maconnique. Essai d'explication du livret et de la musique*, Paris 1968, 4.Aufl. 1991
Claudius, Matthias, *Geschichte des egyptischen Königs Sethos*, Breslau 1777
Coffin, D. R., *The Villa d'Este at Tivoli*, Princeton 1960
Colonna, Francesco (zugeschrieben), *Hypnerotomachia Poliphili*. Neuausgabe des Erstdrucks von 1499 mit italienischer Übersetzung und Kommentar hg. v. Marco Ariani und Mino Gabriele, Mailand 1998
Court de Gébélin, Antoine, *Le monde primitif analysé et comparé avec le monde moderne*, Paris 1774-1782
Csampai, Attila, (Hg.), *Die Zauberflöte. Texte, Materialien, Kommentare*. Reinbek 1988
Csampai, Attila »Das Geheimnis der Zauberflöte oder Die Folgen der Aufklärung«, in: Ders. (Hg.), 9-40
Deininger, Bernd, Remmler, Helmut, *Liebe und Leidenschaft in Mozarts Opern. Eine psychologische Deutung*, München 2000
Deutsch, Otto Erich (Hg.), *Mozart. Die Dokumente seines Lebens* = Neue Mozart Ausgabe X/34, Kassel 1961
Die Musik in Geschichte und Gegenwart, Digitale Bibliothek Band 60
Dieckmann, Friedrich (Hg.), *Die Zauberflöte. Max Slevogts Randzeichnungen zu Mozarts Handschrift*. Mit dem Text von Emanuel Schikaneder. Berlin 1984
Dieckmann, Friedrich, »Verwirrung um die Zauberflöte. Ein Befund«, in: *Musik und Gesellschaft* 31, 1981, Heft 1, Januar 1981, 18-27; Heft 2, Februar 1981, 116-120
Dieckmann, Friedrich, *Gespaltene Welt und ein liebendes Paar. Oper als Gleichnis*, Frankfurt 1999
Döhring, Sieghart, »Die Arienformen in Mozarts Opern«, in: *Mozart Jahrbuch* 1968/70, 66-76
Dülmen, Richard van, *Der Geheimbund der Illuminaten. Darstellung-Analyse-Dokumentation*, Stuttgart-Bad Canstatt 1975
Dunand, Françoise, »Le syncrétisme isiaque à la fin de l'époque hellénistique«, in: F. Dunand, P. Levêque (ed.), *Les syncrétismes dans les religions grecque et romaine*,

Colloque de Strasbourg, Bibliothèque des Centres d'Études supérieures spécialisés, Paris 1973, 79-93

Durdon, Michael, »Über die Mysterien der Etrusker, insonderheit über die Geheimnisse des Bachus«, *Journal für Freymaurer* 12, 1787, 5-164

Ebeling, Florian, »Caterino Mazzolàs Libretto ›Osiride‹ (Dresden 1781). Ein Beitrag zum kulturgeschichtlichen Umfeld des Librettos der ›Zauberflöte‹«, in: *Mozart Jahrbuch* 1999, 49-69

Ebeling, Florian, *Das Geheimnis des Hermes Trismegistos – Eine Geschichte des Hermetismus von der Antike bis zur Neuzeit*, München 2005

Eckelmeyer, Judith A., »Novus Ordo Seculorum: Some political implications in the libretto of the Magic Flute«, in: *Eighteenth Century Life* 5/4, 1979, 77-89

Eckelmeyer, Judith A., »Structure as Hermeneutic Guide to the Magic Flute«, in: *The Musical Quarterly* 72, 1986, 51-66

Eckelmeyer, Judith A., »Two Complexes of recurrent Melodies related to Die Zauberflöte«, in: *The Music Review* 41, 1980, 11-25

Eckelmeyer, Judith A., *The Cultural Context of Mozart's Magic Flute, Social, Aesthetic, Philosophical*, Lewiston-Queenston-Lampeter 1991

Eliade, Mircea, *Naissances Mystiques*, Paris 1958

Enzinger, Moriz, »Randbemerkungen zum Textbuch der Zauberflöte«, in: Adolf Haslinger (Hg.), *Sprachkunst als Weltgestaltung*, FS Herbert Seidler, Salzburg-München 1966, 49-74

Erbse, Heimo, *Fragmente griechischer Theosophien*. Hamburger Arbeiten zur Altertumswissenschaft 4, Hamburg 1941

Feil, Arnold, »Mozarts Duett ›Bei Männern, welche Liebe fühlen‹. Periodischmetrische Fragen«, in: *Festschrift Walter Gerstenberg*, Wolfenb.-Zürich 1964, 45-54

Finscher, Ludwig, »›… gleichsam ein Kanonisirter Tonmeister‹. Zur deutschen Händel-Rezeption im 18. Jahrhundert«, in: A. u. J. Assmann, *Kanon und Zensur*, München 1987, 271-283

Fischer, Petra, »Die Rehabilitierung der Sinnlichkeit: philosophische Implikationen der Figurenkonstellation in der ›Zauberflöte‹«, in: *Archiv für Musikwissenschaft* 50, 1993, 1-25

Fischer, Wilhelm, »Der, welcher wandelt diese Straße voll Beschwerden«, in: *Mozart Jahrbuch* 1950, 41-48

Flothuis, Marius, »Die Zauberflöte. Vorstufen und Werkbetrachtung«, in: *Mozart Jahrbuch* 1996, 127-176

Foucault, Michel, *Die Ordnung der Dinge. Eine Archäologie der Humanwissenschaften*, Frankfurt 1974

Frank, Manfred, ›*Unendliche Annäherung*‹. *Die Anfänge der philosophischen Frühromantik*, Frankfurt 1997

Freedberg, David, *The Power of Images. Studies in the History and Theory of Response*, Chicago-London 1989

Frese, Martha Ida, *Die Zauberflöte als Allegorie zur politischen Szene im josephinischen*

Wien: wer war Sarastro, wer Tamino? Die Identifikation der Hintergrundfiguren mit Hilfe der Namenzahlensymbolik, Pähl: Hohe Warte, 1998

Gadamer, Hans Georg, »Vom geistigen Lauf des Menschen. Studien zu unvollendeten Dichtungen Goethes« (1949), in: Gesammelte Werke 9, Aesthetik und Poetik II, 80-111

Gaier, Ulrich, »Vielversprechende Hieroglyphen. Hermeneutiken der Entschlüsselungsversuche von Renaissance bis Rosette«, in: W. Seipel (Hg.), Ägyptomanie. Europäische Ägyptenimagination von der Antike bis heute, Wien 2000, 175-192

Georgiades, Thrasybulos, » Der Chor ›Triumph, Triumph, du edles Paar‹ aus dem zweiten Finale der Zauberflöte«, in: Ders., Kleine Schriften, Tutzing 1977, 145-156

Georgiades, Thrasybulos, »Aus der Musiksprache des Mozart-Theaters«, in: Mozart Jahrbuch 1950, 76ff.

Georgiades, Thrasybulos, Schubert. Musik und Lyrik, Göttingen 1967

Geyer-Kiefl, Helen, Die heroisch-komische Oper 1770-1810, Tutzing 1987

Giese, Alexander, »Freimaurerisches Geistesleben zur Zeit der Spätaufklärung am Beispiel des Journals für Freymaurer« = Bibliotheca Masonica. Dokumente und Texte zur Freimaurerei, hg. v. Friedrich Gottschalk Teil 2, Graz 1988, 11-31

Godwin, Jocelyn, Music, Mysticism, and Magic. A Sourcebook, London/New York 1986

Gräffer, Franz, Josefinische Curiosa I, Wien 1848

Grafton, Anthony, »Protestant versus Prophet: Isaac Casaubon on Hermes Trismegistos«, Journal of the Warburg and Courtauld Inst. 46, 1983, 78-93, wiederabgedr. in Defenders of the Text. The Traditions of Scholarship in an Age of Science, 1450-1800, Princeton 1991, 145-161

Gries, Christian, »Es zeigen die Pforten, es zeigen die Säulen. Anmerkungen zur Zauberflöten-Dekoration von K. F. Schinkel«, in: Acta Mozartiana 38, 1991, Heft 2, 25-34

Großegger, Elisabeth, Freimaurerei und Theater 1700-1800. Freimaurerdramen an den k.k. privilegierten Theatern in Wien, Wien 1981

Gruber, Gernot (Hg.), Vorwort, in: Die Zauberflöte, NMA, Studienpartitur, vi-vii

Gruber, Gernot, Mozart und die Nachwelt, München 1987

Gruber, Gernot, Mozart verstehen, 2.Aufl. Salzburg 1991

Gumbrecht, Hans Ulrich, Production of presence: what meaning cannot convey, Stanford 2004

Haarmann, Harald, Geschichte der Sintflut. Auf den Spuren der frühen Zivilisationen, München 2003

Hadot, Pierre, Le voile d'Isis. Essai sur l'histoire de l'idée de Nature. Paris 2004

Haidinger, Karl, »Über die Magie«, Journal für Freymaurer 5, 1785, 29-56

Hajós, Géza, Romantische Gärten der Aufklärung. Englische Landschaftskultur des 18. Jahrhunderts in und um Wien, Wien/Köln 1989

Hammerstein, Reinhold, »Der Gesang der geharnischten Männer. Eine Studie zu Mozarts Bachbild«, in: Archiv für Musikwissenschaft 13, 1956, 1-24

Head, Matthew, *Orientalism, Masquerade and Mozart's Turkish Music*, RMA Monograph 9, London 2000

Hein, Jürgen, *Das Wiener Volkstheater*, 3. Aufl. Darmstadt 1997

Heinz, Rudolf und Melanie, *Silberglöckchen, Zauberflöten sind zu eurem Schutz vonnöten*. Zu Emanuel Schikaneders 241. Geburtstag, Wien 1992

Henkel, Arthur, »Goethes ›Hommage à Mozart‹«, in: R. Palmer, R. Hamerton-Kelly (Hg.), *Philomathes. Studies and Essays in the Humanities in Memory of Philip Merlan*, Den Haag 1971, 485-502

Heuß, Alfred, »Ein öfters verkanntes Stück Mozartscher Kunst (Bewahret euch vor Weibertücken, aus der ›Zauberflöte‹)«, in: *Neue Zeitschrift für Musik* 90, 1923, 255ff.

Hildesheimer, Wolfgang, *Mozart*, Frankfurt a.M. 1977

Hofmann, Werner, Syamken, Georg, Warnke, Martin, *Die Menschenrechte des Auges. Über Aby Warburg*, Frankfurt 1980

Irmen, Heinz-Josef, *Die Protokolle der Wiener Freimaurerloge »Zur Wahren Eintracht« (1781-1785)*, Frankfurt-Bern-New York usw.1994

Irmen, Heinz-Josef, *Mozart, Mitglied geheimer Gesellschaften*, 2. Aufl. Zülpich 1991

Jan, Steven B., *Aspects of Mozart's compositions in g minor. Toward the Identification of Common Structural and Compositional Characteristics*, New York, London 1995

Jung, Johann Heinrich gen. Stilling, *Sämmtliche Werke* Bd. IV-V, Das Heimweh, Stuttgart 1841 [Marburg 1794-96]

Kammermeyer, Max, *Emanuel Schikaneder und seine Zeit*, Grafenau 1992

Katz, David, »Der Orden der Asiatischen Brüder«, in: Helmut Reinalter (Hg.), *Freimaurer und Geheimbünde im 18. Jahrhundert in Mitteleuropa*, Frankfurt 1983, 240-283

Kerényi, Karl, *Die griechisch-orientalische Romanliteratur in religionsgeschichtlicher Beleuchtung*, Tübingen 1927

Kirnberger, Johann Ph., *Die Kunst des reinen Satzes*, Bd 1, Berlin 1776

Klatt, Norbert, »... des Wissens heißer Durst. Ein literarkritischer Beitrag zu Schillers Gedicht Das verschleierte Bild zu Sais«, in: *Jahrbuch der deutschen Schillergesellschaft* 29, 1985, 98-112

Knepler, Georg, *Wolfgang Amadé Mozart*, Berlin 1991

Knoblauch, Hubert, *Berichte aus dem Jenseits. Mythos und Realität der Nahtoderfahrung*. Freiburg 2. Aufl. 2000; 3.Aufl. 2002

Knoblauch, Hubert, Soeffner, Hans Georg (Hg.), *Todesnähe. Wissenschaftliche Beiträge zur Erforschung eines außergewöhnlichen Phänomens*, Konstanz: Universitätsverlag Konstanz, 1999

Koenigsberger, Dorothy, »A New Metaphor for the Magic Flute«, in: *European Studies Review* 5, 1975, 229-275

Köhler, Karl Heinz, *Das Zauberflötenwunder. Eine Odyssee durch zwei Jahrhunderte*, Weimar, Jena 1996

Komorzynski, Egon, *Emanuel Schikaneder. Ein Beitrag zur Geschichte des deutschen Theaters*, Wien 1951

[Köppen, Carl Friedrich,] *Crata Repoa oder Einweihungen in der alten geheimen Gesellschaft der egyptischen Priester*, Berlin 1778

Koselleck, Reinhart, *Kritik und Krise. Eine Studie zur Pathogenese der bürgerlichen Welt*, Frankfurt 1973

Krämer, Jörg, *Deutschsprachiges Musiktheater im späten 18. Jahrhundert*, Tübingen 1998

Krause, Martin, *Die Gnosis* II, Zürich 1971

Kreil, Anton, »Geschichte der Neuplatoniker«, *Journal für Freymaurer* 6, 1785, 5-51

Kreil, Anton, »Geschichte des pythagoräischen Bundes«, *Journal für Freymaurer* 5, 1785, 3-28

Kreil, Anton, »Ueber die eleusinischen Mysterien«, *Journal für Freymaurer* 10, 1786, 5-42

[Kreil, Anton], »Über die wissenschaftliche Maurerey«, *Journal für Freymaurer* 7, 1985, 49-78

Krones, Hartmut, »Mozart gibt uns selbst die Antworten. Zur Musiksprache der ›Zauberflöte‹«, in: *Österreichische Musikzeitschrift zum Mozartjahr* 1/2/1991, 24-33

Kunze, Stefan, *Mozarts Opern*, Stuttgart 1984

Lafitau, Joseph-François, *Moeurs des sauvages Ameriquains, comparees aux moeurs des premiers temps*. Ouvrage enrichi de figures en taille-douce, Paris : Saugrain, 1724

Landon, H. C. Robbins, *Mozart and the Masons. New Light on the Lodge ›Crowned Hope‹*, London u. New York 1982

Landon, H. C. Robbins, *Mozart's Last Year*, London 1988

Leopold, Silke, »Mozart, die Oper und die Tradition«, in: Dieter Borchmeyer (Hg.), *Mozarts Opernfiguren*, 19-34

Lert, Ernst, *Mozart auf dem Theater*, Berlin 2.Aufl. 1920

Liebeskind, August Jacob, *Lulu oder die Zauberflöte*, hg. von Friedrich Dieckmann, Frankfurt und Leipzig 1999

Lindner, Dolf, *Ignaz von Born – Meister der Wahren Eintracht. Wiener Freimaurerei im 18. Jahrhundert*, Wien 1986

Lindert, Wilgert te, »Friedrich Hegrad, ein Logenbruder Mozarts«, in: *Österreichische Musikzeitschrift* 48, 1993, 3-11

Lindert, Wilgert te, *Aufklärung und Heilserwartung. Philosophische und religiöse Ideen der Wiener Freimaurer (1780-1795)*, Frankfurt a.M., New York usw. 1998

Lorenzoni, Ernst, *Logenbuch der Loge zur Wahren Eintracht. Quellen zur freimaurerischen Geschichtsforschung*. Heft 2, Wien 1979

Lüthy, Werner, *Mozart und die Tonartencharakteristik*, 2.Auflage Baden-Baden 1974

Mailly, Louis Chevalier de, *Le roi magicien, in Les illustres Fées. Contes galans*, 1698, dt. »Der Zauberkönig«, in: Immanuel Bierling, *Das Cabinett der Feen* (1761-65)

Manuel, Frank, *The Eighteenth Century Confronts the Gods*. Cambridge, Mass.: Harvard UP, 1959

Matheson, Johann, *Das forschende Orchestre*, 1721

Matt, Peter von, »Papagenos Sehnsucht«, in: D. Borchmeyer (Hg.), *Mozarts Opernfiguren*. Bern/Stuttgart/Wien 1991, 153-166

Meiners, Christoph, *Über die Mysterien der Alten, besonders die Eleusinischen Geheimnisse*, Vermischte philosophische Schriften III, Göttingen 1776

Meinhold, Günter, *Zauberflöte und Zauberflöten-Rezeption. Studien zu Emanuel Schikaneders Libretto und seiner literarischen Rezeption*, Hamburger Beiträge zur Germanistik 34, Frankfurt, New York usw., 2001

Merkelbach, Reinhold, *Isis Regina – Zeus Sarapis, die griechisch-ägyptische Religion nach den Quellen dargestellt*, Stuttgart und Leipzig 1995

Merkelbach, Reinhold, *Roman und Mysterium in der Antike*, München 1962

Meumann, Markus, »Zur Rezeption antiker Mysterien im Geheimbund der Illuminaten: Ignaz von Born, Carl Leonhard Reinhold und die Wiener Freimaurerloge ›Zur Wahren Eintracht‹«, in: Monika Neugebauer-Wölk (Hg.), *Aufklärung und Esoterik*, Hamburg 1999, 288-304

Michaeler, Karl Josef, »Ueber Analogie zwischen dem Christenthume der erstern Zeiten und der Freymaurerey«, *Journal für Freymaurer* 2, 1784, 5-63

Miller, S. Norbert, »… E di mezzo alla tema esce il diletto«. Ägyptische Träume und Alpträume bei Jean-Laurent Le Geay und Giovanni Battista Piranesi«, in: W. Seipel (Hg.), *Ägyptomanie*, Wien 2000, 213-287

Moisy, Sigrid von, *Von der Aufklärung zur Romantik. Geistige Strömungen in München*. Ausstellung München 2.6.-24.8.1984 (Ausstellungskatalog)

Möller, Horst, »Die Bruderschaft der Gold- und Rosenkreuzer. Struktur, Zielsetzung und Wirkung einer anti-aufklärerischen Geheimgesellschaft«, in: Reinalter, Helmut (Hg.), *Freimaurer und Geheimbünde*, Frankfurt 1986, 199-239

Moody, Raymond A., *Life after life : the investigation of a phenomenon – survival of bodily death*, Harrisburg, Pa. 1976

Morenz, Siegfried, *Die Zauberflöte. Eine Studie zum Lebenszusammenhang Ägypten – Antike – Abendland*, Münster-Köln 1952

Mozart in Wien 1781-1791 (Katalog der Ausstellung des Historischen Museums der Stadt Wien 1991)

Mozart. Klassik für die Gegenwart, Ausstellungskatalog Hamburg 1978

Myslivecek, Josef, *Isaaco figura del redentore* ed. James A. Ackerman, Madison 2000

Nagel, Ivan, *Autonomie und Gnade. Über Mozarts Opern*, München 3. Aufl. 1988

Nettl, Paul, *Musik und Freimaurerei. Mozart und die königliche Kunst*, Esslingen 1956

Neumann, Erich, »Zu Mozarts Zauberflöte«, in: Ders., *Zur Psychologie des Weiblichen*, Frankfurt a.M. 1993 [1952], 103-142

Niedermeier, M., »Aufklärung im Gartenreich Dessau-Wörlitz«, in: *Weltbild Wörlitz*, 51-65

Nissen, Georg Nikolaus von, *Biographie W. A. Mozarts*, 1828 Nachdr. Hildesheim 1984

Nowotny, Rudolf, »Das Duett Nr. 7 aus der Zauberflöte. Periode und Takt«, in: *Mozart Jahrbuch*, 1996, 85-126

Oberhoff, Bernd, *Die Zauberflöte. Ein psychoanalytischer Opernführer*, Gießen 2003

Olausson, Magnus, »Freemasonry, Occultism and the Picturesque Garden towards the End of the Eighteenth Century«, in: *Art History* 8.4 (1985), 413-433

Panofsky, Erwin, »Canopus deus. The iconography of a non-existent god", in: *Gazette des Beaux-Arts* 103 (1961) Nr. 57, 193-216
Pauw, Cornelius de, *Philosophische Untersuchungen über die Aegypter und Chineser.* Aus d. Franz. des Hrn. von P[auw] übers. von D. J.G. Krünitz, Berlin 1774
Perl, Benjamin, »Wo soll man bei 6/8 die Taktstriche setzen? Weitere Gedanken zum Duett aus der ›Zauberflöte‹«, in: *Mozart Jahrbuch* 1998, 85-101
Perl, Hermann, *Der Fall »Zauberflöte«. Mozarts Oper im Brennpunkt der Geschichte,* Darmstadt 2000
Pestalozzi, Karl, *Das Libretto der Zauberflöte als Märchen der Aufklärung,* Schriftenreihe der Stiftung Basler Orchester-Gesellschaft Heft 1, 1998
Peter, Christoph, *Die Sprache der Musik in Mozarts Zauberflöte,* Stuttgart 1987, 2. Aufl. 1997
Plessing, Friedrich Victor Leberecht, *Osiris und Sokrates,* Berlin und Stralsund 1783
Plutarch, *De Iside et Osiride,* ed. J.Gw. Griffiths, University of Wales Press, 1970
Pries, Christine (Hg.), *Das Erhabene. Zwischen Grenzerfahrung und Größenwahn,* Berlin 1989
Propp, Vladimir, *Die historischen Wurzeln des Zaubermärchens,* München 1987, russ. Original Leningrad 1946
Propp, Wladimir, *Morfologia skazki,* Moskau 1928; dt. *Morphologie des Märchens,* München 1972.
Reimmann, Jakob Friedrich, *Idea Systematis Antiquitatis Literariae Specialioris sive Aegyptiacae Adumbrati,* Hildesheim 1728
Reinalter, Helmut (Hg.), *Freimaurer und Geheimbünde im 18. Jahrhundert in Mitteleuropa,* Frankfurt a.M. 1986
Reinhold, Carl Leonhard, »Ueber die größern Mysterien der Hebräer«, *Journal für Freymaurer* 11, 1786, 5-98
Reinhold, Carl Leonhard, »Ueber die kabirischen Mysterien«, *Journal für Freymaurer* 7, 1785, 5-48
Reinhold, Carl Leonhard, *Die hebräischen Mysterien oder die älteste religiöse Freymaurerey* (Leipzig 1787), Neuausgabe Neckargemünd 2001
Richards, Annette, »Automatic Genius: Mozart and the Mechanical Sublime«, in: *Music and Letters* 80.3, 1999, 366-389
Richards, Annette, *The Free Fantasia and the Musical Picturesque,* Cambridge 2001
Riedweg, Christoph, *Jüdisch-hellenistische Imitation eines orphischen hieros logos – Beobachtungen zu OF 245 und 247 (sog. Testament des Orpheus).* Classica Monacensia 7, Tübingen 1993
Riedweg, Christoph, *Pseudo-Justin, Ad Graecos De Vera Religione (bisher »Cohortatio ad Graecos«, Einleitung und Kommentar.* Schweizer Beiträge zur Altertumswissenschaft 25/1, 1994
Riedweg, Christoph: *Mysterienterminologie bei Platon, Philon und Klemens von Alexandrien* Berlin, New York 1987
Rommel, Otto, *Die Alt-Wiener Volkskomödie. Ihre Geschichte vom barocken Welt-Theater bis zum Tode Nestroys,* Wien 1952

Rosenberg, Alfons, *Die Zauberflöte. Geschichte und Deutung von Mozarts Oper*, München 1972

Rosenberg, Wolf, »Mozarts Rache an Schikaneder«, in: *Ist die Zauberflöte ein Machwerk?*, Musik-Konzepte, hg. v. H.-K. Metzger und Rainer Riehn, Heft 3, 1978, 3-12

Rosenstrauch-Königsberg, Edith, *Freimaurerei im josephinischen Wien: Aloys Blumauers Weg vom Jesuiten zum Jakobiner*, Wien 1975

Rosenstrauch-Königsberg, Edith, »Eine freimaurerische Akademie der Wissenschaften in Wien«, in: Dies., *Zirkel und Zentren. Aufsätze zur Aufklärung in Österreich zu Ende des 18. Jhs*, hg. v. Gunnar Hering, Wien [1990], 67-87

Rosenstrauch-Königsberg, Edith, »Zur Philosophie der österreichischen Freimaurer und Illuminaten mit Blick auf Mozart«, in: Gunda Barth-Scalmani, Brigitte Mazohl-Wallnig, Ernst Wangermann (Hrsg.), *Genie und Alltag. Bürgerliche Stadtkultur zur Mozartzeit*, Salzburg-Wien 1994, 317-350

Rosenstrauch-Königsberg, Edith, *Freimaurer, Illuminat, Weltbuerger. Friedrich Münters Reisen u. Briefe in ihren europ. Bezügen*, Berlin 1984

Rosso, Giuseppe del, *Ricerche sull' architettura Egiziana*, Florenz 1787

Safranski, Rüdiger, *Schiller oder Die Erfindung des Deutschen Idealismus*, München 2004

Sainte Croix, Guillaume Emmanuel Joseph Guilhem de Clermont-Lodève Baron de, *Recherches historiques et critiques sur les mystères du paganisme*, Paris 1784

Scarpi, Paolo (Hg.), *Le religioni dei Misteri* (2 Bde.), Mailand 2002

Schiller, Friedrich, *Sämtliche Werke* V, Philosophisch-ästhetische Schriften, Leipzig o.J.

Schindler, Anton, *Biographie Ludwig van Beethovens* [1840], 5. Aufl. 1927

Schindler, Norbert, »Der Geheimbund der Illuminaten – Aufklärung, Geheimnis und Politik«, in: H. Reinalter (Hg.), *Freimaurer und Geheimbünde*, Frankfurt 1986, 284-318

Schittlersberg, Augustin Veit von, »Ueber den Einfluß der Mysterien der Alten auf den Flor der Nationen«, *Journal für Freymaurer* 9, 1786, 80-116

Schlötterer, Reinhold, »Die fehlenden Bläserakkorde zu Beginn von Mozarts ›Bei Männern welche Liebe fühlen‹«, in: *Fs. für Gertraut Haberkamp*, Tutzing 2002, 447-455

Schmidt, Manfred Hermann, »Deutscher Vers, Taktstrich und Strophenschluß. Notationstechnik und ihre Konsequenzen in Mozarts Zauberflöte«, in: *Mozart-Studien* 12, 2003, 115-145

Schmitz, Eugen, »Formgesetze in Mozarts Zauberflöte«, in: Walther Vetter (Hg.), *FS Max Schneider zum achtzigsten Geburtstage*, Leipzig 1955, 209-214

Schneider, Manfred, »Liturgien der Erinnerung, Techniken des Vergessens«, in: *Merkur* 41 Heft 8, 1987, 676-686

Schönberg, Arnold, *Harmonielehre*, Wien 1911

Schubart, Chr. F. D., *Ideen zu einer Ästhetik der Tonkunst*, 1784 einem Mitgefangenen auf Hohenasperg diktiert, posthum hg. Wien 1806. Neudruck z.B. Leipzig 1924

Schuler, Heinz, *Mozart und die Freimaurerei. Daten – Fakten – Biographien*, Wilhelmshaven 1992

Schuler, Heinz, *Ritual und Zauberflöte. Ein Gang durch die Werkgrade der Johannismaurerei. Rekonstruktionsversuch der Mozart'schen Initiationsrituale.* Als Skript im Selbstverlag der Johannisloge »Schiller« im Or: Essen 2003

Schuler, Heinz, *Vom Zauber der Zauberflöte*, im Selbstverlag der Ateliers des Schottischen Ritus in Essen, Ruhr 2003

Seel, Helmut, *Otto Freiherr von Gemmingen. Eine Biographie*, Quellenkundliche Arbeit Nr. 40 der Forschungsloge »Quatuor Coronati« Bayreuth, Bayreuth 2001

Seipel, Wilfried (Hg.), *Ägyptomanie. Europäische Ägyptenimagination von der Antike bis heute*, Wien 2000

Selbmann, Rolf, *Der deutsche Bildungsroman*, Stuttgart 1994

Simonis, Linda, »Orpheus-Opern der frühen Neuzeit. Monteverdi – Telemann – Gluck«, in: Annette Simonis, Linda Simonis (Hg.), *Mythen in Kunst und Literatur. Tradition und kulturelle Repräsentation*, Köln-Weimar-Wien 2004, 249–272

Solomon, Maynard, *Mozart. A Life*, New York 1995

Sonnek, Anke, *Emanuel Schikaneder. Theaterprinzipal, Schauspieler, Stückeschreiber.* Bärenreiter Verlag, Kassel 1999

Speller, Jules, *Mozarts Zauberflöte. Eine kritische Auseinandersetzung um ihre Deutung*, Oldenburg 1998

Stadler, Abbé [Maximilian], *Nachtrag zur Vertheidigung der Echtheit des Mozartschen Requiem*, Wien 1827

Staehelin, Elisabeth, »Zum Motiv der Pyramiden als Prüfungs- und Einweihungsstätten«, in: Sarah I. Groll (Hg.), *Egyptological Studies Presented to Miriam Lichtheim*, Jerusalem 1990, 889–932

[Starck, Johann August (Frhr. von)], *Über die alten und neuen Mysterien*, [Berlin] 1783

Starobinski, Jean, »Licht der Aufklärung und Macht in der Zauberflöte«, in: Ders., *1789. Die Embleme der Vernunft*, München/Paderborn 1981, 152–174

Stausberg, Michael, *Faszination Zarathustra. Zoroaster und die europäische Religionsgeschichte der frühen Neuzeit*, Berlin-New York 1999

Sternfield, Frederick W., *The Birth of Opera*, Oxford 1993

Stock, Frithjof, »Schillers Lektüre der ›Dialoghi d'amore‹ von Leone Ebreo«, in: *Zeitschrift für deutsche Philologie* 96, 1977, S. 539–550

Stoffels, Ludwig, *Drama und Abschied. Mozart – die Musik der Wiener Jahre*. Zürich-Mainz 1998

Strebel, Harald, *Der Freimaurer Wolfgang Amadé Mozart*, Stäfa 1991

Syndram, Dirk, *Ägypten-Faszinationen. Untersuchungen zum Ägyptenbild im europäischen Klassizismus bis 1800*. Frankfurt, 1990

[Terrasson, Abbé Jean,] *Séthos. Histoire ou vie, tirée des monuments, Anecdotes de l'ancienne Égypte; Ouvrage dans lequel on trouve la description des Initiations aux Mystères Égyptiens, traduit d'un manuscrit Grec.* 1731, nouvelle édition, corrigée sur l'exemplaire de l'auteur, Paris: Desaint, 1767. Übersetzung von Matthias Claudius, *Geschichte des egyptischen Königs Sethos*, Breslau 1777/78

Thornton, Debbie A., *Music in the Mystery Religions of the Ancient World*, University Microfilms International, Ann Arbor 1995

Tietze, Christian, *Die Pyramide. Geschichte – Entdeckung – Faszination*, Weimar – Berlin 1999

Till, Nicholas, *Mozart and the Enlightenment. Truth, Virtue, and Beauty in Mozart's Operas*, New York – London 1992

Titzmann, Michael, »Bemerkungen zu Wissen und Sprache in der Goethezeit (1770-1830), mit einem Beispiel zur optischen Kodierung von Erkenntnisprozessen«, in: Link, Jürgen und Wülfing, Wulf (Hg.), *Bewegung und Stillstand in Metaphern und Mythen. Fallstudien zum Verhältnis von elementarem Wissen und Literatur im 19. Jahrhundert*, Stuttgart 1984 (Sprache und Geschichte 9), 100-120

Totti, M., *Ausgewählte Texte der Isis-Serapis-Religion*, Subsidia Epigrapha XII, 1985

Traitler, Reinhild-Ursula, *Antike Mythologie und antiker Mimus im Wiener Volkstheater von Stranitzky bis Raimund*, Wien 1973

Vanderlip, Vera F., *The Four Greek Hymns of Isidorus and the Cult of Isis*, American Studies in Papyrology XII, Toronto 1972

von Bianchi, Joseph Anton, »Über die Magie der alten Perser und die Mithrischen Geheimnisse«, *Journal für Freymaurer* 3, 1784, 5-96

[Vogel, Paul Joachim Siegmund,] *Briefe, die Freymaurerey betreffend*, Zweite Sammlung: Briefe über die Mysterien, Nürnberg 1784

Vosskamp, Wilhelm, »Der Bildungsroman als literarisch-soziale Institution. Begriffs- und funktionsgeschichtliche Überlegungen zum deutschen Bildungsroman am Ende des 18. und Beginn des 19. Jahrhunderts«, in: Wagenknecht, Christian (Hg.), *Zur Terminologie der Literaturwissenschaft*, Stuttgart 1989, 337-352

Vosskamp, Wilhelm, »*Ein anderes Selbst*«. *Bild und Bildung im deutschen Roman des 18. und 19. Jahrhunderts*, Göttingen 2004

Wagner, Guy, *Bruder Mozart, Freimaurer im Wien des 18. Jahrhunderts*, Wien, München, Berlin 1996

Wagner, Manfred, »Ägypten in der Musik«, in: W. Seipel (Hg.), *Ägyptomanie. Europäische Ägyptenimagination von der Antke bis heute*, Wien 2000, 337-344

Wandruszka, Adam, *Leopold II.*, 2 Bde., Wien-Münschen 1965

Warburton, William, *The divine legation of Moses demonstrated on the principles of a religious deist, from the omission of the doctrine of a future state of reward and punishment in the Jewish dispensation*, London, 1738-1741

Weber-Bockholt, Petra, »F-Dur in Mozarts Opern«, Mozart Jahrbuch 2001, 181-189

Weltbild Wörlitz. Entwurf einer Kulturlandschaft, hg. v. Frank-Andreas Bechthold und Thomas Weiss, Ostfildern-Ruit 1996 (Ausstellungskatalog)

Wieland, Christoph Martin, *Dschinnistan oder auserlesene Feen- und Geistermärchen*, Wintherthur 1787

Willaschek, Wolfgang, *Mozart-Theater. Vom Idomeneo bis zur Zauberflöte*, Stuttgart/Weimar 1996

Wolf, Rüdiger, »Angelo Soliman – der hochfürstliche Mohr«, in: *Mozart und Afrika*. Salzburg 2002, S. 14-16

Wolff, Christoph,»›O ew'ge Nacht! Wann wirst zu [sic] schwinden?‹ Zum Verständnis der Sprecherszene im ersten Finale von Mozarts ›Zauberflöte‹«, in: Breig, Werner, Brinkmann, Reinhold, Bude, E. (Hg.), *Analysen. Beiträge zu einer Problemgeschichte des Komponierens.* FS H.H.Eggebrecht. Stuttgart 1984 (Beihefte zum Archiv für Musikwissenschaft 23) 1984, 234-247

Wolff, Christoph, *Mozarts Requiem. Geschichte. Musik. Dokumente*, Kassel 1991

Zaubertöne. Mozart in Wien 1781-1791. Katalog der Ausstellung des Historischen Museums der Stadt Wien 1991

Zech, Christina,»›Ein Mann muß eure Herzen leiten‹. Zum Frauenbild in Mozarts Zauberflöte aus musikalischer und literarischer Ebene«, in: *Archiv für Musikwissenschaft* 52, 1995, 277-315

Zellwecker, Edwin, *Das Urbild des Sarastro – Ignaz von Born*, Wien 1953

Zeman, Herbert,»›Aber ich hörte viel von Pamina, viel von Tamino‹. Wer kennt den Text der Zauberflöte?«, in: Rainer Gruenter (Hg.), *Das deutsche Musiktheater im 18. Jahrhundert*, Heidelberg 1981, 139-170

Zuckerkandl, Victor,»Die Tongestalt«, in: *Vom musikalischen Denken*, Zürich 1964, 13-58

Anmerkungen

Einführung

1 »Papagenos Sehnsucht«, 153.
2 Deutsch, *Dokumente*, 389.
3 Brief an Goethe vom 29.12.1797. Goethe antwortete am 30.12.: »Ihre Hoffnung, die Sie von der Oper hatten, würden Sie neulich im Don Juan auf einen hohen Grad erfüllt gesehen haben, dafür steht aber auch dieses Stück ganz isoliert und durch Mozarts Tod ist alle Aussicht auf etwas Ähnliches vereitelt.«
4 Wilgert te Lindert, »Friedrich Hegrad, ein Logenbruder Mozarts«, 6.
5 Siegfried Morenz, *Die Zauberflöte*.
6 Jan Assmann, *Moses der Ägypter*.
7 Otto Rommel, *Die Alt-Wiener Volkskomödie*, 457.
8 Nachdem ich davon am 23. 1. 2005 in den amerikanischen Nachrichten erfahren hatte, bin ich der Sache nachgegangen und bei Google unter den Stichworten »London Subway Mozart« schnell fündig geworden.
9 Interessant ist in diesem Zusammenhang auch die Feststellung von Judith Eckelmeyer, daß es in zwei der Werke von Georg Friedrich Händel, mit deren Bearbeitung Gottfried van Swieten im Jahre 1790 Mozart betraute, ebenfalls um die verwandelnde Macht der Musik geht: *Alexanderfest* («Timotheus oder die Macht der Musik« in der deutschen Fassung von Rammler) und *Cäcilienode*: *Cultural Context*, 217-221.
10 »Papagenos Sehnsucht«, 153.
11 Die These, daß das Textbuch der *Zauberflöte* ganz oder teilweise nicht von Schikaneder, sondern von Karl Ludwig Giesecke stammt, wurde von Julius Cornet 1849 (aufgrund einer Behauptung von Giesecke selbst) in die Welt gesetzt, von Otto Jahn in seiner maßgeblichen Mozartbiographie aufgegriffen und von Wolfgang Hildesheimer neu aufgelegt. Zur Unhaltbarkeit dieser Stammtischanekdote hat m. E. Otto Rommel, *Die Alt-Wiener Volkskomödie*, 493ff. und 979-991 alles Nötige gesagt, s.a. Volkmar Braunbehrens, *Mozart in Wien*, 401f.
12 Paul Nettl, *Musik und Freimaurerei*; Jacques Chailley, *Flûte Enchantée*; Heinz Schuler, *Vom Zauber der Zauberflöte*; Harald Strebel, *Der Freimaurer Wolfgang Amadé Mozart*; Guy Wagner, *Bruder Mozart* – um nur das Wichtigste zu nennen. Das kleine Buch von Elmar Nordmann und Gerd Schulle, *Die freimaurerische Idee in der*

Zauberflöte. Ein Spiegelbild antiker Mysterien, Münster 1993, gehört nicht in diese Kategorie und ist ohne jeden wissenschaftlichen Anspruch.

13 Hermann Perl, *Der Fall »Zauberflöte«.*

14 Alfons Rosenberg, *Die Zauberflöte*; Heinz-Josef Irmen, *Mozart, Mitglied geheimer Gesellschaften* (hier auch Mozarts angebliche Beziehungen zu den Asiatischen Brüdern); M. F. M. van den Berk, *The Magic Flute.*

15 Zu den politischen Deutungen der ersten Stunde, mit entgegengesetzter (pro- und kontrajakobinischer Tendenz) s. Emil Karl Blümml, »Ausdeutungen der Zauberflöte«, bes. 112-122; Volkmar Braunbehrens, *Mozart in Wien*, 418-422. An neuen Deutungen in dieser Richtung s. Martha Ida Frese, *Die Zauberflöte als Allegorie zur politischen Szene im josephinischen Wien* sowie Jules Speller, *Mozarts Zauberflöte*. S. auch Hermann Perl, *Fall Zauberflöte*, der völlig zu Recht zugleich mit dem illuministischen Hintergrund der Zauberflöte ihre politischen Dimensionen herausstellt. Nicht im Sinne der »Ausdeutung«, sondern des intellektuellen Kontexts und der Reichweite des Werkes betont G. Knepler in seinem großartigen Mozart-Buch (*Wolfgang Amadé Mozart*, passim) die politische Dimension der Oper.

16 Karl-Heinz Köhler, *Das Zauberflötenwunder*, 22ff. Köhlers unpublizierte Habilitationsschrift war mir nicht zugänglich. Peter Branscombe, *W.A. Mozart, Die Zauberflöte*, faßt auf S. 80-85 nicht nur Köhlers, sondern auch Alan Tysons Ergebnisse zusammen, der die von Mozart benutzten Papiersorten untersucht hat und zu ähnlichen Resultaten wie Köhler gelangt.

17 Christoph Martin Wieland, *Dschinnistan.*

18 [Terrasson, Abbé Jean,] *Séthos* (1731). Mozart und Schikaneder benutzten die Übersetzung von Matthias Claudius, die 1777/78 als *Geschichte des egyptischen Königs Sethos* in Breslau erschien.

19 Ignaz von Born, »Die Mysterien der Aegyptier«.

20 Die Quellen und Einflüsse der *Zauberflöte* sind ein unerschöpfliches Lieblingsthema der Zauberflötenforschung. An wichtigen neueren Beiträgen s. bes. Jörg Krämer, *Deutschsprachiges Musiktheater*, 538-549, und Günter Meinhold, *Zauberflöte und Zauberflöten-Rezeption*, 71-86.

21 Friedrich Dieckmann, »Verwirrung um die Zauberflöte«, 119.

22 In: Dieter Borchmeyer (Hg.), *Mozarts Opernfiguren*, 142.

23 S. 547: »Es ging Schikaneder in seinem ›Patchwork‹ aus Versatzstücken aller Art nicht um literarische Stringenz oder Originalität, sondern primär um Theaterwirksamkeit für heterogene Publiken und Ansprüche (worauf schon Goethe mehrfach hinwies) – und um Raum für die Musik.«

24 Stefan Kunze, a.a.O.

25 Emil Karl Blümml, »Ausdeutungen der Zauberflöte«.

26 Walther Brauneis, »Die Wiener Freimaurer unter Kaiser Leopold II«.

27 Trotzdem nehme ich mir die Freiheit, auf diese ausufernde Literatur nicht näher einzugehen, weil es mir in diesem Buch um etwas grundsätzlich anderes geht.

28 Mozarts Opern, Stuttgart 1984, 7.

29 Jacques Chailley, La flûte enchantée. Chailley, nach eigener Aussage selbst nicht Freimaurer, ist allen Details, insbesondere hinsichtlich der weiblichen Freimaurerei in den französischen Adoptionslogen, nachgegangen und dabei zu durchaus beachtlichen Ergebnissen gekommen. Wenn es sich in der Zauberflöte wirklich um Anspielungen auf derartige Riten handelt, dann dürften sie jedoch auch unter den Eingeweihten nur wenigen klargeworden sein.

30 Edith Rosenstrauch-Königsberg, »Eine freimaurerische Akademie der Wissenschaften in Wien«.

31 Heinz-Josef Irmen, Protokolle.

32 Brigid Brophy, Mozart the Dramatist, 131-209. Zwar versteht auch Brophy die Zauberflöte als unvollständig gelungene Verknüpfung zweier Stoffe bzw. Mythen, betont jedoch den einheitlich freimaurerischen und initiatorischen Charakter der beiden Elemente.

33 Dorothy Koenigsberger, »A New Metaphor«. Koenigsberger deutet die Zauberflöte als eine Allegorie der Seele, die sich aus der Finsternis zum Licht, d.h. aus der Verfangenheit in Trieben, Leidenschaften, Vorurteilen und Unwissenheit zur Erkenntnis des Wahren, Guten und Schönen emporarbeitet und versteht das der Oper zugrundeliegende Initiationsritual als eine symbolische Abbildung und Verdichtung dieses psychischen Lebensweges.

34 Judith A. Eckelmeyer, Cultural Context. Aufbauend auf Koenigsberger, Chailley und Brophy stellt Eckelmeyer die spezifisch rosenkreuzerische Symbolik der seelischen Vervollkommnung heraus, wie sie sich vor allem in den Schriften des frühen Rosenkreuzertums zu Anfang des 17. Jhs. findet, und zeigt, wie stark diese Motive auch im späteren Rosenkreuzertum des 18. Jahrhunderts, mit dem Mozart durch seine Freunde Thun-Hohenstein und Gemmingen, zu denen nach Eckelmeyer vor allem auch Gottfried van Swieten gehörte, verbunden war.

35 Frank Manuel, The Eighteenth Century Confronts the Gods, 65-69 («double philosophy«).

36 S. hierzu David J. Bach, »Mozart und das Theater auf der Wieden«. Bach macht zu Recht auf die Zusammenarbeit zwischen Mozart und Schikaneder bereits vor der Zauberflöte aufmerksam.

37 Zu Reinholds philosophischem Wirken s. besonders Manfred Frank, ›Unendliche Annäherung‹.

38 Zu Reinhold als Freimaurer, Illuminat und Mysterienforscher s. Verf., Moses der Ägypter, 171-186, und M. Meumann, »Zur Rezeption antiker Mysterien«, 293-302. Reinholds wichtigste Mysterienschrift Die hebräischen Mysterien oder die älteste religiöse Freymaurerey (Leipzig 1787) habe ich 2001 im Verlag Mnemosyne (Neckargemünd) neu herausgegeben.

39 Die Oper Der Stein der Weisen wurde am 11. September 1790 im Freihaustheater auf der Wieden uraufgeführt. Der Musikwissenschaftler David J. Buch hat 1996 in einer Hamburger Bibliothek ein Manuskript der Partitur entdeckt, in der Mozarts Name an mehr Stellen erscheint, als bisher bekannt war. Auf der Grund-

lage dieser Handschrift hat Martin Perelman mit den Boston Baroque und Gesangssolisten 1999 eine Aufnahme des Stückes bei TelArc herausgebracht, die vor allem eines deutlich macht: den ungeheuren Abstand der *Zauberflöte* zu diesem ihrem unmittelbaren gattungsgeschichtlichen Vorgänger. Ich verdanke die Kenntnis dieser Aufführung (und die CD) Wolfgang Müller-Härlin.

40 Aufgeführt am 9. September 1790 am Leopoldstädter Theater, wo es bis 1806 insgesamt 91mal gegeben wurde. Zum Inhalt s. Elisabeth Großegger, *Freimaurerei und Theater*, 77f.

41 Wolfgang Willaschek, *Mozart-Theater*, 298.

42 Freilich nicht den Mitgliedern der Prager St.-Matthias-Loge, die die Oper 1794 aufführten.

43 Zur Kategorie der ästhetischen Präsenz s. H.U. Gumbrecht, *Production of presence*.

44 Von Warburg stammt etwa der Begriff der »Pathosformel«, den ich im Anschluß an Herbert Lachmayer mit Bezug auf musikalische Phänomene verwende. Allerdings verstehe ich darunter nicht, wie Warburg, »echt antike Superlative der Gebärdensprache«, sondern Formeln, deren Bedeutung sich im engeren Rahmen einer Epoche oder sogar auch nur im individuellen Rahmen eines künstlerischen Œuvres aufbaut. Zum Begriff der »Pathosformel« bei Warburg vgl. etwa Werner Hofmann, Georg Syamken, Martin Warnke, *Die Menschenrechte des Auges. Über Aby Warburg*, Frankfurt 1980, 61-68.

45 S. hierzu vor allem Otto Rommel, *Alt-Wiener Volkskomödie*; Reinhild-Ursula Traitler, *Antike Mythologie und antiker Mimus*; Jürgen Hein, *Wiener Volkstheater*.

46 Egon Komorzynski, *Emanuel Schikaneder*; Anke Sonnek, *Emanuel Schikaneder*.

47 Zu diesem Aspekt s. vor allem die zahlreichen Publikationen von Edith Rosenstrauch-Königsberg, z.B. *Freimaurerei im josephinischen Wien*.

48 Siehe hierzu vor allem Jörg Krämer, *Deutschsprachiges Musiktheater*.

Erstes Kapitel

1 Zur Bedeutung der Zahl fünf siehe J. Chailley, *Flûte enchantée*, 89-98, der zeigt, daß die fünf Schläge für die weiblichen Adoptionslogen charakteristisch sind, im Gegensatz zu den (dreimal) drei Schlägen der männlichen Logen.

2 Robbins Landon, *Mozart's Last Year*, 123 mit Anm. 3. Die Mannheimer Hofkapelle war allerdings fast doppelt so groß.

3 Willaschek sieht in den ersten 16 Takten der Ouvertüre »Paminas Liebe, Leid und Tod« ausgedrückt. Mit seiner Gegenüberstellung von Tamino und Pamina einerseits und der Priesterwelt andererseits scheint er den Aida-Konflikt in diese Ouvertüre hineinzuhören. Verdi hat diesen Konflikt im Aida-Vorspiel geradezu überdeutlich dargestellt, aber gerade diese Art von Deutlichkeit scheint mir

bei Mozart nicht angestrebt. Einleuchtender ist J. Chailleys Deutung dieser Passage als Darstellung jener Desorientierung des in Finsternis und Chaos tastenden Neophyten, die seiner Erleuchtung vorangeht. Hierfür beruft sich Chailley auf die Adagio-Einleitung des Streichquartetts KV 465 (»Dissonanzen«), das er im gleichen Sinne als Darstellung der maurerischen Initiation »per aspera ad astra« deutet.

4 Das Thema lehnt sich an ein Motiv im Allegro con brio der Klaviersonate op. 43 Nr.2 in B dur von Clementi an, die dieser bei einem Wettspielen mit Mozart in Schloß Schönbrunn am 24. 12. 1781 dargeboten hat, siehe (unter anderem) Chailley, *Flûte enchantée*, 187; Kunze, *Mozarts Opern*, 568. Bei Clementi aber »läuft sich«, wie Kunze treffend bemerkt, »das Thema im Oktav-Quint-Rahmen tot und wird unvermittelt zum Stehen gebracht«.

5 Die These von M. Flothuis, »Die Zauberflöte«, 134 und 143, es handele sich hier um die »Erweiterung eines Fugenthemas aus dem Wohltemperierten Klavier II. Teil Es-Dur, das Mozart ca. 1782 für Streichquartett arrangiert hat«, leuchtet mir in keiner Weise ein. Die beiden Themen sind im Charakter grundverschieden.

6 Gunthard Born, *Mozarts Musiksprache*, München 1985, 336-339.

7 Willaschek, 297.

8 Die Grenzen und Möglichkeiten einer Semantisierung von Mozarts Instrumentalmusik hat Georg Knepler, *Mozart*, 294-330, glänzend aufgezeigt.

9 Der Freimaurer erkennt das Klopfzeichen der dreimal drei Schläge, s. hierzu H. C. Robbins Landon, *Mozart's Last Year*, 128.

10 Georg Knepler, *Mozart*, 296. M. Flothuis, a.a.O., 143-144 sieht auch einen Zusammenhang zwischen der langsamen Einleitung und »dem Übergang vom Rezitativ zum letzten Chor im Finale des II. Aufzugs (T. 828f.)«.

11 Zur »Synthese von galantem und gelehrtem Stil« (bzw. Sonaten- und Fugenform) bei Mozart siehe Gernot Gruber, *Mozart verstehen*, 167-174 (am Beispiel von KV 387, 4. Satz).

12 Karl-Heinz Köhler, *Das Zauberflötenwunder*, 22ff.

13 Im Erstdruck des Librettos steht eindeutig »javonisch« mit »v«, nicht »p«. Nach den Untersuchungen von Heinz-Josef Irmen und Günter Meinhold verdankt sich diese Lesart einer defekten Drucktype im Erstdruck. Gemeint ist wohl in jedem Fall Japan und nicht Java, denn in der zweiten Auflage des Textbuchs steht eindeutig »japonisch«.

14 Das Oratorium liegt in der Veröffentlichung von James A. Ackerman, Madison 2000, vor. Zu dem Rezitativ s. dort Nr. 3, S. 63. Für eine ausführliche Beschreibung der Introduktion s. Willaschek, 308f. Er erkennt im Klangbild »das Psychogramm eines Menschen, der seiner Angst hilflos ausgeliefert ist«, und weist auch auf das Vorbild von Myslivecek hin. Ein »Schlangenkampf«, wie ihn Willaschek hier ausgedrückt sieht, findet allerdings in der Zauberflöte gerade nicht statt, im Unterschied zu Terrassons Sethos-Roman, wo ein erfolgreich bestandener Schlangenkampf der Initiation des Helden vorangeht.

15 J. Chailley, *La flûte enchantée*, 123-127, verweist auf die Episode der »giftigen

Schlange« im Prüfungsritual der Pariser Damenlogen. Im Beiheft zur CD von John Eliot Gardiners Einspielung der *Zauberflöte* (DGG 1996) äußert Nicholas McNair die Vermutung, daß Schikaneder den »grimmigen Löwen« gestrichen hätte, weil Leopold II. gerade eine Veröffentlichung »Biographie des Löwens RRRR«, von der er sich getroffen fühlte, verboten hatte und es deshalb politisch unklug schien, die Oper gleich mit der Tötung eines Löwen anfangen zu lassen.

16 Da Mozart bei der Komposition an einen Löwen dachte, kann es sich bei diesem Motiv nicht um ein »Kriechmotiv« handeln, wie z. B. Willaschek meint: »In ersten Violinen, Bratschen, Celli und Kontrabässen wird die Annäherung der Schlange – filmisches Prinzip – durch ein illustratives Kriechmotiv verdeutlicht, das in tremolierende Akkorde übergeht. Fünfmal ertönt dieses Motiv, das nur von Streichern gespielt wird, daher kammermusikalisch verdichtet erscheint, und in Sequenzen aufgeteilt ist, deren Ausgangston geweils einen Halbton höher steigt, bis der Grundton c erreicht ist und mit Taminos ›Rettet mich‹ zusammenfällt« (308). Der chromatische Quartaufstieg ist eine konventionelle Figur der drohenden Annäherung, ebenso wie der chromatische Quartfall eine Pathosformel der Klage darstellt, vgl. Paminas »Ha, des Jammers Maß ist voll«, s. dazu unten, 235).

17 Jacques Chailley, *La flûte enchantée*, 133-136, weist mit Recht darauf hin, daß jeder der drei Prüflinge im Verlauf der Handlung eine Ohnmacht durchmacht: Tamino ganz am Anfang, Pamina im 11. Auftritt des ersten, Papageno im 5. bzw. 6. Auftritt des zweiten Aufzugs. Alle drei müssen an der Schwelle eines neuen Lebens »mourir à leur ancienne vie pour renaitre à la nouvelle«. Papagenos Ohnmacht ist freilich eher eine Parodie dieses »évanouissement initial«.

18 In Paminas Selbstmordszene im zweiten Finale (g-Moll/Es-Dur, Takt 93).

19 Z.B. auf die Worte »denn meine Hilfe war zu schwach« in der Arie Nr. 4 der Königin der Nacht (g-Moll/Es-Dur). Sehr prononciert im Priestermarsch zu Beginn des II. Aufzugs (Takt 26) und vor allem natürlich bei der Begegnung Taminos mit dem alten Priester im ersten Finale, hier ebenfalls als plötzlicher Übergang von Es-Dur nach As-Dur (Takt 85).

20 *Mozart-Theater,* 309.

21 *Mozart,* 339.

22 *Mozart-Theater,* 310.

23 Dieser Vers fehlt rätselhafterweise im Erstdruck, steht aber in Mozarts Partitur, gehört schon durch den Reim in den Text und ist zweifellos nur aus Versehen ausgefallen.

24 In einer Freimaurerloge stehen drei Säulen, eine dorische (Stärke), eine korinthische (Schönheit) und eine ionische (Weisheit).

25 Werner Lüthy, *Mozart und die Tonartencharakteristik,* 51-56. »Alles Ländliche, Idyllische, Eklogenmäßige« (Schubart); schlichte, unbekümmerte Fröhlichkeit.

26 In Textbüchern ab 1795 abgedruckt.

27 Zu Papageno s. den hinreißenden Aufsatz von Peter von Matt, »Papagenos Sehnsucht«.

28 P. von Matt, a.a.O., 157.
29 Bernd Deininger, Helmut Remmler, *Liebe und Leidenschaft in Mozarts Opern*, 186f.
30 M. F. M. van den Berk, *The Magic Flute*, 16-18.
31 Zu der Kuravanci-Tradition und ihren möglichen Beziehungen auf das europäische Theater s. Indira Viswanathan Peterson, Papageno in India: The Discourse of Erotic Selves and Others in Tamil Kuravanci Dramas and Mozart's Magic Flute (in Vorbereitung). Ich danke David Shulman für den Hinweis auf diese Forschung und besonders Indira V. Peterson für die großzügig gewährten Einblicke in ihre noch unveröffentlichten Arbeiten.
32 Otto Rommel, *Die Alt-Wiener Volkskomödie*, 518, mit Verweis auf Max Pirker, *Rund um die Zauberflöte*. Theater und Kultur III, 1940.
33 Jacques Chailley, *Flûte*, 127, identifiziert dieses Schloß mit dem »sceau de la discrétion« (Siegel der Verschwiegenheit), das im Initiationsritual der Adoptionslogen eine Rolle spielt. Der Meister berührt die Lippen der Novizin fünfmal mit seiner Maurerkelle und spricht dazu: »C'est le sceau de la discrétion que je vous applique.«
34 Werner Lüthy, *Mozart und die Tonartencharakteristik*, 70-75. Die Tonart der »Ombra-Szenen« (Anrufung der Geister Verstorbener) in der italienischen Oper, weil bei diesen mit Vorliebe in Es gestimmte Trompeten verwendet wurden. Bei Mozart »die Tonart der Liebe« (Lüthy, 72), aber auch des Schmerzes. Die Arie der Ilia »Se il padre perdei« (Nr. 11) soll »stellenweise auffallend an die Bildnisarie erinnern« (75). Lüthy denkt offenbar an Takte 3-5 = 17-19 der Ilia-Arie, die den Takten 7-9 der Tamino-Arie in der Tat auffallend ähneln.
35 Chr. F. D. Schubart, *Ideen zu einer Ästhetik der Tonkunst*.
36 David Freedberg, *The Power of Images*, 317-344, spez. 337-338, und vor allem Ernst Bloch, *Das Prinzip Hoffnung I*, 368–387.
37 Krämer, *Deutschsprachiges Musiktheater,* 554 Anm. 68. Zur Bedeutung dieses Motivs in der Wiener Theatertradition s. Otto Rommel, *Die Alt-Wiener Volkskomödie*, 499.
38 In der Erzählung »Neangir und seine Brüder«, siehe Günter Meinhold, *Zauberflöte und Zauberflöten-Rezeption*, 77. Auch an Lessings *Emilia Galotti* wäre hier zu denken, die Schikaneder mehrfach aufgeführt hat. Auch in Mozarts unvollendetem Singspiel *Zaide* (KV 344) kommt eine »Bildnisarie« vor (Nr. 4). Die Sklavin Zaide deponiert ihr Porträt bei dem schlafenden Sklaven Gomatz, der es erwachend erblickt und sich sofort in die Dargestellte verliebt. Zu einer besonders engen Parallele in einem französischen Zaubermärchen, auf die Carolyn Abbate aufmerksam gemacht hat, s. 76.
39 Hier und im Folgenden stütze ich mich auf Stefan Kunze, *Mozarts Opern*, 598-606, und Jörg Krämer, *Deutschsprachiges Musiktheater*, 550-562. Zum »Amour naissant« siehe Dieter Borchmeyer, *Mozart oder Die Entdeckung der Liebe*, 29–40.
40 Zitiert nach Jörg Krämer, *Deutschsprachiges Musiktheater,* 550f.
41 Helen Geyer-Kiefl, *Die heroisch-komische Oper*, Textband, 125; Meinhold,

Zauberflöte und Zauberflöten-Rezeption, 125-127; Krämer, *Deutschsprachiges Musiktheater*, 551, und Kunze, *Mozarts Opern*, 598f., verweisen für diese Entdeckung auf Thrasybulos Georgiades, *Schubert. Musik und Lyrik*, 122ff., wo aber, wie Borchmeyer klarstellt, von einem Sonett nicht die Rede ist. Vermutlich hat Kunze, der ein Schüler von Georgiades war, diese These von seinem Lehrer mündlich gehört. Das Sonett ist in der Dichtungstheorie, was die Fuge in der Musiktheorie ist: Ausweis höchster artistischer Meisterschaft, aber etwas veraltet. Nach Gernot Gruber, *Mozart verstehen*, 202, »entspricht der Text nicht der Form des Sonetts, aber kommt ihr nahe. Er besteht aus acht gereimten Verspaaren ...«, aber da hat er wohl nicht richtig gezählt.

42 Im Erstdruck durch größere Drucktype als betont hervorgehoben; Mozart hat diese Betonung nicht übernommen.

43 Die himmlische und die irdische Liebe – auf diese (platonische) Unterscheidung bezieht sich wohl auch die Verdoppelung des Motivs (Tamino-Pamina/Papageno-Papagena).

44 Anna Amalia Abert ist in »Bedeutungswandel eines Mozartschen Lieblingsmotivs« diesem Motiv nachgegangen, das sie als »Sextaufschwung mit anschließendem Skalenabstieg« charakterisiert. Sie zeigt, daß dieses Motiv in verschiedensten Abwandlungen in so gut wie allen Opern Mozarts von *Apollo und Hyacinth*, *Bastien und Bastienne* und *Ascanio in Alba* angefangen bis zu *La Clemenza di Tito* vorkommt, aber erst von der *Entführung aus dem Serail* an die eindeutige Bedeutung als Ausdruck aufwallender Liebesempfindung annimmt. Auf Beispiele des Themas in Mozarts Instrumentalmusik geht Abert nicht ein.

45 Vielleicht die eindrucksvollste und semantisch eindeutigste Variante dieser Formel steigert den Sextsprung zur Septime. In der Kavatine des Ferrando Nr. 27 aus *Così fan tutte* wechseln sich wütende Verzweiflung (»tradito, schernito ...«) und Liebe ab. Das Verzweiflungsthema in c-Moll spiegelt Ferrandos Zerrissenheit; in größtmöglichem Kontrast dazu drückt das zunächst nur von den Bläsern angestimmte und begleitete Liebesthema, zuerst in Es-, dann in C-Dur seine trotz allem unvermindert glühende Liebe und Sehnsucht aus (»io sento che ancora quest' alma l'adora«).

46 An musikwissenschaftlichen Analysen dieser Arie verweise ich auf Thr. Georgiades, *Schubert. Musik und Lyrik*, 122ff.; S. Kunze, *Mozarts Opern*, 598ff.; Gernot Gruber, *Mozart verstehen*, 201-205; Silke Leopold, »Mozart, die Oper und die Tradition«, mit Verweis auf Sieghart Döhring, »Die Arienformen in Mozarts Opern«; Jörg Krämer, *Deutschsprachiges Musiktheater*, 549-562. Siehe auch Wolfgang Willaschek, *Mozart-Theater*, 315ff.

47 Erik Smith, in: Peter Branscombe, *Die Zauberflöte*, 113-115.

48 Gernot Gruber, *Mozart verstehen*, 204 (vgl. auch die Tabelle S. 206), gliedert die Taktgruppen etwas anders:
   1. Quartett: 15 = 2 – 2 – 2 3 – 3 – 3
   2. Quartett: 18 = 2 – 2 – 2 2 – 2 – 3 – 3
   1. Terzett: 11 = 2 – 2 – 2 1 – 1 – 1 – 1 – 1

2. Terzett: 19 = 3 − 2 2 − 3 − 3 − 3 − 3

Außerdem gibt es bei ihm die sonettförmige Strophengliederung nicht, wie ich sie hier zum besseren Vergleich auf seine Taktgliederung projiziert habe, da er eine Gliederung in 8 Doppelverse zugrunde legt (dieser Fehler kommt daher, daß er Vers 11 = Takte 39-44 und 14 = Takte 50-63 als Doppelverse zählt, die Terzette also als Quartette behandelt.)

49 Dies wäre gegen Christina Zechs Interpretation einzuwenden, die sich aus feministischer Sicht darüber beschwert, daß »Sarastro vorteilhafter eingeführt wird als seine Gegenspielerin, die Königin« (»Ein Mann muß eure Herzen leiten«, S. 285f.). Die Königin wird musikalisch und vom Text her als ein überirdisches Wesen eingeführt, Sarastro dagegen als ein menschlicher Herrscher. Zu ihrer im übrigen sehr aufschlußreichen Analyse dieser Arie s. S. 287-294.

50 Die Deutung dieser Stelle in der Arie der Königin der Nacht als Bloßstellung ihrer Falschheit bei G. Born, *Mozarts Musiksprache*, 321f., ist daher völlig abwegig. Ihm scheint diese Parallele entgangen zu sein. In der Barockmusik ist ein solches Stehenbleiben des Basses auf der Tonika beim Dominantschritt der Oberstimmen sehr geläufig, löst sich dann aber in den Dominantschritt auch des Basses auf. So z.B., in deutlich Händelscher Manier, in dem herrlichen Chor Nr. 24 »Che del ciel che degli Dei« in Mozarts *La Clemenza di Tito*. Umgekehrt, von der Dominante (mit dem dissonanten Grundton der Tonika im Baß) zur Tonika löst sich die Dissonanz in der Szene der Donna Anna Nr. 10 (Takte 87-88, auf die Worte »Rammenta la piaga«) im *Don Giovanni* auf, siehe Knepler, *Mozart*, 360, Beispiel 153.

51 Das Motiv der Unschuld stammt aus der Vorlage, August Jacob Liebeskind, *Lulu oder die Zauberflöte*, bes. 12. Der Fee Perifirime ist hier von einem mächtigen Zauberer jene Zauberwaffe geraubt worden, die in der Zauberflöte als »siebenfacher Sonnenkreis«, im Märchen als »vergoldeter Feuerstahl« erscheint. »Ich habe Ursache genug«, sagt die Fee zu Lulu, »diesen Verlust zu beklagen, da ich weiß, daß nur ein Jüngling von männlichem Alter, dessen Herz die Macht der Liebe noch nicht empfunden hat, mir dieses Pfand meiner Herrschaft wiederbringen kann. Ich habe unter den Menschenkindern dieses Zeitalters lange vergeblich nach einem solchen Jüngling gesucht. Den einen fehlte es an Muth, den anderen an Klugheit, den meisten an Unschuld. Du allein hast die Prüfung bestanden und dich als den Unschuldigen, den ich erwarte, erwiesen.« (Der Text auch bei Csampai, *Zauberflöte*, 119) »Unschuldig« sein heißt also: noch nicht geliebt haben.

52 Steven B. Jan, *Aspects of Mozart's compositions in g minor*. Zu dieser Arie s. 55-93, passim.

53 Der neapolitanische Sextakkord stammt aus der neapolitanischen Kirchenmusik des 17. Jahrhunderts. Man kann ihn auf zwei Weisen beschreiben, nach der Funktion und nach der Klangstufe. Funktionslogisch betrachtet handelt es sich um die Subdominante der Molltonart, das wäre d-Moll im Rahmen von a-Moll oder, wie hier, c-Moll im Rahmen von g-Moll, mit Erweiterung der Quint (also a bzw. g) zur kleinen Sext (b bzw. as), wodurch ein scheinbarer Sextakkord der

Sub-Subdominante in Dur entsteht (es geht also von a-Moll nach B-Dur oder, wie hier, von g-Moll nach As-Dur und wieder zurück). Stufenlogisch handelt es sich um die »1. Umkehrung des (Dur-)Dreiklangs der tiefalterierten 2. Stufe in Moll: II6« (Riemann). Die II. Stufe der C-Dur-Tonleiter ist D, in Moll also d-Moll. Durch Alteration der Quinte zu b, das wie ein Leitton zu a wirkt, entsteht ein B-Dur-Sextakkord. Wie immer man diesen Akkord beschreiben will, seine Wirkung ist frappierend und ergreifend. Mozart verwendet ihn sparsam (in der gesamten *Zauberflöte* kommt er nur 17mal vor) und immer sehr präzise als eine Pathosformel zum Ausdruck des Schmerzes. Das plötzliche As-Dur fällt auf das Wort »tiefbetrübt«, das dadurch wie ein schmerzlicher Aufschrei herausgehoben wird. Sehr treffend hierzu Christoph Peter, *Die Sprache der Musik in Mozarts Zauberflöte*, 111f.

54 Vorschlag der NMA; in der Partitur fehlt jede Tempobezeichnung.

55 S. hierzu Christina Zech, a.a.O., 291, u. bes. Silke Leopold, »Mozart, die Oper und die Tradition«.

56 Für eine positive Interpretation der Arie s. Willaschek, 318-321. Immerhin kann sich die negative Interpretation, als Täuschung und Blendwerk (als die sich die Arie dann ja auch später, aber eben erst im nachhinein herausstellen wird) auf Georg Nikolaus von Nissen, Constanzes zweiten Mann, berufen, der in seiner *Biographie W. A. Mozarts* (1828) über diese Arie (126f.) schreibt: »Die sternflammende Königin – ein leidenschaftliches, ränkevolles Weib – Rachsucht in ihrer finsteren Seele – wie sehr verschieden von dem Charakter ihrer schuldlosen Pamina! Wer verkennt gleich in der ersten Arie die listige Verführerin, die erst Schrecken, dann Seufzer Thränen, und endlich die dringendste Aufforderung anwendet, den unerfahrenen Jüngling für ihren Plan zu interessieren.« Die Antwort auf diese rhetorische Frage lautet natürlich: Tamino, und es ist dramaturgisch wirkungsvoller, die Zuschauer mit ihm auf diesen Auftritt hereinfallen zu lassen. Wer dann die zweite Arie der Königin gehört hat, weiß, woran er mit dieser Figur und ihren Koloraturen ist. Nissens Beschreibung ist interessant und treffend genug, um sie hier wiederzugeben: »Das Ritornell mit seinen majestätisch aufsteigenden Noten feyerlich in die Höhe wogend, malt ihr Aufsteigen von dem unterirdischen Reiche und bereitet etwas Großes vor. Tamino wird gespannt – und nun das Sirenen-Rezitativ ›O! Zittre nicht, mein lieber Sohn, du bist unschuldig, weise, fromm‹. Jetzt hat sie ihn gewonnen und fällt in die klagende Melodie ein, begleitet von dem schwermütigen Fagott. Wie malerisch beredt ist ihre Erzählung des Raubes ihrer Tochter, wie lebhaft die Unterstreichung: Ach helft! um dem Zuhörer neue Spannung zu geben. Und nun wieder der Rückfall in die Erzählung unisono mit dem Fagotte: ›war alles, was sie sprach‹. Jetzt hat sie den Prinzen auf dem Puncte, wohin sie ihn haben wollte; jetzt wird sie dringender, sie stürmt mit aller Macht auf ihn ein, verspricht ihm den Besitz der milden Pamina und verschwindet unter einem tobenden prächtigen Orcan aller Instrumente, die, nachdem sie in der Begleitung einzelner Stellen, jedes besonders, ihre Beredsamkeit aufgeboten haben, jetzt mit vereinten Kräften hereinstürmen, um den betäubten

Jüngling zum festen Entschluß fortzureißen suchen.« Das ist alles sehr treffend beobachtet, aber eben aus der Perspektive des Wissenden. Mozarts Kunst besteht darin, diese Wertungen zunächst in der Schwebe zu lassen.

57 Zu Mozarts *Zauberflöte*, zitiert nach Willaschek, 303.

58 E. Schikaneder, Vorrede zu »Der Spiegel von Arkadien«, mitgeteilt von Heinz Kindermann, in: *Maske und Kothurn* I, Graz-Köln 1955, 359f., zit. nach Meinhold, 86.

59 Brigid Brophy, *Mozart the Dramatist*, hat S. 148-153 den Isis-Charakter der Königin glänzend herausgearbeitet.

60 Brieflich vom 26.12.2004.

61 Über die Illuminatenverfolgungen in Bayern berichten vor allem die Bände 3, 5 und 8 des *Journals für Freymaurer*. v. Borns Darstellung steht in Band 8. Großes Aufsehen und Mitgefühl erregte in der Loge die Schließung einer venezianischen Loge und die Verbannung des Bruders Carl von König, der am 12.8.1785 in der Wiener Loge in den Meistergrad erhoben wurde. Philippe Autexier meint, daß die »Maurerische Trauermusik« KV 477 ursprünglich zu diesem Anlaß komponiert sei (Mozart hatte sie im Juli in sein Werkverzeichnis eingetragen; der Trauerfall, zu dem sie aufgeführt wurde, trat aber erst im November ein).

62 W. Propp, *Morphologie des Märchens*.

63 Die affektverwandelnde Kraft der Musik spielt in der antiken Musiktheorie eine große Rolle. Pythagoras soll einen eifersüchtigen Liebhaber von Mord und Brandstiftung abgehalten haben, indem er einen Flötenspieler statt der phrygischen Melodie, die den jungen Mann so berauscht hatte, eine spondäische Weise blasen ließ, die ihn sofort ernüchterte (Jamblichus, Vita Pythagorae cap. 25, zitiert nach Jocelyn Godwin, *Music, Mysticism, and Magic*, 28f.). Der phrygische Bläser spielte keine »Zauberflöte«, es war die Musik als solche, die die Verwandlung bewirkte. Besonders wichtig ist auch cap. 9, wo es um den Einsatz der affektmo-dellierenden Kraft der Musik in den Mysterien geht. Siehe auch Plato, Rep. 399 a-c.

64 A. J. Liebeskind, *Lulu oder die Zauberflöte*, 13; Csampai, *Zauberflöte,* 119.

65 Frederick W. Sternfield, *The Birth of Opera*; Linda Simonis, »Opheus-Opern der frühen Neuzeit«. Auch in der Tradition des alten Wiener Volkstheaters spielte der Orpheus-Eurydike-Mythos eine wichtige Rolle, s. hierzu Reinhild-Ursula Traitler, *Antike Mythologie und antiker Mimus*, 379-386.

66 In dem »Konkurrenzstück« von Joachim Perinet und Wenzel Müller, *Kaspar der Fagottist oder die Zauberzither*, spielt ebenfalls der Gegensatz von Blasinstrument (Fagott) und Saiteninstrument (Zither) eine Rolle. Der Prinz bekommt hier die apollinische Zither, die komische Figur das dionysische Fagott. Diese Oper, die im Juni 1791 am Leopoldstädter Theater herauskam, benutzt dieselbe Vorlage, das Märchen *Lulu oder die Zauberflöte* von A. J. Liebeskind aus der Sammlung *Dschinnistan* von Chr. M. Wieland. Mozart hat diese Oper am 11. Juni besucht und berichtet darüber an Constanze (»ist aber nicht viel daran«). Im übrigen gehören »zauberische Musikinstrumente ... zum eisernen Inventar der Alt-Wiener Zauberkomödie« (Rommel, *Die Alt-Wiener Volkskomödie*, 499 vgl. a. 400).

67 Johann Matheson, *Das forschende Orchestre* (1721), zit.nach *Die Musik in Geschichte und Gegenwart*, Digitale Bibliothek Band 60, S. 1070 (vgl. MGG Bd. 01, S. 118) [(c) Bärenreiter-Verlag 1986].
68 Brieflich (26.12.2004).
69 Ebd.
70 So das Libretto. In Mozarts autographer Partitur: »Wo«.
71 Allerdings handelt es sich bei dieser Arie um alles andere als eine Da-capo-Arie alten Stils. Auch diese Arie malt nicht ein Tableau, sondern entfaltet, den Text ausleuchtend, eine fortschreitende Handlung.
72 Hans E. Weidinger erinnert z.B. an das »egyptische Kabinett« im 1808 erbauten Geymüller-Schlössel in Wien-Pötzleinsdorf.
73 Zum Problem der »Sklaven« in Sarastros Reich, das man sich angesichts der hohen Ideale ungern als Sklavenhaltergesellschaft vorstellt, siehe Meinhold, *Zauberflöte und Zauberflöten-Rezeption*, 114-118. Meinhold weist auf die Verbindung von Aufklärung und autoritärem Absolutismus in der Person Josephs II., des Salzburger Fürsterzbischofs Hieronymus Colloredo wie sogar bei Leopold Mozart hin und stellt die berechtigte Frage, ob Sarastro nicht eher deren Züge als jene Ignaz von Borns trage. Diese Verbindung habe aber in historischer Perspektive, also für Mozart und Schikaneder, als »normal« gegolten und dem uneingeschränkt positiv verstandenen Charakter Sarastros keinen Abbruch getan.
74 »A New Metaphor«, 259-63.
75 Wolfgang Hildesheimer findet, »daß die Komik dieses plötzlichen Schreckens, dieser gegenseitigen Verwechslung, musikalisch nicht nutzbar gemacht, sondern daß nur Vorausgehendes variiert wird: Mozart war wohl auch hier nicht recht bei der Sache« (*Mozart*, 332). Man könnte sich freilich auch auf den Standpunkt stellen, daß Mozart recht daran tat, diese Szene eher leicht zu nehmen, anstatt sie dramatisch im Sinne des »Schreckens« auszuschlachten. Die eigentlichen »Schreckensszenen« kommen ja noch – dies hier ist alles noch Vorspiel und bewegt sich musikalisch überdies in der Papageno-Sphäre. Die Vorstellung, daß Mozart bei jeder Gelegenheit das ganze Arsenal seiner musikalischen Möglichkeiten ausschöpfen müsse, ist unkünstlerisch. Die Kunst besteht gerade im gezielten und selektiven Einsatz dieser Möglichkeiten. In diesem Sinne war Mozart hier absolut »bei der Sache«.
76 Louis Chevalier de Mailly, »Le roi magicien«, vgl. Carolyn Abbate, *In Search of Opera*, 62-66.
77 Die Tageszeit »Mittag« hat auch eine freimaurerische Bedeutung, worauf Jacques Chailley, *Flûte echantée*, 119 und 215, aufmerksam macht. Beim Eröffnungsritus einer Logensitzung fragt der Meister vom Stuhl, in der von Chailley zitierten französischen Fassung des Rituals:
»Quel heure est-il?«
und erhält die Antwort:
»Près de midi.«
Das ist genau die Antwort, die Papageno auf Paminas Frage nach der Tageszeit gibt. In der Mozart vertrauten deutschen Fassung des Rituals fragt der Meister:

»Wieviel ist es an der Uhr?«
Die Antwort lautet hier »Hochmittag, Hochwürdiger Großmeister!«
(H. Schuler, *Ritual und Zauberflöte*, 52f.)
78 Zur Zeitstruktur der Oper s. Meinhold, *Zauberflöte und Zauberflöten-Rezeption*, 98-101.
79 Andantino bedeutet gegenüber Andante ein langsameres Tempo, s. Benjamin Perl, »Wo soll man bei 6/8 die Taktstriche setzen?«, 93f. mit Anm. 19.
80 S. Gernot Gruber (Hg.), Vorwort, in: *Die Zauberflöte*, NMA, Studienpartitur, vi-vii; Arnold Feil, »Mozarts Duett ›Bei Männern, welche Liebe fühlen‹«; Rudolf Nowotny, »Das Duett Nr. 7«; Benjamin Perl, »Wo soll man bei 6/8 die Taktstriche setzen?«. Perl zeigt sehr überzeugend, daß Takt 43 eigentlich als 9/8 zu notieren wäre, um das Problem zu vermeiden, das Mozart durch die Versetzung der Taktstriche, auf Kosten der Deklamation, zu lösen versuchte. Manfred Hermann Schmidt, »Deutscher Vers, Taktstrich und Strophenschluß«, bes. 135-142, meint, daß Mozart das Duett »von der anfangskongruenten ›deutschen‹ auf die schlußkongruente ›italienische‹ Version« umstellte.
81 Die Aufnahme der Zürcher Aufführung (November 1987) erschien bei Teldec.
82 Reinhold Schlötterer, »Die fehlenden Bläserakkorde«, argumentiert anhand der Überlieferungsgeschichte, daß die Bläserakkorde schon in den frühesten Aufführungen erklungen sein müssen, da sie bereits in den ersten Klavierauszügen vorkommen, die noch zu Mozarts Lebzeiten erschienen sind.
83 Hier aber gegliedert in 6-6-2, also nicht in der Form des Sonetts (4-4-3-3).
84 Jörg Krämer, *Deutschsprachiges Musiktheater*, 563.
85 Libretto: »Götter«.
86 *Flûte Enchantée*, 206; zu dieser Stelle: 216.
87 »Gegen alle Gesetze des Genres und der Rollenfach-Traditionen verbindet Mozart hier die ›hohe‹ Liebhaberin und die komische Figur zum Duett, während dem Liebespaar kein Duett zugebilligt wird«, Krämer, *Deutschsprachiges Musiktheater*, 563.
88 M. F. M. van den Berk unterscheidet zwischen »practical and contemplative alchemy«; letztere habe es mit »man's inner quest« zu tun. »For most alchemists, the ›great work‹ involves a ›transmutation of the soul‹ just as much as a ›transmutation of metals‹« (*Magic Flute*, 24f.). Der Verbindung von Alchemie und Psychologie ist von einem wissenschaftsgeschichtlichen Ansatz her vor allem Dorothy Koenigsberger in ihrem wichtigen Aufsatz »A New Metaphor« nachgegangen.
89 Zu diesem Gedicht s. R. Safranski, *Schiller*, 285f. Karl Pestalozzi stellt auch Schillers Gedicht »Das Ideal und das Leben« in diesen Zusammenhang, in dem es heißt: »*Wollt ihr schon auf Erden Göttern gleichen / frei sein in des Todes Reichen / brechet nicht von seines Gartens Frucht*« (brieflich vom 26.12.2004).
90 F. Schiller, *Sämtliche Werke* V, 85f.
91 Eugen Schmitz, »Formgesetze in Mozarts Zauberflöte«; Judith A. Eckelmeyer, »Structure as Hermeneutic Guide«.

Zweites Kapitel

1 S. Manfred Wagner, »Ägypten in der Musik«.

2 Hierzu s. Florian Ebeling, »Caterino Mazzolàs Libretto ›Osiride‹«. Natürlich ist auch das Altägypten Mazzolàs ein imaginäres Ägypten, aber es ist doch als Ägypten gemeint. Nicht einmal das gilt für die *Zauberflöte*.

3 Metastasios Libretto von 1734 ist oft vertont worden.

4 Das hat etwa Siegfried Morenz nicht verstanden, der in seinem Buch *Die Zauberflöte* die Handlung unbedingt im alten Ägypten ansiedeln möchte.

5 S. hierzu unten, 96ff.

6 [Cornelius de Pauw], *Recherches philosophiques sur les Egyptiens & Chinois*. Dieses Werk wird von Anton Kreil in seinen Vorträgen über »wissenschaftliche Freimaurerei«, die Mozart gehört hat, ausführlich zitiert, s. dazu unten, 103.

7 Wenn allerdings Sarastro von der Königin sagt, daß sie »durch Blendwerk und Aberglauben das Volk zu berücken« hofft (II/1), dann kann sich das eigentlich nur auf dasselbe »Volk« beziehen, über das Sarastro und die Eingeweihten herrschen.

8 August Jacob Liebeskind, *Lulu oder die Zauberflöte*, gekürzt abgedruckt in Attila Csampai, *Zauberflöte*, 116-120.

9 Die drei Knaben sind der Erzählung »Die klugen Knaben« aus derselben Sammlung entnommen, s. Csampai, *Zauberflöte,* 121-124.

10 Joseph-François Lafitau, *Moeurs des sauvages*.

11 Vgl. Ulrich Gaier, »Vielversprechende Hieroglyphen«. Gaier geht auf die *Hypnerotomachia Poliphili* auf S. 177-180 ein. Die Verbindung von Liebes- und Bildungsroman sowie auch die vielfältigen Beziehungen zur Gartenkunst erinnern an die *Zauberflöte*.

12 Zur Geschichtsphilosophie der Illuminaten s. R. Koselleck, *Kritik und Krise*, 105-115.

13 Antoine Court de Gébélin, *Le monde primitif*.

14 Der Doppelsinn des Symbols als Waffe und Herrschaftsinsignie entspricht zufällig (denn das konnten Mozart und Schikaneder unmöglich wissen) der ägyptischen Uräusschlange als dem wichtigsten Insignium der pharaonischen Herrschaft und zugleich als Verkörperung einer flammenspeienden, das Böse vertreibenden Gottheit.

15 Vgl. hierzu Otto Rommel, *Die Alt-Wiener Volkskomödie*, 517f.: »Als Schikaneder und Mozart ihrem Sarastro einen weiblichen Widersacher gaben, folgten sie – bewußt oder unbewußt – der weiberfeindlichen Tendenz aller Männerbünde, die ja auch der Freimaurerorden teilte. Das Weib erscheint in dieser Perspektive als das Animalisch-Widersittliche. ... An dieser Verketzerung des Weibes nahm die Humanitätsgesinnung Schikaneders und Mozarts, der die Ehe ein hohes Ideal war, Anstoß, und die beiden Künstler befinden sich damit in Übereinstimmung mit der Praxis mancher Wiener Logen, die affiliierte ›Schwesterbünde‹ kannten. Daher besteht Pamina, gehoben durch ihre Liebe zu Tamino, gemein-

sam mit ihm die Prüfungen und wird als erstes Weib in Sarastros Bund aufgenommen.«

16 Judith Eckelmeyer, *Cultural Context*, 42-49.

17 Michael Stausberg, *Faszination Zarathustra*, 444 und öfter (s. Index S. 1083 s.v. Zoroaster: Identifikationen).

18 S. Morenz, *Die Zauberflöte*, 44f. Pa- und Ta- sind im Ägyptischen der maskuline und feminine Artikel, in »min« steckt der Gottesname Min, und o bzw. a sind italienisierende Endungen. Die Namen Pamin und Tamin sind ägyptisch als »der/die zu Min Gehörige« zu deuten. Der ägyptische Gott Min ist im übrigen für die virilen Aspekte der Fruchtbarkeit zuständig.

19 Wer mit Morenz annehmen will, daß Mozart und Schikaneder die Namen Tamino und Pamina tatsächlich aus dem Koptischen übernommen und das Geschlecht wegen des Anklangs von »Ta-min« an »Thamos« verwechselt haben, müßte seine Zuflucht zu folgendem Szenario nehmen: Schikaneder fragt Mozart, ob er sich nicht von einem des Koptischen mächtigen Logenbruder ein paar passende echt ägyptische Namen beschaffen könnte. Mozart fragt daraufhin den Orientalisten Joseph Anton von Bianchi, der ihm die Namen »Pa-min« und »Ta-min« anbietet. Das ist natürlich nicht ausgeschlossen, aber was macht ein Ägypter in einem »japonischen« Jagdgewand?

20 Monostatos bedeutet »der Alleinstehende« oder besser, »der allein Gestellte«; er ist in der Tat die einzige einsame Figur der Oper. H.-J. Irmen hat nachgewiesen, daß der Mohr in Mozarts Partitur stets mit »a«, also »Manostatos« geschrieben wird. Ausgehend von der Bedeutung des griechischen *manos*, die er als »schwach, schlaff« umschreibt, will Irmen das als Andeutung von Impotenz, vielleicht Eunuchentum verstehen (335-37). Allerdings fragt man sich, was dann »statos« heißen soll. *Manos* heißt nach Auskunft von Spezialwörterbüchern auch nicht »schlaff«, sondern »locker, porös, undicht, selten, schütter, spärlich«, lat. *rarus*. Manostatos hieße dann »der vereinzelt, nicht im engen Verbund mit anderen Stehende«, also ziemlich dasselbe wie »Monostatos«.

21 Papageno und Papagena sind vermutlich von Papagei abgeleitet, obwohl auch Karol Bergers Deutung als »zeugender Vater« (im Sinne von »Familiengründer«) viel für sich hat. Ihre Namen als »papstgezeugt« zu etymologisieren und mit dem Papsttum in Verbindung zu bringen (H. Perl) erscheint mir abwegig.

22 S. dazu auch Morenz, *Die Zauberflöte*, 45f.

23 Zitiert nach van den Berk, *The Magic Flute*, 176.

24 Vorwort zu seinen »Dekorationen auf den beiden königlichen Theatern unter der Generalintendantur des Herrn Grafen Brühl« (Berlin 1819), zitiert nach H. Schuler, *Vom Zauber der Zauberflöte*, 47. S. auch Christian Gries, »Es zeigen die Pforten, es zeigen die Säulen«. Allgemein zur Aufführungsgeschichte s. Rudolph Angermüller, *Mozart. Die Opern von der Uraufführung bis heute*, sowie der Ausstellungskatalog *Mozart. Klassik für die Gegenwart*, Hamburg 1978.

25 Frédéric Bastet, »Mozart in Pompeji«; M.F.M. van den Berk, *The Magic Flute*, 456f.; Siegfried Morenz, *Die Zauberflöte*, 41; Ignaz v. Born, »Die Mysterien der Aegyptier«, 101.

26 Siehe hierzu Florian Ebeling, *Das Geheimnis des Hermes Trismegistos*. An der Hochkonjunktur des Hermetismus hat nicht einmal Isaac Casaubons »Entlarvung« der hermetischen Texte als spätantiker Produkte im Jahre 1614 etwas Entscheidendes ändern können: Isaac Casaubon, *De rebus sacris*, 70ff. Siehe A. Grafton, »Protestant versus Prophet«.

27 Zur Rezeptionsgeschichte der ägyptischen Hieroglyphen und zur Begriffsgeschichte von »Hieroglyphe« s. Aleida und Jan Assmann (Hrsg.), *Hieroglyphen*.

28 Vgl. Ulrich Gaier, »Vielversprechende Hieroglyphen«.

29 Hier denke ich vor allem an Hermann Perl, *Der Fall Zauberflöte*, und M.F.M. van den Berk, *The Magic Flute*.

30 [Terrasson, Abbé Jean,] *Séthos* (1731). Abbé Terrasson war Professor für griechische Sprache am Collège de France und Herausgeber einer Diodor-Ausgabe. Sein Roman gibt sich als Veröffentlichung eines antiken Manuskripts mit gelehrten Anmerkungen des Herausgebers.

31 Die Bedeutung der Pyramiden, als Begräbnisstätten der Pharaonen oder als heilige Stätten, in denen die Priester ihre geheimen Riten durchführten, war im 18. Jahrhundert umstritten. Die Freimaurer waren natürlich von der Richtigkeit der zweiten Deutung überzeugt und stützten sich vor allem auf die Berichte über das Innere der Cheops-Pyramide, deren komplexe Architektur man sich mit der Funktion eines Grabmals nicht erklären konnte und die ihrer Ansicht nach zur Feier von Mysterien dienen mußte.

32 Claudius, *Geschichte des egyptischen Königs Sethos*, Breslau 1777, 145-148.

33 So lesen wir bei F. V. L. Plessing, um auch eine wissenschaftlich und nicht romanhaft gemeinte Beschreibung der ägyptischen Pyramiden zu Wort kommen zu lassen:

»Die ganze innere Bauart der Pyramiden, ihre vielen inwendigen Zimmer und Gallerien, alles dies zeigt, daß diese Gebäude zu ganz besonders wichtigen und heiligen Absichten errichtet worden. ...(anstatt zur Bestattung) dürfte alles dieses wohl eher zu dem Apparat bei den dramatischen Dekorationen gedient haben, welche in den Mysterien statt fanden; ... auch ist ein Brunnen (= Schacht) in der Pyramide, dessen schon die Alten gedacht, und durch den man vermuthlich von aussen her, unter der Erde, durch Syringen (=Gänge) in die Pyramide hat kommen können: wie denn sehr wahrscheinlich ist, daß diese Pyramide, mit mehreren Pyramiden, auch mit Tempeln, durch unterirdische Gänge in Kommunikation gestanden...

Alle diese Einrichtungen zeugen von ganz anderen Absichten als Todte darin zu begraben; in diesem Gebäude, ist alles so mysterieux und wunderbar: und was war wohl mysterieuser, als die egyptische Religion und Gottesdienst? Man rechne hiezu noch den Grundsaz der Egyptischen Priester, der sie recht bis zur Leidenschaft beseelte: ihre geheimern Lehren aufs äußerste vor dem Volk zu verbergen«. Friedrich Victor Leberecht Plessing, *Osiris und Sokrates*, 388-433, insbesondere 395-399.

34 Johann Heinrich Jung-Stilling, *Das Heimweh*, 457.

35 Lukian, *Philopseudes*, cap. 33.

36 »Sunt et syringes subterranei quidam et flexuosi secessus, quos, ut fertur, periti rituum vetustorum, adventare diluvium praescii, metuentesque ne caerimoniarum oblitteraretur memoria, penitus operosis digestos fodinis, per loca diversa struxerunt, et excisis parietibus, volucrum ferarumque genera multa sculpserunt et animalium species innumeras multas, quas hierographicas litteras appellarunt«, Ammianus Marcellinus XXII, 15.30 = Ammien Marcellin, 140.

37 *Journal für Freymaurer* 1, 43f.

38 [Anton Kreil], »Über die wissenschaftliche Maurerey«, JF 7, 1785, 49-78.

39 Anton Kreil, »Geschichte des pythagoräischen Bundes«, JF 5, 1785, 3-28.

40 Anton Kreil, »Geschichte der Neuplatoniker«, JF 6, 1785, 5-51.

41 Anton Kreil, »Ueber die eleusinischen Mysterien«, JF 10, 1786, 5-42.

42 Irmen, *Protokolle*, 271 Nr. 374 vom 16.4.1785 und 272 Nr. 376 vom 22.4.1785. Irmen und Alexander Giese, der Herausgeber des Neudrucks des Journals für Freimaurer, schreiben die Rede Ignaz v. Born zu »anläßlich einer Meistererhebung« (Irmen, 26), Giese setzt sogar noch hinzu: »Worte eines Sarastro« (71).

43 Die Rede paßt hervorragend an diese Stelle, weil sie auf die Kritik des Geheimnisbegriffs antwortet, die Reinhold in der Sitzung vom 11.4. durch v. Born hatte vortragen lassen und die vor ihm schon durch Born und Michaeler vorgebracht worden war.

44 Bei der Schwarzmeerkatastrophe handelt es sich um den Durchbruch der Dardanellen, der nach neueren Berechnungen im 7. Jt. v. Chr. stattfand, wobei sich das Wasser des Mittelmeers in das 70 Meter unter Meeresspiegel liegende Schwarze Meer ergoß und weite Uferbereiche überflutete, s. hierzu Harald Haarmann, *Geschichte der Sintflut*. Die Schwarzmeerkatastrophe gilt als eine sensationelle Entdeckung der späten 90er Jahre des 20. Jhs. Das kann im Hinblick auf Kreils Text nicht stimmen; es hat offensichtlich antike Überlieferungen gegeben. Neu ist lediglich der naturwissenschaftliche Nachweis.

45 Kreil zitiert aus [Corneille] de P[auw], *Philosophische Untersuchungen über die Aegypter und Chinesen (Recherches philosophiques sur les Egyptiens et les Chinois)*, deutsche Ausgabe Berlin 1774, Bd. II, 55.

46 Bd. II, 56.

47 Constanze schickte 1800 »einen Aufsaz, grösstentheils in der handschrift meines Mannes, von einem Orden oder Geselschaft die er einrichten wollte: Grotta genannt« an den Musikverlag Breitkopf und Härtel, der leider verlorengegangen ist. Die beiden diesbezüglichen Briefe Constanzes an den Verlag Breitkopf und Härtel datieren vom 27.11.1799 und 21.7.1800, s. Wilhelm A. Bauer und Otto Erich Deutsch (Hg.), *Wolfgang Amadeus Mozart, Briefe und Aufzeichnungen IV*, Kassel 1963, Nr. 1269 Z. 57ff. S. 299f. und Nr. 1301 Z. 5-9 S. 360. Vgl. Strebel, *Der Freimaurer Wolfgang Amadé Mozart* 73. Irmen, *Mozart, Mitglied geheimer Gesellschaften*, 17f.; Perl, *Fall »Zauberflöte«*, 153f.; Braunbehrens, *Mozart in Wien*, 269-70.

48 Manfred Schneider, »Liturgien der Erinnerung«; Aleida Assmann, *Erinnerungsräume*, 352f.

49 Schneider, 676f.

50 Diese Akademie sollte nach Terrasson von Menes selbst, dem mythischen Gründer des ägyptischen Staates, aufgrund göttlicher Unterweisung eingerichtet worden sein. Nach seinem Tode wurde die Akademie von seinen Söhnen weitergeführt. Asclepius gründete in Memphis eine medizinische und Mercurius (=Hermes Trismegistus) in Theben eine naturphilosophische Schule. Galen soll diese Tradition in Griechenland gepflegt haben. Mit diesen wissenschaftsgeschichtlichen Konstruktionen bewegt sich Terrasson, wie D. Koenigsberger gezeigt hat, in einer letztlich paracelsistischen Tradition, die, über eine Reihe vielgelesener Handbücher des 17. Jahrhunderts vermittelt, auch im 18. Jahrhundert und ganz besonders in den Kreisen der Wiener Freimaurerei noch präsent war (Koenigsberger, »A New Metaphor«, 246f.).

51 Bd. II, 56.

52 *Crata Repoa* 4.

53 *The strange solemnity of the place must strike everyone, that enters it, with a religious horror; and is the most proper to work you up into that frame of mind, in which you will receive, with the most awful reverence and assent, whatever the priest, who attends you, is pleased to reveal...*

Towards the farther end of the cave, or within the innermost recess of some prodigious caverns, that run beyond it, you hear, as it were a great way off, a noise resembling the distant roarings of the sea, and sometimes like the fall of waters, dashing against rocks with great impetuosity. The noise is supposed to be so stunning and frightful, if you approach it, that few, they say, are inquisitive enough, into those mysterious sportings of nature...

Surrounded with these pillars of lamps are each of those venerable columns, which I am now to speak of, inscribed with the hieroglyphical letters with the primeval mysteries of the Egyptian learning... From these pillars, and the sacred books, they maintain, that all the philosophy and learning of the world has been derived.

Anonymus, Athenian letters, Bd. I, 95-100 (Brief XXV des Orsames, von Theben).

54 S. hierzu mit vielen hochinteressanten Details Hermann Perl, *Der Fall Zauberflöte*, 137-156. Zur Verbindung von Freimaurerei und Gartenarchitektur siehe insbesondere Magnus Olausson, »Freemasonry, Occultism and the Picturesque Garden«.

55 Brief Mozarts an den Vater vom 13.7.1781: »... das ist eine Stunde weit von Wienn, wo ich schreibe, es heißt Reisenberg. ich war schon einmal über nacht hier und jetzt bleibe ich etliche Tage. Das häuschen ist nichts, aber die Gegend, der Wald, worinn er (Graf Cobenzl) eine Grotte gebauet, als wenn sie von Natur wäre, das ist Prächtig und sehr angenehm ..« (nach Guy Wagner, *Bruder Mozart*, 161, bzw. Hajós, *Romantische Gärten der Aufklärung*, 159). Graf Zinzendorf schreibt über die Grotte in seinem Tagebuch am 2.5. 1781: »Eine geräumige Grotte, sehr hoch, mit Mauerwerk, Stücke von Bergkristall und einem tiefen Wasserbassin« (nach Hajós, 155).

56 Zitiert nach Hajós, *Romantische Gärten der Aufklärung*, 158f.

57 »un chef-d'oeuvre de construction. Elle est grande, simple, élevée et majestueuse. Une eau supérieure, qui vient de la vallée supérieure, où le même petit chemin suit des petites cascades, où l'on ne voit clair qu'au bout de quelque minutes; de là on passe, après la courte et petite fatigue, d'un ravin à monter et déscendre, à la fontaine de Narcisse: et l'on retrouve à tout moment, par des ouvertures naturelles et etroites, Vienne, le Danube, etc.«; zitiert nach Géza Hajós, *Romantische Gärten*, 160.

58 Hajós, *Romantische Gärten*, Abb. 56.

59 Hajós, *Romantische Gärten*, Abb. 15 und 16. Auf Abb. 15 erkennt man drei Statuen, vermutlich Osiris (in der linken Nische), Horus und Isis. Auf Abb. 16 ist eine weibliche Figur zu erkennen, die Isis, aber auch jede andere Göttin darstellen könnte.

60 Zitiert nach Géza Hajós, 53, und *Zaubertöne*, 325.

61 Hajós, *Romantische Gärten*, 47-51, mit Abb. 20.

62 Géza Hajós, *Romantische Gärten*, Abb. 5, S. 21.

63 Von einem vergleichbaren romantischen Historismus war bereits der Blick inspiriert, den die griechisch-römische Antike auf das alte Ägypten warf. Auf diesen Quellen basierte ja auch das Ägyptenbild des Abendlandes. In seinem schönen Buch über die *Zauberflöte* spricht der Ägyptologe Siegfried Morenz ganz selbstverständlich und ohne diesen Begriff näher zu erläutern von der antiken »Ägypten-Romantik« und meint damit die Beschäftigung der Griechen und Römer mit der altägyptischen Kultur. Der Ausdruck scheint glücklich gewählt und vermag die von Morenz erhobenen Befunde sehr viel angemessener zu charakterisieren als die üblichen Begriffe einer antiken Ägyptomanie oder auch Ägyptologie. Denn es geht um ein zwar von Faszination inspiriertes, aber nicht »manisches«, d.h. in kritiklose Schwärmerei auferndes Ägypteninteresse und um eine detaillierte, aber nicht unbedingt gelehrte, wissenschaftlichen Maßstäben verpflichtete Form der Darstellung, die ihren typischsten Ausdruck in Romanen findet wie dem *Golden Esel* des Apuleius von Madauros und den *Aithiopika* des Heliodor sowie in den anekdotenreichen, romanhaft ausgeschmückten Ägyptenbüchern des Herodot und Diodor. Dieses »Romanhafte« ist wohl gemeint, wenn Morenz von »Romantik« spricht, aber wohl auch noch etwas mehr. Denn der Begriff paßt nicht nur auf die Romane und die ihnen verwandten sonstigen antiken Texte über Ägypten, sondern auch auf ägyptisierende Bildwerke der Antike, besonders die Nilmosaiken der pompejanischen und spätantiken Kunst sowie auf »Installationen« wie das »Tal des Kanopus« in der Villa Tiburtina des Kaisers Hadrian und bezieht sich auf Elemente der Sehnsucht und Verklärung in der Vergegenwärtigung einer zugleich exotischen und paradiesischen Gegend.

Morenz geht es darum, einen doppelten Zusammenhang aufzuzeigen zwischen der antiken »Ägypten-Romantik« und der Ägypten-Schwärmerei der Freimaurer, und insbesondere der Wiener Loge *Zur Wahren Eintracht*, in deren Umkreis die *Zauberflöte* entstanden ist, doppelt in dem Sinne, daß er einmal äußerlich zu erklären ist, über das Studium antiker Quellen, und zum anderen inhaltlich, als

Wahlverwandtschaft zweier Epochen und Strömungen, in denen es um hohe menschheitliche Ideale ging sowie um die Verbindung von Rationalismus und Mystizismus oder Intellektualismus und Spiritualismus. Daher spricht er im Untertitel seiner Studie von dem »Lebenszusammenhang Ägypten – Antike – Abendland«: Der Ausdruck »Lebenszusammenhang« soll verdeutlichen, daß es hier um mehr geht als um gelehrte Tradition oder modische Schwärmerei, auch wenn Morenz diese Tiefendimension nicht näher benennen, sondern nur in einer Fülle meist biologischer Metaphern umschreiben kann. Ich meine, daß Morenz hier etwas sehr Richtiges gesehen hat. Der Ausdruck »Lebenszusammenhang« bezieht sich auf die lebendige Gegenwart der Antike, die »Nachbaubarkeit« ihrer Formen und Nachvollziehbarkeit ihrer Lebensvollzüge, insbesondere ihrer Mysterien, von der nicht nur die Freimaurer durchdrungen sind, sondern die zuerst in der Renaissance und dann wieder im Klassizismus den allgemeinen Zeitgeist des Abendlands prägte. Für diese Form des Vergangenheitsbezugs hat sich inzwischen der Begriff des »kulturellen Gedächtnisses« eingebürgert. Damit ist der Bezug auf eine Vergangenheit gemeint, die man sich als die eigene zurechnet und in diesem Sinne »erinnert« und verkörpert, im Unterschied zu einer rein antiquarischen Erforschung der Vergangenheit um ihrer selbst willen.

64 *Bibl. Hist.* I, 96-97.
65 S. hierzu Reinhold Merkelbach, *Isis regina – Zeus Sarapis*, 232f.
66 Christian Tietze, *Die Pyramide*, 124.
67 Dorothy Koenigsberger, »A New Metaphor«, 242f.
68 Plutarch, *De Iside et Osiride*, Kap.9 (354C), ed. J.Gw. Griffiths, 130f., 283f.
69 Vgl. Horst Bredekamp, Wolfram Janzer, *Vicino Orsini*.
70 E. Staehelin, »Motiv der Pyramiden«, 121f.
71 D. R. Coffin, *The Villa d'Este at Tivoli*.
72 Siehe hierzu Pierre Hadot, *Le voile d'Isis*.
73 »Fu« oder »Fo« ist im 18. Jahrhundert die Bezeichnung für Buddha.
74 Vera F. Vanderlip, *Hymns of Isidorus*, 18f.; Etienne Bernand, *Inscriptions métriques*, Nr. 175, 632ff.; Maria Totti, *Ausgewählte Texte*, 76-82; Françoise Dunand, »Le syncrétisme isiaque«.
75 Die Inschrift aus dem 1. oder 2. Jahrhundert n.Chr. lautet vollständig: *Te tibi, una quae es omnia, dea Isis, Arrius Balbinus v(oti) c(ompos)* »Arrius Balbinus widmet dich (d.h. dein Standbild) dir, Göttin Isis, die du als die Eine (auch zugleich) Alles bist, denn mein Wunsch ist erfüllt«, nach Reinhold Merkelbach, *Isis Regina – Zeus Sarapis*, 98.
76 Philippus-Evangelium §67, M. Krause, *Die Gnosis* II, 108.
77 Pierre Hadot, *Le voile d'Isis*.
78 Die Fußnote verweist pauschal auf Plutarch, *De Iside et Osiride*. Gemeint ist die berühmte Stelle über »das verschleierte Bild zu Sais«.
79 S. hierzu mein Buch *Moses der Ägypter*, Kapitel 5; C. L. Reinhold, *Die hebräischen Mysterien*, Neuausgabe Neckargemünd 2001. Darin ist auch der Essay von Schiller, »Die Sendung Moses« abgedruckt.

Drittes Kapitel

1 Brieflich (26.12.2004).
2 Karl Pestalozzi, *Das Libretto der Zauberflöte*.
3 *Mozart*, 398.
4 Auf den Zusammenhang von »Arbeit« und »Freiheit« macht auch Knepler aufmerksam, der auf einschlägige Passagen in Georg Forsters Berichten seiner Reise in das revolutionäre Paris verweist und vermutet, daß sich Mozart und Forster 1790 in Mainz begegnet sind. Ägypten galt in der damaligen Literatur als Paradigma eines gut regierten Staates aufgrund seiner hochstehenden Baukunst, vgl. z.B. Friedrich Victor Leberecht Plessing, *Osiris und Sokrates*, 241 – 256 (Auszüge): »Ganz Egypten war voll von Kunstwerken und Gebäuden, zu deren Erbauung fast eben so viele tausende von Menschen-Händen nöthig gewesen, als zu der von der großen Pyramide: und wie viele andre großen Pyramiden waren nicht noch? Wie viele Obelisken? Die Seele geräth in Staunen, wenn sie den Geist der alten Egypter betrachtet, die in der Aufführung ihrer vielen Kunstwerke und Gebäude eine fast wunderthätige Allmacht verrathen …

In einem Lande, wo Despotismus regieret, herrscht Armuth und Elend: da ist Mangel an Einwohnern; die Menschen sind faul und sinken in gänzliche Unthätigkeit herab. … Die Felder liegen unbebaut, der Geist der Thätigkeit ist erschlafft …

Nun frage ich, was müsste Egypten geworden seyn, wenn es, wie gewöhnlich geglaubt wird, unumschränkte Könige und Tyrannen beherrscht, und sie mit schweren Abgaben und Frohndiensten, zu Aufführung der fast unzähligen prächtigen Gebäude daselbst, gedrükt hätten? Müßte sich dieses Land nicht in eine Wüste verwandelt haben? …

Wo nicht Freiheit herrscht und Eigenthum ist, da geht die Schöpfung ins Nichts zurük. Allein nun wissen wir, wie volkreich das alte Egypten … war: Ueberfluß herrschte und die Künste und Wissenschaften blühten …

Müssen wir nicht … annehmen, daß Egypten ehemals das glüklichste Land gewesen, wo die beste Regierungsform stattgefunden, wo Freiheit geherrscht, wo die gesittetsten und besten Menschen gelebt, und wo Künste und Wissenschaften geblüht haben? … Keine Wirkung kann ohne ihre Ursach erfolgen: müssen wir den Egyptern ihre Weisheit und Tugend, ihre guten Gesezze, ihre glükliche Regierungsform, ihre Kultur in Künsten und Wissenschaften ableugnen, so müssen wir auch … den Denkmälern … unsern Glauben versagen«, vgl. auch S. 18ff. Ignaz v. Born entwickelt ähnliche Überlegungen in »Die Mysterien der Aegyptier«, s. bes. 42-45.

5 Die Rolle des »alten Priesters« wird in der Bühnenpraxis regelmäßig mit dem »Sprecher« besetzt, weshalb die Szene auch als »Sprecherszene« bezeichnet wird. S. Dieckmann, *Die Zauberflöte*, 353.
6 S. hierzu Christoph Wolff, »O ew'ge Nacht! Wann wirst zu [sic] schwinden?«.

7 Der Zusatz »a tempo« läßt vermuten, daß das Tempo vor dem Wechsel zu Adagio ebenfalls Andante gewesen sein muß.
8 Genauer einem »verminderten Dominant-Septnonakkord mit ausgelassenem Grundton«. In der Harmonielehre wird der Akkord abgekürzt als »verminderter Septakkord« bezeichnet, s. z.B. Arnold Schönberg, *Harmonielehre*, 214f., oder *Brockhaus Riemann Musiklexikon* Bd. 3, 214. Ich will versuchen, diesen Akkord möglichst schlicht zu erklären. Denken wir uns anstelle des hier herrschenden b-Moll ein c-Moll, und bauen wir auf dem G im Baß einen Septakkord auf: G- H-d-f. Fügen wir nun das a hinzu, erhalten wir einen Septnon- oder Nonenakkord. Durch Verminderung des a in as wird aus einem großen Septnonakkord ein kleiner. Nun nehmen wir das G im Baß weg und bauen den Akkord auf der Terz, dem h auf. Jetzt besteht er aus lauter kleinen Terzen, die die Oktave in gleiche Intervalle gliedern: H-d-f-as-h usw. Das Besondere dieses Akkords liegt einmal in seiner »Bodenlosigkeit« und zum anderen in seiner unerlösten Sehnsucht nach Auflösung. Hier steht der Akkord auf dem A im Baß als der Terz zum fehlenden Grundton F (der Dominante F-Dur zu b-Moll). Weiter oben kam dieser Akkord zu dem Wort »Sitz (der Götter« vor, dort auf b, der verminderten Quinte zum (fehlenden) Grundton e. Allerdings läßt sich die Beziehung auf einen fehlenden Grundton nicht immer oder vielmehr: eher selten zweifelsfrei durchführen. Mit der fehlenden Prim beginnt der Akkord gleichsam zu schweben. Gerade darin besteht sein Reiz. Schönberg ordnet dem Akkord *h-d-f-as* bzw. *d-f-as-h* usw. nicht weniger als 44 Bedeutungen zu (216f.). Daher nennt er solche Akkorde »vagierend«. »Sieht man einmal davon ab, die Abstammung dieser Akkorde erklären zu wollen, dann wird ihre Wirkung viel klarer. Man begreift dann, daß solche Akkorde (...) es nicht unbedingt nötig haben, gerade in der Funktion aufzutreten, die sie ihrer Abstammung nach haben müssen, da das Klima ihrer Heimat auf ihren Charakter keinen Einfluß hat.« Das »Heimatklima« wäre für den auf h aufgebauten verminderten Septakkord G und damit die Dominantfunktion zu C-Dur oder c-Moll. Gerade diese klaren Beziehungen werden im verminderten Septakkord und anderen vagierenden Akkorden suspendiert (284f., mit Beispielen für verschiedenste Auflösungsmöglichkeiten ein und desselben verminderten Septakkords bei Wagner). Mozart allerdings verwendet diesen Akkord ganz anders als bei Schönberg beschrieben (»zur Beförderung der Glätte von Verbindungen, die sonst leicht hart klingen«, 217), sondern als »Pathosformel«, als schmerzvollen Sprung aus dem klar determinierten tonalen System heraus, also gerade nicht als Übergang, sondern als Bruch. Seine Bedeutung bei Mozart als Ausdruck von Schmerz und Verzweiflung ergibt sich überdies klar aus den textlichen Bezügen. In Cherubins Arie »Voi che sapete« in *Figaros Hochzeit* erklingt er auf dem Wort »languir«, im Terzettino Nr. 10 in *Così fan tutte* auf dem Wort »desir«, in *Don Giovanni* z.B. in dem Duett Donna Anna/Don Ottavio im I. Akt auf die Worte »Lascia, o cara, le rimmerenze amere«. Es gibt ein Lied von Franz Schubert, das von Anfang bis Ende auf dem immer wiederkehrenden verminderten Septakkord (über dem tremolierenden C im Baß erklingt oben der auf- und

abwärts arpeggierte Akkord a'-c"-dis"-fis"-a"') aufgebaut ist: »Die Stadt«, Nr. 11 aus dem Zyklus »Schwanengesang«, auf einen Text (»Am fernen Horizonte erscheint ein Nebelbild...«), der das Vage, allen möglichen Auflösungen Offenstehende dieses »vagierenden Akkords« trefflich zum Ausdruck bringt.

9 Auf »bewiesen« verweilen die Streicher wieder auf einem verminderten Septakkord (auf Fis, der Terz zu D, dem fehlenden Grundton) zum Ausdruck des Grams und Jammers.

10 Das Motiv des Menschenopfers stammt vermutlich aus der Oper *Das Sonnenfest der Braminen* von Mozarts Logenbruder K.F. Hensler und Wenzel Müller (1790), sowie vielleicht auch aus den *Aithiopika* des Heliodor, einer der antiken Quellenschriften der *Zauberflöte*. Der schon mehrfach zitierte Plessing entwickelt in seinem Buch *Osiris und Sokrates* allerdings die Theorie, daß die Menschenopfer ursprünglich in allen Religionen mit Ausnahme der ägyptischen verbreitet waren »und nur in den aufgeklärtern Zeiten – doch mit vieler Mühe – wieder abgeschaft« wurden (Plessing, 345-359).

11 Bei den Worten »zu sagen« führt der Priester den Septakkord über dem H im Baß auf das c, steigert ihn also zu einem dissonanten und bei Mozart seltenen kleinen Nonakkord.

12 Diesen Bezug hebt auch Chr. Wolff hervor: »O ew'ge Nacht«, 246 mit Notenbeispiel 141.

13 Hans Swarowski ist der Meinung, daß diese nur als solche wirken, wenn das Rezitativ nicht mit den üblichen rezitatorischen Freiheiten, sondern streng im Takt gesungen wird: »Das Rezitativ zwischen Tamino und Sprecher ist von Anfang bis zum Ende genau im Takt und haargenau im notierten Rhythmus zu singen. Dann, und nur dann wird es frei wirken, denn Freiheit ist nicht die armselige des Interpreten, Freiheit muß im Eindruck der Musik auf den Hörer beschlossen sein«, zit. nach Willaschek, *Mozart-Theater,* 328. Man könnte sagen, daß Mozart hier die rezitatorischen Freiheiten mit seinen Tempowechseln ein Stück weit auskomponiert hat, aber gewiß nicht, um sie einzuschränken.

14 Jörg Krämer, *Deutschsprachiges Musiktheater,* 587, mit Verweis auf Wolff, »O ew'ge Nacht«.

15 Zur Bruchtheorie s. das Referat bei Günter Meinhold, *Zauberflöte und Zauberflöten-Rezeption,* 51-57. Eine interessantere Variante der Bruchtheorie wird von Brigid Brophy, *Mozart the Dramatist,* 131-209, vertreten. Sie beruht nicht auf der Seyfriedschen Anekdote, sondern auf der Annahme, daß die Autoren aus ideologischen Gründen von einem profeministischen Mythos, in dem die Königin der Nacht als Isis-Demeter erscheint, auf einen antifeministischen Mythos im Sinne der herrschenden freimaurerischen Misogynie umgeschwenkt seien. Aber auch diese Theorie wird aufgrund des Handschriftenbefunds hinfällig.

16 So gehört etwa Sarastros Arie mit Chor »O Isis und Osiris« zur allerersten Kompositionsphase. Vgl. Karl Heinz Köhler, *Das Zauberflötenwunder,* 22ff. Damit ist die Bruchtheorie aus rein äußeren Indizien erledigt. Auf die Ergebnisse von Köhlers Untersuchung gehe ich im achten Kapitel näher ein.

17 Dieter Borchmeyer, »Mozarts rasende Weiber«, 202f., bzw. *Mozart oder Die Entdeckung der Liebe*, 129f., meint, daß die Königin der Nacht »in keinem Moment das Recht und die Sympathie auf ihrer Seite hat«; das würde ich bezweifeln: der Zuschauer erlebt die Handlung allein aus Taminos Perspektive und fällt genau wie dieser zunächst einmal auf die Darstellung herein, die die Königin der Nacht der Geschichte gibt. Anders wäre auch gar nicht zu erklären, wieso die »Bruchtheorie« aufkommen und sich bis heute mit solcher Hartnäckigkeit halten konnte.

18 Attila Csampai, »Das Geheimnis der Zauberflöte«, s. dazu die treffenden Bemerkungen von Borchmeyer, a.a.O., 203 bzw. 130. Vgl. auch Jules Speller, *Mozarts Zauberflöte* – ein besonders extremes Beispiel des interpretatorischen Furors, den die *Zauberflöte* seit eh und je provoziert. Auch Wolfgang Willaschek tendiert, freilich auf einem unvergleichlich höheren Niveau der Beobachtung und Analyse, zu einer Positivierung der Königin der Nacht auch im II. Teil und einer entsprechenden Negativierung Sarastros und seiner Sphäre.

19 Ivan Nagel, *Autonomie und Gnade*, 77-78.

20 Karl Pestalozzi, *Das Libretto der Zauberflöte*, 14. Auch Dorothy Koenigsberger betont, daß die Oper dem Publikum ähnliche Erfahrungen vermitteln wollte, wie sie Tamino bei seiner Initiation durchmachen mußte (»A New Metaphor«, 266).

21 »A New Metaphor«, 266.

22 Vgl. Jörg Krämer, *Deutschsprachiges Musiktheater*, 586 Anm. 166.

23 Die Besänftigung der Tiere ist ein Motiv, das nicht nur aus dem Orpheus-Mythos, sondern auch durch die Vorlage *Lulu oder die Zauberflöte* in die Oper geraten ist. Als Lulu die Flöte ausprobiert, versammeln sich »die Vögel des ganzen Tals« um ihn, Rehe und Gazellen »kamen aus den nahen Wäldern herbei, gafften ihn an und reckten ihm die Ohren so freundlich hin, als ob sie den Sinn des Gesanges begriffen« (A. J. Liebeskind, *Lulu oder die Zauberflöte*, 15).

24 Der Tanz der Sklaven zur Musik des Glockenspiels löste beim Publikum solche Begeisterung aus, daß er in den von Mozart besuchten Aufführungen regelmäßig wiederholt werden mußte (Brief an Constanze vom 7./8. 10. 91).

25 Schikaneders Libretto sieht hier als erste Zeile noch ein triumphierendes Spottgelächter vor, das Mozart in seiner Vertonung gestrichen hat: »Ha ha ha! Ha ha ha!« In der Tat paßt es nicht zum Geist der *ad spectatores* gesungenen Belehrung.

26 Musikalisch handelt es sich um eine fast wörtliche Aufnahme des 1. Chors aus *Thamos* »Erhöre die Wünsche, die Wünsche erhöre!«, s. Marius Flothuis, »Die Zauberflöte. Vorstufen und Werkbetrachtung«, 130, was interessant ist, weil sich ja auch die Texte in der grammatischen Struktur (Verb – Nomen, Nomen – Verb) entsprechen.

27 Libretto: »Die Wahrheit! Sey sie auch Verbrechen.«

28 Nach F. Dieckmann, *Die Zauberflöte*, 55.

29 *Mozart,* II, 659. Obwohl H. Abert die »Wehmut« dieser Stelle so treffend erfaßt, will er doch nichts davon wissen, »daß Sarastro Liebe für Pamina fühlt«. Seiner Meinung nach ist »das durch nichts bewiesen und liegt dem Geiste der Oper völlig fern« (II, 659 Anm. 2).

30 Der Harmoniegang ist als B-Dur − G̶e̶s̶ $\overset{9>}{7>}$ − G $\overset{9>}{7>}$ − f-Moll zu analysieren. Die Baßstimme beschreibt einen chromatischen Terzaufstieg von A nach c.

31 Ähnlich hat Mozart in der Arie der Königin der Nacht die Worte »durch sie ging all mein Glück verloren« und »ich mußte sie mir rauben sehen« durch (in den Bläsern) unisono und in Oktaven geführte Begleitstimmen hervorgehoben.

32 Heinz-Josef Irmen, der diesen Takten eine sehr eingehende Analyse gewidmet hat, schreibt dazu: »Wenn Musik etwas über Liebessehnsucht und Verzicht eines Menschen aussagen kann, so spricht sie es hier aus. Kein Zweifel − Sarastro liebt Pamina und weiß, daß er auf sie verzichten muß« (*Mozart, Mitglied geheimer Gesellschaften*, 334).

33 Diesem Mißverständnis ist etwa Attila Csampai aufgesessen, s. den Abschnitt »Der verliebte Despot«, 32f.; dagegen Borchmeyer, *Mozarts rasende Weiber*, 209, oder *Mozart*, 138, mit Verweis auf Herbert Zeman, »Aber ich hörte viel von Pamina, viel von Tamino««. Zeman und Borchmeyer wiederum wollen von Sarastros Liebe zu Pamina nichts wissen. Auch Willaschek geht davon aus, daß Sarastro »zutiefst befangen ist, da er Pamina liebt − Mozart machte die im Text angelegte Vermutung zur Gewißheit − und sicherlich gerne die Rolle Taminos einnehmen würde, wäre ihm dies nicht durch Staatsräson untersagt« (302). Willaschek entwickelt auf S. 302f. ein interessantes, aber viel zu weit gehendes Psychogramm Sarastros als »höchst brisante und moderne Figur zwischen Religionsstifter, Realpolitiker und Sektenführer, ein Mann in der Lebenskrise, dem eine besondere Ausstrahlung zu eigen ist«. Siehe zu dieser Szene auch S. 331f. Weitere Beiträge zu dieser Diskussion referiert Meinhold, 118f.

34 Die Figur − Oktavaufstieg von der Unterquart, Sextabgang in Sekundschritten bis zum Subsemitonium wirkt wie eine Steigerung des Liebesmotivs Sextaufstieg − Sext- oder Septabgang in Sekundschritten.

35 Für Willaschek verkörpert Monostatos Sarastros eigenes verdrängtes Triebleben. »Mit der öffentlichen Abstrafung des Mohren statuiert Sarastro ein bedenkliches Exempel: der oberste Bürger als Tugend- und Sittenrichter« (303).

36 »den großen« ist eindeutig ein Fehler.

Viertes Kapitel

1 Zu Mozart als Freimaurer siehe H. C. Robbins Landon, *Mozart and the Masons*; Heinz Schuler, *Mozart und die Freimaurerei*; Gunilla-Friederike Budde, »Denn unsere Bruderliebe soll ihn leiten««; Walther Brauneis, bes. »Die Wiener Freimaurerei unter Leopold II.«; ders., »Mozart und Cagliostro«, sowie die schönen Kapitel »Mozart von der Wohltätigkeit« in Georg Knepler, *Mozart*, 184-204, »Mozart und die Freimaurerei« in V. Braunbehrens, *Mozart in Wien*, 243-285, und »Freemasonry« in Maynard Solomon, *Mozart*, 321-335. Weiter in Richtung einer Ausdeutung der *Zauberflöte* aus dem Geist der Freimaurerei gehen die Bücher von

Paul Nettl, Jacques Chailley, Philippe Autexier, Harald Strebel, Guy Wagner, Heinz-Josef Irmen und Hermann Perl.

2 Franz Gräffer, *Josefinische Curiosa* I, 110, zitiert nach H. Reinalter (Hg.), *Freimaurer und Geheimbünde*, 39f.

3 Guy Wagner, *Bruder Mozart*, 27.

4 Der Text des Handbillets z.B. bei Braunbehrens, 260f.

5 Zu den Denunzianten gehörten vor allem ehemalige Freimaurer wie Leopold Alois Hoffmann (*Zur Wohltätigkeit*) und Polizeiminister Franz Graf Saurau (*Zur Wahren Eintracht*). Ein Memorandum des Polizeichefs Graf Pergen von 1791 konstruiert Beziehungen der Freimaurerei zum Abfall der amerikanischen Kolonien und zur Französischen Revolution, s. Braunbehrens, 272f.

6 Helmut Seel, *Otto Freiherr von Gemmingen*. Gemmingens Programm geht schon aus der Bezeichnung der von ihm gegründeten Loge hervor. Hier ging es um öffentliche Umsetzung freimaurerischer Ideale, nichts anderes heißt »Wohltätigkeit« im freimaurerischen Verständnis. Auch das Kunstwerk, und vor allem ein Kunstwerk von der Strahlkraft der *Zauberflöte*, ist eine Form öffentlicher Umsetzung.

7 Norbert Schindler, »Der Geheimbund der Illuminaten«; R. van Dülmen, *Der Geheimbund der Illuminaten*; Rosenstrauch-Königsberg, *Freimaurerei im josephinischen Wien*.

8 Horst Möller, »Die Bruderschaft der Gold- und Rosenkreuzer«. M.F.M. van den Berk und Heinz-Josef Irmen wollen die *Zauberflöte* speziell in diesem Milieu verankern. Siehe dagegen (mit Recht) Helmut Perl.

9 David Katz, »Der Orden der Asiatischen Brüder«.

10 Sigrid von Moisy, »Von der Aufklärung zur Romantik«, 65.

11 Mozart, Brief vom 24.3.1781, s. Braunbehrens, 257.

12 H.-J.Irmen, *Mozart, Mitglied geheimer Gesellschaften*, 67-76.

13 Edwin Zellwecker, *Das Urbild des Sarastro*. Die Analogien sind jedoch eher »konstellativ«: v. Borns Frau Magdalena, geb. v. Montag, wurde von Georg Forster gern als »Lady Macbeth« bezeichnet, was gut zur Königin der Nacht zu passen scheint. Seine vielumschwärmte Tochter Mimi wäre ein bezauberndes Vorbild der Pamina, ihr junger Gemahl, der Patriziersohn Thomas Graf Bassegli aus Ragusa (Dubrovnik) mag als Tamino durchgehen. Der Freund und Vertraute Angelo Soliman entspricht wenigstens seiner Hautfarbe nach dem Monostatos. Aber das alles liegt zur Entstehungszeit der *Zauberflöte* schon Jahre zurück, und Schikaneder war mit diesem Kreis ohnehin kaum vertraut. Zu Ignaz von Born s. auch Dolf Lindner, *Ignaz von Born*, der sich energisch gegen Zellweckers Deutung des Sarastro wendet (224). Zu Angelo Soliman s. Rüdiger Wolf, »Angelo Soliman – der hochfürstliche Mohr«.

14 Rede zur Tempelweihe am 7. Februar 1783, nach Irmen, *Mozart, Mitglied geheimer Gesellschaften*, 57f.

15 S. 219

16 Ein sehr schönes und treffendes Porträt Ignaz von Borns zeichnet Georg Knepler, *Mozart*, 174-182.

17 S. oben, 100

18 Gemmingen, der Mozart in die Loge gebracht hat, war als Autor verschiedener dramatischer Werke und einer »Mannheimer Dramaturgie« selbst Künstler und sah in der Kunst ein Medium der »Wohltätigkeit«.

19 Am 2. August 1786 schreibt Born an Münter: »Die Sachen haben sich bey uns sehr geändert. Ich bin fest entschlossen, die ganze M[aurerey] aufzugeben. Sonnenfels ist zum Verräter des O (Illuminatenordens) geworden« (E. Rosenstrauch-Königsberg, *Freimaurer, Illuminat, Weltbürger*, 76). V. Born ist offenbar ausgetreten, weil sich der innere Kreis der Illuminaten, der in der *Wahren Eintracht* ein Asyl gefunden hatte, im größeren Rahmen der zwangsvereinigten Logen nicht aufrechterhalten ließ. Sonnenfels, der lebenslange Freund, mit dem es darüber zum Zerwürfnis kam, scheint sich mit den neuen Verhältnissen arrangiert zu haben.

20 S. oben Kap. 2, Anm. 47.

21 Interessante Informationen zu J.A.Starck finden sich auf der Website http://www.ordo-ab-chao.org/~ordo/Pages/ab_starck.html.

22 *Journal für Freymaurer* 1, 1-15.

23 Der zweite Teil wurde am 2.12. und der dritte am 6.1. 1783 vorgetragen.

24 Der zweite Teil der Arbeit von A. v. Scharf über die Kabbala der Hebräer blieb unausgeführt, die Arbeit daher leider ungedruckt.

25 *Journal für Freymaurer* 1, 135-164.

26 »Religiöse F.« ist also ein negativ besetzter Begriff. S. dazu Lindert, *Aufklärung und Heilserwartung*, 209 mit Anm. 53, der nach Reinhold, *Journal für Freymaurer* 11, 94-97, die »Strikte Observanz«, das »Klerikat« des Johann August Starck und die Rosenkreuzer als Beispiele »religiöser Freimaurerei« benennt.

27 Ignaz von Born, »Mysterien der Aegyptier«.

28 Karl Josef Michaeler, »Analogie zwischen dem Christenthume«.

29 Joseph Anton von Bianchi, »Magie der alten Perser«.

30 Ignaz von Born, »Mysterien der Indier«.

31 Anton Kreil, »Geschichte des pythagoräischen Bundes«.

32 Karl Haidinger, »Über die Magie«.

33 Nicht im *Journal für Freymaurer* abgedruckt (ein interessantes Zeugnis für die von I. v. Born ausgeübte Zensur!), 1797 als Monographie erschienen.

34 Carl Leonhard Reinhold, »Ueber die kabirischen Mysterien«.

35 Carl Leonhard Reinhold, »Ueber die Mysterien der alten Hebräer«.

36 Carl Leonhard Reinhold, »Ueber die größern Mysterien der Hebräer«.

37 Anton Kreil, »Ueber die eleusinischen Mysterien«.

38 Michael Durdon, »Mysterien der Etrusker«

39 [Anton Kreil], »Über die wissenschaftliche Maurerey«.

40 Augustin Veit von Schittlersberg, »Einfluß der Mysterien der Alten«.

41 Alexander Giese, »Freimaurerisches Geistesleben«, 11.

42 Vor allem bei S. Morenz, *Die Zauberflöte*.

43 Eine zweite Auflage wurde posthum von Sylvestre de Sacy herausgegeben und erschien 1817 in Paris. Der Baron de Sainte Croix (1746-1809) war Indologe.

44 Christoph Meiners, *Über die Mysterien der Alten.*
45 William Warburton, *The Divine Legation of Moses*, Book II.
46 R. Koselleck, *Kritik und Krise.*
47 *Charakteristick*, S.7.
48 *Journal für Freymaurer* 12, 1787, S. 10.
49 [Terrasson, Abbé Jean,] *Séthos.* Abbé Terrasson war Professor für griechische Sprache am Collège de France und Herausgeber einer Diodor-Ausgabe. Sein Roman gibt sich als Veröffentlichung eines antiken Manuskripts mit gelehrten Anmerkungen des Herausgebers.
50 Erschienen in Breslau 1777-78.
51 S. hierzu mein Buch *Die Mosaische Unterscheidung*, 3. Kapitel. Die »duplicem philosophiam« der Ägypter, nämlich »exotericam et esotericam« behandelt sehr ausführlich Jakob Friedrich Reimmann in seinem Werk *Idea Systematis.*
52 *Divine Legation* Bd. 1, 190 mit Verweis auf Clemens von Alexandrien.
53 Chr. Riedweg, *Jüdisch-hellenistische Imitation*, vgl. Orphicorum fragm. 245 und 247 Kern. In kürzester Form bei Ps.-Justin, *Ad Graecos Cohortatio* 15,1 und *De Monarchia Dei*, 2; in längerer Fassung bei Clemens Alexandrinus, *Protreptikos*, 74,4 f. (das ist die Stelle, die Warburton zitiert) und *Strom.* V, 78.4 f. sowie Eusebius, *Praep. Evang.* XIII 12.5 ed. Mras II, 191f. Heimo Erbse, *Fragmente griechischer Theosophien*, 15ff. und 180ff. S. auch Chr. Riedweg, *Pseudo-Justin, Ad Graecos* (Register s.v. OF 245). Der Hymnus wird zuerst von Aristobulos zitiert, einem jüdischen Autor des 2. Jahrhunderts v. Chr., und zwar in einer von den späteren Zeugen vielfach abweichenden Bearbeitung. Vgl. auch Elias Bickerman, *The Jews in the Greek Age*, Cambridge, Mass, 1988, 225-231.
54 Chr. Riedweg, *Jüdisch-hellenistische Imitation*, 26-27.
55 »Il (le Grandprêtre) lui présente alors une coupe pleine de l'eau du canal qu'il venoit de passer. Pendant qu'il la but, le grandprêtre lui dit: que cette eau soit un breuvage de Léthé ou d'oubli à l'égard de toutes les maximes fausses que vous avez ouies de la bouche des hommes profanes« (Terrasson, 147, mit Verweis auf Lafitau, *Moeurs des sauvages* t.1, p. 313, 314, »où il rappelle ces pratiques des anciens«).
56 Claudius, 165.
57 Was oder wer »Mene« ist, weiß ich nicht. Mit »Mene« ist »Menes« gemeint, der Gründungskönig des ägyptischen Reichs. Musée ist natürlich Musaios. Köppen und Blumhard benutzen offenbar eine französische Quelle.
58 *Crata Repoa*, 8f., mit Verweis auf Eusebius, *Praeparatio ev.* I.13 und Clemens, *Admonit. ad gentes* (*Protreptikos*), d.h. auf den dort überlieferten orphischen Hymnus. *Crata Repoa* ist eine Art »Science fiction«, die ihren Erfindungen den Anschein wissenschaftlicher Präzision gibt und mit den gelehrten Abhandlungen zu den antiken Mysterien nicht auf eine Stufe gestellt werden kann. Diese Unterscheidung haben aber nicht viele der damaligen Leser getroffen, und für die Mysterientheorie der Zeit und ihre Widerspiegelung im Libretto der *Zauberflöte* ist die kleine Schrift zweifellos eine zentrale Quelle.

59 Claudius, 182f. = Terrasson, 164f.
60 S. 13.
61 Die Deutung Hermann Perls, Papagenos Name beziehe sich auf den Papst (papa-geno = »papstgezeugt«), halte ich für wenig plausibel, auch wenn sie mit dem Bezug auf die »Volksreligion«, den ich hier unterstreiche, gut vereinbar ist. M. F. M. van den Berks alchemistische Auslegung identifiziert Papageno mit Merkur = Quecksilber. Unzweifelhaft trägt Papageno hermesartige Züge, aber mehr im Sinne von Thomas Manns weitem Verständnis des Hermeshaften, in dem jede Erscheinungsform der »lustigen Figur« ihren Platz findet.

Fünftes Kapitel

1 Von dieser Szene schreibt Mozart in der Nacht vom 6. zum 7. Oktober nach dem Besuch der Vorstellung an Constanze, s. S. 13. Der Brief ist interessant; er zeigt, wie viel Mozart auch an den »Reden« gelegen war, vor allem aber wirft er Licht auf die Bedeutung der Papageno-Figur als des prototypischen Uneingeweihten oder »Profanen«.

2 Chailley macht allerdings darauf aufmerksam, daß die Streicher in diesem Stück nur verstärkende Funktion haben; der Bläsersatz ist in sich komplett (*Flûte enchantée*, 242f.). Zu den üblichen Blasinstrumenten (Flöten, Hörner, Fagott) treten hier und in den folgenden Nummern 9a und 10 zwei Bassethörner in F und 3 Posaunen hinzu.

3 Thr. Georgiades, der dem Priestermarsch in seinem Aufsatz »Musiksprache des Mozart-Theaters« eine großartige Analyse gewidmet hat, unterteilt das Thema nicht in 2+2+4, sondern in vier alternierend abtaktige und auftaktige Zweierperioden. Ich kann das nicht nachvollziehen und sehe gerade in der »augmentierenden« Fortführung der einleitenden kurzen Zweierperioden durch eine lange Viererperiode einen besonderen Reiz sowohl des Mozartschen und auch des Haydnschen Themas. Chailley (*Flûte enchantée*, 243) sieht in dem 2. Satz Adagio sostenuto des Streichquartetts op. 76/1 von Haydn eine »imitation« des Priestermarschs; die Ähnlichkeit des Themas ist in der Tat unverkennbar. Noch frappanter ist die Ähnlichkeit des anderen von ihm angeführten Beispiels, der Nationalhymne von Kanada, die von dem kanadischen Komponisten C. Lavallée (1841-1891) geschaffen wurde.

4 Wolfgang Hildesheimer glaubt den »unendlich größeren Reichtum« des Idomeneo-Marschs festzustellen (*Mozart*, 337). Die marcia Nr 25 ist ohne Zweifel sehr schön wie dieses ganze zu Unrecht im Schatten der späteren Opern stehende Werk, von einem »unendlich größeren Reichtum« kann jedoch überhaupt keine Rede sein. Die metrische Gliederung des Themas ist z.B. 4+4 und damit wesentlich simpler als der Priestermarsch. Der Fall belegt Hildesheimers seltsame Voreingenommenheit gegen die *Zauberflöte*.

5 Abert, *Mozart* II, 660. Mozart erwiderte auf diesen Vorwurf, ein Diebstahl sei unmöglich, da der Marsch ja noch in der *Alceste* stehe. Zum Vergleich mit Glucks Marsch s. auch Thr. Georgiades, »Musiksprache des Mozart-Theaters«, 76ff., sowie Gernot Gruber, *Mozart verstehen*, 196f. Chailley meint, daß ein Marsch aus Wranitzkys *Oberon*, der seinerseits auf Glucks Marsch zurückgeht, das direkte Vorbild für dem Priestermarsch der *Zauberflöte* abgegeben habe (*Flûte enchantée*, 243).

6 II 660.

7 Ignaz v. Born, »Die Mysterien der Aegyptier«, 50f., nach Porphyrios, *De Abstinentia* IV § 6-7.

8 Der Ausdruck »Umstimmung« bedeutet »Abstimmung reihum«, alle Anwesenden geben ihre Stimme ab. Das geschieht mit schwarzen und weißen Kugeln (»Ballotten«). Über das Ritual unterrichten Handbücher der Zeit. Die Parallelen zur Zauberflötenhandlung hat der Freimaurer und Musikwissenschaftler H. Schuler in seinem Buch *Ritual und Zauberflöte* herausgearbeitet. Ich verdanke die Kenntnis dieses Privatdrucks Herrn Dr. Rüdiger Wolf.

9 Zum Freiherrn von Gemmingen und seinen Vorstellungen von »Wohltätigkeit« finden sich interessante Bemerkungen in Helmut Seel, *Otto Freiherr von Gemmingen*, 92-94. Maßgeblich für den freimaurerischen Begriff der Wohltätigkeit ist auch J. F. Ratschkys Beitrag über das »Wohlthun« in *Journal für Freymaurer* 1.

10 Den »Tod des Menschen als Menschen« verkündete z. B. Michel Foucault in *Die Ordnung der Dinge*.

11 In dem Roman von Terrasson wird übrigens mit einem Netz gearbeitet. Die unterirdischen Gänge des Prüfungstempels sind bewacht, und sollte ein Prüfling an einer der Prüfungen scheitern, wird er alsbald aus seiner Lage befreit, darf allerdings nicht zurück an die Oberwelt, sondern wird als Diener, Gärtner oder in anderer untergeordneter Funktion, aber angenehmen Lebensverhältnissen in der Priesterwelt beschäftigt.

12 Claudius, 165 = Terrasson Bd.I, 147f. Für den Gedächtnistrank Cyceon verweist Terrasson in einer Fußnote auf »Arnobius B. 5«.

13 Werner Lüthy, *Mozart und die Tonartencharakteristik*, 64.

14 Wolfgang Willaschek (*Mozart-Theater*, 335) erkennt in diesem und dem zweiten Priesterchor (Nr.18) »eine für seine Zeit ungeheuer moderne Akkordstruktur, die unzweideutig allegorischen und symbolhaften Charakter hat... So reaktionär diese Priester sprechen, so revolutionär singen sie.« Das wünschten wir uns etwas genauer ausgeführt. In der Aria con coro *Idomeneo* Nr. 26 liegt ein Bläsersatz (Flöten, Oboen, Klarinetten und Hörner) über arpeggierenden Streicher-Pizzicati.

15 S. hierzu Walther Brauneis, »Das Frontispiz im Alberti-Libretto«.

16 Josef und Peter Schaffer, in: *Allgemeines Europäisches Journal*, Brünn 1795. Judith Eckelmeyer hält es für sehr wahrscheinlich, daß diese Stiche sich auf die Bühnenausstattung der Uraufführung beziehen: *Cultural Context*, 257-296.

17 Zum Einfluß der Zauberflöte auf die Gartengestaltung in Wörlitz siehe M.

Niedermeier, »Aufklärung im Gartenreich Dessau-Wörlitz«, in: *Weltbild Wörlitz*, 51-65, bes. 61-63

18 E. Panofsky, »Canopus deus«.

19 Johann Heinrich Jung gen. Stilling, *Das Heimweh*, 390, 402, 405.

20 S. Norbert Miller, »Ägyptische Träume und Alpträume«.

21 Terrasson, 142 = Claudius, 159.

22 Heinz Schuler, *Ritual und Zauberflöte*, 39. Schuler gründet seine Rekonstruktion auf das von Ernst Lorenzoni hg. Logenbuch der Loge zur *Wahren Eintracht*, die Abschrift, die Friedrich Münter 1784 davon anfertigte (Staatsarchiv Kopenhagen) und die Ritualhs. von Joseph Bauernjöpel von 1792/93.

23 Schuler, 41.

24 Schuler, 63.

25 Schuler, 64.

26 S. hierzu Alfred Heuß, »Ein öfters verkanntes Stück«, 255f.

27 G. Knepler gibt aber mit Recht zu bedenken, daß »die Reihenfolge Tod – Verzweiflung für einen Katholiken, dessen Seele in die Hölle kommen kann, keineswegs sinnlos« ist (*Mozart*, 340).

28 *Mozart*, 331f. Wolf Rosenberg, »Mozarts Rache an Schikaneder«, 12: »Hier komponierte er ganz ostentativ gegen den Text, machte er aus der düsteren Trauerballade ein heiter-banales Stück in C-Dur, und beim bitteren Ende wird es fast noch lustiger; das geflüsterte staccato klingt nach perfektem Buffo-Stil à la Rossini«. Ähnlich Willaschek, 336.

29 Hildesheimer argumentiert auf der Grundlage seiner Überzeugung, daß Schikaneders Libretto Mozart nicht inspiriert habe, die vollkommen aus der Luft gegriffen ist.

30 *Mozart verstehen*, 277-279. »Es wären also zwei recht wendige Sarastro-Jünger, die sich zunächst einschmeicheln, plötzlich drastisch drohen, dann Tamino vertraulich das Ende der Geschichte zuflüstern und freundlich abgehen.« Die Gesten verstehe ich ähnlich, sehe darin aber kein »pfäffisches Gehabe«, sondern das Verhalten eines »frère terrible«, der seine ihm auferlegte Rolle mit Menschlichkeit und vielleicht geradezu mit Humor spielt.

31 Zitiert z.B. bei Gruber, *Mozart verstehen*, 278 (der ganze Brief z.B. bei Willaschek, 336f.). Sehr treffend finde ich Gernot Grubers Kommentar zu Hildesheimers Einschätzung der *Zauberflöte* und dieses Duetts in *Mozart und die Nachwelt*, 284f.

32 Nach [Carl Friedrich Köppen], *Crata Repoa*, 8.

33 *Crata Repoa*, 11.

34 Interessant ist in diesem Zusammenhang, daß Leopold II., in dessen kurzer Regierungszeit (1790-92) die *Zauberflöte* entstand und uraufgeführt wurde, der Freimaurerei einerseits so viel Sympathie und Interesse entgegenbrachte, daß er von vielen (vermutlich zu Unrecht) selbst für einen Freimaurer gehalten wurde, andererseits aber das exklusiv Männerbündische an der Freimaurerei kritisierte, s. Adam Wandruszka, *Leopold II.*, 2. Band, 378.

35 Sylvia Bovenschen, *Die imaginierte Weiblichkeit*.
36 S. vor allem Christina Zech, »›Ein Mann muß eure Herzen leiten‹«.
37 Im gedruckten Libretto: »der ist verwünscht.« Mozarts Fassung ist sehr viel eindeutiger, was die Einstellung der katholischen Orthodoxie zur Freimaurerei betrifft.
38 Zum Motiv der Ohnmacht s. oben, Kap. 1 Anm. 17. Chailley ist der Ansicht, daß Papageno tatsächlich ein »évanouissement initiatique« durchmacht (*Flûte enchantée*, 252f.), was der Szene ihre Komik nehmen würde.
39 Das sollte ausdrücklich betont werden, weil alle Sarastro-feindlichen Interpretationen (auch Willaschek, 339) einhellig auf dem Vollzug der Strafe bestehen.
40 Chailley macht zu Recht auf den »türkischen« Charakter dieser Arie aufmerksam (*Flûte enchantée*, 256 Anm.), der gerade dadurch so auffällig ist, daß die Oper sonst jeden Exotismus vermeidet. Bei dem deutlich an diese Arie anklingenden Anfang der Figaro-Arie im Barbier von Sevilla dachte Rossini wohl vor allem an das Atemlose, Gehetzte dieser Nummer.
41 Im Libretto steht: »Ich bin auch den Mädchen gut!«
42 Anders Willaschek, 339. Textlich weist die Arie Übereinstimmungen mit einem Auszug aus dem »Pegnesischen Schäfergedicht in den Nordgauer Gefilden« von Johannes Klaij (1648) auf, s. Moriz Enzinger, *Randbemerkungen*, 59:

Alles / Alles was da lebet /
Lebt und kreucht / und fleugt und schwimmt!
Nach der lieben Liebe strebet /
Und in lieber Liebe glimmt:
Aber dieses heißt allein
lieben und geliebt zu seyn /
immer / immer / immer üben /
liebes lieben
und einander nie betrüben usw.

Natürlich denkt man bei den Worten »ist mir denn kein Herz gegeben? Bin ich nicht von Fleisch und Blut?« auch an die berühmte Rede des Shylock in Shakespeares *Merchant of Venice*, II. Akt zweite Szene: »Hath not a Jew eyes? Hath not a Jew hands, organs, dimensions, senses, affections, passions; fed with the same food, hurt with the same weapons, subject to the same diseases, heal'd by the same means, warm'd and cool'd by the same winter and summer, as a Christian is?« Mit Shakespeares Stücken war Schikaneder bestens vertraut.

43 Für Erich Neumann handelt es sich um ein Mandala-Symbol, das sich, einmal von der weiblichen in die männliche Machtsphäre übergegangen, aus einer Heilskraft in eine Waffe verwandelt. In der Vorlage *Lulu oder die Zauberflöte* handelt es sich um einen »vergoldeten Feuerstrahl, dem die Geister aller Elemente und aller Weltgegenden gehorchen. Jeder Funke, den ich (die Fee Perifirime) damit schlug, war ein mächtiger Geist, der in einer mir beliebigen Gestalt als Sklave um meine Befehle bath« (Csampai, *Zauberflöte*, 119). Der »siebenfache Sonnenkreis« der *Zauberflöte* bildet das antike, auf die Babylonier zurückgehende Modell

des Sonnensystems ab mit der Sonne in der Mitte und den sechs als Planeten auf konzentrischen Bahnen um sie kreisenden Gestirnen Mond, Mars, Merkur, Jupiter, Venus und Saturn, das noch den Tagesnamen der christlichen Woche zugrunde liegt. Er ist also ein Abbild des Universums und Symbol der Weltherrschaft, genau wie der »Reichsapfel« des deutsch-römischen Kaisertums. S. auch Judith A. Eckelmeyer, *Cultural Context*, 53.

44 Libretto: »Verstossen sey auf ewig und verlassen, Zertrümmert alle Bande der Natur«.

45 Libretto: »Hört Rache, – Götter! – hört der Mutter Schwur!« Für eine wesentlich detailliertere Analyse der Arie s. Dieter Borchmeyer, »Mozarts rasende Weiber«, 207f., oder *Mozart*, 136f., Wolfgang Willaschek, *Mozart-Theater,* 340f., und vor allem Christina Zech, »Ein Mann muß eure Herzen leiten««, 294-304. Carolyn Abbate hat darauf aufmerksam gemacht, daß die Koloraturen dieser Arie in einer völlig ungewöhnlichen Weise Skalen vermeiden und ausschließlich Arpeggien verwenden: »There are no conjunct melodies run up or down some diatonic ladder or other, no conventional operatic passaggi familiar from the kind of eighteenth century seria arias. And with this technical departure, an unprecedented voice comes into being, one with no capacity for melodic conjunction. In this – and not in any simple loss of words – voice metamorphoses into an impossible device, a wind instrument unknown in 1791, unknown ever since« (*In Search of Opera*, 92). Christina Zech stuft die Arie geradezu als eine Wahnsinnsarie ein. Mozarts dramatisierende und dynamisierende Weiterentwicklung der traditionellen Seria-Arie deutet sie als einen kalkulierten Formverstoß, der das Außer-sich-Geraten der Königin im Sinne eines Wahnsinnsanfalls zum Ausdruck bringen soll.

46 Lüthy, *Mozart und die Tonartencharakteristik,* 43. E-Dur ist eine von Mozart äußerst selten verwendete Tonart. Keine Symphonie, kein Klavierkonzert, kein Streichquartett (allerdings ein sehr bedeutendes Klaviertrio), keine Violinsonate, keine Klaviersonate – um nur die am bewußtesten gepflegten Gattungen zu nennen – steht in E-Dur. Bedeutende Stücke in E-Dur kommen nur in Opern, und auch hier nur in *Zaide* (Terzett Nr. 3: »O selige Wonne!«), *Idomeneo* (Chor Nr. 15: »Placido è il mar«, Aria Nr. 19: »Zefiretti lusinghieri«) und *Così fan tutte* (Terzett Nr. 2 vor: »È la fede delle femine come l'araba fenice«, Chor Nr. 10: »Soave sia il vento«, Arie der Fiordiligi Nr. 25: »Per pietà, ben mio«) vor, die alle einen Bezug zum Entrückten, Außeralltäglichen haben.

47 W. Rosenberg, »Mozarts Rache an Schikaneder«, 11, hält auch dies für einen Ausdruck von »Mozarts Rachelust«, was ich abwegig finde. Die Gegenbewegung der auf- und absteigenden Sechzehntel in den hohen und tiefen Streicherstimmen hat in meinen Ohren nichts Ironisches, sondern bereichert die Bewegung der Singstimme. So etwas muß man sich einfallen lassen. Der Vergleich dieser Arie mit den Da-Ponte-Opern ist unfair, weil in ihnen geistliche Lieder nicht vorkommen.

48 Dieses Stück gehörte (zusammen mit dem Duett »Bei Männern welche Liebe fühlen« und dem Tanz der Sklaven im I. Akt) zu den Nummern, die nach

Mozarts Bericht regelmäßig wiederholt werden mußten und offenbar (mit welchem Recht!) sofort Begeisterung auslösten (Brief an Constanze vom 7./8.10.91).

49 Der Geselle legt ein Fastengelübde ab: Robbins Landon, *Mozart's Last Year*, 129.

50 Für eine sehr eingehende Analyse der Arie s. Ludwig Stoffels, »Drama und Abschied«, 133-148, vgl. auch Christina Zech, »Ein Mann muß eure Herzen leiten««, 304-312

51 Steven B. Jan, *Aspects,* hat der Tonart g-Moll bei Mozart eine ganze Monographie gewidmet. Er bespricht die Arien auf S. 53-95.

52 In Willascheks etwas weit gehender Interpretation »tun sie wie in einer Bluttransfusion alles nur Erdenkliche, um den schwachen Lebensimpuls Paminas zu erhalten und zu stärken« (344).

53 Judith Eckelmeyer hat eindrucksvoll gezeigt, daß diese Abfolge einer die Quinte betonenden Figur und eines Sprungs auf die obere Oktave in Mozarts Spätwerk oft und immer im Sinne der Klage wiederkehrt: »Two Complexes of recurrent Melodies«, bes. 11-22. Besonders deutliche Parallelen bieten das Lied »Die Engel Gottes weinen, wenn Liebende sich trennen« (f-moll, KV 519), das Adagio des Streichquintetts KV 516 und der erste Satz des Klavierkonzerts d-moll KV 466.

54 Stoffels, »Drama und Abschied«, 136.

55 Vgl. etwa den Sprung auf »Reu« in Bachs Arie »Buß und Reu« aus der Matthäus-Passion Nr. 10, Takte 29-32.

56 Zu diesen verminderten Sept-Sprüngen, die Mozart hier als Ausdruck gesteigerten Schmerzes einsetzt, s. Jan, *Aspects of Mozart's compositions in g minor,* 69f., und vor allem Stoffels, der die verminderten Septimen und Quinten als das melodische Grundmuster dieser Arie bezeichnet.

57 So wie in dem geradezu überirdischen Terzettino Nr. 10 in *Così fan tutte* auf das entsprechende Wort »desir« (T. 24 und 27).

58 Vor allem in den beiden kurzen Instrumentalphrasen, die den Worten »Sieh, Tamino« und »diese Tränen…« vorausgehen und die mit aufsteigenden Läufen zu verminderten Septnonakkorden führen, wobei die verminderte None mit dem Grundton eine scharfe Dissonanz bildet (as" mit g, b" mit a), genau wie in dem in der vorhergehenden Anmerkung erwähnten Terzettino aus *Così*.

59 Die Harmonien umspielen einen Septakkord A7, das g der Geigen und der Singstimme bildet also nicht den Grundton zu g-Moll, sondern hat die Funktion einer Zwischendominante zu D, der Dominante von g-Moll. Diese technischen Details begründen den ästhetischen Eindruck eines sehnsuchtsvollen, nach Auflösung strebenden Charakters des »g«, auf dem Pamina eine nur scheinbare Ruhe

gefunden hat. Stoffels zitiert auf S. 147 zwei recht enge Parallelen aus den Opern *Alceste* und *Iphigenie auf Tauris* von Gluck, die zeigen, daß Mozart sich hier einer schon von Gluck »als Zeichen großer Erschütterung eingesetzten« Figur bedient: »Mozarts Arienschluß steht offenbar in einer musikalischen Traditionslinie« (146).

60 Auf diese invertierte Parallele zwischen Orpheus und Tamino weist van den Berk, *Magic Flute*, 126, hin. Für weitere offenkundige Anklänge an den Orpheus-Mythos s. ibd., 120-127. S. auch Petra Fischer, »Die Rehabilitierung der Sinnlichkeit«.

61 Darauf verwies schon S. Morenz, *Die Zauberflöte*, 56.

62 Linda Simonis, »Orpheus-Opern der frühen Neuzeit«, 263.

63 Interessant ist das Changieren zwischen Dur und Moll bei den Worten »die düstre Nacht verscheucht der Glanz der Sonne«: beginnend mit D erklingt bei dem Wort »düstre« ein verminderter Septakkord mit zu Es angehobenem Grundton als Dominante zum g-Moll von »Nacht«, das sich dann bei »verscheucht der Glanz der Sonne« zu A7 und D auflöst.

[musical notation: Adagio — Die düs-tre Nacht verscheucht der Glanz der Sonne]

Der durch Anhebung des Grundtons verminderte Septakkord kommt in diesem Chor noch dreimal vor, in Takt 14 («Leben«) sowie Takt 36 und 39 (»unser« bzw. »würdig«) vor, wo er jeweils trugschlußartig in die entsprechende Molltonart überleitet, also zwei Deutungen zuläßt: als verminderter Dominantseptakkord zu A-Dur (Takt 14-15) bzw. D-Dur (Takte 36 und 39) oder als Dominantsextakkord zu fis-Moll (Takt 14-15) bzw. h-Moll (36,39).

64 Nach Wolfgang Willaschek wird in diesem Chor »die Akkordstruktur zu einem hymnischen Gestus – durchgehendes Unisono der Singstimmen [sic! gemeint ist homophoner Satz, der nicht unisono, sondern dreistimmig ist] – und zu chromatischen, harmonisch weit ausholenden Melodien gesteigert. Der Komponist einer derart dramatischen, auf starken Kontrast- und Echowirkungen aufgebauten Chorszene könnte auch Ludwig van Beethoven heißen« (335).

65 Nissen zufolge soll Mozart dieses Terzett doppelt so schnell genommen haben, als es normalerweise gespielt wird: G. N. v. Nissen, *Biographie W.A.Mozarts*, 124. In van den Berks alchemistischer Interpretation handelt es sich bei diesem Terzett um die Operation der »praecipitatio« oder Beschleunigung, bei der durch Zufügung von Salpetersäure (Sarastro) Gold (Tamino) und Silber (Pamina) getrennt werden (262-268).

66 Vgl. Krämer, *Deutschsprachiges Musiktheater*, 571: »Zum zentralen Lexem im II. Akt wird das Wortfeld von ›Ruhe/Stille‹ (II 26 u.ö.).«

67 Für eine ähnliche Auffassung s. Branscombe, *Die Zauberflöte*, 202.

68 Die Stellung dieses Terzetts im Rahmen des Handlungsaufbaus ist immer

als besonders unlogisch empfunden worden, vgl. zu diesem Problem P. Branscombe, *Die Zauberflöte*, 209-212. Daher haben manche Aufführungen Umstellungen vorgenommen. Ernst Lert schlägt in seinem Buch *Mozart auf dem Theater* folgende Reihenfolge der Auftritte vor: 18 (»Ach ich fühl's«), 19 (Dialog Tamino-Papageno), 22-27 (»Ein Mädchen oder Weibchen« usw. bis »Zwei Herzen, die von Liebe brennen«), 21 (Lebewohl-Szene), s. Günter Meinhold, *Zauberflöte,* 96f. Ingmar Bergman hat das Terzett in seinem Zauberflötenfilm überhaupt gestrichen.

69 Ähnlich M.F.M. van den Berk, *Magic Flute,* 266f. Allerdings stellt van den Berk zu Unrecht das Terzett mit den *ad spectatores* gesungenen Weisheitslehren auf eine Stufe und berücksichtigt nicht den für die *Zauberflöte* so charakteristischen Unterschied zwischen »dramatischem« und »meta-dramatischem« Singen.

70 Egon Komorzynski, *Emanuel Schikaneder,* 224. Zu Schikaneders Aufenthalt in Memmingen s.auch Max Kammermeyer, *Emanuel Schikaneder,* 158ff.

71 Auch in dem schwäbischen »Lied eines Vogelstellers« folgt nach Komorzynski »auf die eigentliche Strophe ein kurzes Nachspiel im Sechsachteltakt, das offenbar den Lockruf eines Vogelstellers nachahmen soll«.

72 Brief an Constanze vom 8./9. 10.91: »nur gieng ich auf das theater bey der Arie des Papageno mit dem GlockenSpiel, weil ich heute so einen trieb fühlte es selbst zu Spielen. – da machte ich nun den Spass, wie Schikaneder einmal eine haltung [eine Pause] hat, so machte ich ein Arpegio – der erschrak – schauete in die Scene und sah mich – als es das 2te mal kamm machte ich es nicht – nun hielte er und wollte gar nicht mehr weiter – ich errieth seine Gedanken und machte wieder einen Accord dann schlug er auf das Glöckchenspiel und sagte halts Maul – alles lachte dann – ich glaube daß viele durch diesen Spass das erste Mal erfuhren, daß er das Instrument nicht selbst schlägt.«

73 Die Worte »Des Lebens als Weiser mich freun« nehmen den Wunsch des Chors für Sarastro aus dem 1. Finale wieder auf: »Stets mög er des Lebens als Weiser sich freun«.

Sechstes Kapitel

1 Plutarch, *De Is.*, 354 (Kap. 8).
2 *Stromat.* V, cap. vii. 41.1. Bei Ignaz von Born ist es umgekehrt. Nicht die zukünftigen Herrscher waren Kandidaten für die höchste Einweihung, sondern die höchsten Priester waren »wie die Soldaten der königlichen Würde fähig, wovon wir in der Geschichte ein bekanntes Beispiel an dem Sethos haben« (S. 77). Er hält also v. Geblers Schauspiel, in dem ein Hohepriester namens Sethos den Thron besteigt, für historisch, beruft sich für diese These aber ebenfalls auf Plutarch: »Alle Könige, selbst jene, die aus dem Soldatenstande gewählt wurden, mußten in die Mysterien eingeweiht werden.«
3 *Über die Mysterien der Alten,* 258.

4 Den utopistischen Charakter des Librettos hat vor allem Judith A. Eckelmeyer, *Cultural Context*, herausgearbeitet. Eckelmeyer verfolgt dieses Thema auf den drei Ebenen der alchemistischen (Metalle in Gold), persönlichen (Unwissenheit in Aufklärung) und politischen Umwandlung (Herstellung einer vollkommenen Gesellschaft).

5 Vorgetragen am 17.11.1785 im Rahmen einer Lehrlings-, Gesellen- und Meisterloge, also keiner Übungsloge, publiziert in *Journal für Freymaurer* 9, 1786, 80-116.

6 S. 80.
7 S. 87.
8 S. 88.
9 S. 89f.
10 S. 105.
11 S. 106.
12 *De Civitate Dei*, cap. 23.
13 S. 108f., mit Verweis auf Varro ap. August. CD L. Vii cap. 28.
14 S. 109 mit Verweis auf Diodor III § 62.
15 Er führt dazu noch eine lange Passage von Varro bei Augustinus an: Varro ap. August. CD *(De Civitate Dei)* VII cap. 28.
16 S. 111.
17 Kreil, 18.
18 S. 19.
19 S. 188f.
20 S.190.
21 S. 208.
22 S. 261.
23 S. 294.
24 S. 295f.
25 S.298f.
26 Zuerst abgedruckt in *Journal für Freymaurer* 7, 1785, 179-183; wiederabgedr. in J.B. Alxinger, *Sämmtliche Gedichte*, 257-260. Hier nach Norbert Klatt, »... des Wissens heißer Durst«, 110-112.
27 Clemens Alex., *Stromata* V cap. III, 19.3.
28 Ignaz v. Born, »Über die Mysterien der Aegyptier«, 22. Er zitiert als seine Quelle Plutarch.
29 Tatsächlich entspricht Plutarchs Beschreibung weitestgehend den typischen Elementen einer »Nahtoderfahrung« (Near Death Experience), wie sie von Thanatologen und anderen Forschern untersucht wird. Siehe hierzu Raymond A. Moody, *Life after life*; kritisch hierzu Hubert Knoblauch, *Berichte aus dem Jenseits*. Ders., H.G. Soeffner (Hg.), *Todesnähe*.
30 Plutarch fr. 178 Sandbach, siehe dazu u. a. Paolo Scarpi (Hg.), *Le religioni dei Misteri* Bd.1, 176f. mit italienischer Übersetzung, außerdem Burkert, *Antike Mysterien* 77f., 82ff. Für Hinweise danke ich Christoph Riedweg. Der Baron de

Sainte Croix, dessen Werk über die heidnischen Mysterien (1784) in Wien bekannt war, zitiert und bespricht die Stelle als einen Text von Plutarch ausführlich auf S. 380-383 (2. Aufl. 1817).

31 Mircea Eliade, *Naissances Mystiques*.

32 Bei der Meisterweihe führen die Logen eine Art Passionsspiel auf, das den antiken Überlieferungen über die Trauerriten um Adonis nachgebildet ist. Bei dieser letzten Stufe der maurerischen Einweihung steht das Thema des Todes im Mittelpunkt. Hierauf und auf die Parallelen zu den ägyptischen Trauerriten um Osiris wird in den Mysterienschriften der Freimaurer immer wieder angespielt, vgl. etwa v. Born, »Mysterien der Aegyptier«, 125f.

33 Anton Kreil, »Wissenschaftliche Maurerey«, 72f. Zur Identität dieses bisher Ignaz von Born zugeschriebenen Aufsatzes mit dem nach Auskunft des Protokolls zur Gesellen- und Meisterweihe Leopold Mozarts gehaltenen Vortrags Anton Kreils über »Szientifische Maurerei« s. oben, 100.

34 Wann Mozart in den Meistergrad erhoben wurde, ist unbekannt. Seine Erhebung zum Gesellen fand am 7.1. 1785 in der *Wahren Eintracht* statt. Wäre er nicht zwischenzeitlich zum Meister aufgestiegen, hätte er nicht am 22.4. an der Meisterweihe seines Vaters, wie im Protokoll verzeichnet, teilnehmen können. Zum Brief an den Vater vom 4. April 1787 s. Harald Strebel, *Der Freimaurer Wolfgang Amadé Mozart*, 41ff. Dort rückt Strebel auch Hildesheimers völlig verfehlte Einschätzung dieses Briefs zurecht.

35 Meiners, *Über die Mysterien der Alten*, 198.

36 Für eine autoritative Darstellung des derzeitigen Wissensstandes über die antiken Mysterien s. v. a. W. Burkert, *Antike Mysterien*; speziell zu den Isis-Mysterien s. Reinhold Merkelbach, *Isis Regina – Zeus Sarapis*. Merkelbach macht mit Recht darauf aufmerksam, daß man unter »Mysterien« die Einweihungszeremonien in einen Kult, nicht den Kult selbst verstand (§303).

37 Durdon bringt in seiner Abhandlung über die etruskischen bzw. dionysischen Mysterien noch ein interessantes Detail aus Arnobius (*Adversos Gentiles* L. IV). Die Eingeweihten waren mit Efeu bekränzt und trugen um die Hüften eine rote Binde »um die Verwundung anzudeuten«. Durdon deutet das auf die Wunde des Osiris bzw. Attis bzw. Kasmillos.

38 *Philosophische Untersuchungen über die Aegypter und Chineser*. Bd. I, 406, mit Verweis auf Plinius Hist. Nat. XXXVI, cap. 13. In diesem Punkt der künstlichen Erzeugung von Blitz und Donner scheinen sich die antiken Mysterien am engsten mit der Schikanederschen Bühnentechnik zu berühren. Allerdings kann sich de Pauw schwer vorstellen, daß das »Ceraunoscopium«, eine Donnermaschine des antiken Theaters, auch bei den Mysterien eingesetzt wurde (409f.) Das chinesische Äquivalent zur ägyptischen Donner- und Blitzerzeugung ist natürlich das Schießpulver, das, wie de Pauw hervorhebt, »in Asien nicht in der Absicht erfunden ward, um sich dessen zum Verderben des menschlichen Geschlechts zu bedienen, sondern, um es bei Illuminationen und sogenannten Feuerwerken zu gebrauchen« (I, 410f.).

39 Crata Repoa, 7.
40 M. Claudius, Sethos, 155.
41 S. 14-18. »Dieses Zimmer war mit der Vorstellung von unterschiedenen Arten einbalsamierter Körper und Särge besetzt. Alle Wände hiengen von dergleichen Zeichnungen voll. ... In der Mitte aber stand der Sarg des Osiris, der noch, wegen der Erstickung, mit Blut überflossen war.«
42 Schuler, Ritual und Zauberflöte, 70.
43 S. hierzu die schöne Zusammenfassung bei Reinhold Merkelbach, Isis Regina – Zeus Serapis, 291-294.
44 Joseph Anton von Bianchi,» Magie der alten Perser«, 22.
45 A.a.O., 92.
46 Jean Starobinski, »Licht der Aufklärung«, 171.
47 Siehe Gunilla-Friederike Budde,»»Denn unsere Bruderliebe soll ihn leiten««, 625f.
48 Claudius, 166f.

Siebtes Kapitel

1 C.L.Giesecke, der bei der Uraufführung nicht nur als einer der Sklaven, sondern auch als Inspizient mitwirkte, hat sich für diese Szene das Stichwort »Mondtheater« in sein Exemplar des Textbuchs notiert, s. Eckelmeyer, Cultural Context, 156.
2 So nach der Partitur; im Textbuch heißt es »der finstre Irrwahn«.
3 Vgl. hierzu sehr treffend Jean Starobinski, »Licht der Aufklärung«, 160f.
4 S. oben, Kap. 1, Anm. 19.
5 E. Staehelin, »Zum Motiv der Pyramiden«, 889-932.
6 I, 138f.
7 Claudius I, S. 155
8 Terrasson baut übrigens auch den Orpheus-Mythos in seinen Roman ein. Bei ihm reisten Orpheus und Eurydike nach Ägypten, Eurydike wird von einem Skorpion oder einer kleinen Schlange gestochen, stirbt und wird in den Katakomben bei Memphis, im Grab der Fremden, begraben. Orpheus erfährt, daß die Katakomben mit den Substruktionen der Pyramiden kommunizieren und daß sich die Seelen der Verstorbenen in diesem unterirdischen Gangsystem ergehen. Er dringt in die Pyramide ein, hört den Gesang der seligen Geister (les chants des ombres heureuses) und dringt bis zur Pforte der Initiation vor, die er für das Tor zur Unterwelt hält. Im Glauben, daß ihn die Initiation mit Eurydike vereinigen könnte, beschreitet er den Prüfungsweg, überwindet Feuer und Wasser, scheitert allerdings an der letzten Prüfung, die ihn durch die Luft führen sollte, und erringt dennoch die Aufnahme ins Heiligtum durch den bezwingenden Zauber seines Gesangs. Zum Dank soll er nach seiner Rückkehr die ägyptischen Mysterien in Griechenland verbreiten. Orpheus selbst hat seine Erlebnisse dann in die allegori-

sche Form des Mythos gegossen vom Abstieg in die Unterwelt und der gescheiterten Rückkehr mit Eurydike.

9 S. hierzu Richard Armbruster, *Das Opernzitat bei Mozart*, 251-263.

10 Judith A. Eckelmeyer, »Two Complexes of recurrent Melodies«, 20f.

11 Reinhold Hammerstein, »Der Gesang der geharnischten Männer«; Wilhelm Fischer, »Der, welcher wandelt diese Straße voll Beschwerden«. Zu Mozarts Auseinandersetzung mit »Händl und Bach« (immer nennt Mozart die beiden in dieser Reihenfolge!) s. Gernot Gruber, *Mozart verstehen*, 160f.

12 Stefan Kunze, *Mozarts Opern*, 631, verweist auf Johann Ph. Kirnberger, *Die Kunst des reinen Satzes*, Bd 1, 237f. Kirnberger gibt die Choralmelodie jedoch ohne Text wieder, und es spricht manches dafür, daß Mozart sich aufgrund des Textes (bes. Strophe 5, s. u.) für dieses Lied entschieden hat.

13 KV 620b = Anh. 78. NMA II/5, Bd. 19, 377.

14 Abbé [Maximilian] Stadler, Nachtrag, 12f., zitiert nach Christoph Wolff, *Mozarts Requiem*, 86f.

15 Abert, II, 676 vermutet als Vorlage oder Anregung des Fugenthemas das Kyrie aus der Missa S. Henrici von H. I. F. Biber (1701). Das Thema steht dort in C-Dur im 3/2-Takt und setzt sich ganz anders fort; ich halte eine Beziehung für denkbar unwahrscheinlich. Auf keinen Fall handelt es sich um ein bewußtes Zitat. Vgl. hierzu Eric Thomas Chafe, *Church Music of Heinrich Biber*, 29. Auch R. Hammerstein, a.a.O., 11 glaubt nicht an einen Zusammenhang des Mozartschen Themas mit dem Thema aus Bibers Kyrie. Er lehnt aber auch jeden Zusammenhang der Skizze mit der Choralbearbeitung in der Zauberflöte ab (S. 15 Anm.5).

16 Die Fuge entstand in der Originalfassung für 2 Klaviere (KV 426) Ende 1783, eine Klaviersuite KV 399 (385i) im Händelschen Stil Ende 1782. Aus derselben Zeit stammen die angefangenen Fugen KV 154 (385k), 443 (385l), KV Anh 77 (385m), die Bearbeitungen von sechs dreistimmigen Fugen J.S. und Friedemann Bachs für Streichtrio KV 404a sowie die fünf vierstimmigen Fugen aus J. S. Bachs *Wohltemperiertem Klavier* für Streichquartett KV 405. Allerdings ist bereits der Schlußsatz des Streichquartetts d-Moll KV 173 aus dem Jahre 1773 eine vierstimmige Fuge im strengsten gelehrten Stil, ganz im Gegensatz zum 9 Jahre später und mitten in der Beschäftigung mit Händel und Bach entstandenen Schlußsatz des Streichquartetts G-Dur KV 387, dessen wesentlich großartigere und komplexere Fuge eine Verbindung von gelehrtem und galantem Stil, Fugen und Sonatenform anstrebt. Gernot Gruber, *Mozart verstehen*, 156-167, zeigt einerseits, daß Kontrapunkt und Fuge bei Mozart von Kindheit an sowohl in der Komposition als auch in der Improvisation eine große Rolle spielen, und beschreibt andererseits die Wende, wie sie durch die von Gottfried van Swieten vermittelte bzw. verstärkte Begegnung mit Bach und Händel in Mozarts Stil bewirkt wurde.

17 S. hierzu Annette Richards, »Automatic Genius«.

18 R. Hammerstein, a.a.O., listet vom *Tedeum* KV 141 bis zum *Requiem* KV 626 13 Werke auf.

19 Das *Kyrie* aus dem *Requiem* lehnt sich eng an den Schlußchor von Händels *Dettingen Anthem* an.

20 Braunbehrens, *Mozart in Wien*, 382f. Natürlich hatte Mozart auch über sein künstlerisches Interesse an Kirchenmusik hinaus genug gute Gründe, sich für diese Stelle zu interessieren, die ihm mit 2000 Gulden p.a. das Zweieinhalbfache seiner Kapellmeisterstelle bei Hofe eingetragen und ihn aller Geldsorgen enthoben hätte. Mozarts Gesuch sowie der anfänglich ablehnende, später zustimmende Bescheid des Magistrats finden sich außer in der großen Edition der Mozart-Dokumente von O. E. Deutsch (NMA X/34, Kassel 1961) abgedruckt bei Christoph Wolff, *Mozarts Requiem*, 119f., und Francis Carr, *Mozart und Constanze*, 167-170.

21 »Die Worte des Herrn sind lautere Worte, / Silber, geschmolzen im Ofen, von Schlacken geschieden, geläutert siebenfach.« So auch Jacques Chailley, *Flûte enchantée*, 150-153.

22 In den Bässen bleibt zunächst das c' stehen, während die Singstimme mit dem Wort »Tod« von c' zu des' aufsteigt. S. Gernot Grubers Urtext der neuen Mozart-Ausgabe. In den älteren Ausgaben findet sich regelmäßig das c' der Bässe zu b verändert.

23 Musikalisch handelt es sich um ein Motiv aus *Thamos* (»Nur ihm selbst an Größe gleich«), wie Marius Flothuis, »Die Zauberflöte«, 169 gezeigt hat.

24 Es handelt sich um die Figur der »Kyklosis, die einen Ton umkreist und meist Umarmungen oder ganz allgemein Liebe darstellt« (Hartmut Krones, »Mozart gibt uns selbst die Antworten«, 32).

25 Die Verse »Nun komm und spiel die Flöte an; sie leite uns auf grauser Bahn« hatte Schikaneder nach Ausweis des Librettos als Duett und Quartett geplant:
TAMINO, PAMINA
Nun komm und/ich spiel' die Flöte an
ZWEY GEHARNISCHTE
sie leitet uns/euch auf grauser Bahn.«

26 Zum Motiv der »tausendjährigen Eiche« s. Judith A. Eckelmeyer, »Novus Ordo Seculorum«. J. Eckelmeyer bringt die 1000 Jahre der Eiche sowohl mit Vergils Vorstellung des Goldenen Zeitalters als auch mit dem Millennium der Johannes-Apokalypse zusammen. S. auch dies., *Cultural Context*, 50-53.

27 *Séthos* I, 199.

28 I, 220ff.

29 I, 241. S. hierzu Petra Fischer, »Die Rehabilitation der Sinnlichkeit«, 13.

30 Petra Weber-Bockholt, »F-Dur in Mozarts Opern«, glaubt F-Dur als eine typische »Paenultima-Tonart«, eine Tonart für vorletzte Nummern, ausmachen zu können, die vor dem stürmischen oder festlichen Schluß noch einmal »existentiellen Ernst« und einen »Blick aufs Jenseits« aufkommen lassen. In diesem Sinne, meint sie, geht hier F-Dur der Feuer-/Wasserprobe voran.

31 Zu diesem »Marsch« schreibt Jörg Kremer, *Deutschsprachiges Musiktheater*, 589f.:
»Mozart imitiert weder vokale Formen noch die konstitutive Periodik und

Symmetrie von Märschen, sondern schreibt eine Flötenpartie, die sich immer mehr in improvisatorische Abspaltungen auflöst. Mozart gestaltet die sehr differenziert artikulierte Flötenstimme gerade nicht marschartig, sondern mit Gernot Gruber als ›Bild musikalischer Improvisation‹, als *instrumentale* Musik schlechthin. Die Musik bezieht sich hier auf sich selbst und exponiert gerade diejenigen Figuren, die sonst nur als Beiwerk dienen: Umspielungen, Verzierungen, Triller, Läufe. Damit gibt Taminos Flötenspiel ein ›Sinnbild spontanen Handelns‹ (Gruber). Individualität des improvisierenden, spontan handelnden Menschen und die rituelle Ordnung der musikalischen Zeit durch das Marsch-Gerüst der Posaunen und Pauken greifen ineinander und verbinden sich zu einem entscheidenden Bühnenmoment.« Für eine Parallele (Flötensolo mit Pauke) verweist Krämer auf Antonio Salieris und Lorenzo da Pontes Oper *Axur Rè d'Ormus* IV.Akt Nr.3, die Mozart gekannt haben muß (589 Anm.177). Näher liegt, besonders für den Einsatz der tiefen Pauken, der Trauermarsch, ebenfalls in C-Dur, aus Händels *Saul*, worauf Ludwig Finscher, »... gleichsam ein Kanonisirter Tonmeister'«, S. 279 aufmerksam machte. S. vor allem auch Victor Zuckerkandl, »Die Tongestalt«, 57f., eine Stelle, deren Kenntnis ich einem Hinweis Harald Haslmayrs verdanke: »Einmal ist dieser Zustand, der eigentlich paradiesische Zustand, ausdrücklich komponiert worden: in der Melodie, die Tamino auf der Flöte spielt, wenn er mit Pamina die Feuer- und Wasserprobe besteht. Es ist die stillste aller Melodien, in ihrer eigenen Bewegung ruhend schwebt sie unberührbar über dem gemessenen Schreiten der Begleitinstrumente. Das zu dem Tumult von Feuer und Wasser, der drohenden Vernichtung – und gar die gleiche Musik zu den beiden auf so verschiedene Weise zerstörenden Elementen! Was Mozart hier komponiert hat, ist also gar nicht die äußere Begegnung; es ist auch nicht einfach Taminos Gewißheit, daß die Elemente ihm nichts anhaben können: dann wäre es ja keine Prüfung, sondern bloßes Theater.«

32 Vgl. hierzu mein Buch *Moses der Ägypter*, 191-202. Schon Edmund Burke verweist in seiner bahnbrechenden Schift *The Sublime and the Beautiful*, immer wieder auf die ägyptischen Tempel und Pyramiden als Beispiele des Erhabenen. Dieser Bezug wird dann von Giuseppe del Rosso, *Ricerche sull' architettura Egiziana*, unter Verweis auf Burke ausgebaut, s. Dirk Syndram, *Ägypten-Faszinationen*, 122-124. F. Schinkels Bühnenbilder zur *Zauberflöte* (1816) stehen ganz im Bann dieser Deutung der ägyptischen Architektur als Ausdruck des Erhabenen.

33 Zur Diskursgeschichte des Erhabenen s. Christine Pries (Hg.), *Das Erhabene*.

34 Zu Recht hervorgehoben von Judith Eckelmeyer, *Cultural Context*, 249.

35 Clemens, *Strom.* 5.71.1. Clemens greift zurück auf das berühmte Wortspiel des Aristoteles, daß es in den Mysterien nicht um »lernen« (*mathein*) sondern »leiden« (*pathein*) ginge, womit genau das gemeint ist, was wir hier als »emotionale Erschütterung« oder »affektive Beeindruckung« umschreiben. Wir kennen die Stelle (fr 15) aus einem Zitat des Synesius, der sie auf die philosophische Unterweisung bezieht. Auf der höchsten Stufe der philosophischen Mystik hört das Lernen auf, und den Eingeweihten wird die reine Schau, die *epopteia*, zuteil. Siehe

Walter Burkert, *Die Antiken Mysterien*, 116f. n. 12 und 13, und Christoph Riedweg, *Mysterienterminologie*, 127-130.

36 Ignaz v. Born, »Über die Mysterien der Aegyptier«, 22.

37 S. hierzu Thr. Georgiades, »Der Chor ›Triumph, Triumph, du edles Paar‹«.

38 »Gute Nacht, du falsche Welt« – mit diesen Worten läßt Schikaneder seinen Papageno auf den Topos des Abschieds von der Welt zurückgreifen, der in der christlichen Ablehnung von Welt und Weltlichkeit begründet ist, in Papagenos Mund aber mit seinem barocken Pathos komisch wirkt. S. hierzu Moriz Enzinger, »Randbemerkungen«, 53-56.

39 In der Wiener Stadtbibliothek findet sich ein Zettel Schikaneders an Mozart, datiert vom 5. September 1790: »Liber Wolfgang. Derweiln schicke ich dir dein Paa pa pa zurückh, das mir ziemlich recht ist. Es wird's schon thun. Abends sehen wir uns bei den bewußten Krippen.« Die Echtheit des Briefchens wird wegen des Datums angezweifelt. Am 5.9.1790 kann Mozart unmöglich sich schon mit diesem Duett beschäftigt haben. Wahrscheinlicher wäre der 5.9.91, aber zu der Zeit war Mozart in Prag und konnte sich nicht »an der bewußten Krippen« einfinden. Daß Schikaneder aber gerade an diesem Duett einen besonderen Anteil hatte, legt eine bei Castelli überlieferte Anekdote nahe. Bei einer Probe dieses Duetts in einer früheren Fassung soll Schikaneder gerufen haben: »Du, Mozart! Das ist nichts, da muß die Musik mehr Staunen ausdrücken, beide müssen sich erst stumm anblicken, dann muß Papageno zu stottern anfangen: Papa pa pa-pa; Papagena muß dies wiederholen, bis beide endlich den ganzen Namen aussprechen« (Ignaz Franz Castelli, *Memoiren meines Lebens*, 236, zitiert nach O. Rommel, *Die Alt-Wiener Volkskomödie*, 513 Anm. 49). Auch wenn diese Anekdote ebensowenig wie alle anderen Zauberflöten-Anekdoten Glauben verdient, enthält sie doch eine sehr treffende Charakterisierung der ersten Takte des Duetts.

40 Die Schaubühne als moralische Anstalt betrachtet.

41 So auch Meinhold, *Zauberflöte und Zauberflöten-Rezeption*, 100.

42 Das B im Baß ist die Septime. Das C selbst kommt nicht vor. Dadurch hängt der Akkord in der Schwebe. Der Akkord hat Dominantenfunktion in bezug auf f-Moll oder F-Dur, ließe sich aber auch in viele andere Richtungen hin auflösen.

43 Libretto: »Dank sey dir, Osiris und Isis, gebracht.«

44 H. Haslmayr verweist auf den Kontrast dieses »überaus verhaltenen, merkwürdig uneffektvollen« Schlußes zum rasanten Schlußchor des Finales zum I. Akt und meint: »eigentlich müßte es umgekehrt sein«.

45 H. Schuler, *Ritual und Zauberflöte*, 78-80; H. C. Robbins Landon, *Mozart's last Year*, 129f.

Achtes Kapitel

1 Cf. Karol Berger, »Beyond Language«, sowie ders., »*Die Zauberflöte*, or the self-assertion of the moderns« (i. Dr.).
2 Vgl. o., 13.
3 »*Die Zauberflöte*, or the self-assertion of the moderns«.
4 Friedrich Dieckmann, *Gespaltene Welt*.
5 Braunbehrens, *Mozart in Wien*, 418-422; siehe Karol Berger, »*Die Zauberflöte*, or the self-assertion of the moderns«.
6 Auch Reinhold Hammerstein, »Gesang der geharnischten Männer«, bes. 1-3 betont die besondere musikalische Vielsprachigkeit der *Zauberflöte*. Er will sogar sechs verschiedene Idiome unterscheiden:
  1. Stil der Opera seria: die Arien der Königin der Nacht
  2. Glucksche Manier (Mischung von deklamatorischem und melodischem Gesang): Sprecherszene
  3. Welt der Priester: Freimaurermusik
  4. Opera buffa
  5. Singspiel, »Volkston zur Charakterisierung der niederen Menschenwelt«: Papageno
  6. Empfindsame Arie
7 Karl Heinz Köhler, *Das Zauberflötenwunder*, 22ff.
8 S. Matthew Head, *Orientalism, Masquerade*, der allerdings Monostatos nur en passant erwähnt (57) und seine Arie offenbar nicht für »orientalisierend« hält. Auch S. Kunze, *Mozarts Opern*, 591, widerspricht der Einstufung dieser Nummer als türkisch: »Flöte und Flauto piccolo geben nicht so sehr das exotische, ›türkische‹ Kolorit, als daß sie jene Sphäre des Phantomhaften, Dämonischen Klang werden lassen, der Monostatos entstammt.« Es trifft wohl beides zu, das »Türkische« und das »Phantomhafte«.
9 Zu Mozarts Umgang mit der Kunst des barocken Kontrapunkts in seinen späten Kompositionen und insbesondere im Requiem s. besonders Christoph Wolff, *Mozarts Requiem*, 75-88.
10 S. Kunze mag das Wort »Stilkopie« nicht und lehnt es im Hinblick auf diese Nummer scharf ab. »Mozart war kein Historiker und kein Komponist des Historismus. Er schuf mit der Geharnischten-Szene eine neue, nie dagewesene musikalische Wirklichkeit« (*Mozarts Opern*, 631). Gleichwohl ist es bemerkenswert, daß er sich dazu eines historischen Idioms bedient.
11 Knepler, *Mozart*, 195.
12 Die Vielfalt der musikalischen Formen war nach dem Zeugnis A. Schindlers einer der beiden Gründe, warum Beethoven die *Zauberflöte* am höchsten von Mozarts Opern schätzte:
»Stellte Beethoven u.a. Mozarts Zauberflöte aus dem Grunde am höchsten, weil darin fast jede Gattung vom Liede bis zum Choral und der Fuge zum Ausdruck kommt, so bestand ein zweiter Grund dafür noch in der darin angewandten

Psyche verschiedener Tonarten« (A. Schindler, *Biographie Ludwig van Beethovens*, 164).

13 S. hierzu Silke Leopold, »Mozart, die Oper und die Tradition«; Sieghart Döhring, »Die Arienformen in Mozarts Opern«.

14 In diesem Zusammenhang, wo es um die verschiedenen Idiome geht, die Mozart in der *Zauberflöte* verwendet, darf natürlich auch das »Urwienerische« nicht fehlen, für das mir erst Harald Haslmayrs kritische Durchsicht die Ohren geöffnet hat. Vielleicht muß man Österreicher sein, um diese Sprache zu vernehmen. Das betrifft die Walzer-Anklänge im ersten Terzett der drei Damen (T. 128-130, »Ei ei«), das »Bänkellied« der beiden Priester (Nr. 11) und vor allem »die erste Valse triste der Musikgeschichte« in Papagenos Abschied von der Welt (Nr. 21, T. 521-530, »Nun wohlan, es bleibt dabei«).

15 Den Unterschied zwischen *Accompagnato* und *Arioso* würde ich, abgesehen von der unterschiedlichen Führung der Singstimme, so charakterisieren, daß beim *Accompagnato* sich eine diskontinuierliche Orchesterbegleitung auf stützende Akkorde und kommentierende bzw. unterstreichende Einwürfe beschränkt, während das Orchester beim Arioso eine kontinuierliche, rhythmisch und melodisch strukturierende Begleitung bildet.

16 Zu den Finali der *Zauberflöte* bemerkt Jörg Krämer, *Deutschsprachiges Musiktheater*, 586:
«Die Finali erhalten in der ›Zauberflöte‹ weit höhere Bedeutung als in allen vorausgehenden deutschen Werken, die ›Entführung aus dem Serail‹ inbegriffen. Zugespitzt formuliert, erhalten innerhalb der ›Zauberflöte‹ die einzelnen Arien gegenüber den weitausholenden, jeweils gut halbstündigen Finali fast schon eine Randbedeutung«.

17 Brief an P. Wranitzky vom 24. Januar 1796. Schikaneder hatte 1790 Wranitzkys Oper *Oberon* nach einem Libretto von K.L.Giesecke aufgeführt. S. Arthur Henkel, »Goethes ›Hommage à Mozart‹«, 488. Zu Goethes Fragment gebliebener Fortsetzung der *Zauberflöte* s. auch Dieter Borchmeyer, *Goethe, Mozart und die Zauberflöte*.

18 Eugen Schmitz, »Formgesetze in Mozarts Zauberflöte«.

19 Judith A. Eckelmeyer, »Structure as Hermeneutic Guide«.

20 Als Erfinder der Parallel-Montage gilt D. W. Griffith, der das Verfahren erstmals in seinem Film *Birth of a Nation* (1915) anwandte. Ich verdanke diese Informationen meinen Söhnen David und Vincent Assmann.

21 Hinweis David Assmann.

22 Karl Kerényi, *Die griechisch-orientalische Romanliteratur*.

23 Reinhold Merkelbach, *Roman und Mysterium*; *Isis Regina – Zeus Sarapis*, 335-484.

24 Schikaneders Zeugnis, er habe »die Oper mit dem seligen Mozart fleißig durchdacht«, läßt auf eine intensivere Zusammenarbeit schließen, als sie sonst auch für Mozart zwischen Komponist und Librettist bezeugt ist (E. Schikaneder, Vorrede zu »Der Spiegel von Arkadien«, mitgeteilt von Heinz Kindermann, in:

Maske und Kothurn I, Graz-Köln 1955, 359f., zit. nach Meinhold, *Zauberflöte und Zauberflöten-Rezeption,* 86). Auch Schikaneder war Freimaurer und Mitglied einer Regensburger Loge, allerdings nach einigen Monaten wegen seiner Liebesaffären relegiert worden. Wiener Logen scheint er nicht besucht zu haben. So war er zwar mit den Ritualen und Vorstellungen der Freimaurer hinreichend vertraut, aber längst nicht so engagiert und vermutlich auch informiert wie Mozart.

25 Zu den antiken Quellen zu diesem Aspekt der Mysterien und ihrer modernen Interpretation siehe das Kapitel »Verwandelnde Erfahrung« in Walter Burkert, *Die antiken Mysterien,* 75-97.

26 In einem Konzeptpapier zur »Theorie der rezeptiven Imagination«.

27 Wladimir Propp, *Morphologie des Märchens.* Propp hat auf der Grundlage einer vergleichenden Analyse Hunderter von Märchen eine Reihe von 31 »Funktionen« aufgestellt, die in typischer Auswahl und Reihenfolge in jedem Märchen vorkommen.

28 Propp, 36-40.

29 Eine Rekonstruktion der Vorgeschichte als Märchen würde sich folgendermaßen ausnehmen:

a: Entfernung. Der alte König, Paminens Vater, stirbt.

b: Befehl/Verbot: Er hat vor seinem Tod die Herrschaft (den »siebenfachen Sonnenkreis«) den Eingeweihten überwiesen und der Königin, seiner Witwe, geboten, deren Regentschaft zu respektieren [und dazu vermutlich auch: die Erziehung ihrer Tochter in deren Hände zu legen].

c. Übertretung [Die Königin der Nacht setzt sich über das Gebot hinweg, strebt selbst nach der Macht und erzieht die gemeinsame Tochter in ihrem Sinne]

d. Erkundigung (ein Gegenspieler zieht Erkundigungen über sein Opfer ein) [Sarastro zieht Erkundigungen über Pamina ein: ist möglicherweise nicht nötig, weil Sarastro über besondere Erkenntnisfähigkeiten verfügt und den Vater gut gekannt hat]

e. Verrat [Sarastro erfährt vom Aufenthaltsort der Pamina, vermutlich ebenso überflüssig wie d]

f. Betrugsmanoeuver (Einschleichen Sarastros ins Reich der Königin, wie umgekehrt im II. Akt), entfällt ebenso wie g, Mithilfe des auf den Betrug hereinfallenden Opfers, weil Sarastro Pamina ja mit Gewalt entführt.

30 Propp, *Morphologie des Märchens,* 40-42.
31 S. 41.
32 S. 42.
33 S. 43.
34 S. 43.
35 S. 43-46.
36 S. 52f.
37 S. 63.
38 S. 64f.

39 H. G. Gadamer, »Vom geistigen Lauf des Menschen«, bes. 97f.
40 Louis Chevalier de Mailly, »Le roi magicien« (1698), deutsch unter dem Titel »Der Zauberkönig« erschienen in Immanuel Bierling, *Das Cabinett der Feen* (1761-65).
41 Carolyn Abbate, *In Search of Opera*, 67-70.
42 A.a.O., S. 68.
43 Von der katholischen Kirche war in Illuminatenkreisen als von »Aberglauben« die Rede. Rom wird in einem Brief an F. Münter als »Hauptsitz der Dumheit, und des Aberglaubens« bezeichnet (E. Rosenstrauch-Königsberg, *Freimaurer, Illuminat, Weltbuerger,* 96).
44 Zitiert nach G. Knepler, *Mozart*, 351.
45 J. Starobinski, »Licht der Aufklärung«, 159f.; M. Titzmann, »Bemerkungen zu Wissen und Sprache in der Goethezeit«.
46 Nicholas Till, *Mozart and the Enlightenment*, 275-281.
47 Rolf Selbmann, *Der deutsche Bildungsroman*; Wilhelm Voßkamp, »Der Bildungsroman als literarisch-soziale Institution«; ders., »Ein anderes Selbst«; Aleida Assmann, *Geschichte der deutschen Bildungsidee*.
48 Karl Pestalozzi, *Das Libretto der Zauberflöte*.
49 Vgl. Reinhart Koselleck, *Kritik und Krise*.
50 S. hierzu das ältere Werk von Wladimir Propp, *Die historischen Wurzeln des Zaubermärchens*, bes. 60-135, aber auch alles Folgende.
51 D. Borchmeyer, *Mozarts Opernfiguren*, 241. Zu Gadamers Sicht der Zauberflöte s. oben, 282.
52 Erich Neumann, »Archetypische Symbolik«, in: A. Csampai (Hg.), *Zauberflöte*, 225-239; Erstabdruck in: E.N., *Zur Psychologie des Weiblichen*.
53 Rudolf und Melanie Heinz, *Silberglöckchen, Zauberflöten*.
54 Bernd Deininger und Helmut Remmler, Liebe und Leidenschaft in Mozarts Opern. Eine psychologische Deutung, München 2000.
55 Bernd Oberhoff, *Die Zauberflöte. Ein psychoanalytischer Opernführer*, Gießen 2003.
56 Zur Rolle der Musik in den antiken Mysterienkulten siehe die Dissertation von Debbie A. Thornton, *Music in the Mystery Religions of the Ancient World*, University Microfilms International, Ann Arbor 1995. Nach antiker Überlieferung spielte die Musik – d.h. Tänze und Gesänge – in allen Mysterienkulten eine Rolle.
57 Schon lange vorher hatte Dante in *La vita nuova, Convivio* und *La Divina Commedia* seine Liebe zu Beatrice im Sinne der platonischen Idee eines durch Liebe beflügelten geistigen Aufstiegs dargestellt. Die Gedankenverbindung von Liebe und Erkenntnis gehört zu den Zentralmotiven der abendländischen Tradition. S. hierzu D. Koenigsberger, »A New Metaphor«, 250 und 261f. mit Fußnote.
58 Der Briefwechsel zwischen Schiller und Goethe, in drei Bänden, Leipzig 1912, Band I, 312f. , s. dazu Frithjof Stock, »Schillers Lektüre der ›Dialoghi d'amo-

re‹ von Leone Ebreo«, in: *ZfdPh* 96 (1977), 539–550, und vor allem Dieter Borchmeyer, *Macht und Melancholie*, Neckargemünd 2003, 78–86 und öfter. Zu Schillers Liebesphilosophie s. Rüdiger Safranski, *Schiller*, München 2004, 83-89 (Dissertation) und 221-228 (zu den »philosophischen Briefen«).

59 S. dazu bes. Anton Kreil, »Geschichte der Neuplatoniker«, *Journal für Freymaurer* 6, 1785, 5-51. Kein philosophisches System, schreibt Kreil »hat je so mächtig um sich gegriffen, dem Geist des Zeitalters, in dem es reifte, so einen Umschwung gegeben und auf Denkungsart, Gemüthsart und Sitten Gelehrter und Ungelehrter über tausend Jahre hindurch so entscheidend gewirket. Anfangs herrschte es im Heidenthume, dann gieng es ins Christenthum über, fand überall Aufnahme, und, wenn es bedrängt wurde, Freystätte in Klöstern und an Höfen, und noch erhält es sich siegreich unter unsern Brüdern.«

60 Karl Kerényi, *Die griechisch-orientalische Romanliteratur*; Reinhold Merkelbach, *Roman und Mysterium*; ders., *Isis Regina – Zeus Sarapis*, 335ff.

61 Eine Neuausgabe des Erstdrucks von 1499 mit italienischer Übersetzung und Kommentar besorgten Marco Ariani und Mino Gabriele bei Adelphi, Mailand 1998.

62 U. Gaier, »Vielversprechende Hieroglyphen«, 177.

Bildnachweis

© bpk, Berlin/Kupferstichkabinett, SMB: S. 33, 60, 129, 239, 256

© Deutsches Theatermuseum München (in Klammern jeweils Inventar-Kennziffer; Inventar-Nummer): S. 59 (IX Sammlung Quaglio; 44/5), 83 (IX Slg. Q.; 525), 128 (IX Slg. Q.; 527), 170 (IX Slg. Q.; 44/2), 185 (IX Slg. Q.; 44/10), 186 (IX Slg. Q.; 529), 191 (IX Slg. Q.; 44/11), 192 (IX Slg. Q.; 44/8), 207 (IX Slg. Q.; 533), 231 (IX Slg. Q.; 534), 238 (IX Slg. Q.; XII/2), 253 (IX Slg. Q.; 531)

© Niederösterreichische Landesbibliothek St. Pölten, Topographische Sammlung: S. 111, 112

© Österreichische Nationalbibliothek, Wien, Bildarchiv: S. 120

Piranesi, Giovanni Battista, Zweite Wanddekoration (Längsseite) für das Caffè degl'Inglesi an der Piazza di Spagna in Rom, Tafel 46 der *Diverse Manire d'adornare i cammini*, 1769: S. 86

© Salzburger Museum Carolino Augusteum (C. A.), Alpenstraße 75, A-5020 Salzburg: S. 108

Schloß Machern, mit freundlicher Genehmigung: S. 115

© Stadtverwaltung Trier, Stadtarchiv/Stadtbibliothek Weberbach, Bildstelle: S. 67 (Foto: Anja Runkel)

© Stiftung Weimarer Klassik und Kunstsammlungen, Museen (Goethe-Zeichnung, Theaterdekoration Zauberflöte, Corpus IVb, Nr. 210, Inv. Nr. 1351): S. 63

© Universität Hamburg, Hamburger Theatersammlung: S. 42

Universitätsbibliothek München: S. 39, 47, 167, 251

© Wienmuseum/Direktion der Museen der Stadt Wien: S. 51, 110, 123, 137, 147, 193, 202, 245

Namenregister

Abbate, Carolyn 76, 285, 301, 321, 326, 347, 361
Abert, Anna Amalia 171, 301f., 322
Abert, Hermann 140, 338, 344, 354
Adam und Eva 145
Adoniram (Adon Hiram) 222
Ahriman 228
Ahura Mazda 228
Alberti, Ignaz 47, 167, 177f., 202
Almaviva, Graf 43
Alxinger, Johann Baptist 153, 217, 219f., 294, 301, 351
Amann, Basil von 108
Amedes 96f., 283
Ammianus Marcellinus 99, 102f.
Angermüller, Rudolph 328, 338
Annio 269
Anubis 218
Apis 218
Apollon 69f.
Apuleius 63, 114, 118, 220, 226f., 249, 281, 333
Arignotus 99
Assmann, Aleida 276, 301, 304, 315, 330f., 361
Assmann, David 359
Assmann, Vincent 359
Athena, Kekropische 118
Augustinus 214
Autexier, Philippe 325, 340

Bach, David J. 317
Bach, Johann Sebastian 240, 242, 302, 305, 348, 354
Bachofen, Johann Jacob 90
Bassegli, Thomas Graf 340
Bastet, Fréderic 301, 329
Beethoven, Ludwig van 349, 358f.
Bella 52
Bellona 118
Berger, Karol 14, 263, 302, 329, 358
Bergman, Ingmar 13, 65
Berk, M.F.M. van den 22, 177, 302, 316, 321, 327, 329f., 340, 343, 349f.
Bertoni, Gasparo Ferdinando 85
Beuther, Friedrich 85, 93
Bianchi, J.A. von 157, 226f., 302, 312, 329, 341, 353
Biber, Heinrich Ignaz Franz 303, 354
Bickerman, Elias 342
Bloch, Ernst 321
Blümml, Emil Karl 316
Borchmeyer, Dieter 15, 302, 307, 316, 321f., 338f., 347, 359, 361
Born, Gunthard 37, 302, 319, 323
Born, Ignaz von 19, 66, 93, 99, 119f., 150-154, 156f., 171, 219, 250, 264, 302, 307f., 313, 316, 325f., 329, 331, 335, 340f., 344, 350-352, 357
Bovenschen, Sylvia 302, 346
Branscombe, Peter 302, 316, 322, 349f.
Braun, Freiherr Peter von 111
Braunbehrens, Volkmar 302, 315f., 321, 339f., 355, 358

Brauneis, Walther 302, 316, 339, 344
Brecht, Bertolt 29
Bredekamp, Horst 302, 334
Brophy, Brigid 22, 133, 302, 317, 325, 332f., 337
Budde, Gunilla-Friederike 302, 339, 352
Burke, Edmund 303, 356
Burkert, Walter 352, 357, 360
Büscher, C. 251

Calzabigi, Ranieri 197
Carr, Francis 303, 355
Cartari, Vincenzo 116
Casaubon, Isaac 303, 305, 330
Ceres 215
Chafe, Eric Thomas 303, 354
Chailley, Jacques 20, 22, 79, 303, 315, 317-321, 326, 340, 343f., 346, 355
Chairemon 171
Cherubino 46
Cicero 215
Claudius, Matthias 96, 159, 237
Clemens von Alexandrien 118, 162, 209, 216, 219, 250, 342, 351
Clementi, Muzio 36, 38
Cobenzl, Graf Johann Philipp 109f.
Colloredo, Fürstbischof Hieronymus 326
Colonna, Francesco 88
Corneille 134
Csampai, Attila 303, 323, 325, 328, 338f., 346, 361

Dante 231, 239, 297, 301, 361
Deininger, Bernd 291, 303, 321, 361
Demeter 63f., 114, 118, 133f., 291, 337
Diana 165
Diana von Ephesos 116f.
Dieckmann, Friedrich 19, 263, 303, 307, 315, 335, 338, 358
Dietrichstein, Graf (später Fürst) 150
Diktynna 118

Diodor 114, 215, 330, 333, 342, 351
Dionysos 69
Döhring, Sieghart 303, 322, 259
Don Giovanni 46, 165, 255, 323, 336
Dowland, John 240
Dülmen, Richard van 303, 340
Dumuzi 91
Dunand, Françoise 303, 334
Durdon, Michael 157, 159, 303, 341, 352

Ebeling, Florian 14f., 304, 328, 330
Ebreo, Leone 80, 295, 311
Eckelmeyer, Judith 22, 81, 240, 272, 303, 315, 317, 327-329, 344, 347f., 351, 353-356, 359
Ecker, Freiherr von Eckhofen 149
Eliade, Mircea 221, 304
Engel, Johann Jakob 9
Enzinger, Moriz 304, 346, 357
Erbse, Heimo 304, 342
Esterhazy, Fürst Nikolaus 147
Eudoxos 102
Eugenius 178
Euridice 197
Eurydike 196, 282, 293, 325
Eusebius 342
Evander 218
Eybel, Johann Valentin 263

Fénelon, François 288
Ferguson, Adam 80, 295
Ficino, Marsilio 80, 295
Finscher, Ludwig 304, 356
Fischer, Petra 304, 355
Fischer, Wilhelm 304, 354
Flothuis, Marius 304, 319, 338, 355
Forster, Georg 109, 335, 340
Foucault, Michel 304, 344
Frank, Manfred 317
Franz II. 151f.
Franz Stephan von Lothringen 149
Freedberg, David 304, 321

Frese, Martha Ida 304, 316
Freud, Sigmund 74
Friedrich Wilhelm II. 9
Fries, Baron Johann (später Graf) 109

Gadamer, Hans-Georg 284, 291, 304, 361
Gaheis, Franz de Paula Anton 109
Gaier, Ulrich 296, 305, 328, 330, 362
Gardiner, John Eliot 320
Gébélin, Antoine Court de 328
Gebler, Tobias Philipp von 19, 85, 91, 350
Geertz, Clifford 30
Gemmingen, Otto Reichsfreiherr von 100, 149-153, 172, 317, 340f., 344
Georg August von Mecklenburg-Strelitz, Herzog 149
Georgiades, Thrasybulos 305, 322, 343f., 357
Geyer-Kiefl, Helen 305, 321
Giese, Alexander 305, 331, 341
Giesecke, Karl Ludwig 315, 353, 359
Gilowski, Familie 108
Glasewald, E.W. 115
Gluck, Christoph Willibald 170, 171, 196f., 293, 311, 344, 349
Godwin, Jocelyn 305, 325
Goethe, Johann Wolfgang 9, 13, 63, 138, 271, 274, 284, 288, 295, 302, 305f., 312, 315f., 359, 361
Gräffer, Franz 305, 340
Grafton, Anthony 305, 330
Gries, Christian 305, 329
Griffith, D.W. 359
Gruber, Gernot 14, 182, 305, 319, 322, 327, 344f., 354f.
Gurnemanz 88

Hadot, Pierre 305, 334
Haibel, Jakob 92
Haidinger, K. 157, 305, 341

Hajós, Géza 14, 305, 332
Hamann, Johann Georg 95
Hamlet 268
Hamlin, Cyrus 14
Hammerstein, Reinhold 241f., 305, 354f., 358
Händel, Georg Friedrich 242, 267, 304, 315, 323, 354-356
Harnoncourt, Nikolaus 78
Haslmayr, Harald 14, 43, 182, 200, 254, 356f., 359
Haydn, Joseph 36, 147, 170-250, 343
Head, Matthew 305, 358
Hegel, Georg Wilhelm Friedrich 90, 272
Hegrad, Friedrich 9
Heinz, Rudolf u. Melanie 291, 305, 361
Hekate 118
Heliodor 333, 337
Henkel, Arthur 306, 359
Henneberg, Johann Baptist 40
Hensler, K. F. 19, 27, 52, 337
Hera 118
Hermes 49
Hermes Trismegistus 94, 332
Herodot 98, 333
Hetzendorf von Hohenberg, Johann Ferdinand 109, 111
Heuß, Alfred 345
Hildesheimer, Wolfgang 42, 181, 198, 306, 315, 326, 343, 345, 352
Hoffmann, Leopold Alois 242, 340
Hofmann, Werner 306, 318
Hölty, Friedrich 204
Homer 114
Hope, Maler 42
Hymmen, Johann Wilhelm Bernhard von 159

Ilia 189
Irmen, Heinz-Josef 306, 316f., 319, 329, 331, 339f.

Isidorus von Narmuthis 118
Isis 5, 11f., 17f., 24f., 27f., 49f., 62-65, 67, 74, 91, 99, 110f., 116-121, 134f., 145, 171, 175, 198, 209, 224, 238, 244, 250-252, 265-270, 279-283, 287-295, 308, 312, 325, 333f., 337, 352f., 357, 359, 362

Jachus 215
Jahwe 119
Jamblich 118, 214
Jan, Steven B. 306, 323, 348
Janzer, Wolfram 302, 334
Jesaja 237
Joseph II., Kaiser 36, 150, 154, 174, 212, 220
Julius 80
Jung-Stilling, Johann Heinrich 177, 288, 330
Juno 215
Jupiter 215

Kambyses 102
Kammermeyer, Max 350
Kant, Immanuel 120, 290
Katz, David 306, 340
Kerény, Karl 275, 296, 306, 359, 362
Kindermann, Heinz 325, 359
Kircher, Athanasius 118
Kirnberger, Johann Philipp 306, 241f.
Klaij, Johannes 346
Knepler, Georg 127, 267, 306, 316, 319, 323, 335, 339f., 345, 358, 361
Koenigsberger, Dorothy 22, 74, 115, 135, 306, 317, 327, 332, 334, 338, 361
Köhler, Karl-Heinz 18, 265, 306, 316, 319, 337, 358
Komorzynski, Egon 306, 318, 350
Königin der Nacht 18, 22, 28f., 31f., 50, 54, 58, 60-64, 66, 72-74, 80f., 85-88, 90f., 107, 126f., 132-136, 139f., 164-166, 173, 181-183, 186-189, 194f., 201, 205, 215, 217, 227f., 236, 252, 257f., 262-266, 269f., 273, 276-280, 285, 287, 291f., 320, 323, 339f., 358, 360
Konstantin, Kaiser 102
Köppen, Carl Friedrich 159, 306
Körner, Christian Gottfried 296
Koselleck, Reinhart 306, 328, 342, 361
Krämer, Jörg 19, 307, 316, 318, 320f., 327, 337f., 349, 356, 359
Kreil, Anton 100, 103f., 151, 157, 198, 216, 222f., 328, 331, 341f., 351f., 362
Krones, Hartmut 307, 355
Küffner, Abraham Wolfgang 67
Kunze, Stefan 19f., 307, 316, 319, 321f., 354, 358

Lachmayer, Herbert 14, 318
Lafitau, Joseph-François 88, 307, 328, 342
Landon, H.C. Robbins 302, 307, 318f., 339, 348
Lavallée, C. 343
Le Geay, Jean-Laurent 178
Leonardo da Vinci 9, 17
Leopold II., Kaiser 154, 174, 302, 312, 316, 320, 339, 345
Lert, Ernst 307, 350
Lessing, Gotthold Ephraim 268
Liebeskind, August Jacob 69, 87, 307, 323, 325, 328, 338
Ligne, Fürst de 109
Lindenau, Graf von 114
Lindner, Dolf 307, 339
Lindert, Wilgert te 307, 315, 341
Lucius 117f., 226
Lukian 98
Lulu, Prinz 69
Luther, Martin 242-244
Lüthy, Werner 176, 307, 320f., 344, 347

367

Mann, Thomas 343
Manuel, Frank 307, 317
Maria 63
Maria Theresia, Kaiserin 149
Marivaux, Pierre de 52
Marsyas 69
Matheson, Johann 307, 326
Matt, Peter von 9, 17, 307
Mazzolà, Caterino 85, 304, 328
McNair, Nicholas 320
Meiners, Christoph 158f., 209, 216f., 223, 307, 342, 352
Meinhold, Günter 307, 316, 319, 321f., 325-327, 337, 339, 350, 357, 360
Merkelbach, Reinhold 275, 296, 308, 334, 352f., 359, 362
Metastasio, Pietro 85
Meumann, Markus 308, 317
Michaeler, K. J. 157, 308, 331, 341
Miller, Norbert 308, 345
Minerva 215
Mithras 25, 157, 226
Mizraim, Enkel von Noah 91
Mnemosyne 176
Moisy, Sigrid von 308, 340
Möller, Horst 308, 340
Monostatos 28, 48, 51, 70, 73-75, 91, 107, 127, 138, 142, 144, 174, 185-189, 227, 236, 252, 254, 263-266, 268-270, 273, 275f., 279, 285, 329, 339f., 358
Monteverdi, Claudio 69, 239, 293, 311
Morenz, Siegfried 11, 92, 221, 308, 315, 328-330, 333f., 341, 349
Moses 25, 119, 222
Mozart, Constanze 13, 182, 262, 303, 324f., 331, 338, 343, 348, 350, 355
Mozart, Leopold 100, 110, 153, 222, 326, 352
Müller, Wenzel 27, 325, 337
Münter, Friedrich 310, 341, 345, 361
Myslivecek, Josef 40, 308, 319

Nagel, Ivan 134, 308, 338
Nettl, Paul 308, 315, 340
Neumann, Erich 291, 308, 346, 361
Niedermeier, M. 308, 345
Nissen, Georg Nikolaus von 308, 324, 349
Nordmann, Elmar 315
Novalis 288
Nowotny, Rudolf 308, 327

Oberhoff, Bernd 291, 308, 361
Odysseus 279
Olausson, Magnus 308, 332
Orfeo 197
Ormuzd 226
Orpheus 17, 69f., 114, 133, 136f., 196f., 217-219, 223, 282, 293f., 309, 311, 325, 338, 349, 353
Orsini, Graf Vicino 116, 302, 334
Osiris 19, 92, 110, 117, 171, 175, 198, 209, 256, 265f., 268, 270, 309, 330, 333, 335, 337, 352f., 357
Osmin 74

Pamina 18, 28, 45, 48, 53f., 58f., 68-80, 90f., 129-132, 136-143, 165f., 173-175, 181-190, 193, 196-205, 209-211, 224-229, 233-236, 245-258, 261-270, 273-287, 291-297, 313, 320, 322, 324, 326, 328f., 338-340, 348f., 356, 360
Pankrates 99
Papagena 77, 91, 181, 186, 203f., 252-254, 257f., 261, 264, 273f., 287, 322, 329, 357
Papageno 13, 18, 23, 28, 32, 37, 46-53, 57, 62-65, 69-81, 87-91, 95, 103, 136-139, 165f., 174f., 180-186, 190-193, 197, 201-205, 228-230, 236, 252-254, 257f., 261-266, 269-274, 277, 281-283, 286f., 296f., 307, 315, 320-322, 326, 329, 343, 346, 350, 358f.

Pauw, Cornelis de 86, 103, 106, 223, 308, 328, 352
Perifirime, Fee 69
Perl, Benjamin 309, 327
Perl, Hermann 309, 316, 330-332, 340, 341
Persephone 63
Pessinuntia 118
Pestalozzi, Karl 14, 65, 70f., 126, 134, 289, 309, 327, 335, 338, 361
Peterson, Indira Viswanathan 321
Petrarca, Francesco 115
Philo 118
Phöbus 69
Piranesi, Giovanni Battista 86
Piringer, Kupferstecher 112
Pirker, Max 321
Platon 74, 91, 102, 161, 215, 295, 309
Plessing, Friedrich Victor Leberecht 158, 309, 330, 335, 337
Plutarch 113, 116, 118, 209, 216, 221, 309, 334, 350f., 352
Pluto 215
Polia 296f.
Poliphilo 296f.
Porphyrios 118, 344
Pries, Christine 309, 356
Proklos 118
Propp, Wladimir 277-280, 309, 325, 360f.
Proserpina 215, 226
Proserpina, Ortygische 118
Puchberg, Michael 149
Puschkin, Alexander 278
Pythagoras 102

Quaglio, Joseph 59, 63, 170, 185, 191f., 238
Quaglio, Simone 83, 85, 93, 128, 186, 207, 231, 253

Ramberg, Johann Heinrich 251
Raphael 81

Reimmann, Jakob Friedrich 309, 342
Reinhard, Max 31
Reinhold, Carl Leonhard 12, 24, 119-120, 157f., 309, 317, 334, 341
Remmler, Helmut 291, 303, 321, 361
Rhamnusia 118
Rheineck, Christoph 204
Richards, Annette 309, 354
Riedweg, Christoph 162, 309, 342, 351, 357
Rode, August 117f.
Rommel, Otto 12, 49, 309, 315, 318, 321, 325, 328, 357
Rosenberg, Alfons 22, 309, 316, 343
Rosenberg, Wolf 310, 345, 347
Rosenstrauch-Königsberg, Edith 310, 317f., 340, 361
Rousseau, Jean-Jacques 288

Safranski, Rüdiger 310, 327, 362
Sainte Croix, Baron Guillaume Emmanuel Joseph Guilhem de Clermont-Lodéve 158, 310, 341, 352
Salieri, Antonio 356
Sarastro 5, 22, 28f., 31f., 41, 59, 66, 69, 71-75, 77, 81, 86-88, 90f., 95, 121, 123, 126f., 130-134, 138f., 140-145, 152-154, 164f., 169, 171-176, 183f., 186-190, 192, 198f., 200f., 203, 209f., 215, 217, 227f., 247f., 252, 255, 258, 262-266, 270, 272f., 274f., 276, 279f., 283-285, 287, 304, 313, 323, 326, 328f., 331, 337-340, 345f., 349f., 360
Saurau, Franz Graf 340
Schaffer, Joseph und Peter 51, 123, 128, 137, 177f., 193, 202, 245, 344
Scharf, Anton von 156f.
Schiller, Friedrich 9, 80, 120, 158, 219, 254, 268, 288, 295f., 310, 327, 334, 342, 361f.
Schindler, Anton 310, 358f.

Schindler, Norbert 310, 340
Schinkel, Friedrich 33, 60, 63, 85, 93, 129, 239, 256
Schittlersberg, Augustin Veit von 157, 212-215, 310, 341
Schlötterer, Reinhold 310, 327
Schmidt, Manfred Hermann 310, 327
Schmitz, Eugen 81, 327, 310, 359
Schneider, Manfred 310, 331
Schönberg, Arnold 336
Schubart, Christian Friedrich 203, 310, 320f.
Schubert, Franz 138
Schuler, Heinz 310f., 315, 327, 329, 339, 344f., 353, 357
Schulle, Gerd 315
Schütz, C. 111
Sebeok, Thomas A. 104
Seel, Helmut 311, 340, 344
Selbmann, Rolf 361
Sesto 269
Sethos 96f., 108, 114, 133, 159, 163, 172, 175f., 179, 198, 237, 248, 295, 311, 316, 319, 330, 340, 350, 353
Shaftesbury, A.A.C. 80, 295f.
Shakespeare, William 9, 17, 346
Shulman, David 321
Simonis, Annette 311, 325
Simonis, Linda 311, 325, 349
Sokrates 295
Soliman, Angelo 312, 340
Solomon, Maynard 311, 339
Sonnenfels, Josef von 156, 341
Speller, Jules 311, 316, 338
Stadler, Maximilian 311, 240-242, 354
Staehelin, Elisabeth 311, 334, 353
Starck, Johann August (Frhr. von) 155f., 158, 311, 341
Starobinski, Jean 228, 353, 361
Stausberg, Michael 311, 329
Stern, Howard 14
Sternfield, Frederick W. 311, 325
Stobaios 220

Stock, Doris 296
Stock, Frithjof 311, 361
Stoffels, Ludwig 195, 311, 346, 348
Strabo 102
Strebel, Harald 311, 315, 331, 340, 352
Striggio, Alessandro 69, 239
Süßmayr, Franz Xaver 151
Swarowski, Hans 337
Swieten, Gottfried van 242, 315, 317
Syamken, Georg 318
Syndram, Dirk 354, 356

Tamino 17f., 28, 37, 39-43, 45f., 49-58, 60-62, 64f., 69-73, 75, 77, 81, 86, 88-91, 103, 125f., 127-129, 130-132, 135-137, 140-144, 165f., 171-175, 179-181, 183f., 186, 190-205, 209f., 217, 222, 224f., 227f., 233f., 235-237, 244-250, 252f., 255f., 257f., 261-265, 267, 269-271, 273-285, 291-295, 297
Tammuz 91
Terrasson, Abbé Jean 19, 96, 99, 104, 108, 114, 133, 159, 163f., 172, 175-177, 179, 182, 198, 210, 224f., 227, 229, 237f., 248, 258, 283, 288, 291, 293f., 299, 311, 316, 319, 330, 332, 342-345, 353
Thamos 19, 85, 91, 329, 338, 355
Themistios 221
Theodosius 102
Thornton, Debbie A. 311, 361
Thun-Hohenstein, Franz Joseph Graf 152, 317
Till, Nicholas 288, 312, 361
Titzmann, Michael 312, 361
Tyson, Alan 316

Varro 215, 351
Venus, Paphische 118
Verdi, Giuseppe 11, 57, 85, 121, 318
Vico, Giambattista 160

Vogel, Paul Joachim Siegmund 158
Voßkamp, Wilhelm 288, 312, 361

Wagner, Guy 312, 315, 332, 340
Wagner, Manfred 14, 312, 328
Wagner, Richard 23, 88, 135, 183, 285
Walpole, Horace 95
Wandruszka, Adam 312, 345
Warburg, Aby 30, 306, 318
Warburton, William 155, 158-163, 209, 213, 216f., 223, 286, 292f., 294f., 312, 342
Warnke, Martin 306, 318
Weber, G. 240
Weber-Bockholt, Petra 312, 355
Weidinger, H.E. 15, 255, 326
Weishaupt, Adam 152, 159

Wieland, Christoph Martin 19, 52, 69, 87f., 288, 312, 316, 325
Willaschek, Wolfgang 27, 37, 41, 43, 175, 200, 312, 318-325, 337-339, 344-349
Wolf, Rüdiger 14, 340, 344
Wolff, Christoph 335, 337, 354, 355, 358
Wranitzky, Paul 271, 359
Wunberg, Gotthard 14

Zech, Christina 313, 323f., 346f., 348
Zellwecker, Edwin 313, 340
Zeman, Herbert 313, 339
Ziegenhagen, Franz Heinrich 117
Zoroaster 91, 229, 326
Zuckerkandl, Victor 313, 356

Länder- und Ortsregister

Ägypten 11f., 25f., 63, 73, 83-88, 91-98, 100-103, 106f., 110, 112-114, 116-118, 120f., 155, 169, 176-178, 213f., 216, 221, 249, 290, 292
Aigen bei Salzburg 108
Asien 223

Basel 14
Bayern 150, 152
Berlin 129, 150, 158, 160, 241, 256
Bomarzo 116
Braunschweig 158

Capua 118
China 86, 88

Dresden 296

Eleusis 283
Europa 223, 263

Florenz 30, 80, 287, 295
Frankfurt 158

Griechenland 25f., 114, 155, 214, 218f., 294

Hamburg 42, 92
Herculaneum 93

Ilion 218
Indien 88

Ingolstadt 152
Italien 93, 214

Japan 319
Java 319
Jena 24, 295

Leipzig 24, 42, 114, 158, 251
London 17

Machern 114f.
Memmingen 204
Memphis 86, 98f., 104, 114, 158, 218
München 40, 59, 83, 128, 170, 183, 186, 191, 192, 206, 231, 238, 253

Nordafrika 93
Nürnberg 158

Österreich 21, 150f., 263

Paris 125
Persien 25, 93, 107
Pompeji 93
Potsdam 117, 177
Prag 149, 169, 318, 357

Reisenberg 109f., 332
Rheinland 263
Rom 86

Saqqara 98
Sais 50, 62, 86, 118f., 219, 334, 342
Salzburg 108
Samothrazien 215
Schönau 111f.
Spanien 93
Stralsund 158
Südindien 49

Theben 98
Tivoli 117
Trier 76
Tübingen 24

Venedig 116
Vereinigte Staaten von Amerika 68, 88, 103, 210
Vöslau 109, 111

Weimar 24
Wien 12, 14f., 19-21, 24-26, 29, 31, 39, 48f., 66, 87, 100, 104, 109f., 112, 117, 119, 120, 145, 149-151, 155f., 158, 166, 174, 182, 212f., 261f., 264, 286, 292, 296, 298f.
Wilhelmsbad 155
Wörlitz 177

Sachregister

Aberglauben 89-91, 119f., 157, 166, 173, 181, 183, 211-213, 216f., 228, 233f., 244, 254f., 258-263, 265, 285, 287, 289, 292, 328, 361
Absolutismus 174, 220, 290, 326
Accelerando 55, 273
Accompagnato 60, 73, 188, 244, 255, 269-271, 359
ad spectatores (siehe auch: Kommentar) 67, 79, 236, 271, 338, 350
Adoptionslogen 317f., 321
Affekte 61, 69, 70, 80, 220, 286, 294
affektive Beeindruckung/Prägung 26, 160, 221, 294, 356
Agathon (Wieland) 288
Ägyptenbild 31, 113, 116, 120, 333
Ägyptenfaszination 96
Ägypten-Romantik 92, 93, 333
Ägyptomanie 19, 93, 157, 290, 333
Aithiopika (Heliodor) 333, 337
Akademie der Wissenschaften 21, 151, 310
Akademie von Memphis 104
Aladin und die Wunderlampe 96
Alceste (Gluck) 171, 344, 349
Alchemie 22, 79, 80f., 151, 327
All-Einheit 118, 159, 163
Allianz (zwischen Hoch und Niedrig) 29f., 166, 261-263
Amour naissant 52, 203
annoncierter Auftritt 59, 72
Antagonismus 155, 161, 166, 215f., 244, 258, 261f., 272, 287

Arbeit 127, 335
Arcandisziplin 26, 275
Architektur 127
Arienformen 269
Arioso 127, 131, 140, 247, 269-271, 359
Ascensus 241
Asiatische Brüder 20, 149, 151f., 156
Asphodelos-Wiese 114
Ästhetik 109, 197, 207, 249, 257, 321
ästhetische Erfahrung 289
ästhetische Erziehung 154
ästhetische Idee 113
Athenian Letters 107, 332
Aufbau der Handlung 31
Auferstehung 220f.
Aufhellung 65, 175, 182, 246
Aufklärung 20f., 29, 125f., 136, 151, 166, 210, 228, 258, 289
Aufklärungsmärchen 289
Aufmerksamkeit 109
aufsteigender Dreiklang (drei Akkorde) 35, 38, 173, 252f.
Auftrittslied 48
Ausdeutung 18-20, 95
Autograph 18, 241, 318, 337
Autorschaft 18

Ballotten 173
Bänkellied 182, 359
Barockmusik 267, 323
Barocktheater 49
Bassethörner 140, 143, 176, 267

Bastonade 186
Bekehrung 284, 285, 299
Belehrung 67, 79, 136, 138, 179, 271, 338
Bildnis 52, 75
Bildung 67, 152, 162, 228
Bildungsoper 288
Bildungsroman 288, 291, 328, 361
Bläserakkorde (im Duett »Bei Männern«) 78
Bodenlosigkeit (des verminderten Septakkords) 141, 336
Bruchtheorie 18, 21, 74, 132f., 284, 291, 335f., 337
Bruderbund 65f., 80
Brüderlichkeit 89, 152
Bühnenbilder 93, 356
Bühnenweihfestspiel 18, 23, 285
Burgtheater 262

Cantus firmus 242
Charakter 18, 28
Cheops-Pyramide 96, 98, 128, 330
Choral 240, 241, 242, 358
Choralvariation 240, 266
chromatischer Quartaufstieg 320
chromatischer Quartfall 235, 241, 320
Cinna (Corneille) 134
Crata Repoa 106, 159, 163-165, 182, 223, 225, 227, 306, 332, 342, 345, 353

da-capo-Arie 55, 136, 269, 326
Das Sonnenfest der Braminen (Hensler/ Müller) 19, 27, 52, 337
Das Heimweh (Jung-Stilling) 177, 288, 306, 330, 345
Das verschleierte Bild zu Sais (Schiller) 219
Deismus 135, 151, 155, 166
Demeter 63, 64, 91, 114, 118, 133f., 337
Der Goldene Esel (Apuleius) 117, 281

Der Zauberflöte Zweyter Theil (Goethe) 271
Desillusionierung 5, 127, 135f., 147, 160, 162-164, 212, 217, 276-280f., 289
Desorientierung 141, 319
Despotismus 159, 335
Dettingen Anthem (Händel) 267, 355
Deus Canopus 177
deutsche Oper 27, 288
Dialoghi d'amore (Leone Ebreo) 295, 361
Die klugen Knaben (Wieland) 19, 328
Die Mysterien der Aegyptier (von Born) 19, 93, 99, 156, 219, 351
diskontinuierliche Kompositionstechnik 142, 269
Dissonanz 60, 132-134, 244, 323, 348
Donner 107, 178, 184, 192, 223, 224, 247, 249, 255, 275, 350-352
drei Damen 41-48, 52, 72f., 81, 126, 138, 165, 183, 186, 188, 190, 205, 255, 265, 270, 278, 282, 294, 359
drei Knaben 5f., 70f., 81, 87, 125f., 131, 145, 165, 175, 186, 190, 192, 211, 227, 229, 233-235, 255, 266-268, 270f., 273, 281, 328
Dschinnistan 87, 88
Dualismus 228, 272, 287
Duldsamkeit 126
Durchführung 38, 144, 272

Echtzeit 276
E-dur 189, 347
Egyptische Geheimnisse 5, 27, 92, 293
Eiche 68, 247, 355
Eid 100
Einsamkeit 224, 226-227, 249f.
Einweihung 25, 26f., 103, 109, 119f., 134f., 160
Elemente 225f., 249
eleusinische Mysterien 28, 63, 91, 157-159, 215f., 223, 283, 331, 341

Elite, Elitereligion 23, 29, 66, 152,
  159, 161f., 166, 215, 258, 286, 287,
  290
Elysium 114, 204, 220, 223
Emblematik 65
Émile ou de'éducation (Rousseau) 288
Emilia Galotti (Lessing) 321
emotionale Erschütterung 165, 220,
  225, 356
Ensembles 73, 263, 265f., 269f.
Entsagung 143
Entschlossenheit 54, 70, 172, 180,
  220, 245, 283, 299
Epochenwandel 91
Epopten 119, 217, 282
Epoptie *siehe* Schau
Erhabenes 109, 111, 114, 207, 249f.,
  356
Erkenntnis 115
Erleuchtung 209, 238, 283, 289
Erstarrung 195
Exodus 119, 290
expressive Funktion der Sprache 201

Fanatismus 102
Faunenflötchen 252
Faunen-Flötchen 48
F-Dur 355
Feuer und Wasser 6, 18, 54, 70f., 108,
  163, 207, 209, 225-227, 237-239,
  252, 266, 268, 273, 353, 356
Figurenlehre 241
Fiktion 159, 161f., 166, 215, 276, 287
Finali 81, 270, 359
Finsternis 133, 178f., 221, 223, 227f.,
  257, 258f., 275, 285, 317, 319
fließende Übergänge 270
Flöte 68f., 136 (Zauberwirkung), 249
Flugwerk 190-192, 254
Französische Revolution 125, 152,
  263
Freimaurermusik 265, 339, 358
Freimaureroper 154, 291

Freimaurerpatent, siehe Handbillet
Frère terrible 175, 179, 225, 345
Freundschaft 131, 138, 179, 210, 269,
  287, 296
Fugato 36-38
Fuge 38, 241f., 319, 354, 358
Funktion der Religion 161
Funktionen (Propp) 277

g-Moll 61, 130, 194, 253
Gartenkunst 14, 113, 116, 237, 298,
  328, 332
Gedächtnisgeschichte 11, 24
Gegensätze, *siehe* Antagonismus
Geheimgesellschaften 29, 105, 156,
  290f.
Geheimhaltung 92, 98f., 103, 139,
  211
Geheimnisreligion 161
Geheimnisse 100f., 118, 155f. 156,
  179, 216
Geheimreligion, ägyptische 1, 18
Geistliche Lieder 264, 269f.
gelehrter und galanter Stil 38, 354
Geräusch 107, 112, 255
Gerechtigkeit 145, 152
Geschichtsphilosophie 89, 328
gespaltene Welt 244, 258
Geymüller-Schlössel 326
Gleichheit 89, 172, 264
Gleichzeitigkeit 6, 190, 228, 236, 252,
  255, 258, 272-275
Glockenspiel 69, 71, 138 (Zauber-
  wirkung), 138, 203, 204, 254
Goldenes Zeitalter 28, 213, 234, 355
Gott der Philosophen 25, 119, 135
Grenzerfahrung 249, 356
Große Mysterien 6, 31f., 155, 157,
  162, 205, 207, 209-211, 216, 219-
  222, 229, 250, 283
Grotta (Logenplan Mozarts) 103, 154,
  321
Grotte 106, 108, 116

Hahnreiter 48
Handbillett (Freimaurerediktl) 150, 212
Handlungsaufbau 82
Hanswurst 48, 266
Heideröslein (Schubert) 138
Heinrich von Ofterdingen (Novalis) 288
Hermessäulen 106
›hermetische Grotte‹ 5, 106
Hermetische Vase 177
Hermetismus 94
Herrscheramt 6, 209, 216, 283
Hieroglyphe 104, 291
Hieroglyphe, klanglich 38, 173
Hieroglyphen 94, 95, 101, 113, 177
Hierophant 91, 162, 175, 178, 182, 223, 248
Himmelreich 80, 89, 145, 169, 172f., 211, 233f., 294
Himmelskönigin 59, 63
Historismus 93, 113, 333, 358
Hochgradsysteme 151, 155
höchstes Wesen 118f.
Hoffnung 89
Höhle des Hermes 107, 178
Höllensturz 32, 205, 255, 279
Hypnerotomachia Poliphili 88, 296, 298, 328

Identität 50, 75
Illuminaten 12, 19, 24, 68, 89, 108, 150-160, 172, 212, 216, 264, 316, 328, 341
Illusionierung 5, 58, 134, 136, 276, 281
Initiation 23, 27, 42, 62, 65, 79, 90, 133, 178, 180, 221, 224, 226, 257, 262, 288f., 319, 353
Initiationsprüfungen 96, 108, 198, 281
Initiationsreise 133
Initiationsritual 28, 221, 225, 226, 287, 298, 317, 321
innere Emigration 159, 220

Instrumentalmusik 69f.
Iphigenie auf Tauris (Gluck) 347
Ironie 43, 138, 144, 182
Isis-Mysterien 27, 50, 79, 85, 92f., 217, 221, 238, 279, 281f., 290, 293, 352
Isis-Religion 25, 94

Jakobiner 151, 263, 316
Jakobinerprozesse 151f.
Janitscharenmusik 186, 264, 266
jap/vonisch 40, 86, 319
Johannislogen 151, 155, 222
Juden 151

Kabbala 151, 156f.
Kanopen 117, 178
Kaspar der Fagottist oder die Zauberzither (Perinet/Müller) 323
Katakomben 239, 353
Katastrophen 99, 101
Katholizismus 151, 154, 157, 173, 299
Kirche 174, 287, 290, 361
Kirchenmusik 266, 267, 323, 355
Kirchenstil 242
Klassizismus 113, 334, 356
Kleine Mysterien 5, 155, 160, 166, 216, 219, 282f.
kognitive Dissonanz 133
Koloratur 61f., 188, 195, 324, 346
Koloraturarien 264-266, 269
Kommentar (lehrhafte Gesänge, siehe auch *ad spectatores*) 65, 68, 71, 138f., 184, 233, 236, 271, 287
Kompositionsphasen 265, 338
Kontrapunkt 176, 242, 288, 354
Kontrasubjekt 38, 241
Konvent zu Wilhelmsbad 155
Konvergenz-Montage 274
Konversion 6, 134, 201, 277-282
Krisenbewußtsein 156
Krypten 93, 103, 107, 178, 226, 239, 287

kulturelles Gedächtnis 93, 95, 101, 285, 332, 334
Kuravanci 49, 321
Kyklosis 355

Labyrinth 98f.
Lamento 194, 197, 291
Le roi magicien (de Mailly) 326, 361
Lehre 59, 65, 66, 79
Leier 69f.
Leitmotiv 252
Lethe 163
Licht 251, 257
Liebe 53, 54, 76, 78-80, 142, 179, 186, 220, 224f., 236, 247f., 258, 292f.
Liebe und Musik 6, 247, 292f.
Liebeskrankheit 204
Liebesmotiv 54, 141, 143, 236, 247, 250, 322
Liebesphilosophie 80, 293, 296, 362
Liebesroman 273, 275, 278f., 281, 296, 298
Lied eines Vogelstellers (Schubart) 203, 350
Löwe 41, 116, 139, 197, 320
Luftprobe 227
Lulu oder die Zauberflöte (Liebeskind) 19, 69, 87, 323, 325, 328, 338, 346
Lüsternheit 186
lustige Figur 48f., 286, 325, 327, 343

Mangelsituation 280
Männerbund 183
Märchen 18f., 22f., 41, 69, 276-290, 282, 321, 325, 335, 338, 360f.
Maria, Marienkult 63, 287
Maschinenoper 19, 272
Matriarchat 90
Meisterweihe 222, 352
Meisterweihe Leopold Mozarts 100, 153, 222, 350
Mensch 51, 174

Menschenglück 28, 68, 89, 138, 166, 210f.
Menschenopfer 131, 335
Menschenrechte 152, 210
Misogynie 90, 131, 142, 183f., 247, 337
Mithras-Mysterien 25
Moeurs des sauvages (Lafitau) 328
Mondsichel 58f., 63
Montagetechnik 273
multimammia 116f., 119
Musik, affektverwandelnde Kraft 17, 68-70, 293f., 325
Musik und Semantik 37
musikalische Dramaturgie 45
musikalische Idiome 265, 269
Musikrhetorik 195
Mut 59, 64, 172
Mutterbindung (Paminas) 188, 190
Mystagoge 179, 223
Myste 26, 224, 227, 287, 289
Mysterien der Alten 106
Mysterien der Isis 12, 24, 25, 50, 67, 79, 85, 92f., 120, 221
Mysterien von Samothrake 215
Mysteriendebatte 157, 285
Mysterienfaszination 158, 160
Mysterienforschung 5, 12, 23f., 32, 145, 155, 158, 160, 166, 212, 222, 261, 292
Mysterienkonzeption 28f., 82, 219, 290-294, 298
Mysterienkulte 25f.
Mysterienoper 30, 292
Mysterienspiel 22f., 178, 286-288, 290, 292
Mysterientheorie 5, 23f., 29, 135, 139, 147, 158, 160, 182, 205, 216, 220, 228, 275, 279, 281, 283, 286f., 289, 296, 299, 341
mysterium tremendum 244
Mystik 81

Nahtoderfahrung 351
Natur 116, 117, 119, 125, 249
Natur und Geheimnis 116
Natur, Schau der 251
natura naturans/naturata 119
natürliche Theologie 118, 159
Naturmensch 50, 180
Neangir und seine Brüder (Wieland) 19, 321
neapolitanischer Sextakkord 61, 187f. 195, 235, 244f., 323
neue Mysterien 24, 29, 88, 155, 287
neue Mythologie 29
Neugiersprüfung 180
Neuplatonismus 94, 100, 152, 295, 331, 362
Nonenakkord 336f.

Obelisken 93f., 101, 103f., 113, 121, 298, 335
Oberon (Gieseke/Wranitzky) 19, 344, 359
Offenbarung 25, 118, 125, 160, 161, 234, 251
Offenbarungsreligion 25
Ohnmacht 5, 40f., 46, 75, 184, 320, 346
Ombra-Szenen 23, 321
Opera seria 61f, 73, 264, 269, 298, 264, 358
Orchester 35
Orfeo ed Euridice (Gluck) 197
Orpheusmythos 17, 69, 133, 136, 196, 218, 282, 293f., 325, 338, 349, 353

Paminas Vater 68, 90, 187, 248
Panflöte 69, 136f., 203
Paradies 68, 89, 114, 138, 145
Parallel-Montage 274f., 359
Parodie 203, 229
Parsifal 23, 88, 183, 285f.
Passus duriusculus 241
Patchwork 19, 21f., 314

Pathosformel 41, 54, 61, 187, 244, 249, 318, 320, 324, 336
Pauken 35, 125, 138, 249-251, 281, 356
per aspera ad astra 114, 116, 319
Periode 57, 170, 343
Perspektivenwechsel 22, 28, 58, 133f., 145
Phaidros (Platon) 91, 293
Philippus-Evangelium 118
Philosophische Briefe (Schiller) 293f.
Politik 214-216, 339
politische Agende (der Illuminaten) 156
politische Dimension 139, 155, 161, 212, 228, 316
politische Theologie 159, 213-215
Portrait 276, *Siehe* Bildnis
Posaunen 35, 125, 176, 181, 249, 267, 265, 281, 343, 356
Priesterorden 26, 102, 104, 183, 213
Prinz 50, 174
Protreptikos (Clemens v. A.) 162, 342
Prüfungstempel 107, 144, 167, 190f., 202, 274, 294, 344
Prüfungsweg 6, 64, 184, 190, 201, 203, 226, 229, 237, 273, 277, 282f., 289, 294-296, 353
Psychoanalyse 291
Pyramiden 5, 85, 86, 93-104, 107, 113, 114, 121, 169, 176-178, 198, 203, 233, 237, 239, 294, 296, 298, 330, 335, 353f., 356
Pythagoräer 216

Quartsextakkord 35, 38
Quecksilber 22, 49, 343

Rätsel 17f., 21, 28f., 38, 74, 134, 291, 299
Religio duplex 23, 135, 161, 166, 228, 286f., 289
rettende Intervention 41, 235

Ritual(struktur) 11, 22f., 27-29, 79, 120, 136, 175, 201, 205, 224, 279, 283, 290, 296, 297
Ritualparodie 49, 180, 183, 281, 286
Rosenkreuzer 18f., 22, 149-152, 156, 317
Ruinen 96, 113, 176, 296
Sakralmusik 95, 198, 266
salomonischer Tempel 113, 222
saltus duriusculus 195
Schau 30, 162, 216, 250, 357
Schauder 107, 109, 220f.
Schlange 41, 46, 177
Schleier 119, 219, 250
Schönheit, Stärke und Weisheit 43, 45, 53f. 252f., 256, 318
Schöpfung (Haydn) 250
Schrecken 26, 60, 106f., 114, 220-226, 237f., 244f., 283, 295, 324, 326
Schwanengesang (Schubert) 337
Schwärmerei 150, 152
Schwarzmeerkatastrophe 331
Schweigen 6, 26, 100, 181, 190f., 196, 201, 214, 274, 282, 293
Selbstmord 174, 228, 235, 262, 273
Sesam öffne dich 96
Séthos (Terrasson/Claudius) 19, 96f., 104, 108, 114, 133, 159, 163, 172, 175f., 179, 198, 237, 248, 288, 291, 294f., 316, 319, 330, 342, 351, 355
Seufzermotiv 241
Sextsprung 57, 322
siebenfacher Sonnenkreis 90, 187, 236, 323, 346, 360
Sinneswandel 22, 134, 216, 278
Sintflut 101
Sonatenform 272, 354
Sonett 53, 58, 323
Sphinx 94, 113, 116, 121, 209, 296
Standesunterschiede 262

Standhaftigkeit 17, 105, 126, 184, 188, 222, 249
Stärke 46, 64, 256
Stein der Weisen (Schikaneder) 19, 27, 87, 317
Stern 177f.
Stilzitat 242, 267
Streichquartett op. 76/1 (Haydn) 343
Strikte Observanz 155f.
Strophenlied 79, 188, 265, 269
Sublimation 79f., 220, 286
Substruktionen 96, 98, 107, 114, 198, 237, 237, 294, 353
Suchender 5, 126, 126, 129f., 177, 179, 229, 257, 278
Suspiratio, *siehe* Seufzermotiv
Symbolik 95
Sympathie 105, 134, 138, 234, 338
Symposion (Platon) 295
Syringen (unterird. Gänge) 99, 330

Tageszeit 77
Tapferkeit 59, 248
Tapis 95
Télémaque (Fénélon) 288
Templerorden 113, 155
Tempowechsel 72, 129, 132, 255, 269, 271, 337
Thamos König in Ägypten (v. Gebler) 19, 85, 91, 329
Theatralität 28, 165, 299
theologia prisca 94
Theophanie 60-64
Tod 53, 105, 220f.
Todesnähe 201, 221, 351
Todesschwelle 249
Tonarten 52, 81, 158, 272, 359
Tonartwechsel 45, 65, 144, 269
Totalidee (Schiller) 21, 288
Totenkopf 178, 179, 229
tragédie lyrique 171
Tränenmotiv 240
Trennung 274

Trickster 49
Trugschluss 235, 248, 349
Tugend 126, 145, 172, 248
Türkenoper 264

Übergangszeit 89, 91
Überleitung 43, 71, 245
Übungsloge 156, 351
Umstimmungsloge 171
Unbewußtes 62, 104
Unschuld 59, 61, 234, 321
Unterwelt 69, 114, 133, 198, 227, 239, 293f., 353
Unterweltsfahrt 225, 283
Utopia, Utopie 5, 83, 85, 88, 112, 228

vagierende Akkorde (Schönberg) 337f.
Valse triste 254, 359, siehe Walzer
Verfall 89, 155f., 176f.
Verfolgung (der Freimaurer) 66, 150, 152
Vergöttlichung (des Menschen), siehe Vervollkommnung
verminderter Septakkord 61, 130, 141, 184, 195, 248, 255, 336f., 349
Vernunft 125, 251
verschleiertes Bild zu Sais 50, 62, 91, 118f., 219
Verschlüsselung 19
Verschwiegenheit 17, 105, 126, 172, 222, 236, 282, 321
Verschwörungstheorie 150
Versuchung 164, 182, 220
Vervollkommnung 80f., 145, 210, 257, 288f., 317
Verwandlung 22, 80, 133, 224, 227, 273, 284, 291
Verwandlungen (Bühne) 59, 258, 272
Vestatempel 73
vestigial recapitulation 56
»vielleicht« 137
Villa d'Este (Tivoli) 117
Vogelfänger 46, 49

Vogelmensch 48, 71, 75, 174
Volksglauben 135, 213f.
Volkslied 48, 265f., 288
Volksmusik 95, 266
Volksreligion 23, 155, 162, 164, 166, 182, 215-217, 234, 258, 287, 289f., 343
Volkstheater 12, 19, 23, 31, 48f., 291, 318, 325
Vollkommenheit 114
Vorgeschichte (der Zauberflötenhandlung) 360
Vorstadttheater 23, 39, 260, 262, 266
»Vorurteile« 134, 163f., 166, 173, 180, 182, 280, 282, 289, 317

Wahrheit 119, 139, 152, 162, 211, 216-219, 251, 260, 287
Walzer 43, 359
Wasser 110, 191
Wasserfall 107, 109, 112, 237f., 255
»Weibertücken« 164, 181-183, 266, 268, 271
Wein 52, 203, 229, 253
Weisheit 46, 54, 105, 218, 256f.
Weisheitsliebe 181
Welttheater 285f., 286, 288, 299
Weltverbesserung 29, 210
Wiederaufnahme (der Vergangenheit) 57, 249f., 281, 287
Wiedergeburt 6, 177, 220f.
Wiener Freimaurerei 5, 23, 25, 87, 117, 149, 151, 264, 296, 332, 340
Wildnis 87, 88, 113, 127, 261, 297
Wilhelm Meisters Lehrjahre (Goethe) 288
wissenschaftliche Freimaurerei 5, 100f., 104, 157
Wissensspeicher 5, 96, 104, 106, 198
Wohltätigkeit 20, 150, 152, 153f., 166, 172f., 264, 339, 340, 344

381

Zauberei 70
Zauberflöte: öfter zitierte einzelne
  Nummern
  Arie mit Chor 18, 171, 176, 265,
    268, 337
  Bildnisarie 46, 52, 75, 78, 140, 186,
    194, 203, 236, 246, 249, 252, 265,
    269, 321
  Duett »Bei Männern« 78, 82, 186,
    236, 262, 265, 269, 271, 272, 295,
    296, 327, 347
  Ein Mädchen oder Weibchen 82, 203,
    266, 270, 350
  Hallenarie 144, 152, 189, 210, 266f.
  Marsch durch Feuer und Wasser
    54, 249f., 252, 266, 268
  Paminas g-Moll Arie 78, 194, 205,
    266, 269, 282, 293
  Priestermarsch 82, 171, 320, 343f.
Zaubermärchen 6, 68, 76, 132f., 277-
  281, 291, 321
Zaubermittel 5, 17, 64, 68, 71f., 79,
  193, 277-279
Zensur 139, 341
zitierte Musik 266f.
  Zu den drei Adlern 149f.
  Zu den drey Feuern 150
  Zum heiligen Joseph 149
  Zum Palmbaum 149f.
  Zur Beständigkeit 149f.
  Zur gekrönten Hoffnung 89, 147,
    149-151
  Zur neugekrönten Hoffnung 150
  Zur Wahren Eintracht 5, 12, 21, 24, 26,
    66, 100, 104, 119, 149-151, 153, 155-
    157, 179, 212, 217, 225f., 264, 294,
    317f., 333, 340f., 345, 352
  Zur Wahrheit 150
  Zur Wohltätigkeit 100, 150f.
Zuschauer (Einbeziehung) 28, 79,
  134

Werke und Briefe W. A. Mozarts

Adagio und Fuge c-Moll für Streichquartett (KV 546) 242
La Clemenza di Tito (KV 621) 12, 269, 322, 323
Così fan tutte (KV 588) 38, 55, 189, 322, 336, 347, 348
»Die Engel Gottes weinen« (KV 519) 348
Don Giovanni (KV 527) 38, 46, 165, 323, 336
Entführung aus dem Serail (KV 384) 266, 322, 359
Fantasie f-Moll für ein Orgelwerk in einer Uhr (KV 608) 242
Le Nozze di Figaro (KV 492) 43, 54, 270, 336
Freimaurerkantate (KV 420^a, =429) 256
Fuge für 2 Klaviere (KV 426) 354
Fugen (KV 154, 385k) 443 (385l, KV Anh 77, 385m) 354
Fünf vierstimmige Fugen für Streichquartett (KV 405) 354
Sechs dreistimmige Fugen für Streichtrio (KV 404a) 354
Idomeneo (KV 366) 23, 171, 176, 189, 318, 320, 343f., 347
Klavierkonzert d-Moll (KV 466) 348

Klaviersuite (KV 399, 385i) im Händelschen Stil 354
»kleine deutsche Kantate« (KV 619) 117
Maurerische Trauermusik (KV 477) 267, 325
Requiem (KV 626) 230, 242, 266, 354, 355, 358
Serenade (KV 388) 54
Streichquartett d-Moll (KV 173) 354
Streichquartett G-Dur (KV 387) 354
Streichquartett C-Dur (KV 465) 319
Streichquintett (KV 516) 348
Symphonie (KV 425, Linzer) 54
Thamos (KV 345), 338 (Musik), 355 (Musik)
Zaide (KV 344) 321, 347

Brief an den Vater (24.3.81) 340
Brief an den Vater (13.7.81) 332
Brief an den Vater (4.4.87) 222, 352
Brief an Constanze (11.6.91) 182
Brief an Constanze (7.10.91) 13, 262, 338, 341, 348
Brief an Constanze (8./9.10.91) 204, 350

Werke anderer Komponisten

Bach, J.S., *Matthäus-Passion* 348
Biber, *Kyrie* 354
Clementi, Klaviersonate op. 43 Nr.2
   in B dur 36, 319
Dowland, *Lacrimae* 240
Händel, *Dettingen Anthem* 267, 355
Händel, *Saul* 356
Haydn, *Die Schöpfung* 250

Haydn, Streichquartett op. 76/1
   343
Haydn, Symphonie Nr 104 170
Myslivecek, *Isaaco* 40
Rossini, *Barbier von Sevilla* 346
Salieri, *Axur, Re d'Ormus* 356
Schubert, *Heideröslein* 138
Verdi, *Aida* 11, 23, 85, 93, 121, 318